档案馆现代化管理

从数字档案馆到智慧档案馆

薛四新◎主　编

杨　艳　袁继军　陈洪静　柳　晶◎副主编

罗家靖　喻　玲　张　旭　姚　恒　田　里　郭静茹　钱丹红◎参　编

王建英　张　静　薛哲妮　温育忠　左俊祥　张新宇　丁　希

電子工業出版社

Publishing House of Electronics Industry

北京 · BEIJING

内容简介

本书从全球经济一体化和社会信息化发展的全局出发，全面阐述现代信息技术与档案馆现代化、档案管理变革的互动关系。围绕现代档案管理领域最前沿和应用实践最需要的“智慧档案馆建设”和“数字档案馆建设”内容，分析档案馆信息化建设过程中的观点、方法和实践误区，为现代档案工作者指出信息化建设所必须遵循的原则、策略和方法；研究新技术环境下现代档案管理的新思路、新技术和新方法，阐述如何将档案管理与信息技术实现组合应用，通过将体制改革、观念革新、流程重组、资源整合、集成管理和创新服务等一系列现代化管理理念应用到档案馆的现代化管理过程中，实现档案管理的变革与创新，为档案工作者提供数字档案馆到智慧档案馆建设的实施方法论，从而促进信息资源知识化转变和社会化共享，提升档案信息服务能力，推动我国档案事业快速发展。

图书在版编目（CIP）数据

档案馆现代化管理：从数字档案馆到智慧档案馆 / 薛四新主编. —北京：电子工业出版社，2019.1
ISBN 978-7-121-35900-2

Ⅰ. ①档… Ⅱ. ①薛… Ⅲ. ①档案馆－建设－研究－中国 Ⅳ. ①G279.2

中国版本图书馆 CIP 数据核字（2019）第 004398 号

策划编辑：石会敏
责任编辑：石会敏　　特约编辑：侯学明
印　　刷：北京盛通商印快线网络科技有限公司
装　　订：北京盛通商印快线网络科技有限公司
出版发行：电子工业出版社
　　　　　北京市海淀区万寿路 173 信箱　　邮编：100036
开　　本：787×1 092　1/16　印张：14.5　字数：368 千字
版　　次：2019 年 1 月第 1 版
印　　次：2021 年 3 月第 5 次印刷
定　　价：69.00 元

凡所购买电子工业出版社图书有缺损问题，请向购买书店调换。若书店售缺，请与本社发行部联系，联系及邮购电话：（010）88254888，88258888。

质量投诉请发邮件至 zlts@phei.com.cn，盗版侵权举报请发邮件至 dbqq@phei.com.cn。

本书咨询联系方式：（010）88254537。

推 荐 序

全球范围的信息化建设和现代化管理，正在成为科技创新、经济发展和社会进步的重要内容。档案作为人类社会各项活动的真实记录，是社会的宝贵财富、人类的文化遗产。档案资源信息化、档案管理现代化，以至数字档案馆、智慧档案馆的出现与发展，已经成为档案事业与时俱进的重要方面。

清华大学档案馆科技档案部薛四新博士，曾经在清华大学自动化系国家 CIMS 工程技术研究中心从事过多年的学术研究和软件系统开发工作，到清华大学档案馆工作以来，作为档案馆信息化建设的骨干，发挥特长与优势，把现代信息技术与档案管理有机结合，深入开展了档案馆信息化建设的理论研究与实践探索。2008 年，她花费两年时间撰写完成的《档案馆信息化与档案管理变革》一书出版发行，受到广大档案工作者的欢迎，中国档案学会将其选为网络远程教育的教学用书，全国多个省市将其列为档案学继续教育的培训教材，多所高校将其指定为档案学课程的参考图书。近几年来，薛四新博士与上海交通大学、重庆大学、深圳大学等高等院校的工作人员，继续在数字档案馆、智慧档案馆领域进行研究和探索，完成了国家档案局立项的科研课题《智慧档案馆构成要素分析》，并获得优秀科技成果奖。结合新的研究成果，从 2015 年起，薛四新博士对《档案馆信息化与档案管理变革》一书进行了修订，新增智慧档案馆、数字档案馆系统和最新研究成果等内容，并更名为《档案馆现代化管理—— 从数字档案馆到智慧档案馆》，如今呈现在广大读者面前。

这本书是在实践中不断修订完成的，是档案管理理论与档案工作实践相结合的产物，涵盖档案管理学的理论方法、技术应用和工程实践等多方面内容。全书从档案馆信息化建设的实践需求出发，阐述信息化推动档案管理现代化的思维与方法，总结数字档案馆的建设方法与经验，探索智慧档案馆的新生态及其构成要素。对于不断发展的档案事业而言，该书具有较高的理论引导和实践指导作用。其特点主要体现在以下几个方面。

一是学科交叉。它将现代信息技术、现代项目管理、软件工程等知识融入档案管理理论和档案工作实践中，以促进现代档案馆运行管理的变革与发展。

二是内容新颖。它以档案资源为对象，以信息技术为依托，阐述档案馆信息化建设的业务需求、数字档案馆工程乃至智慧档案馆的构想，为现代档案工作者提供了思路与方法。

三是对象明确。它为档案学专业师生、档案机构的工作人员、档案管理系统的研发人员以及关注档案事业发展的社会公众等，提供了知识参考和实践引导。作为教科书，学生可以从中学到档案信息化系统建设和现代化管理的相关内容、方法、技术和知识；作为参考书，档案工作者可以从中找到开展实际工作的思路和方法。

四是实践性强。它引用了大量真实的档案信息化建设项目作为案例，提供了丰富的实践经验和基础知识，通过多个真实的应用场景，介绍数字档案馆软件系统的功能和作用，最大限度地提高了读者的学习效果和效率。

国家档案局十分重视档案馆的信息化和现代化建设，早在 2000 年就提出了全面推进档案信息化建设的战略部署。《全国档案事业发展“十三五”规划纲要》又把“加快档案管理信息化进程”作为今后一个时期档案工作的六大主要任务之一，要求各级各类档案馆持续推进数字档案馆建设、加快提升电子档案管理水平、推动档案信息资源共享服务平台建设。

值此时机，《档案馆现代化管理—— 从数字档案馆到智慧档案馆》的出版是非常有意义的。衷心希望本书能帮助和促进广大现代档案管理工作者，自觉地顺应时代的发展，善于运用网络及现代信息技术，更新管理理念，重组业务流程，改变服务手段，推进管理创新，提升管理水平，挖掘档案资源，为社会提供更优质、更有效的信息服务。

清华大学档案馆馆长、研究员

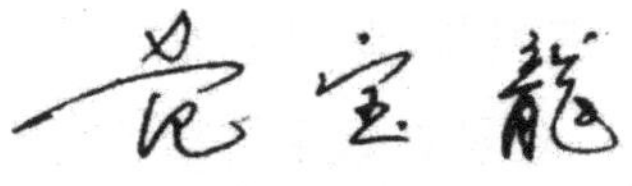

2018 年 10 月 18 日

前　言

管理是生产力中的软科学，只有通过管理工作的开展才能将生产力中的劳动者、劳动资料和劳动对象三要素合理地组织起来，使之发挥作用。技术是生产力中的硬科学，只有采用先进手段、科学方法和有效措施才能实现科学管理，才能最大限度地降低管理成本，产生效益。21世纪，现代管理理念与科学技术方法之间的互动、融合与交叉应用，深刻地影响和改变着人类社会的每个角落。档案工作也不例外，无论是档案行政管理工作还是档案业务工作都在发生巨大变化。档案的归档、立卷、移交、审核、鉴定、查询、检索、统计、盘点、开放及利用等业务工作，逐渐由自动化办公代替传统的手工作坊，档案信息化逐渐成为信息时代档案事业发展过程中的一项基础性工作，逐渐深入档案工作的各个业务环节并发挥着越来越重要的作用，以此推动档案馆事业走向现代化。

档案信息化源于现代档案事业自身发展的需要，推动档案馆的运行由传统向现代发生深刻的变革。信息技术的应用为档案利用者提供了前所未有的方便和快捷，电子记录归档保存、馆藏档案数字化及档案信息网络化服务成为社会发展的主流趋势。但是我们还应看到，与电子政务、企业信息化以及快速发展的其他行业信息化相比较，我国的档案信息化还处于初级应用阶段，还将经历漫长的探索过程，还将面临更多的困难和问题，因此，在未来的档案信息化工作开展过程中，总结经验、分析现状、找出瓶颈、解决问题，以客观的态度、科学的方法提高信息化建设的有效性、增强信息化发展的持续性是非常紧迫的任务。不能否认，我国当前信息化建设过程中出现的投资浪费、低水平重复建设、技术与业务“两张皮”、传统与现代相排斥等不和谐现象依然严重地阻碍着档案信息化的发展进程；“为官一任，只做好任上事”、不同层次的档案馆“各自为政”的低水平重复建设等弊端给国家档案事业的发展带来一些负面影响，造成了国家 IT 投资的严重浪费。要克服这些弊病，必须从根本上找原因，从思想观念、管理体制、工作思路和科学方法等方面寻求综合解决方案。

本书以档案信息化建设过程中的困惑、困难与问题为出发点，以案例形式探究解决问题的思路和方法。案例中塑造了档案信息化工作中不可或缺的几类重要角色：一是档案行政工作人员（ADW）；二是档案业务工作者（ABW）；三是档案信息技术支持与服务工作人员（AIW）；四是提供档案信息化解决方案的管理咨询公司与 IT 研发公司的研发人员（RDW）；五是与档案工作相关的办公人员（AOW）；六是档案利用者的总称（AU）。以这些角色开展信息化工作的片段为案例，编制和模拟了开展档案信息化工作的应用场景，分析和探究档案信息化系统建设、应用、运行、维护与发展的思路、方法及可能遇到的相关问题的解决方案。

本书的写作以实践为基础，以理论为依据，以问题为导引，围绕应用案例开展问题分析，从档案信息化的规划、设计、研发、实施、运行、管理与维护等贯穿档案馆现代化建设与发展全过程的视角展开系统的分析和探讨，从而探求更合理、更有效的信息化实践方法，为我国的档案信息化工作献计献策。

本书分为5章。清华大学薛四新、重庆大学杨艳、上海交通大学袁继军、深圳大学陈洪静、北京海泰方圆科技股份有限公司的柳晶共同开展书稿框架结构的策划、内容的组织、大纲的编写；薛四新负责撰写和统稿全书各章节内容，深圳大学罗家靖、重庆大学喻玲、西南大学姚恒参与第1章的整合与校对，杨艳参与第2章内容的整合与校对，陈洪静参与第3章内容的整合与校对，袁继军参与第4章内容的整合与校对，柳晶、左俊祥、张新宇、丁希参与第5章中有关数字档案馆的研究和文稿的整合与校对；上海交通大学张旭，清华大学田里、钱丹红和郭静茹，以及云南丽江市档案局王建英和北京市住建委张静等参与了本书中部分章节内容的编写和校对。

本书的出版并非作者对档案馆现代化管理这一研究工作的结束，而恰是一个开端。由于时间仓促，信息技术发展迅速，加之作者水平有限，书中纰漏甚至错误之处在所难免，敬请专家、学者、读者批评指导。档案馆现代化管理，特别是数字档案馆、智慧档案馆建设还将长时期地处于不断探索和发展过程中，作者将努力跟随档案事业发展与档案工作实践的需要，开展更为深入的学术研究和实践探索，及时修订本书内容，丰富其学术内容，使之日臻完善。

本书在编写过程中，得到许多专家、学者和档案工作者的支持和帮助，得到家人与朋友的理解和鼓励，得到清华大学档案馆范宝龙馆长的支持和鼓励，得到北京海泰方圆科技股份有限公司姜海舟董事长的支持和帮助，得到中国人民大学冯惠玲教授、中山大学陈永生教授、高等院校档案馆的同行们的支持和鼓励，在此对支持本书编写工作的专家、同行、家人与朋友表示衷心的感谢和敬意！相信中国的档案事业在大家共同努力之下定会发展得更快、更好！

主编：薛四新

2018年10月于清华园

目　　录

第 1 章

档案馆信息化建设的实践需求

昨天的文件是今天的档案，今天的电子文件是明天的数字档案。任何时期，记忆社会、延续历史、传承文化都是档案工作者肩负的不可推卸的重任。档案工作作为社会文化事业的重要组成部分被列入国民经济和社会发展的总体规划，遵循和服从社会信息化发展的总体要求和战略部署。社会信息化、国家资源战略将 21 世纪的档案事业置于一个集理念、方法和技术于一体的综合环境之中，传统的档案工作需要发展，档案管理需要变革，档案事业需要创新，档案馆将会迈向现代化管理的新模式。档案信息化作为档案馆现代化运行与发展的重要“抓手”，信息化建设的要求和内容必然源于现代档案管理事业运行和发展的各个层面、各个环节、各岗位和各事项，档案信息化也必将为适应这一需求而获得生存与发展的机会。

1.1 计算机辅助档案管理的需求

计算机辅助档案管理是档案信息化的基础性工作之一，初期的使用方式主要局限于将传统的、手工管理过程中产生的档案目录信息实现计算机化管理，即将档案目录信息录入计算机中以方便检索，提高库房调卷工作效率。随着计算机在档案管理工作中的广泛应用和档案业务精细化管理程度的提高，计算机辅助档案信息管理正在不断地增添新内涵，主要表现在档案描述信息更加细化，档案管理过程信息需要实时管理，档案内容的计算机化管理和网络化查询逐渐成为必须。

1.1.1 案例场景

场景 1-1-1 至 1-1-4 围绕着计算机辅助档案信息管理的相关问题来描述，从案卷目录、卷内文件目录、档案内容信息等方面逐层深入，分析档案管理过程中如何利用计算机实现对档案目录信息的采集、管理、维护、检索、统计和打印等。

场景 1-1-1：建立机读档案目录数据库的要求

（1）场景描述

一位从事计算机专业研究的档案利用者（AU）手拿介绍信来到档案馆阅览室，档案馆的业务工作人员（ABW）正在热情地为之提供服务。

（2）场景再现

AU：我想查阅有关 XXX 方面的档案，这是介绍信。

ABW（热情地把几本厚厚的档案底册搬到 AU 面前）：这是档案案卷目录底册，您先从中查找需要查阅的案卷，找到案卷号后，登记在这个本上，我去库房给您调卷。

AU（看着厚厚的几本档案底册，眼睛又转向 ABW 办公桌上的计算机）：我能不能使用您的计算机来检索，翻本查找，什么时候才能找到我要的档案？再说也很难找全呀！我今天来你们馆查档案的时间很有限。

ABW：很抱歉，我这个部门还没有上档案管理信息系统呢！领导说今年先给别的部门上，我们这个部门还得等两年才能开始！

AU（疑惑不解）：这底册上的目录不都是用计算机打印出来的吗？您有这些目录的 Excel 或 Word 的文件吗？

ABW：没有，这些目录是请外面的人录入并分多次打印的，我这也没有。听说档案管理软件系统实施后想查什么就都能查到，到那时候我就没有太多的事情要做了，就会轻松很多，您也可以用计算机很快查找到您所需要的档案信息了！

AU（哭笑不得）：您眼前的计算机主要做什么？别人录入后为什么不复制过来呢？这样检索起来多方便。

ABW：我的计算机主要是用来上网，收邮件，写一些文档。目前我们接收的档案都是纸质的，不需要用计算机来管理。

AU（摇摇头，很无奈）：都什么年月了，还得翻本查档案……

（3）观点聚焦

① 档案利用者对档案管理实现计算机信息检索提出了基本要求，档案信息检索实现计算机化成为必然的趋势。信息化时代，使用计算机为档案管理服务，是每位档案工作者应具备的基本素质。

② 档案管理人员对计算机辅助管理的认识具有一定的局限性，档案工作者的知识结构需要调整，学习型档案工作团队急需建立。

③ 档案信息化工作需要主动开展，而不是被动等待。如果没有购买或使用档案管理信息系统，可以考虑采用通常的办公软件如 Word 和 Excel 将档案目录数据库先建起来，这是开展档案信息化最基础的工作。

场景 1-1-2：档案标引信息完整性与准确性的要求

（1）场景描述

档案行政管理人员（ADW）正在档案馆内接待档案同行们（ABW），为其展示该档案馆近几年的信息化工作现状。

（2）场景再现

ADW：我们馆近几年信息化进程发展较快，前些年我们自己开发了单机版档案管理信息系统，只能在一台机器上进行档案目录信息的管理和检索。去年我们在单机版系统功能基础上又增添了新功能，开发了网络版的档案管理信息系统，实现了我们档案馆内部档案信息资源的共享，工作效率提高了很多（ADW 边说边进入档案管理信息系统进行演示）。

ABW：你们的档案管理信息系统中都有哪些数据？

ADW：我们馆内所有的案卷目录数据全部都在系统中，因此我们可以做到 100%的查全率、查准率！

ABW：案卷目录中怎么有这么多数据项是空的？另外，系统中有没有卷内文件目录？

ADW：这些空的数据项，有的是数据还没有完全录入，有的则是留着进一步扩展使用。卷内文件目录做起来工作量太大了，我们还没有太多的资金和人力去开展更深入的工作。

ABW：那你们又如何做到100%的查全率、查准率？

ADW：我馆提供档案利用服务的业务人员对库房档案的摆放非常熟悉，因此，从库房调卷的效率也很高。

……

（3）观点聚焦

① 单机版系统过渡到网络版系统主要解决档案信息资源共享的问题。计算机辅助档案管理各项功能模块的设计与实现，与信息系统是单机版还是网络版没有直接联系，并不是网络版的功能就一定比单机版的功能多，这是一个认识上的误区。

② 档案服务利用的精细化对档案基础数据库的建设提出了更高的要求。档案管理信息系统对案卷目录、卷内文件目录及其著录项数与著录项内容的完整性和准确性提出了更高的要求。档案基础数据库的建设是开展档案信息化工作的基础准备工作，无论是否购买和使用档案管理信息系统，这一工作都需要尽快开展起来。

③ 档案基础数据库的建设是一个循序渐进的过程，不可能一蹴而就。案卷级目录数据库可以先建立起来，然后再逐渐扩展到卷内文件目录以及馆藏档案内容的数字化建设，而在档案管理信息的规划与设计过程中需要从档案管理的全局出发，留出接口部分，以便管理信息系统未来可扩充。

场景 1-1-3：档案信息综合查询的要求

（1）场景描述

档案利用者（AU）来到档案利用大厅，档案工作者（ABW）正在热情接待。

（2）场景再现

AU：我想查询介绍信上注明的这些相关信息，不知道档案馆是否有与之相关的档案（AU边说边递交手中的查档介绍信）？

ABW：您可以利用这台计算机来检索，我们的系统分为文书档案、科技档案和人事档案。每个档案门类中又划分一些子门类，这小册子上有我们的档案分类说明，您首先需要大概判断一下这些信息可能在哪些档案门类中，然后再利用计算机进入相应的门类进行检索。

AU：我不太了解你们的档案分类方式，能不能只输入几个关键词就能方便地查找到我所需要的档案信息？

ABW：目前还不行，查找前必须先了解档案分类方法，若在其中一个档案门类中找不到，可以再到其他的门类中找。

AU：太不方便了，这种检索只能由你们档案馆内部熟悉档案分类方法的人才能操作。

（3）观点聚焦

① 档案利用者对档案目录信息的模糊检索、跨库检索提出了要求。档案信息检索服务不能仅局限于传统的档案保管方式，而应从信息利用的角度来组织和提供档案信息服务。

② 档案信息化应考虑如何在传统档案管理模式上有所创新。传统纸质档案的收集、保管需要分门别类以方便档案管理，但档案信息的计算机化管理特别是数据库的建设不应单独构建，应在充分考虑信息检索和档案利用方便性的基础上设计档案数据库的存储结构。

③ 档案馆内部档案目录数据库的整合与信息资源共享成为必然趋势。现代档案管理应以服务为导向，从利用者的角度考虑如何提高档案的利用效率。

场景 1-1-4：档案全文信息检索的必要性

（1）场景描述

档案馆有意购买网络版档案管理信息系统，档案馆业务负责人（ABW）正在向开发档案管理信息系统的技术工程师（RDW）进行咨询。

（2）场景再现

ABW：我馆想购买一套网络版档案管理信息系统，希望能够了解一下贵公司开发的档案管理信息系统的各项功能。

RDW：我们公司开发的档案管理信息系统主要包括档案的鉴定、收集、整理、归档、查询、借阅，库房管理和网络化查询利用等功能模块，系统能够支持档案工作全过程的管理。档案目录数据库结构可根据档案馆多门类管理的需要分为一级、二级和三级目录管理，档案内容信息的管理是以图像文件或 PDF 文件格式进行采集，并提供文件存储和数据库存储两种方式……

ABW：有没有全文检索功能？

RDW：系统支持全文检索，但需要集成 XXX 公司开发的文字识别（Optical Character Recognition, OCR）插件，这需要您在购买档案管理软件之外增加额外的费用。你们档案馆目前有多大数量的电子文件需要在系统中做保存？你们本次打算花多少钱来开展档案信息化建设？

ABW：前期做了一些数字化扫描加工的照片和历史档案，都是以 TIFF 和 JPG 格式保存的，图像文件大约有十万张。我们这次申请了两万元来购买网络版的档案管理信息系统。

RDW：目前，OCR 识别历史的、手写的档案还有很多不确定性，准确度也不是很高。我认为按照你们当前的应用情况和资金状况，全文检索功能可以考虑晚些时候再实施，而且还需要提前做很多基础性准备工作。

……

（3）观点聚焦

① 档案信息化应用程度逐渐深入到对档案内容信息的检索。随着档案信息化工作的广泛开展和深入应用，档案全文检索的需求也将逐渐凸显出来以便档案工作者提供更深入、更精细的服务。这对档案馆的信息化存储设备和数据备份等都提出了更高的要求，一方面要求安全稳定，另一方面要求容量可扩充，更重要的是需要开展容灾备份与灾难恢复等安全管理工作。

② 档案管理信息系统的功能可灵活配置。档案管理信息系统的设计与开发工作已经发展得比较成熟，市场上许多商品化软件已经能够根据各档案馆参差不齐的应用状况提供个性化的配置服务。在系统实施过程中，各档案馆可以根据自身业务的需要进行功能模块的灵活摘挂与动态扩展。

③ 档案馆应根据自身的财力和人力状况选择购买相应的功能模块。OCR 识别机打文件的技术已经比较成熟，集成 OCR 技术，任何一个提供档案信息化解决方案的 IT 公司都能够提供全文检索功能和实现方案，但档案工作者应了解和认识到，增加这一功能需要将数字化图像文件中的文字识别出来并将文字和图片分别保存，增加全文检索功能必然需要增加额外的成本投入。

1.1.2 问题分析

本节的场景案例展现的是档案馆接待档案利用者的典型工作场景。一方面反映了档案利用者对档案信息快速检索与获取的渴望和需求；另一方面反映了传统档案工作模式的低效性，体现了传统档案工作者对信息化工作的“坐等”姿态，同时也反映出档案信息化工作的逐层深入和广泛应用的需求在不断地增加。

① 档案部门的封闭性。长期以来，档案工作重“保管”轻“利用”的习惯根深蒂固。在传统档案管理模式中，工作的重点在于如何保管好库房中的档案，安全工作的重点侧重于防火、防盗、防霉、防腐烂等；被动的查档服务和档案的低效利用，以及档案工作人员的长期稳定与不流动性也使档案工作者安于现状；档案工作的交流局限于档案行业内部；档案部门资金短缺、信息化需求不急切、实施起来阻力大等，造成了很少有实力较强的 IT 公司或专业的信息化人才对档案信息化投入关注目光和积极态度的结果，这造成了档案信息化工作开展过程中的局限性和低效性。

② 档案工作者的专业技能亟待提高。我国有上百万专兼职档案工作者，但学历普遍偏低，稳定的、缺乏压力的工作性质使档案工作者缺乏学习动力，安于现状；由于行业内缺乏系统的培训机构，加之高等学校档案专业的学历再教育对实际工作的指导也有一定局限性，档案业务工作者也很难有机会获得继续教育的机会；档案工作者待遇偏低也使很多技能全面的人才望而却步，这种恶性循环的人员素质状况亟待改善。

③ 档案信息化工作的复杂性带来新挑战。尽管各行各业信息化的快速发展多少也促进了档案工作者追求和开展现代化管理的步伐，但信息技术的专业性、信息化建设的高投资性，以及信息化产生的潜在的、长期的、隐性的社会效益和实施工作量巨大等因素，在一定程度上都会给档案工作者带来压力和挑战，传统的档案管理模式、档案工作者单一的知识结构不可避免地制约着档案信息化的发展进程。

④ 档案信息化应用逐渐走向深层次。机读档案目录数据库、档案分门别类数据库、档案内容全文数据库的建设与检索等都是开展现代档案管理工作和提供档案服务利用的综合要求，这不仅要求档案工作者不断提高计算机应用水平，同时还要求为档案行业提供信息化解决方案的信息技术人员不断地深入档案业务工作过程，思考信息技术在档案信息化中的有效利用模式。开展档案信息化工作需要将档案业务工作与信息技术紧密结合起来，才能取得预期的效果。

1.1.3 误区点拨

分析本节的场景案例可以看出，传统档案工作者对档案信息化基础工作的认识尚存在一些误区。

① 认为信息化后的档案管理与当前的手工管理没有必然的联系。事实上，当前手工管理形成的档案编目信息正是信息系统中机读档案目录的重要内容，因此，需要从档案收集整理过程就开始重视档案目录信息的积累。档案馆开展档案信息化工作，第一步就是实现机读档案目录的查询与检索。档案业务工作者只把计算机当作上网、收邮件的工具，而不知道使用 Word、Excel 等常用的办公软件辅助自己开展档案目录信息的管理，这是档案工作者缺乏创新性和思维不够灵活的表现。其实，利用通常使用的办公软件完全能够为档案利用者提供

类似于单机版的档案目录检索服务，这无疑比手工翻本效率要高许多。

② 认为信息化工作是等待别人来安装一个软件系统就可以减轻工作量。信息化工作有很多内容，开展起来也需要做很多基础准备工作。其中一项基础性工作就是 IT 技术人员开展的系统设计、软件开发与系统实施工作，而系统的设计、开发和实施的需求来自档案工作者开展档案管理的基本业务需求，信息系统的使用者和受益者也是档案工作者，因此，数据录入、数据查询、数据管理和数据维护等工作都是档案工作者自身的事，而不是 IT 技术人员的事。部分档案工作者错误地认为，实施了档案管理信息系统后自己就没有太多的事情要做，而且想要什么都可以在系统中查询到，其实这是很多档案工作者对信息化建设的一种奢望，也是档案信息化系统能够真正使用起来的最大障碍。

当然，可以聘请其他人同时录入档案目录数据库并将数据库文件合并或进行整合，在没有实施网络版管理信息系统之前，可以先利用本地计算机实现简单的目录检索，以提高工作效率，提高服务质量。在开始实施管理信息系统时，可以将这些已经数字化的档案目录信息交给系统实施人员，在进行规范化处理之后，一次性导入系统，以方便使用。这些基本的工作都需要随时积累，以保障信息化实施过程的速度和质量。

③ 认为档案信息化工作就是将档案目录信息实现计算机化管理就达到要求了。档案目录信息是档案工作者为方便档案实体的保管和信息检索而形成的管理信息，它是在对档案内容信息进行概要描述的基础上形成的。档案工作者对档案内容信息描述得越详细、越全面，就越能够减少实体档案的调卷次数，但多数档案利用者还是需要查阅档案原件上的真实信息，因此，未来开展档案数字化扫描、文字识别、提供全文检索等信息化工作还需要投入更多的人力、物力和财力，档案信息化将作为档案事业的一项基础性工作融入档案管理的全过程中，这对档案工作者拥有多方面技能和多学科知识提出了更高的要求。

1.1.4 认识提高

档案著录与标引是档案收集整理工作的基本内容，它能够将档案有序编排并形成档案目录信息，目的是方便库房档案的管理，提高档案调卷、还卷的工作效率。实现机读目录检索是档案信息化的一项最基础性的工作，机读档案目录是由档案工作者生成并不断地进行添加、修改和维护的，而不是由软件开发人员生成的。档案工作者应首先认识到这一点，才有可能在档案信息化系统建设过程中做到基础准备到位，工作扎实有序，使用起来得心应手。

① 机读档案目录需要不断积累，积累过程与有无软件系统无关。软件系统本身无法产生数据，机读档案目录信息需要人工录入系统才能实现信息检索。如果把计算机和软件系统比作车，那么系统中的数据就好比是车上的货物，货不可能自己装上车，必须由人装载，即采集、录入或批量导入。当然，为了加快系统实施，很多单位出钱雇人协助录入数据，或者进行批量处理以提高信息化实施的速度是可取的，但一旦软件系统进入运行期之后，录入新接收的档案目录数据是需要档案工作者亲自开展的一项基础性工作。

② 档案信息化只是辅助档案工作者开展工作，并不能解决所有问题。利用信息化手段开展现代档案管理，并不能省略档案管理的某个环节，如收集、整理、归档、鉴定、编辑、查询、统计等工作环节依然不能减少。计算机能够协助档案工作者开展高效的有记忆性的和大容量存储性的工作，减轻手工操作的复杂性，但并不能够解决所有问题，更不能够代替人工作。

③ 档案信息化建设要求档案工作者不断地提高计算机操作技能，改变管理方式。随着信息化工作的深入开展，档案工作者对计算机的操作能力不应仅局限于简单的办公操作，而应深入理解管理信息系统的深刻内涵，结合自己的工作实践不断地提出新要求，以促进档案信息化工作的完善与改进，提升现代档案管理工作的效率和水平。

④ 档案信息化工作由浅入深，随需求变动而动态扩展。档案信息化工作想要一蹴而就是不现实的，也是不可能实现的，但信息化工作已经成为现代档案管理的基础性业务工作，一步也不能停留，需要持续提高，滚动发展，因此，应将档案信息化工作融入档案鉴定、收集、保管、编研和提供利用的方方面面。

⑤ 单机版与网络版档案管理信息系统的区别在于系统信息的一次录入多次共享使用。作为档案管理信息系统，无论是单机版还是网络版都能够提供支持档案管理全过程业务的功能，所以并不是有了网络版档案管理信息系统，单机版系统就没有市场，就无法使用了。在我国很多机构的档案室只有一个人管理档案，共享档案信息的需求并不强烈，也没有必要花更多的资金去购买网络版。总之，适合本单位业务需求的档案管理信息系统就是好的。

⑥ 档案管理制度与规范将随着档案信息化工作的深入而逐渐走向程序化。档案信息化工作的深入开展能够逐渐将管理制度、操作规范等固化到管理信息系统中，记录档案工作各个环节的过程信息。档案业务工作者可以通过计算机和网络进行业务沟通和协同办公，档案行政管理人员也可以通过计算机和网络了解档案工作过程中出现的各种问题，分析管理中的瓶颈，提高决策的科学性。

1.2 电子文件归档与保存的要求

2005 年 4 月 1 日《中华人民共和国电子签名法》正式生效，规定具有电子签名的电子文件与书面文书一样具有同等的法律效力，因此，作为档案进行归档的电子文件与纸质档案一样具有档案的凭证属性、价值属性和知识属性。

1.2.1 案例场景

场景 1-2-1 至 1-2-4 围绕电子文件归档工作的具体要求，探究是否应开展电子归档工作、如何开展、以谁为主来开展，以及档案馆接收电子文件后应如何组织、存储、管理和提供服务利用等相关问题。

场景 1-2-1：电子文件归档的基本要求

（1）场景描述

某高校信息中心的工作人员（RDW）与档案馆行政领导（ADW）、归档单位的档案员（ABW1）及档案馆的业务指导人员（ABW2）就学校各部门产生的电子文件是否实施归档、如何归档、如何保存等问题进行协商。

（2）场景再现

ABW1：我们部门从 1998 年就开始使用办公自动化系统和管理信息系统来管理业务数据，现在系统中的数据越来越多，开展现行业务工作不需要经常查询或使用系统中的历史记录，我们希望对系统数据进行优化处理，将使用频率较低的历史数据从当前使用的业务系统中进行分离，以提高当前系统使用的效率。

ABW2：按照《中华人民共和国档案法》（以下简称《档案法》）《中华人民共和国电子签名法》《电子文件归档与管理规范》《电子公文归档管理暂行办法》等相关法律法规的规定和标准规范的要求，各归档单位形成的电子文件应作为档案及时进行归档，重要的文件应打印出纸质文件进行保存，目前很多单位已经实行纸质档案和电子文件同步归档的“双轨制”运行模式。我们学校也应该尽快考虑归档单位的电子文件归档问题。

RDW：今年学校制定的“十一五”信息化规划方案中，定义了档案信息域，用以统一部署学校的档案信息资源，各职能部门产生的电子记录哪些需要归到档案信息域中进行管理，哪些需要整理删除，哪些需要做备份等都需要与档案馆的同志进行鉴定、协商。目前学校各单位使用的现行业务系统的运行负荷越来越重，IT 软硬件的投资也越来越大，信息资源的整合问题已经非常突出了。

ADW：从长远角度来看，电子文件归档是发展趋势，但目前档案馆几乎没有能力也没有实力接收和管理来自各单位的电子文件。我认为各单位产生的电子文件还是应保存在各自的业务系统中或者从系统中备份出来，不需要转移到档案馆的系统中来保存，更何况电子档案的安全、永久保管等问题还在探讨过程中。因此，我认为档案馆还应以纸质档案的接收为主，等时机成熟了，电子档案长期保存和安全管理等关键问题解决后，我们再考虑。

RDW：历史数据保存在业务系统中已经很不现实，因为这些大量的历史记录已经成为固定内容，使用频率较小，但消耗系统的资源很多。从信息技术的角度完全可以考虑建一套备份系统或者刻成光盘，但学校各部门对这些历史信息的查询和使用首先想到的是要到档案馆去查找，因此，应尽快对学校各归档部门现行业务系统中的数据进行鉴定，将具有保存价值的电子信息归档到档案馆，以提供利用。

ABW2：我认为 RDW 说得有道理，有的电子信息如视频、音频等流媒体格式的信息也很难打印成纸质的，目前要启动电子文件工作，至少应开展需求调研工作，弄清楚哪些电子文件需要归档并做永久保存，哪些只需要短期保存就可以删除，这样既减轻了现行业务系统的负担，又丰富了馆藏数字资源，对不断提高档案馆的信息服务能力大有好处，同时，也可以减少以后馆藏数字化的工作量。

（3）观点聚焦

① 开展电子文件归档工作是新时期档案工作者的责任和义务。一方面能减轻现行业务系统的运行负荷，另一方面能够不断地积累和丰富档案馆的电子信息资源，为提升档案馆的信息服务奠定数字资源基础。

② 有价值的、需要永久保存的电子文件应实施物理归档。与纸质档案集中到档案馆进行保管的方式相类似，电子文件归档同样也需要建立专门的档案数据库，按照档案管理方法对归档电子文件进行统一整理、组织、保存，并实行集中管理，不能按照各自业务系统的结构进行保存。

③ 归档电子文件的管理权归属于档案馆。现行业务系统不再对历史记录做任何处理，人们查询历史信息都要到档案馆，因此，归档电子文件应由档案馆来提供利用服务。

场景 1-2-2：电子文件归档需要档案业务人员积极参与

（1）场景描述

档案馆领导（ADW）希望启动电子文件归档工作，正在与档案馆的业务主管（ABW1）、档案收集指导的工作人员（ABW2、ABW3）就此问题进行商议。

（2）场景再现

ADW：目前很多归档单位已经采用了办公自动化系统，形成了大量的电子文件，有文字、图形、音频和视频格式，还有一些数码照片和 CAD 文件。我们档案馆是否需要考虑接收这些电子文件进馆呢？我上周去其他档案馆参观，发现有些档案馆已经开始接收电子文件进馆了，我们再不做是不是就落后了？

ABW1：接收电子文件进馆很麻烦，不仅需要花很多钱买设备、开发软件，而且还需要专门的计算机专业人员来管理，国家也没有发布与电子文件管理相对应的标准和规范，听说有的档案馆接收电子文件，采取了以“件”为单位的管理方式，打破了传统案卷管理模式，增加了很大的工作量，引起很多怨言。我们既没钱又缺乏技术人才，很难开展此项工作，我认为还是先接收纸质的，等时机成熟后，再考虑接收电子文件进馆。

ABW2：听说某 IT 公司开发了电子文件归档系统，我们可以考虑购买一套电子文件归档管理系统来开展，有了管理信息系统，很多事情就迎刃而解了。

ABW3：计算机我可不会操作，也不熟练，即使购买了系统，让我学恐怕也很困难。如果要做电子文件的收集、整理、归档和保管等工作，还是要由计算机技术人员专门来做。另外，我还听说计算机还会传染病毒，电子文件很容易被修改，电子文件不可能与纸质文件一样具有法律效力，电子的东西很不安全，其真实性、完整性和有效性更难保障了。如果要开展这件事情，我建议最好引进几个计算机方面的专业人员来开展此项工作。

ADW：原来还有这么多问题，那我们还是稳妥一点，先不去做，等等再说……

（3）观点聚焦

① 传统档案工作者对电子文件归档的恐惧心理需要调整。电子文件归档与纸质档案归档的业务流程几乎没有区别，归档范围也可以根据归档单位形成的电子文件是否具有保存和利用价值来确定，归档方法可以考虑采用网络归档也可以考虑介质移交归档。当然，档案馆接收归档的电子文件首先需要制定一系列的标准和格式规范。

② 电子文件归档工作应以档案管理业务部门为主来开展。电子文件的特殊性要求信息技术支持人员参与到电子文件归档的业务过程中，从信息技术的角度来考虑电子文件的接收方式、保存格式和采用计算机提供服务利用的方法，但不等于电子文件归档业务由技术支持人员来全权负责，这是因为电子文件的归档范围、归档电子文件鉴定与整理、电子文件的有效性和完整性等与档案内容的真实、完整、有效性等相关信息都需要档案业务工作者来鉴定，信息技术支持人员只能够根据档案业务工作者的需要通过技术手段来辅助其高效、方便地开展各项业务工作，但并不能完全承担电子文件的归档工作。

③ 电子文件归档工作的开展首先需要做好各项基础准备。并不是购买一套管理信息系统就可以解决一切问题，就可以顺利地开展电子文件归档工作，各单位应根据其实际情况，花精力、花时间把各种可能遇到的问题梳理清楚，提出适合本单位管理需要的电子文件归档工作的思路和方法，制定各项管理制度，梳理业务流程，明确标准规范，建立组织协调机制，为电子文件归档工作的顺利开展奠定基础。

场景 1-2-3：电子档案的保存与利用需求

（1）场景描述

同时参加信息化研讨会的各单位档案工作者（ABW1、ABW2、ABW3）正在就馆藏电子档案的保存问题进行发言。

（2）场景再现

ABW1：我们档案馆在“十一五”期间申请了几百万元的项目经费，准备开展数字档案馆建设，项目经费将主要用于电子档案数据长期保存设备的采购、电子文件归档业务系统的开发和档案信息网络化服务利用等几个方面。听说你们档案馆从2000年就开始接收电子文件进馆了，希望能学习你们成熟的经验和方法，听取一些好的建议。

ABW2：我们馆的确很早就开始接收电子文件进馆，但我们保存和提供利用方式依然很原始，即把接收进馆的电子文件刻录成光盘，并把光盘存放在库房中。光盘的管理方式与纸质档案的管理方式一样，也是建立光盘目录和盘内电子文件目录数据库，网络和计算机上并不存储这些电子文件的原文内容。在提供档案利用时，首先检索目录信息，再从中找到电子文件所在的光盘，然后再从库房中取出光盘，插入驱动器找到该份电子文件，供读者阅览或打印。另外，随着进馆接收电子文件数量的增多，不仅光盘刻录的工作量增加了很多，而且管理成本也越来越高，由于光盘的保存寿命较短，我们需要定期对已刻录的光盘进行检查和翻刻，及时发现问题以确保电子文件的可读性，每个文件至少刻录三套光盘，我认为这不是长期保存的根本办法。

ABW3：我们馆也正在进行这方面的工作，目前初步确定了采用 XXX 公司提供的存储解决方案，将归档电子文件中查询频率不高的部分作为固定内容存储在网络存储设备 CAS 中，将查询频率相对较高的电子档案数据复制到系统运行性能较高的存储网络区域 SAN 中，同时将所有的电子档案数据刻录成光盘保存在档案库房中，作为离线备份数据并实施异地备份。由于 XXX 公司的存储解决方案能够随着计算机硬件的升级而升级，并能使档案数据在新旧存储介质之间实现自动迁移，且在数据的安全管理方面采取了很多有效的措施，这样既保障了电子档案数据随着软硬件设备的升级换代而实现自动迁移，减少了数字档案信息的管理成本，降低了人工迁移的错误率，也保障了档案馆提供数字档案网上查询利用的需求，对信息化工作原理而言，我们感到这套方案具有很强的优越性。

ABW1：这是目前档案行业普遍采用的两种典型的数字档案存储解决方案，其本质是存储介质的迁移。听说国外一些研究机构对电子文件的长期可读取与永久保存等问题的研究，已经有了一些新的突破，如采用对象封装的长期保存方法，即将电子文件及其保存格式的技术规范等作为一个对象进行封装，以保障其未来可读取。总之，电子文件的长期保存解决方案还在不断地探索和实践过程中。从提供利用的角度而言，我们需要选择统一、规范、标准的格式，以方便管理、检索、浏览和实现信息共享。

（3）观点聚焦

① 电子档案的长期保存解决方案还需要不断地探索和研究。光盘、磁带存储的寿命和稳定性都不如纸介质，当前的数字介质迁移做法还将延续，因此，管理制度和可读性检验等附加性管理工作必须严格制定并落实执行。

② 电子档案的利用服务工作需要档案馆大力开展。电子档案最大的优势是检索方便，不能只将其刻录于光盘，与纸质档案一样摆放在库房中不提供利用，否则既增加了档案管理的成本，又未带来任何社会效益。

③ 多方考察、积极探讨、勇于思考是开展档案信息化工作的重要方法。在我国，档案信息化工作已经开展数十年，但依然存在着很多问题有待解决，部分领导层干部由于对信息化工作缺乏了解、认识、研究和参与，在指导思想、工作思路与实践方法等方面的局限性也造成一定程度损失，走了一些弯路，因此未来开展信息化应尽量避免这些失误。

场景 1-2-4：电子文件归档工作需要有序化开展

（1）场景描述

在电子文件归档工作研讨会上，多个档案馆的工作人员（ABW1，ABW2，ABW3）正在积极发言。

（2）场景再现

ABW1：我们档案馆从 1997 年开始就接收电子文件进馆，应该算是开展此项工作较早的单位，学校各个部门产生的电子文件通过网络、磁盘、U 盘、光盘、电子邮件等方式移交到档案馆，我们接收后刻录成光盘，与纸质档案一同保存在库房中，到现在已经积累了上千张光盘，档案馆逐渐拥有越来越多的数字资源。但目前看来，我们还存在很多问题：一是这些电子资源无法进行检索，上千张光盘中存储的是什么内容，几乎都不清楚，主要原因是当时接收电子文件时并没有对这些电子资源进行分类、整理、编目，只是按照接收文件的先后顺序，容量满一张光盘就刻录一张并放在库房进行保管；二是档案馆对这些光盘也没有进行标引，档案馆的电子资源到底包含哪些，几乎无人清楚；三是谁也不敢对这些光盘的内容做处理，只是定期地将光盘内容迁移到新的光盘中；四是我们发现光盘中有些用微软 Word 97 格式存储的文字用 Word 2003 已经不能打开了；五是光盘管理成本在逐年增加……总之，这一系列问题，使我们进一步开展电子文件归档工作遇到了很大困难。目前我们正在重新思考电子文件归档工作的策略、思路和方法，我们参加此次会议的一个主要目的就是希望大家不要重复我们的错误路线。

ABW2：我们档案馆在开展电子文件归档工作问题上是很谨慎的，从 2000 年开始就曾到很多档案馆进行调研，也参加过多次研讨会，但我们一直认为电子文件归档过程中很多问题尚未解决，如档案馆实行电子文件归档最时髦的一项工作是“卷”改“件”工作模式的转变，实施后的一些档案馆叫苦不堪；电子文件的长期保存问题、网络传输与数字资源管理的安全问题还未获得彻底解决；另外，我们档案馆也缺乏计算机方面的专业人员，这项工作开展起来难度很大。因此，到目前为止，我们还处在论证阶段。

ABW3：我们档案馆在电子文件归档工作方面一直是稳步开展，不算先进，但有一定的成效。目前，档案馆收集的数字档案资源已经能够很方便地通过网络提供利用服务，这得益于我们档案馆有一位既有前瞻性眼光，又善于钻研档案业务，且非常实干的馆长。我们从 1997 年就开始考虑电子文件归档工作，馆长带领各科室的业务骨干共同研究和分析开展电子文件归档工作的策略、思路和方法，针对各归档单位的信息化应用状况逐个进行需求分析。经过近两年的调查、分析和探索，我们制定出适合我们档案馆开展电子文件归档工作的总体规划、实施方法和规章制度，并向上级部门申请了档案信息化专项经费，聘请了信息化方面的专家顾问进行指导，联合实力强大的 IT 公司共同开展电子文件归档系统的设计、开发和实施等工作。在系统建设过程中，一方面梳理业务流程，将档案的归档、移交、接收、整理、保管、鉴定等业务流程进行规范并制定相应的标准与制度，尽可能实现业务流程的自动化处理，减少人工处理环节；另一方面在馆内人才积累和培养方面下大功夫，从思想观念转变到信息化应用技能和业务素质等方面进行全面的提升；同时还协同归档单位相关人员进行充分沟通交流，从电子文件的形成单位抓起，做到既不漏掉一份有保存和利用价值的电子文件，又不会把无保存价值的临时文件进行归档而增加档案馆的管理成本。目前，我馆使用的电子文件归档系统已经能够实现 80%以上的归档单位通过网络自动提交归档电子文件，其余单位由于其信息化程度不高，主要采用介质归档方法，归档单位提交的电子文件格式是我们档案馆统一制定和规定的，移交到档案馆后，这些电子文件信息能够方便地装载到我们档案馆的系统中，不需要再做其他处理；我们同时也建立了开放档案网络查询系统，只要接收的电子文件允许开放都可以通过档案信息服务网进行检索和查询。

（3）观点聚焦

① 电子文件归档工作的开展需持谨慎态度，但不等于不去做。任何一项新生事物的成熟都需要时间，需要有开拓者去思考、研究和实践，但过于保守而畏缩不前的态度是不应该的。像 ABW2 所在单位采取的工作态度就是不可取的，只学习、不实践，学习过程中不但钱没少花，而且工作并没有任何进展，这也是一种浪费和落后。

② 电子文件归档工作应有序化开展。ABW1 所在单位在开展电子文件归档工作方面可谓先行一步，但由于缺乏科学的工作态度和扎实的工作作风，只追求表面上的“领先”，不制定规范化的操作程序和翔实的管理方法，最终却落伍了，甚至重新开始，既浪费了人力资源又浪费了资金和时间，这样的工作作风也是不可取的，应引以为戒。

③ 电子文件归档工作需要稳步推进。ABW3 所在单位开展电子文件归档的工作思路值得借鉴，从业务流程梳理，归档工作的制度、规范和操作规程等方面开展基础准备工作，再结合信息化项目工作的开展逐步拓展，做到既不漏掉一份有保存和利用价值的电子文件，又不会把无保存价值的临时文件归档到档案馆。

④ 档案馆接收电子文件的主要目的是提供数字档案资源的利用服务。电子文件的数字化特点、计算机检索和提供网络化利用的方便性是纸质档案无法比拟的，因此，档案馆应通过信息化手段，按照《档案法》的规定为社会提供最大限度的档案信息服务。

1.2.2 问题分析

本节部分场景中的对话体现出了典型、传统的档案工作者中“保守派”的思想动态和工作作风，凡事求稳、满足现状、遇事徘徊不前的惰性思维与落后观念，同时也充分说明了“保守派”是阻碍现代档案事业快速发展的“绊脚石”。档案工作应与时俱进，在工作中不断地探索新思路和新方法，即使不去做领军人也应该加入思考、研究和探索的队伍之中，这种遇到困难就退缩的做法迟早会被时代所淘汰。

① 不与时俱进者可能会面临淘汰。某些档案收集指导的资深专家对档案工作有着深厚的感情，档案的真实性、完整性和有效性是他追求的最高境界，但不愿接触新技术、不想学习新知识的他被计算机病毒和电子文件的不安全性挡住了前进的脚步，习惯了按部就班和安逸工作环境的他没有意识到自己正逐渐落伍。很显然，这样的档案工作者需要有更多的机会走出本单位去参观学习，需要根据自己的工作需要深入了解信息技术的优点，学习和掌握计算机基本操作技能，与产生电子文件的归档单位人员进行深层次的沟通和交流。

② 档案馆业务主管应有所作为。某些主持档案业务工作的主管领导了解到开展电子文件收集、整理和归档工作会面临众多困难，在权衡档案馆的人、财、物情况后采取了退缩、保守的态度；在尚未有国家标准的前提下就停止了思考；在增加工作量的呼声中退却了。档案馆的业务主管是档案日常工作中很关键的角色，他的态度决定了档案馆的工作状况，他的观念影响着档案工作的主体思路，他的不作为很有可能导致该单位数字记忆的黑洞。

③ 档案馆行政领导应深入实际工作了解业务现状。某些见多识广的档案馆领导意识到档案馆应接收电子文件，希望寻找机会做出成绩，但一听到很麻烦、需要钱、需要技术型人

才就犹豫了，稳妥成了他不去深入了解现状的借口。然而，在现实工作中，不深入了解档案业务工作现实状况的 ADW 往往把握着档案事业发展的全局命运，他的观点应更明确，思想应更超前，应该说 ADW 的战略思维和创新意识将引领该馆档案事业的发展方向。但若不深入实际工作中，不针对具体问题思考全局方案，不从资金、人才等方面想办法对档案业务主管的工作给予支持，工作浮于皮毛，不仅不可能有大的作为，还阻碍了档案事业的发展。

1.2.3 误区点拨

对本节场景的分析可以得出，档案工作者对电子文件归档与接收工作的开展存在众多疑虑和认识上的盲区。

① 电子文件是否需要接收进馆应取决于归档单位的实际需求，而不是取决于档案馆的接收能力。很多单位形成的电子文件有些可以打印成纸质的文档进行归档，但还有些电子信息如流媒体、视频、音频等数字格式的文件无法打印成纸质的文档进行归档，该如何处理？因此，档案馆应尽快做好接收电子文件归档的各项准备工作，一味考虑档案馆没有能力，或者太麻烦而不愿意接收电子文件进馆的想法与做法都是很错误的。

② 误认为电子文件归档、移交、接收、整理、保管与利用纯属技术问题。电子文件管理是在网络计算机环境下围绕电子文件生命周期全过程业务而形成的，IT 技术支持与服务人员主要从技术实现的角度来提供支撑服务，他们需要根据电子文件归档、移交、接收、整理、保管和利用的需求来设计、开发和实现信息系统以支持档案工作者利用网络和计算机来开展其业务工作。档案工作者不能因自己不会使用计算机就拒绝接收电子文件进馆，即使引进信息技术专家，也不能代替档案工作人员开展各种具体业务工作，因此，档案工作者需要尽快学习和熟练掌握计算机基本操作，以适应现代档案管理的需要。

③ 误认为电子文件不具有与纸质文件同等的法律效力。2004 年 8 月 28 日我国首部“真正意义上的信息化法律”——《电子签名法》经全国人民代表大会常务委员会审议批准通过，2005 年 4 月 1 日正式生效。有了法律保护，电子签名具有了与手写签名或手工盖章同等的法律效力，电子文件与书面文书一样具有了同等法律效力。因此，档案工作者理应顺应时代的要求，及时了解、学习和认识新的法律知识，这是非常必要的。

④ 误认为电子文件与纸质档案相比安全性无法保障。从管理的角度而言，采用网络、计算机和软件系统实现电子文件的自动归档，增强了归档过程的规范性和安全性。至于网络和信息系统带来的安全风险，是能够通过采取各种现代技术手段得到控制和加强的。有权威机构统计，70%的信息安全事件来自管理上的漏洞，应该说采用自动化手段执法比靠人工执法的安全性更高，因此，建议责任心很强的 ABW，应该顺应历史的潮流，改变传统的观念，勇敢地接收真实、合法、完整、有效的电子文件进馆，做到对历史负责，为现实服务，替未来着想。

1.2.4 认识提高

任何时期，维护社会发展历史的完整性都是档案工作者肩负的重要责任和义务。电子信息记录着信息社会的发展历程，如果不及时进行收集、整理、归档和保管，必然会造成历史记忆的残缺不全。国家档案局 2006 年组织的一项调查显示，中央和国家机关、中央企业已有近 80%的单位采用了办公自动化或电子政务系统，总共已产生各种类型电子文件近两亿件，成为各项工作真实记录的重要组成部分。电子记录的安全保管、长久流传、共享利用等工作的开展，将直接影响着国家数字记忆的保存和电子政务效能的发挥。因此，无论有多艰难，档案工作者都应树立正确思想和科学观念，主动思考新的策略和思路，寻找适合时代进步与发展的最为有效的解决问题的途径和方法。

① 电子文件与书面文书具有同等法律效力。《电子签名法》为数据电文、电子签名的法律有效性消除了法律障碍。《电子签名法》中“数据电文”一章明确规定了数据电文书面形式的法律效力、原件法律效力、保存要求、证据效力等；“电子签名与认证”一章明确了安全电子签名的法律效力，安全电子签名的使用条件，第三方认证机构的设立条件、行为规范和管理机关等内容，规定了保障电子文件有效性和安全性的法律内涵。有了法律依据，档案工作者需要积极地探讨、认真地开展电子文件归档、移交、接收等工作，这是新时期档案工作者的重要责任。

② 接收电子文件进馆并实施有效管理是档案馆必须开展的一项新工作。档案工作者正确认识和对待电子文件归档工作是非常有益的。新时期档案工作者应做到：A.彻底从思想上改变观念，在充分信任的网络、计算机和信息系统的环境下开展工作，应该认识到自动化不仅提高了工作效率，还降低了错误率，关于法律有效性、安全性应该是在使用该系统之前就提出和解决的问题，一旦开始使用信息系统，就应在工作过程中按规范操作，按制度办事，积极发现问题，以改进和完善信息系统；B.将手工操作的工作流程与信息系统设定的业务流程进行对应，事实上，信息系统实现之前的业务需求正是来自实际操作业务的工作流程，是为了提高效率，进行合理的改进；C.能够开展随时归档工作，只要档案形成单位确认该文件已经结束现行期的历史使命，就完全能够实现即时归档，避免了隔年归档存在的各种问题；D.跟踪先进技术，认真学习，不断提高业务与技术的双技能，在使用过程中提出更合理、更深层的应用需求，以推动电子文件归档系统的完善和发展。

③ 电子文件归档工作的开展需要严格遵循档案管理学的基本理论。档案全宗理论、档案鉴定理论、档案开放理论等一些传统的经典理论同样指导着数字时代的档案管理工作，但需要我们思考更有效、更合理的理论指导与应用方法。档案全宗理论在管理纸质文件时，主要采用历史方法，按时间、机构（人）、事由（主题）等进行全宗分类，而在管理电子文件时，我们认为应主要采用逻辑方法，按主题、时间、机构等方式进行分类将会更有效。档案鉴定工作需要借助网络环境提前介入，借助电子签名技术鉴定电子文件的法律效力，借助信息系统的安全保障方法鉴定电子文件的真实性和完整性，借助归档单位的业务工作开展密级、保管期限等档案价值和属性等多方面的鉴定工作。档案开放理论更是需要针对电子档案的利用特点，利用网络信息技术开展更为有效的服务利用工作，除了提供史料研究外，还需要开展一些面向主题的编研，面向领导辅助决策信息的开发，面向社会化大众需求开展更深层次的开放工作。

④ 相对于纸质档案而言，电子文件归档工作的业务过程不能随意删减。无论是纸质的还是电子文件，归档的一些重要环节不能取消，如归档前的收集、筛选、整理、鉴定、分类、编目等手工立卷中的工作流程不能缺少，甚至需要增加一些必要的工作环节。当重要的电子文件需打印出来作为纸质文件同时归档时，同样需要按照档案的分类原则装盒保管，但需要标明该档案的电子版本与纸质版本的关联关系。归档过程中的盖章、移交、身份认证、接收、确认（合法、有效、完整、真实）、核对、鉴定、返还信息等工作同样不能删除任何一个环节。不同的是身份认证是通过系统提供的功能而不是看“熟脸”，电子文件“盖”章是由

第三方认证机构提供的电子签名，而不是手里的公章，这需要档案工作者利用网络和信息技术手段进行合法性确认，在此过程中几乎所有的工作都要依靠网络、计算机及信息系统来开展。接收档案后需要开展档案的标引、整合、入库（上架）及后续的管理工作，有了网络和信息系统，档案著录与标引的工作就可以通过预先设定的业务规则来实现自动化处理，这将大大减少人工操作带来的失误。

1.3 馆藏档案数字化的要求

档案作为一种特殊的文化资源，在信息社会发展过程中发挥着重要的作用。中华人民共和国国家档案局（以下简称“国家档案局”）在《关于加强档案信息资源开发利用工作的意见》中明确指出：档案信息资源的开发与利用是现代档案工作的重中之重。中国共产党中央委员会办公厅（以下简称“中办”）和中华人民共和国国务院办公厅（以下简称“国办”）联合发布的《关于加强信息资源开发利用工作的若干意见》中明确指出：各级党政机关、企事业单位要充分认识信息资源开发利用工作的重要性，加强政务、企业、产业等信息资源的开发与利用，充分发挥信息资源在信息化建设中的重要作用。大力开展馆藏档案数字化、提供数字化档案的利用服务已经成为网络时代档案馆对外服务的新模式，也是保护珍贵档案原件的有效措施之一。

1.3.1 案例场景

场景 1-3-1 至 1-3-3 围绕馆藏数字化工作开展的一份需求调查报告，分析开展馆藏数字化的目的与方法、应用与实施的策略及数字化档案资源的整合等需求。

场景 1-3-1：馆藏档案数字化的基本需求

（1）场景描述

表 1-1 是一名档案学专业研究生就几个档案馆开展馆藏数字化情况调研的部分内容。

（2）场景再现

表 1-1　馆藏档案数字化工作调研报告

单位名称	馆藏数字化工作是否已开始开展	馆藏数字化占馆藏量的比例、目标是什么	馆藏数字化的困难、问题与瓶颈	数字化档案信息保存与利用的方式及要求
档案馆 A	档案数字化扫描尚未开展，档案目录信息已全部数字化，并采用了管理信息系统来管理档案目录信息，查询检索很方便	档案内容信息的数字化不是重点，做好目录信息管理，快速定位和保管库房档案是当前的工作重点	没有资金且认为没必要开展馆藏档案的扫描和加工处理。档案馆人力资源很紧张，经费较缺乏	档案目录信息和接收的声像档案采用光盘存储，管理方法与纸质相同。提供利用时只需要把光盘找出来。光盘每 5 年做数据迁移重刻录
档案馆 B	将查询频率较高、档案原件受损较重的部分档案进行扫描加工，并应用软件系统提供档案馆内部的查询、检索与浏览	已数字化的档案占全馆 5%的馆藏量。将根据档案管理业务的需要逐步开展。目标是把历史档案全部数字化	扫描分辨率、图像、和去污处理等技术参数没有标准可依。扫描工作自己做，工作量增加了很多	采用网络在线存储和离线光盘备份相结合，网络存储提供利用，离线存储用于备份。管理光盘的工作量和成本在不断增加，需定期迁移
档案馆 C	几年前就已雇用了几个临时人员来协助我馆开展数字化加工，刻录光盘两套并购买和使用了档案管理信息系统	10%馆藏已数字化，目标是将馆藏档案全部数字化，包括纸质、微缩胶片、实物、磁带、录音带等各种载体档案	制定了一套数字化加工标准，重点加强对临时人员的严格管理和控制，投入的成本越来越大	采用光盘和活动硬盘来保存数字化方案信息，开发一个光盘管理信息系统，专门设岗管理光盘档案，准备引进光盘塔来建设数字档案馆

续表

单位名称	馆藏数字化工作是否已开始开展	馆藏数字化占馆藏量的比例、目标是什么	馆藏数字化的困难、问题与瓶颈	数字化档案信息保存与利用的方式及要求
档案馆D	将需要数字化的档案委托给专业的数字化加工公司来开展并由他们开发软件系统，既能保证数字化工作的效率又能保证质量，我们只需要根据实际业务提出系统需求	20%馆藏已数字化，对馆藏实施再鉴定的基础上，分批地开展数字化加工，目标是把利用频率高和急需保护的馆藏档案全部数字化，部分档案实现全文检索	主要困难是馆藏数字化时需要将档案转移到数字化加工基地，加工完成后需要对档案的完整性实施逐份鉴定，工作量较大	数字档案的保存主要是通过光盘、移动硬盘和网络存储设备进行保存。网络存储设备保存的数据主要用于提供网上查档利用服务；光盘和硬盘存储用于备份，需定期检查、迁移或重新刻录

（3）业务聚焦

① 馆藏数字化分三个层次，即档案目录数据库录入计算机以方便档案管理信息的检索，提高库房调卷效率；将档案文件扫描成图像文件，属于数字化粗加工，用于提供档案原貌的查询和浏览；对数字化档案的图像文件进行文字识别，保存文本和图像文件，属于数字化细加工，用于提供档案内容信息的全文检索。

② 馆藏数字化的目标参差不齐。各档案馆拥有的人、财、物资源状况各不相同，提供服务利用的理念和方法有差异，馆藏数字化的目标就有所区别，这一现象的存在决定了国家档案资源开发与利用的任务还将很艰巨。

③ 数字档案信息的保存将逐渐增加档案馆的管理成本。无论采用光盘、磁盘等介质备份，还是采用网络存储以提高数字档案的查询检索和服务利用的效率，都将增加传统档案馆在数字资源管理的设备成本和人力投入，而且随着信息化程度的逐渐提高，投入的成本还将不断增加，这一点需要引起足够的重视，应提前做好各项预算准备。

④ 馆藏档案数字化工作都需要开展鉴定和整理工作。数字化加工之前鉴定工作主要是筛选出哪些档案需要实施数字化，哪些档案存在问题或可能出现潜在隐患，根据实际状况分析档案数字化加工的先后顺序，确定是否能由档案馆之外的其他人员来对这些档案进行数字化处理；数字化加工之后需要对档案内容的完整性、有效性、真实性进行鉴定，确保档案可读并未被篡改或遗漏。

⑤ 馆藏数字化后形成的数字档案资源需要采用管理信息系统实施统一管理，提供检索与利用服务。无论建立档案馆内部局域网信息系统，还是提供广域网或互联网网络的开放档案的利用服务，都需要根据档案馆当前现实状况及档案利用的实际要求来开展数字化档案资源的开发与利用服务。

⑥ 馆藏档案数字化是一项长期艰苦的系统化工程，需要做好持久战的思想准备。各档案馆馆藏都非常丰富，要想全部实现数字化需要很多年的时间才有可能完成，因此应做好持久稳定开展此项工作的各项准备。

场景 1-3-2：馆藏数字化的目的和策略

（1）场景描述

在馆藏档案数字化的研讨会上，几位档案业务工作者（ABW1、ABW2、ABW3 就馆藏数字化的目的和策略等问题进行发言。

（2）场景再现

ABW1：接收、收集和保管档案的最终目的是为了方便他人的查询和利用，而数字化档案的主要特点是网络化查询利用非常方便、快捷，因此，我们投入很大的精力开展馆藏数字化加工主要是为了方便档案利用者查询档案，提升我馆对外提供档案信息服务的水平。我们的目标是将所有保存在档案馆的纸质档案全部进行数字化，因此，我们开展馆藏数字化的基本策略是：多渠道筹措资金，加大馆藏数字化力度，提高馆藏数字化的应用水平，为公众提供更优质更方便的信息服务。

ABW2：我们开展馆藏数字化的主要目的是减少库房档案的翻阅次数，保护历史档案，迁移过时的载体档案，如在我馆年代久远的历史档案、翻阅较多的图纸、保存在磁带和录像带的声像档案等都需要尽快进行抢救，否则以后如若读不出来，我们将成为历史的罪人。我们认为档案馆保管档案的主要目的是保障馆藏档案数据的有效性与可用性，因此，我们开展馆藏数字化的基本策略是：首先，对库房档案进行精心筛选，把最需要保护的档案进行抢救；其次，根据档案利用的需要和成本投入等情况考虑馆藏其他档案的数字化问题。

ABW3：我们档案馆开展数字化加工的主要目的有四：一是提高档案馆的现代化管理水平，加强档案管理的工作效率；二是为档案利用者提供网络化的档案信息检索、查阅和浏览服务；三是对历史档案、年代久远的介质档案，如声像档案进行抢救和保护；四是整合馆内档案资源，开展更深入的档案编研利用等工作，扩大档案的宣传力度，提升全社会公民的档案意识。因此，我们开展馆藏数字化的策略是：以利用为主要目的，把馆藏数字化作为抢救和保护档案的一种方式；筛选利用率较高的和急需保护的馆藏档案进行数字化加工处理；针对利用目的的不同选择数字化加工和处理的技术指标；根据档案馆业务现状，有步骤、有计划地拓展馆藏数字化范围，并借助信息技术不断地提升档案馆的现代化管理水平。

（3）业务聚焦

① 档案工作者需要全面认识馆藏数字化的作用。每个档案馆都可以根据本馆的工作需要和资源状况，有目的、有选择地去开展馆藏数字化工作。与传统的纸质、模拟介质档案相比较，数字化档案的计算机检索和浏览的方便性决定馆藏数字化应以“用”为主要目的：一是能提高馆内工作人员的工作效率；二是能为档案利用者提供网络服务；三是能为修史编志的人员提供方便。另外，对纸质档案实施数字化复制与备份，可以把一些需要抢救的档案内容进行再现，这就决定了馆藏数字化之“保护”档案的作用，尽管数字信息资源的永久保存技术问题尚未得到彻底解决，但信息技术处于不断发展和探究过程中，相信每个阶段都会有可操作的、合适的解决方案被采用。

② 馆藏数字化策略的选择是决定其应用效果的关键。馆藏数字化策略的选择，主要需要解决哪些档案需要数字化以及数字化的先后顺序；数字化过程中采用什么样的技术路线，选择什么样的技术参数；数字化后如何保存这些数字资源；数字化后如何提供这些数字资源的利用与服务等问题。考虑这些问题最基本的出发点是档案馆的档案管理现状、档案资源保存现状、档案馆开展信息化工作的人力、物力和财力状况，因此，馆藏数字化策略的制定应因需而定，而且应在开展工作之前就做好决策并制订实施计划。

场景 1-3-3：馆藏数字化的思路和方法

（1）场景描述

在馆藏档案数字化的研讨会上，几位档案业务工作者（ABW1、ABW2）就馆藏数字化的思路和方法等问题进行交流。

（2）场景再现

ABW1：你们的馆藏档案数字化加工工作是如何开展的？是档案馆工作人员自己做，还是委托外面的公司去做？

ABW2：我们的总体工作思路是，大批量的数字化加工工作委托专业数字化加工公司去开展，并委托他们为我们建立一套覆盖数字化加工各项工序与流程的计算机管理信息系统，以后再开展零碎的数字化加工工作时就由我们档案馆的工作人员或者外聘临时人员继续开展，这样既能在我们档案馆内营造数字化加工的工作氛围，使档案馆工作人员加强现代化管理的意识和熟练掌握计算机操作的基本技能，又能够根据工作需要保障和控制馆藏数字化的进度。听说有些档案馆，他们的数字化加工工作完全由档案馆自己内部工作人员来完成，经常加班加点，很辛苦。

ABW1：委托公司去开展数字化加工，档案的安全如何保障？

ABW2：委托公司加工可以考虑让公司的人员搬到档案馆来开展工作，也可以把档案转移到公司的数字化加工基地去开展。这两种方式我们都尝试过，各有利弊。前一种方式是公司的人员来我们档案馆工作，我们需要对公司的人员进行管理，而且需要提供专门的工作场所并安装数字摄像头对其工作过程进行监控，管理必须到位，而且需要派专人进行跟踪；后一种方式则需要重点关注档案的安全性和保密性等工作，这需要对专业化加工公司的信誉进行考察。这两种情况都需要签订保密协议和安全责任书，并在加工过程中严格执行。

ABW1：听说你们馆同时在开展纸质档案和声像档案的数字化加工？如何做到这两项工作同步进行？采用的思路和方法有什么不同？

ABW2：我们纸质档案的数字化加工工作是分阶段开展的。第一阶段是委托专业的 IT 公司开发数字化加工软件系统，并将需要数字化的纸质档案通过扫描或者数码拍照等形式转换为数字化档案信息；第二阶段是自己购买扫描设备或者数码相机，将数字化加工系统在档案馆进行全面实施，要求档案馆同志完全掌握数字化加工系统的工作流程和操作模式，确保档案馆未来数字化加工工作的有序开展。而声像档案的数字化加工则需要专业的模拟到数字的转换设备，操作过程中要求技术专业性比较强，数字化转换的过程也比较费时费力，因此，我们把档案馆以前接收的各种规格的磁带、录像带等介质档案统一委托给专业的从事音像服务工作的 IT 公司去开展数字化加工和处理，这样做不仅效率高，而且成本低，投资回报率高，见效快。

（3）业务聚焦

① 馆藏数字化工作需要有明确的工作思路和方法。开展馆藏数字化加工，可以选择在档案馆内部自己开展或者雇用临时人员协助完成，也可以委托专业的 IT 公司开展，具体方式的选择应根据各馆自身的情况进行确定。像声像档案等一些特殊载体的档案在开展数字化加工时若需要采用非常专业的数字化设备，而且数量不是很大，则可以考虑委托专业的数字化公司去开展，但需要做好监督管理工作。

② 馆藏数字化工作需要档案馆人员参与其中并尽可能掌握其工作原理。无论采取哪种方式，档案馆的工作人员最终都必须掌握这门技术性很强的数字化加工与处理工作，熟悉工作流程，以方便未来工作的开展。从长远角度出发，完全依赖档案馆以外的力量开展馆藏数字化工作也是不现实的。

③ 馆藏数字化过程中涉及档案内容信息，安全和保密工作非常重要。在数字化加工过程中，安全与保密工作的开展，一方面可以考虑采取技术措施如安装摄像头、控制计算机上可复制的设备如刻录光驱、软驱、USB 接口等的使用；另一方面要更加注重管理方面的工

作，因为管理上的漏洞往往造成的损失会更大。

1.3.2 误区点拨

相对于传统档案管理工作而言，馆藏档案数字化是一项新的工作内容，它需要有较强的信息技术背景做支撑，这给传统档案工作者带来了新挑战。加之信息技术发展的快节奏、高效率，与传统档案工作的稳妥、慢节奏形成鲜明对比，要求档案工作人员快速适应现代档案管理的特点，因而存在盲区不可避免，但若存在误区就应在开展工作之前尽快消除。

① 误认为开展馆藏数字化工作是盲目追新、劳民伤财的政绩工程。不可否认，在档案信息化工作过程中，的确存在盲目追新、不讲实效、不考虑成本的过激行为，如有的档案馆花费大量的人力、物力和财力将馆藏档案全部实施数字化，但不追求应用效果，甚至将数字化档案刻录成光盘与纸质档案一同保存在库房，不提供利用服务，不仅增加了管理成本，这种盲目的过分追求馆藏数字化的行为还导致了部分档案工作者对馆藏数字化工作的错误认识，但这并不是馆藏档案数字化的主流意识和正确思路。档案工作者应从档案事业发展的全局高度来正确认识馆藏数字化的目的、作用和意义。

② 误认为馆藏数字化是 IT 技术工作者应开展的工作，档案工作者只需要学会如何使用信息系统就可以了。馆藏数字化是一项复杂的系统工程，扫描、加工、图像处理、系统开发等技术性工作只是其中的一部分，有关数字化加工过程中开展的档案鉴定、筛选、整理、思路、策略、方法、加工过程的管理以及数字化档案信息的存储、组织与保管等问题都需要档案工作者来策划、主持和协调，因此，档案工作者应充分认识到自己在馆藏数字化加工和处理过程中所承担的重要角色和主导地位。

③ 误认为馆藏数字化就是把扫描处理后的数字化档案信息保存在光盘中，管理方法与纸质档案相同。将数字化档案信息保存在活动硬盘或刻录成光盘中，只是安全备份的一种方法，而且，光盘的保存应区别于纸质档案，应采用专用的光盘柜来管理；对于数字化后的档案，不仅应考虑通过信息系统提供利用服务的问题，还需要研究和关注数字化档案长期保存的方法与计划等问题。

④ 误认为数字档案馆的建设就是将馆藏档案全部进行数字化。建设数字档案馆重要的一点是拥有数字化档案资源，并将这些数字资源按照信息化方式进行组织和管理，提供网络化开展现代档案管理工作的基础服务。馆藏数字化工作只是数字档案馆建设过程中的一项基础性、资源积累性工作，并不是数字档案馆建设的全部工作，数字档案馆的功能还应包括：提供接收数字化档案进馆的网络服务业务，面向社会公众提供档案的查询与利用服务，面向档案工作者提供开展现代档案管理的网络工作环境等。

1.3.3 认识提高

① 从信息社会、档案事业和提供档案信息服务等角度，全面理解馆藏数字化的作用和意义。馆藏数字化是现代档案管理的一项重要任务，是档案馆提供档案信息网络化利用服务的资源积累工作。如何利用先进、成熟的计算机技术，采取科学的工作方式，将堆积如山的档案原始资料以高效、准确、有序的方式转化为数字化档案资源，是需要档案工作者不断探索和研究的重要课题。

② 全面了解和分层划分馆藏数字化工作的主要任务。馆藏数字化工作主要包括档案目

录数字化和档案内容数字化两项任务。档案目录数字化是将传统手工编制的档案标引信息采集到计算机，采用关系型数据库进行管理，并通过管理信息系统提供目录数据库的查询、检索和利用服务。档案内容数字化是将档案文件中的文字信息存储到计算机系统中，分为粗加工和细加工两层，粗加工是将一页页的档案文件进行扫描处理，形成电子图像文件进行保存并提供网络档案原貌浏览；细加工则是将数字化档案文件中的文字进行识别和采集，将档案内容以文本信息和图像两种方式保存到网络计算机系统中，并提供全文检索和档案原貌浏览，这些都需要投入大量的人力和财力。在开展馆藏数字化加工工作时，需要首先明确数字化的程度和力度，结合实际工作需要逐步开展。

③ 馆藏数字化的真正目的在于利用。应充分利用档案信息网展示馆藏数字化档案信息资源，提供多元化的档案信息服务是现代档案管理的一项重要任务。在网络信息系统建设过程中，做好纸质档案与目录信息的关联与对应，使数字化后的档案与库房原有的纸质档案实现统一和一致的管理是非常必要和重要的。有些单位将馆藏数字化图像文件保存在光盘或其他数字化介质中，作为纸质档案的数字化副本，也是可以考虑的，但最重要的还是应提供数字化档案信息的多元化利用服务。

④ 馆藏数字化是一项长期的积累性工作，需要做到一次加工处理，多用途使用。馆藏数字化工作耗时、费力、投资大，而且对档案原件也会有不同程度的损害，因此，应在开展数字化加工工作之前就充分考虑到未来的多用途使用，做到一次加工，多次和多年使用。

1.4 档案信息网络建设的要求

收集、保存和管理档案的主要目的在于：记忆社会发展历史，提供档案信息服务，传承人类文明。21 世纪，档案信息网络成为社会公众了解档案馆、认识档案工作、提高档案意识的主要渠道，档案馆能够通过这一网络窗口展示馆藏档案资源，提供信息和知识服务。因此，无论从档案工作开展的需要还是从社会公众利用档案信息资源的角度来看，建立档案信息网络都有着极其重要的作用和意义。

1.4.1 案例场景

场景 1-4-1：档案信息门户网站建设的需求

（1）场景描述

表 1-2 是一名档案学专业的研究生就档案信息门户网站及档案馆利用网络提供档案利用服务进行调研的信息汇总表。

（2）场景再现

表 1-2 档案信息门户网站及其作用调研表

单位名称	是否建立档案馆网站，主要功能有哪些	提供档案利用服务的手段和方式是什么
档案馆 A	建立了一个静态的档案馆主页面，内容包括档案馆简介、档案工作服务流程、档案馆的工作动态和公告通知等信息	在馆内建立了分门别类的档案管理信息系统，包括文书、科技、专题展览等档案管理信息系统，档案利用者需要亲自到档案馆，先咨询去哪个部门，再获得信息服务

续表

单位名称	是否建立档案馆网站，主要功能有哪些	提供档案利用服务的手段和方式是什么
档案馆 B	建立了动态可扩展的档案馆门户网站，内容包括档案馆的各种服务职能、办事流程及档案工作动态信息，通过网络提供开放档案目录信息的查询与检索服务	开放档案目录并能够在网站上进行检索和查询；对于档案内容信息及未开放的档案信息，档案馆专门建立了档案利用服务中心，档案利用者需要亲自到档案利用大厅，在档案工作人员的协助下完成对所需档案的查询、浏览、复印等
档案馆 C	建立了档案信息服务网络，主要功能包括三部分：一是档案馆主页，提供档案馆服务职能、工作流程及档案工作动态等基础服务；二是面向档案工作者和立档单位提供档案系统内部的档案业务服务；三是面向社会公众提供开放档案信息的利用服务	开放的档案目录及其原文信息能够通过档案信息服务网提供利用；对于未开放的档案信息，档案馆专门建立档案利用服务中心，利用者需要亲自到档案利用大厅，在档案工作人员的协助下完成档案的查询利用；归档单位和档案馆内部各项业务工作可以通过权限控制方式对档案信息实现录入、修改检索、统计等功能，借助内部网络查询和利用档案资源

（3）业务聚焦

① 档案信息门户网站是档案馆提供对外服务的网络窗口。通过门户网站，社会公众可以了解档案工作内容和档案管理的基础知识，获知档案馆能够提供的各项服务内容，检索和浏览档案馆的馆藏目录和开放档案内容原文等相关信息。

② 档案信息门户网站的功能可根据需要动态扩展，一次建设多处共享使用。利用档案信息门户网站，既可以发布静态页面信息，如发布与档案工作相关的法规制度、档案利用的工作流程、档案史料汇编成果等，又可以提供开放档案信息的网络化查询、检索和档案内容信息的浏览，同时还可以为档案工作者提供开展现代档案管理工作的网络化工作平台，将档案馆开展现代档案管理的各项工作通过网络实现业务流程集成和信息资源共享。因此，应在档案信息门户系统建设之初就做好长远的规划和设计，以保障网站系统的持续可扩展性。

③ 档案信息服务方式呈多元化发展态势。档案信息门户网站的建设为开放档案的检查、查询、浏览和利用提供了网络服务的快捷方式，但由于各种因素，档案馆并不能利用网络提供所有的服务，如限制使用的档案资源、保密档案信息等都不可以通过公共网络提供服务；开具各种证明等服务也必须亲临档案馆才能完成。因此，档案馆传统的接待服务与网络化信息服务方式还将长期地并存。

场景 1-4-2：档案信息网络综合管理与技术服务的要求

（1）场景描述

在档案馆网站系统建设讨论会上，档案馆行政主管领导（ADW）、办公室管理人员（AOW）、技术支持人员（RDW）以及档案业务工作者（ABW）正在商议门户网站的运行维护与管理等事项。

（2）场景再现

ADW：我们档案馆委托 XXX 公司开发的网站门户系统已经安装到服务器上，今天我们召集大家来进一步商量下一步工作的开展：一是确定门户网站上发布哪些信息；二是确定信息如何发布以及发布后信息的维护等问题；三是网站系统的运行维护等工作的开展。

AOW：网站系统的运行维护和信息发布等事项应该由技术服务人员来开展，这些都是技术性服务工作。档案馆设立技术部的目的就是专门开展技术服务工作，我们对网站系统的设计、运行和维护等也不是很清楚，很难参与其中来工作。

ABW：技术部同志可以协助我们将各个部门已经确定的信息发布到网上，但他们很难有办法保障信息的真实性和准确性，信息内容的确定还需要有一个明确的工作流程，至少应包括信息的形成者、信息相关照片的摄影者、信息内容的审核等几个工作环节。

RDW：我认为，技术支持人员的职责是负责网站门户系统的网络、服务器、软件系统等的运行、维护与管理工作，以及网站程序与网站信息的备份等事项，目的是保障系统正常地运行；信息发布工作可以由办公室人员指定专人来开展，网站系统实施运行后，信息发布的基本操作与普通的 Office 软件系统一样，没有太多的技术含量，只是日常的计算机操作而已；至于信息内容的正确性、完整性，则需要确定一个明确的工作流程，无论信息源自哪个部门，必须通过主管领导审核后才能交由办公室人员进行发布，特别是与档案内容相关的信息，需要特别谨慎。

（3）业务聚焦

① 档案信息门户网站的软硬件基础平台系统需要 IT 技术人员进行维护、管理和升级，从信息技术运行环境方面保障门户网站的持续可运行。网络运行环境、网络基础设施、服务器、网络存储设备等支撑门户网站系统正常运行的 IT 基础平台的维护与管理，网站数据的备份与恢复，设备故障检测与维修等都需要 IT 技术人员来完成，这是网络管理员、系统管理员的主要工作职责。

② 档案信息门户网站的信息内容需要档案工作者进行维护和更新，从网站信息内容的角度保障门户网站能够为用户提供丰富、有用的信息。信息是网站的内涵，信息的不断积累、更新与维护是档案门户网站受到用户青睐的主要因素，这项工作的开展可以通过技术支持人员将信息发布在门户网站上。但什么信息可以上网、上网信息内容的准确性以及上网信息变更等与信息内容本身相关的事项需要档案馆的领导和业务工作人员做出决策和提供信息。

场景 1-4-3：档案管理信息系统的顶层设计需求

（1）场景描述

在档案信息化研讨会上，多位档案工作者（ABW）正在探讨他们对档案管理信息系统的选型策略和使用要求，一位专门提供档案馆信息化解决方案的 IT 公司研发人员（RDW）正在一旁耐心地听取大家发言并对需求问题发表看法。

（2）场景再现

ABW1：我们档案馆工作人员的计算机应用水平都不是很高，信息化投入的资金也不可能很多，希望能购买一个软件系统，把当前库房纸质档案的案卷目录数据库文件管理起来并达到一些基本要求：可以录入和修改数据，其他同志可以共享查询和检索这些信息，避免我们当前使用的单机版系统需要重复录入以及录入数据不一致等问题；当档案利用者来馆查阅或借阅档案时，我们能够快速地定位并获取库房的纸质档案案卷，提高库房管理员调还卷的工作效率就可以了。

ABW2：我们希望不仅能够管理档案的案卷目录，还能将卷内文件目录的信息管理起来，能够帮助我们更快地、更准地定位到需要查找的档案案卷，为档案利用者节省更多的时间；关于科技项目的档案管理，可能需要三级目录管理，因为一个项目会由多卷档案组成，每一卷档案又由多份文件组成。

ABW3：我们希望选择的信息系统，既能够帮助我们管理传统立卷模式形成的多级目录信息，又能够适应电子文件以“件”管理方式工作的开展，并且能够将文件级的电子文档与其目录信息实现一体化管理，能够通过目录查询检索到档案原件，也能够通过对档案原件的全文检索，定位到纸质档案所在的库房位置，即实现多级目录检索和全文检索等功能。

ABW4：我们希望选择一个能够根据档案业务工作流程和档案信息管理要求，实现管理权限灵活分配、系统功能灵活配置的网络版档案管理信息系统。因为从档案的收集、整理、编目、归档、移交、接收、保管、盘点、利用、统计等每个工作岗位的业务要求都不完全相同，管理信息的范围也不完全相同，但业务流程又是互相衔接的，所以需要基于工作流程和岗位职能的不同分配档案工作人员对系统的不同操作权限。

ABW5：我们希望选择一个能够支持我们开展馆藏数字化、电子文件归档以及提供档案信息网络化服务的综合服务平台，把档案馆所有能够利用信息技术提高工作效率的业务工作都通过这一个平台集成起来，全面提升档案馆现代化管理的水平和业务自动化处理的能力。

ABW6：我们希望选择一个能够确保档案信息安全的，运行维护方便的（最好不需要档案馆同志开展运行维护工作），能够跟随信息技术快速发展而不断升级、完善和扩展的软件应用系统，不需要我们花费更多的时间和精力用于考虑系统的更新换代与持续发展问题。

ABW7：我们希望选择一个能够有预警功能的网络版档案管理信息系统，如借出的档案到期了，应提示催还；有新材料需要归档了或者需要接收新的档案进馆了，应通过邮件或短信得到提示，即使不在办公室也能知道自己有新任务了。

ABW8：我们希望选择一个能够跟踪和随时查询各业务岗位开展档案管理工作情况，记录业务工作过程信息，使档案馆的领导能够随时关注各个业务岗位的工作进度，并通过对这些过程信息进行分析，领导能够客观地、及时地了解到各工作人员的工作质量、问题处理的及时度、工作进度等状况，提供辅助领导管理的工作过程信息，提高决策的客观性和科学性。

……

RDW：你们提的需求都很好，我们需要把这些需求进行汇总、分析和研究，基于现代档案管理业务的全过程，利用信息系统建设的顶层设计方法，设计和开发一个能够支持各项档案业务工作开展的网络系统平台，提取档案管理的共性特点，构造更通用、更精细的功能组件。在系统实施时，能够根据各档案馆的个性化需求进行功能的灵活部署和权限的灵活配置，也就是说需要基于档案工作的全局要求，基于工作流程和软总线思想构建一个通用的档案管理信息系统，实现软件系统的即插即用功能。

（3）业务聚焦

档案管理信息系统是由IT技术人员根据档案工作者的需要进行设计、开发、改进和不断完善的一个系统，只要需求合理，管理信息系统是能够满足档案管理的各种业务要求的。当然，一个功能齐全、运行可靠、使用方便的管理信息系统对提高档案工作和信息服务的水平都会有很大的促进作用，这需要系统设计与开发人员从一开始就投入更多的人力和资金去开发一个通用的、可扩展的系统平台，并根据用户的个性化需求进行功能的灵活部署。一个通用的档案管理信息系统应满足以下基本要求。

① 档案目录信息网络化管理的功能要求。无论是以前归档的纸质档案，还是新接收的电子档案，在管理过程中形成的档案目录信息都应在档案馆内部各相关部门之间实现管理信息的流程化管理和网络化共享，以保障业务工作的连续性和档案信息资源的共享性。

② 支持全文检索的功能要求。管理信息系统除了应具备基本档案目录信息管理与检索

功能外，还需要具有浏览档案原文信息和提供全文检索等功能，这对提供深层次的档案信息服务是非常有用的。但应认识到全文检索功能的实现需要购买搜索引擎、OCR 插件等，会增加软件系统的建设成本。

③ 电子档案存储与访问的功能要求。文档一体化和馆藏档案数字化，都将形成大量的电子档案，如何科学有序地对这些数字化的档案信息进行组织、存储、保管，并提供方便利用，是现代档案管理工作面临的重要任务之一，这需要借助网络化存储设备、信息技术手段和长期保存计划等一系列措施来获得保障。

④ 多介质档案协同管理的要求。档案的多介质存储是 21 世纪档案管理的新特点，传统介质档案的收集、整理、移交、审核、保管和查询利用，不会很快被数字化档案的管理方法所代替。因此，处理好传统与数字两类存储介质档案之间的统一管理与关联关系，是档案管理信息系统应提供的基本功能。

⑤ 多种分类方法综合管理的要求。分门别类是进行档案管理的有效手段。由于各档案馆的管理模式和工作习惯有所不同，所以各档案管理部门的分类方法也存在差异，有的按科研、文书等业务性质区分，有的按档案信息类别区分，有的则按立卷单位、归档年代进行分类。不同的分类方法，其业务流程和信息的组织方式是有区别的，而档案的利用效果必须是方便与快捷、准确与高效，这就要求档案管理信息系统能够适应各保管部门的不同分类方式的要求，实现方便管理，提供快捷服务。

⑥ 信息集成的功能要求。各行各业信息化工作的迅速开展，形成了大量的电子文档并存储在各自的业务系统中。如何将现行业务系统中准备归档的电子文件按照档案管理的要求整理为电子档案，实现档案形成部门与档案管理部门之间的业务集成和信息共享，保障档案信息的完整性和一致性，需要开发相关的业务接口系统，以实现归档信息的移交和接收。

⑦ 档案数据安全管理的功能要求。档案以其原始性、凭证性和真实性等特点具有其特殊的社会价值，档案信息的安全是不容忽视的。管理信息系统的安全主要体现在基础软硬件环境和系统应用环境安全两个环节。基础软硬件环境的安全主要是通过对所购买的操作系统、数据库管理系统，及硬件设备的安全使用来获得保障；而应用系统环境的安全则需要通过系统提供用户授权管理模型和身份认证机制来保证。

⑧ 灵活摘挂、动态扩充的功能要求。各档案管理部门的计算机应用程度参差不齐，采用计算机系统开展的各项业务也不完全相同，这就要求所使用的管理信息系统能够根据不同用户的需求进行灵活的系统配置，如摘除不必要的功能，删除不必要的字段，增加新的功能，添加必要的字段等。因此，灵活性和适应性是档案管理信息应具备的基本功能。

⑨ 辅助决策支持的功能要求。要求档案管理信息系统能够为档案业务工作者提供必要的开展工作的预警与提示功能，如该开始开展立卷工作了，档案该入库了，档案保管期限到期了，档案该做密级鉴定了，借出的档案该归还了，以及实现一些对比统计等功能来提示档案工作者，如档案库房的容量受到威胁，利用率高的档案应采取及时的保护措施等，这些功能对实现档案信息的高效管理，提高档案工作的主动性都会起到很大的促进作用。

⑩ 数据迁移与批量转换的功能要求。档案的收集、保管和提供利用等各个阶段都或多或少地存在档案数据的导入、导出、迁移、转换等工作，如档案馆接收档案时，档案形成单位往往会在其个人计算机上录入接收档案的目录信息；档案馆在门户网站上发布开放档案信息时，需要将档案的目录数据及其对应的图像文件，或原文迁移到开放档案数据存储区。因此，要求档案管理信息系统能够提供数据导入、数据迁移、数据导出等功能。

1.4.2 误区点拨

由于网络信息服务的复杂性和内容的多样性，档案工作者在构建网络信息服务门户网站等工作方面，难免会存在一些认识上的误区。

① 误认为建立档案馆门户网站系统就等于档案馆提供了档案信息的网络化服务功能。门户网站系统的建设可复杂、可简单。简单到只通过网络发布几条公告通知，张贴几张静态的照片或提供档案管理的规章制度、工作流程等；复杂到可以通过网络实现自动化办公，开展电子文件的鉴定、移交、审核、管理与检索利用等业务。无论提供简单的还是复杂的信息服务，在网站系统建设过程中采用的信息技术方法基本都是相似的，不同的是购买的网络设备、服务器和应用软件系统的功能有所区别，因此，在构建网站系统之前，应充分考虑其建设的用途和目的，规划好网站系统的功能。

② 误认为建立档案馆的门户网站是 IT 技术人员的事，与档案馆工作人员没有太大关系。档案馆门户网站建设的目标、意义和用途需要由档案馆领导和档案工作者进行明确定位，网站系统的建设需求也应由档案工作者来提出，IT 技术人员的作用只是运用信息技术帮助档案工作者实现他们的目标系统，并通过培训交付使用。门户网站正常运行后，其信息、内容，以及运行过程中的管理工作都应由档案工作者来开展，即使签订了网站的外包服务合同，IT 技术人员也只能从网络、服务器、备份、升级与维护等方面提供技术服务。

③ 误认为档案门户网站系统建成后，档案工作者就没有太多事情可做了。档案馆门户网站的软硬件系统搭建起来并投入运行，这只是信息化的一个开始，以后还需要不断地用信息和内容来充实网站，通过网站提供各种信息服务或开展各项业务活动，同时还需要不断地开展网站的跟踪维护、改进升级、安全保障等工作。应该将档案馆的各项业务工作与网站信息系统紧密结合起来，把网络、计算机作为开展现代档案管理的基本工具。

1.4.3 认识提高

① 数字档案资源的积累与整合是档案信息网络建设的重要内容。花费大量的人力、物力和财力开展网络基础设施建设，其目的是能够为数字化档案资源提供传播利用的平台、渠道和方法。如果说网络基础设施是档案信息网络建设的硬件系统，那么数字化档案资源的积累、整合、规范化处理则是档案信息网络的软件系统。只有将软件与硬件系统紧密结合，为社会提供各种信息服务，才能真正体现档案信息网络的投资价值。

② 网络使档案信息资源面临着一个全新的生存环境与发展空间。美国档案学者杰拉尔德·汉姆先生曾指出：档案应该记载“人类生活的方方面面”，档案工作者要“创造一个反映普通百姓生活喜好需求的全新的文献材料世界”，档案馆藏是反映“人类生活的广阔领地”。因此，档案资源唯有回归社会，得到最大限度的利用，才能体现档案保管的价值和作用。实现档案信息资源的集成化管理和共享化利用是档案贴近公众、服务社会的最佳实践。

③ 网络将逐渐成为开放档案利用的主要场所。过分强调网络、计算机的不安全性而不去挖掘和开发档案资源，从而影响开放档案的利用效果是一种落后的行为、惰性的思维。档案工作者应积极思考和探索，在信息安全与档案利用之间找到平衡点，找到有效方法，在确保信息安全的基础上，获得利用效果的最大化。

1.5　档案信息安全管理的要求

网络环境下档案信息的安全需要从多个层面采取保障措施。只有应用层的安全是不够的，信息安全需要的是网络七层都安全；只有主机安全是不够的，还要求桌面、服务器、网关、资源存储等各个网络节点都安全；只有系统的建设、开发与运行维护人员安全意识的加强是不够的，还要求所有档案工作者都具备较强的安全意识；只有被动的防护和事后补救是不够的，还需要主动诊断、分析和监控。因此，全网安全、工作人员安全意识的增强是保障档案信息安全的重要内容。

1.5.1　案例场景

场景 1-5-1：档案信息网络服务的安全要求

（1）场景描述

档案馆购买和实施了网络版档案管理信息系统，档案工作人员（ABW）担心他们系统中的数据会被泄露，正在与技术人员（RDW）和档案馆领导（ADW）商量对策。

（2）场景再现

ABW：我们现在用了技术部给我们开发的网络版档案管理信息系统后，信息能共享了，工作效率提高了，但我担心档案数据在网上被其他部门的人看到，甚至被修改了。

RDW：目前你们部门的系统单独使用了一个服务器，通过一个小 HUB 连成了一个小局域网，只有你们这个部门内部的人员才能看到他权限范围内的数据，操作其权限范围内的功能，但你们不能上网。如果你们想上网，就需要换上另外一个网线。

ADW：那我也看不到 ABW 部门的档案数据了？

RDW：是的。ABW 部门以外的人若想查看他们部门的档案信息，需要再拉一根网线与他们的小局域网连接，上公网时再切换网线。

ABW：那太不方便了。

ADW：有没有其他办法来解决这一问题。

RDW：当然有了，而且方法很多。可以考虑买一个防火墙，利用防火墙的路由工作模式，把我们档案馆内部的所有计算机组成一个内部局域网，通过防火墙设置一个统一的对外出口，这样防火墙以外网络上的计算机就看不到我们档案馆内部各台计算机上的信息了，防火墙可以为档案馆铸造一道安全防线；另外，还可以购买入侵检测、网关管理软件等来加强我们内部网络的安全；也可以考虑把我们的档案数据进行加密，即使档案数据被窃取了，也能增加其获取真实数据的难度；当然，最重要的还是要加强我们档案馆内部每位同志的安全意识和规范化操作能力，制定安全管理规章制度并落实执行。总之，有很多技术手段和管理方法都可以用来加固和保障档案数据的安全。

ADW：那一定需要很多经费，我们档案馆的运行经费可是很紧张啊！

RDW：开展信息化工作，当然不能只靠使用档案馆的运行经费来开展，我们可以考虑申请信息化专项经费，这对保障档案信息化工作的持续开展也很有好处。

（3）业务聚焦

① 网络化工作方式必然带来安全隐患。网络信息化工作需要在管理的方便性与信息的

安全性之间权衡利弊，任何事物都有其优、劣的一面，应客观认识，正确对待。

② 网络安全隐患可采取各种技术手段来保障。各种技术手段和解决方案能够在一定程度上保障网络化应用的安全，但管理制度、规范化操作、人员安全意识的加强更为重要。

③ 档案信息化工作应争取申请专项经费。档案信息化是一个持续发展、持续投入经费的过程，从相关部门申请信息化专项经费、科研经费是一个可行的办法。

场景 1-5-2：档案信息安全管理的保障措施

（1）场景描述

档案馆的一位保管档案的档案业务工作者（ABW）与技术支持人员（RDW）因计算机病毒的发作和U盘的使用问题发生了争执。

（2）场景再现

RDW：我在馆里的防病毒程序控制中心，发现您的计算机感染了病毒，请赶快断开网线进行杀毒，否则会传染给其他计算机的。

ABW：咱们馆不是花了几千元购买了最先进的病毒防治软件吗？我的计算机怎么还会感染病毒呢？我这接收的可是保密档案，若由于病毒等原因，保密的档案信息被泄露了，责任应在您，是您没有把好网络安全关。

RDW：关于网络应用安全，我会尽量从技术上做好各种保障措施，但我认为大家都应该有安全意识。特别是您在开展保密档案的接收、保存和管理工作时，更应该加强安全意识。这两天您是不是上了不安全的网站或者使用移动硬盘复制外来的不安全文件了？另外，您最近也没有用最新的病毒库扫描和查杀计算机上的所有文件，也许会存在一些以前没有查出来的潜在病毒文件。

ABW：昨天，一个学生拿了U盘来交保密的电子文件，是不是该学生U盘有病毒给我计算机传染上了？另外，我昨天从网上下载了一个软件，安装上了，是否可能带了病毒？

RDW：交保密档案，您当时是否断了网线？是否先查杀其U盘的病毒？下载软件后也未查杀病毒吗？

ABW：没有，有时就忘了拔掉网线。不过我想网络安全问题由您专门负责，还采用了最先进的防病毒软件，没想到还会感染病毒。

RDW：您的操作太不规范了，如果真出了泄露之事，责任理应在您。信息安全人人有责，建议您按照咱们馆制定的计算机安全操作手册中保密档案的接收和保管办法来开展各项工作。

（3）业务聚焦

① 保密档案的接收必须与网络实施物理隔离。如果没有条件专门设定一台计算机来接收和管理保密档案，工作人员使用同一台计算机，既要上网操作又要接收和查看保密档案的可读性，规范的操作方法是应在断网的情况下审查所接收的保密文件，在连接网络之前应将保密的档案彻底从计算机上进行删除，不留任何痕迹。

② 采用活动硬盘复制文件应首先查杀病毒。需要从外来的任何介质如光盘、磁盘、活动硬盘等拷贝数据到本地计算机上，首先应采用最新的病毒库程序查杀病毒，确认安全后再复制文件。另外，网络上新接移动计算机设备时，也需要先将其进行病毒查杀、完成系统更新，再接入档案馆的局域网，确保档案馆整个网络的安全。

③ 不要随意从网络下载不可靠的软件并安装运行。网络是病毒传播的基地，从网上随

意下载软件不查杀病毒就进行安装，这是非常错误的做法。在档案馆的计算机安全操作规范中应制定相应的规章制度，不允许业务工作者随意在客户端安装来历不明的软件，打开和阅读带病毒的邮件等。

1.5.2 误区点拨

① 误认为档案信息安全主要从信息技术角度来保障。固然，网络硬件和网络管理软件系统是保证网络安全运行的基本手段，但事实证明安全管理制度、方法及其执行力度对网络安全的保障更为重要，往往不安全因素恰恰出现于组织管理和防范不当等方面。因此，从管理上引起足够的重视，采取科学有效的管理措施，制定保障网络信息安全的管理制度并落实执行是非常必要的。任何人开展信息化工作，都应时刻牢记：网络信息安全，人人有责。

② 误认为有了防病毒软件且定期更新病毒库，计算机就很安全了。道高一尺，魔高一丈。计算机病毒的制造者永远比病毒防范系统要早，即使具有丰富经验的防病毒软件制造商也需要不断地改进和升级其软件系统及病毒特征库，因此，将档案信息安全保障完全寄托于防病毒软件及其他的技术保障手段是一个非常错误的观念，重要的应该是加强人的安全意识，养成良好的计算机上网操作习惯。

③ 认为网络不安全，最好不要把档案信息发布在网上，不应提供网络化档案信息服务。档案信息网络化服务已经成为 21 世纪档案工作者开展现代档案管理工作的一个主要方式，不能由于网络存在潜在安全威胁就拒绝档案信息上网，应从技术、管理、观念、意识等角度采取各种措施保障网络的安全运行，保障网络信息不被篡改。而对于涉密的档案信息应严格把关，不允许通过网络开展保密档案的任何业务操作。

1.5.3 认识提高

档案门户网站的信息安全问题需要从网络层、数据层和应用层加强防范。

① 网络层安全。它是指支撑网络系统运行的物理设备的安全运行，包括网络基础建设，如网络布线、网络连接、局域网和广域网环境的构建，设备的选型及其各个环节安全策略的考虑。网络层的安全防范往往会根据需要，采用防火墙设备及网络管理软件来确保局域网内外用户的访问权限和网络上数据包的检测与过滤；选用可靠的硬件安全设备保证整个系统的稳定运行，如采用双机热备份、磁盘阵列、专用存储器和数据备份服务器等设备来保证一台服务器出现故障时不会导致整个系统的瘫痪，等等。网络级安全计划是整个系统得以安全运行的基本保障，需要在系统规划阶段就确定的重要内容之一。

② 数据层安全。它是指涉及系统存储的档案数据安全问题，包括操作系统、数据库管理系统、档案数据存储、数据备份、数据格式的转换以及各类电子文件的保管和异地存储策略等，以防止数据版本的更新，数据格式的转换，硬件设备的意外损坏，存储介质的老化、失效、自然灾害等造成的数据丢失、数据损坏，甚至是计算机系统的破坏和瘫痪。操作系统和数据库管理系统的安全问题虽然主要取决于软件供应商所开发的商品化软件的稳定性和安全性，但对于建立网络化档案管理信息系统，首要考虑的是选择什么样的操作系统来确保应用系统的安全运行。目前主流的操作系统有 Unix、Windows 和 Linux，它们各自有其优越性，安全问题也各有特点，关键是如何选择满足用户实际需求的操作系统和数据库管理系统。当然考虑档案元数据的存放规则和保管策略也是本阶段非常重要的问题之一，如数据库

的分布式或集中式管理模式、数据的异地备份、电子数据格式的定期升级和保存介质的更换等，需要制定保存和管理制度来约束。这些都是在系统设计和具体实现的过程中应综合考虑的关键因素，也是档案管理信息系统能够安全运行的根本保障。

③ 应用层安全。它是指档案管理信息系统在实际应用过程中应考虑的基本问题，主要取决于档案部门所采用的应用软件系统提供的用户安全性保障措施，包括用户对系统数据和功能访问权限的控制。通常情况下，档案管理信息系统的用户模型分多个层次、多个角色、多种功能或多种形式混合使用，来分别定义用户权限。系统常常按功能权限划分为系统管理、数据操作和数据浏览三大类用户，每类用户角色的定义可以按照各业务职能的实际要求，对其操作权限和操作功能进行定义，如可以按单位领导、部门领导、普通业务员等设定相应的操作权限。但不论采用哪种用户模型，要求应用级的安全至少包括两项功能：一是对系统中各项功能模块操作权限的定义；二是对系统数据的分层管理和操作权限的定义。比如，两个不同的用户可以操作同一个功能模块，但所能看到的数据只能是本用户所在单位的数据，而不应看到另一个用户所在单位的数据，上级领导能够看到下级人员所维护的数据，而下级人员则无权看到上级领导权限范围内的数据，这些都是网络版档案管理信息系统应提供的用户安全访问系统的控制功能。

1.6 档案馆 IT 资源整合的要求

档案馆的信息化建设工作一般都是分期分阶段实施，并随着业务的发展不断地对系统进行改进、完善和提高。由于建设时期信息技术的局限性、信息化建设者的思路和方法的局限性、成本投入有限等诸多方面的原因，难免会形成信息化“孤岛”，造成档案馆内部各部门之间的信息没有共享，业务流程没有集成，软硬件系统支撑平台和管理信息系统也因系统建设、实施与扩展的时间阶段不同，而形成异构平台、异构系统。对于已经形成了信息化“孤岛”的档案馆，在进一步开展信息化建设时，应考虑采取一些弥补措施：一种是整合当前现有的软硬件 IT 资源，重新设计一个长期可发展的计划方案来开展实施，即采取扬弃态度，重新站在一个较高起点来开展工作，这种方案适用于当前信息化运行系统和各种软硬件系统已经很难适应档案业务发展需要的情况；另一种方式是在现有信息化工作的基础上，采取打补丁、做接口的方式，以获得预期的目标。但无论采取哪种方式，都需要解决档案信息化系统中设备资源、信息资源和应用系统的整合、集成与共享等问题。

1.6.1 案例场景

场景 1-6-1：软硬件基础平台的共享要求

（1）场景描述

区县档案馆领导（ADW1）正在向上级行政管理部门——市档案局领导（ADW2）汇报信息化工作的开展情况，希望能够共享使用市档案馆已经建立的数字档案馆软硬件基础平台和信息化应用系统，以节省区县档案馆的信息化投资，保障区县档案馆高起点地开展信息化建设工作。

（2）场景再现

ADW1：我们档案馆的信息化需求分析工作已经初步完成，馆藏档案资源数字化工作也正在紧张地开展，我们正在与一家 IT 公司洽谈软件实现的相关事宜。目前遇到了一个很大的问题就是购买服务器和网络安全设备的经费还未落实，正在进一步想办法。

ADW2：市档案馆去年开展数字档案馆项目，购买了很多先进的网络设备、服务器和存储设备，原来的一些磁盘阵列等准备淘汰，不知道你们能否用得上。

ADW1：如果能给我们用，那当然太好了。但像磁盘阵列这样的存储设备，我们馆还没有人会使用，是否还需要再招聘一个专门学计算机的人员来开展运行维护工作？

ADW2：系统更新换代的确是个问题，未来的运行维护也有很多问题，这样下去，档案馆还需要招聘更多的 IT 专业技术人员来开展各种信息化设备和软件系统运行维护工作。

ADW1：我一直在想一个问题，能否在全市建立一个档案信息网络服务中心，通过档案专网把我们所有区县的档案信息都统一管理起来，这样不需要我们每个档案馆想办法单独建设本馆自己的硬件平台和软件系统，而且以后开展全市的档案资源整合也方便很多。

ADW2：这确实是一个好点子，我们需要与计算机处的工作人员商量一下。如果能够实现档案信息资源的大集中管理，那么以后运行维护等工作也可以统一部署，不需要各区县档案馆在这方面投入更多人力和物力。从全市档案信息化整体建设角度而言，这不仅能够节省设备投入的成本，而且能够节约信息化人力的投入，全市档案信息资源大集中管理的确是一个好方案，关键在于如何操作。

ADW1：如果真能做到，那档案信息化的滚动建设和持续发展问题也会逐渐得到解决，信息化工作的任务不仅需要投入大量经费去建设网络服务平台，更重要的是未来的使用和运行维护等工作比较复杂，如何保障持续发展是非常关键的。

ADW2：档案信息大集中管理的确是一个好的想法，这样还有利于把全市的档案信息化水平提升到同一个高度，我们需要开会好好研究一下具体的操作方案。

（3）业务聚焦

① 节约型社会，共享 IT 软硬件资源成为发展趋势。如果能够在一定范围内共享现有的网络、服务器、存储空间，这不仅会节约投资，还有利于档案信息化建设的规范化管理从高起点起步，同时还能够减少同一地区档案信息化发展的不平衡现象，避免每个档案馆都各自建设本单位的档案信息化软硬件支撑环境和应用软件系统，节约信息化建设的总体成本，这与节约型社会的发展方针相吻合。

② 档案管理信息系统的共享使用也将成为可能。档案管理工作的规范性和业务流程的固定性，决定了通用档案管理信息系统的实现成为可能，各个区县档案馆完全可以在共享市档案馆建立的软硬件基础设施平台的基础上，共享使用统一规范的应用软件系统。通用系统在实施时只需要针对区县档案馆的一些个性化要求，开发单独的功能模块，从而降低软件系统开发的总体成本，提高系统使用的有效性。

③ IT 资源的集中管理有利于档案信息的开发和提供利用。社会和公众对档案信息的利用需求越来越强，这就要求各档案馆开展档案资源整合，提供综合的档案信息服务，地区性档案信息资源的集中管理对这一需求提供了非常有利的条件，因此只需要在信息所属和管理权限方面做好控制，对开放档案信息资源实行统一整合和集成。

场景 1-6-2：档案信息共享与同步更新的要求

（1）场景描述

档案馆全体员工正在召开年底总结会，各档案工作者正在积极发言。

（2）场景再现

ABW1：档案馆技术部工作人员给我们开发了档案管理信息系统，目前使用起来比较方便，不仅提高了我们的工作效率，而且提升了我们的服务质量，促进了我们信息化应用的水平，档案工作的自动化水平得到了很大的提高，最近一些查档利用人员对我们的服务效率表示很满意。在今后继续开展信息化工作过程中，我希望能够将更早时期，如中华人民共和国成立前的和较晚时期的档案相关信息也能数字化并装载到我们当前使用的系统中，这样信息就比较全面了，目前系统中的信息还主要局限于前期大批量数字化加工的一些数据。

ABW2：前两年我们就曾经提出并考虑过档案馆内部部门之间的信息共享问题。ABW1提出希望能查询更多的档案信息，这些信息在我们当前使用的系统中就已经存在，而且比较齐全，这些数据都是我们部门建设信息系统时，大家利用自己业务时间录入系统的数据，可以请技术部的工作人员协助我们解决部门之间的数据共享问题。

RDW1：大家讨论的是档案馆内部各部门之间的数字资源整合问题，由于各位当前使用的信息系统是由各个部门在不同时期由不同的软件开发单位实现的，因此系统之间彼此独立，信息也不共享，这是档案馆前期信息化建设过程中缺乏整体规划造成的。下一步我们技术服务部门的一项重要工作就是开展馆内数字化档案资源的整合，包括整合方案、实施计划、共享信息的同步更新与一致性保障等任务都正在计划之中。

ADW1：我们下一步正在考虑与专业的 IT 研发公司进行合作，重新建设一个全新的档案管理系统，目标就是把我们档案馆内已经存在的数字化档案信息整合在一起，通过统一的门户网站系统提供档案信息的检索和浏览服务。

ADW2：新的系统建设还需要一段比较长的时间，目前技术部是否可以考虑先解决当前的问题，以方便大家使用？我们未来开展信息化工作需要先“立新”、后“破旧”。在新系统尚未开发出来之前，我们还需要充分利用旧系统来保障各项工作的顺利开展。

RDW1：临时的、应急的解决方案当然有，而且开展数字化档案资源整合与有无信息系统没有关系，但与其他部门之间的信息同步与共享等工作还需要制定一个长期的策略和计划来保障。

（3）业务聚焦

① 馆内数字化档案资源整合成为档案馆信息化建设的一项重要任务。网络、计算机和档案管理信息系统为档案信息资源的广泛利用提供了极大的方便，只有逐步将馆藏资源数字化并按照统一的格式、规范和标准进行整合才能满足这一利用需求。

② 信息化“孤岛”式建设不能再重复。信息化初期建设形成不同程度的信息化“孤岛”，一方面可以开发接口程序实现各系统之间档案业务的集成和信息资源的共享；另一方面可以根据当前业务需要，重新开发新的系统，将旧系统中的档案数据逐步迁移到新系统中。

③ 数字档案资源的整合是国家信息资源开发利用的重点工作，需要从各基层档案馆（室）逐步开展。档案资源整合与开发的工作模式需要在全国档案工作队伍中达成共识，才能保障更广范围内档案资源整合工作的顺利开展。

④ 信息化建设应采取先“立新”、后“破旧”的做法。在新系统尚未开发出来之前，应首先保障和维护现有系统的正常运行，这是对现有 IT 投资的保护，也是对前期信息化工作的肯定，只有在熟练使用现有系统之后才能发现各种问题，才能在新系统开发过程中提出更适合业务需要的各项需求。

1.6.2 误区点拨

① 误认为 IT 资源集成化管理后，档案信息的安全无法保障。IT 资源集成化管理的目的在于：减少低水平重复建设，降低档案信息化的成本，将参差不齐的各档案馆信息化的建设与发展提升到统一的层次水平，改变档案馆各自为战、内耗式信息化建设模式，将档案行业内部信息技术水平高、业务能力强的综合素质人才集中起来，开展高起点、高水平的档案信息化建设、发展、运行维护和升级服务，保障档案信息化系统的整体安全和持续发展，为各档案馆提供开展现代档案管理工作的网络环境。从档案事业全局角度来看，IT 资源集成化管理模式能够缓解信息技术快速发展带来的技术难关、安全隐患、发展困惑等方面的问题解决。

② 误认为 IT 资源集成化管理后，各区县档案馆就没有存在的必要了。IT 资源集成化管理模式的使用，主要是能够辅助各档案馆把与信息化过程中技术难度大的工作集中起来，组织专门团队来开展，并不能代替档案工作人员开展档案的鉴定、收集、接收、整理、保管和提供利用等日常的档案管理工作，加之现存档案库房的纸质档案、模拟介质档案还需要采用传统模式进行管理、保护和提供利用，因此，即使建立了数字档案馆系统，传统的档案馆仍然需要与数字档案馆共存共发展。

③ 误认为 IT 资源集成化管理后，各档案馆的职能权限降低了。档案馆管理档案的职责、任务由档案法统一制定，IT 资源集成化管理只是一种管理理念和实施方法，协助各档案馆将数字档案资源统一管理起来，并为各档案馆提供采集、访问、保存和利用数字化档案资源的规范化方式，各档案馆只对其自身管理的数字化档案资源拥有管理权限，其他组织或个人未经该档案馆授权或允许是不能访问其未开放的数字化档案资源的。

1.6.3 认识提高

分析档案信息化成功的经验和失败的教训，我们可以得到这样的启示：低水平重复建设必然会形成信息化“孤岛”，从而制约全国档案事业信息化发展进程。在档案信息化过程中，IT 资源的一体化与集中管理的运行机制将逐渐成为一种发展趋势，这样做的效果是可预期的，能够达到“三高一低”，即高标准，集成管理；高起点，协同建设；高效率，业务整合；低成本，快速发展。这与我国节约型社会提倡的共建共享的发展战略相吻合。

① 整合 IT 基础运行平台。档案行业内部的 IT 资源整合问题，应从网络基础设施、服务器、存储器、中间件、办公软件等支撑系统运行和数据存储的基础平台角度来考虑。对已经建设成功的系统运行平台进行性能优化，使之得到最大限度的利用；对于正在建设或准备建设的基础设施平台，应充分考虑与现有 IT 资源的兼容性与集成性、未来发展的可扩展性，应充分体现共建中共享、共享中共建的系统建设指导思想。

② 档案应用软件系统的集成与共享。采用统一的档案门户网站，在档案行业内部实现异构操作系统、异构数据库管理系统、异构管理信息系统之间的集成，面向用户提供多元化的档案信息服务是档案信息化建设与发展的方向。对于已经建设完成并处于运行阶段的软件系统，应充分利用网络系统、操作系统和数据库提供的各种标准来开发接口系统，完成业务流程的集成和信息资源的共享；对于正在建设和准备研发的应用软件系统，应考虑采用顶层设计方法，开发通用的档案管理信息系统，在系统中实现业务流程集成和信息存储、访问的

标准、规范与共享。

③ 档案信息资源的整合与共享。档案行政管理机构与档案馆应及时根据档案现代化管理业务的现实需要和发展要求制定数字化档案的接收、存储和提供利用的格式、标准与规范，将现有的数字化档案信息按照标准的格式进行规范化整理、转换与迁移，并实施统一集中管理。另外，各档案馆内部既有描述纸质档案管理的目录数据，又有新接收的电子文件形式的相关信息，同时还有开展档案缩微、数字化过程中形成的各类档案相关信息，这些管理过程相关信息也应实行集中管理，以确保这些数字化档案信息资源的共享，避免多次录入、多人录入而造成信息的不一致和管理的不规范。

1.7 数字化档案资源长期保存的需求

档案的凭证价值与参考价值决定了它需要长期保存的必要性，具有法律效力的电子档案同样也需要采取各种技术方法、管理措施，以延续其寿命，保障其完整、有效、可读与历史记忆性，这是现代档案管理工作的一项新职能。

1.7.1 案例场景

场景 1-7-1：数字化档案资源集中保存的需求

（1）场景描述

在电子政务研讨会上，归档单位开展档案收集整理的办公人员（AOW1、AOW2）正在与档案馆业务指导人员（ABW1、ABW2）探讨电子政务环境下电子档案的归档与保存等问题。

（2）场景再现

AOW1：我们单位各个部门都已经开始采取网络化办公，形成了大量的电子公文，由于前期建设电子政务系统时没有考虑到档案室的业务工作，因此，各归档单位将这些电子文件打印出来以纸质方式归到档案室，可几年后他们查询利用先前的文件时都觉得翻阅纸质文件很麻烦。几年前这些文件都有电子版，可以在网上浏览，几年后再使用手工翻本来查阅，对已经熟悉了办公自动化工作模式的同志们来说很不方便。最近我们需要将一部分档案移交到档案馆，我们还需要进行数字化扫描用以留存，方便本单位查阅利用。此时，把纸质档案及其数字化后的图像文件都需要移交到档案馆，不仅增添了工作量，也增加了管理成本，其根源还是一开始建设系统时考虑不周全。

AOW2：我们单位还比较有先见之明。在电子政务系统建设之初，我们档案室的主任就强烈要求把档案管理工作也纳入电子政务系统中，要求形成电子文件的各个现行业务部门在定稿发布时同时完成归档工作，这样档案室就可以通过网络系统采集和接收电子文件，并对这些归档的电子文件进行分类、整理、标引，按照档案管理的方法实施集中管理和标准化处置，同时将这些归档的电子文件打印出一份纸质用作备份和长期保存。因此，我们目前可以将系统中已经接收的电子文件通过网络有权限地提供给各单位进行浏览和查询。档案室将档案移交到档案馆时，我们不仅将纸质的档案移交，同时还将相应的电子文件及目录清单移交到档案馆，实现档案室与档案馆信息资源的集成与共享。

ABW1：我认为档案室的电子文件不用移交到档案馆，未来可以考虑把档案馆与各档案室的信息系统集成起来，采用分布式数据保存方式，各单位形成的电子档案资源保存在各单位自己的服务器和网络存储空间上，档案馆只需要有集中管理的权限就可以了。或者在档案馆做一个目录导航系统，如果查询到电子文件，只需要定位到该文件所在的网络存储空间就可以达到访问的目的。

ABW2：我认为电子文件应及时移交到档案馆并制订长期保存计划，即实施物理归档和永久保存，而不应只实现逻辑归档。档案馆肩负着档案永久保存的职能和任务，无论是纸质档案还是电子档案都应移交到档案馆实施长期保存。这就需要档案馆提前做好接收电子档案进馆的各项基础准备工作。

（3）业务聚焦

① 数字档案归档需要做到物理归档。按照《中华人民共和国档案法》和 GB/T 18894—2002《电子文件归档与管理规范》的要求，电子文件归档应实施物理归档而不只是逻辑归档。数字化档案资源也需要实施集中管理，无论采取分布式存储还是集中式存储，档案资源的管理权应归属于具有永久保存职能的档案馆。

② 档案室移交档案应实施“双轨制”。在有大量电子文件形成的信息化时代，如果只移交纸质档案，必然会增加档案馆未来开展馆藏数字化的工作任务，如果只移交电子档案也很不安全，因此在过渡时期应实施“双轨制”。尽管这样使归档工作增加了成本和复杂度，但从长远角度来看，档案事业总体发展的运行成本还是会降低，这是因为以后不再需要对这些原本就有电子文件的纸质档案开展数字化加工处理。

场景 1-7-2：制订数字档案长期保存计划的需求

（1）场景描述

本场景为 1-7-1 的继续，档案馆的工作人员（ABW3、ABW4 就数字化档案资源的接收和保存问题进行发言。

（2）场景再现

ABW3：你们各档案室把数字化档案资源都移交到档案馆，有的是数字与纸质的档案一一对应，有的则是电子的数量大于纸质的数量；有的刻录到光盘中，有的则用磁盘或活动硬盘来复制。这样就大大增加了档案馆接收档案的工作量，而且由于格式不统一，接收到的档案整理工作也很难开展。

ABW4：因此，我们只能先把接收到的光盘存放在库房中，也没有对这些光盘中的文件进行审查、核对，以后时间长了，这些文件也许就读不出来了，即使能读出来也不清楚他们对应哪些纸质档案。另外，档案馆的数字化加工人员也并未考虑如何使用这些光盘中保存的数据，他们目前只考虑对馆藏纸质档案逐步进行数字化。

ABW3：这样一来，我们接收的电子档案其实也没有太大用途，还增加了管理的工作量和成本。

ABW4：确实是这样。我一直在想，能否建立一个网络化电子档案接收系统，支持“双轨制”模式下的档案接收，把档案馆当前接收到的数字化档案资源用信息化方式进行组织和存储，并与其对应的纸质档案建立关联，以后可以通过计算机提供数字化档案资源的检索、浏览和利用，减少纸质档案的库房调卷次数。另外，与数字化加工部门的人员取得联系，对于已经接收的且有相应电子档案文件的纸质档案就不用再重新扫描，避免浪费。

ABW3：这些工作需要领导来协调，我们在构建系统之前，首先应将接收电子档案的格式、规范和要求制定出来，指导各档案室按照标准规范来移交电子档案，这样档案馆接收数字化档案进馆时就会容易很多，数据转换、数据迁移的工作也不会很复杂。

ABW4：如果档案馆能够建立起标准统一的电子档案接收、保管和服务利用系统，这对电子文件集中管理是非常有好处的，对档案室业务工作的规范化开展也非常有帮助。

（3）业务聚焦

① 档案馆需要制定接收电子档案的格式规范和管理制度。各归档单位的信息系统不可能采用统一的技术平台，保存数据的文件格式也不会完全相同，使用的管理信息系统也不相同，因此，制定统一接收电子档案的格式、规范、工作流程和管理要求是必要的。

② 档案馆肩负着数字档案长期保存的任务。档案馆接收电子档案后，一方面应及时提供利用，另一方面还应考虑长期保存的策略、计划与方法。光介质、磁介质的保存寿命比纸介质要短很多，而且容易受损坏，需要定期做载体迁移；另外，IT 技术的快速发展也会使这些文件的可读性受到威胁，面临潜在的风险。因此，数字化档案资源长期保存需要从存储介质、文件格式、管理制度、保存计划等多个方面综合考虑和研究。

③ 长期保存的数字化档案资源与提供网络化利用的数字化档案资源格式不完全相同。提供利用的数字化档案一般不宜长期保存，长期保存的文件格式需要从长远角度来考虑其持续可读性，因此不能采用压缩文件；而提供利用的数字化档案信息主要从网络传输速度与信息浏览的方便性、图像清晰程度等角度来考虑，需要采用压缩格式文件，保障网络传输的速度，降低网络消耗成本。

1.7.2 误区点拨

① 误认为集中管理就必须将数字化档案资源转移到数字档案馆的存储服务器上。数字化档案资源一方面需要提供利用，另一方面要做永久保存。长期保存的数字化档案资源需要以介质形式保存起来，而提供利用的数字化档案资源可以采取分布式存储方式将多个档案馆的数字资源保存于网络上的不同存储空间中，在组织方式、运行管理等方面采取统一的管理模式，实施集中管理与控制，并不需要将所有的数字化档案资源集中存储于同一台存储器中。

② 误认为数字化档案资源长期保存问题主要应由 IT 技术人员来承担。数字化档案资源能否长期保存并持续有效、可读，不仅取决于长期保存的存储介质寿命与文件格式的有效性，还取决于长期保存的管理策略与实施计划，前者是由于信息技术的发展而有所变化的，后者则是档案工作者人员需要积极思考和研究的主要问题，任何时期都能够针对当时的技术发展现状和管理方式制定出可操作的解决方案。

③ 误认为纸质档案数字化后就不再需要保存了，只需要保存数字化档案就可以了。纸介质档案长期保存的有效性已经在实践中得到验证，数字化档案长期保存的技术还处在改进、发展过程中，数字介质没有纸介质的寿命长，稳定性也不够高。在未来很长的时期内，纸质、微缩和数字载体的档案将长期并存，并在档案管理、长期保存、方便利用的过程中发挥各自的优势。

1.7.3 认识提高

① 数字化档案资源的长期保存是新时期档案事业的一项艰巨任务。与管理传统的纸质

档案一样，档案工作者需要积极思考和研究数字化档案的长期保存策略与方法，这需要不断跟踪新技术的发展及其应用方法，不断探索和研究数字化档案资源的长期保存格式、方法与技术，保证数字记忆的有效性、稳定性和持久性。

② 长期保存数字化档案资源需要建立标准规范体系。数字化档案资源的标准规范体系应包括元数据格式规范、管理规范和业务工作制度等多个方面。

A. 制定数字化档案的存储标准与格式规范，确定档案数据库的存储与访问方法。其主要工作包括各门类数字化档案元数据的组成、结构、描述方式、著录规则与要求；各种类型档案内容（包括文本、图形、图像、音频、视频，以及非结构化信息）的描述方法、格式要求、存取方式、访问机制等；档案内容与档案元数据之间关联模型的定义、检索方式的确定；档案目录数据库和内容对象的分级存储、统一管理、集成共享方式和要求。

B. 制定数字化档案信息的管理规范和工作制度，确定档案数据库建设过程中的程序化和规范化操作方法。其主要工作包括档案数据库的建设步骤、方法和要求；数字化档案信息的网络存储、离线备份和灾难备份与恢复的功能、性能、技术规范和管理规定；数字化档案信息的安全管理规范、备份方式与要求；备份的数字化档案信息的管理方法等；档案基础数据库的原始性保障措施，规定如何采用身份认证、数据加密、电子签名等技术确保档案的真实、完整、有效和凭证性作用；数字化档案信息的授权访问制度，定义开放档案、控制使用档案、涉密档案的分类存储、授权管理与访问制度。

C. 制定档案基础数据库建设的业务规范和管理制度，确定接收数字化档案信息管理与开展馆藏档案数字化加工的工作要求。其主要工作包括数字化档案归档、移交、接收的工作制度和内容、范围、方式、方法及安全保障要求；开展馆藏数字化加工全过程的工作方法、安全制度、保密措施及操作要求；档案基础数据库的滚动建设与运行维护的制度和方法等。

1.8 思考题

1．谈谈档案管理信息系统的作用和意义。结合实际工作谈谈信息系统中档案数据库的建设方法和思路。

2．谈谈电子文件归档工作如何开展，需要哪些人参与，需要做哪些基础准备工作。

3．馆藏数字化的目的和意义有哪些？

4．馆藏数字化都包含哪些工作？

5．谈谈您对档案门户网站的认识。

6．谈谈档案信息网络化服务与档案信息安全管理之间的辨证关系。

7．数字化档案信息是否需要长期保存？现阶段应如何应对长期保存问题？

8．档案馆整合 IT 资源有何作用？

9．结合实际工作，谈谈档案信息安全保障的有效措施和方法。

10．结合档案管理信息系统的开发，谈谈顶层设计方法的作用和意义。

第2章

信息化推动现代档案管理变革

21 世纪，网络、计算机、管理系统的广泛应用产生了大量的数字信息，需要归档并实施永久保存，这为档案事业增添了新的内涵—— 保存数字记忆、提供信息服务。档案信息化是现代档案管理的重要特征，也是信息社会档案事业务发展的重要支撑。档案信息化促进了档案工作者思想观念的改变与知识结构的更新，改变了传统档案业务的工作环境与档案信息资源开发利用的手段和方式，推动了档案管理的深刻变革。档案不再拘泥于以纸张、微缩胶片、录音录像带为保存载体，而是多以数字格式形成、传递、移交、归档、保管和提供利用；档案工作不再延续大量手工操作，而是借助计算机实现自动化，借助信息系统实现现代化管理，借助网络提供高效利用服务；档案工作者也不再局限于承担传统的库房保管员的角色，而是逐渐转变为以钻研档案业务、开展档案编研的学习型和研究型团队；档案管理的思路与方法也在不断地推陈出新，档案信息化工作的深入开展与广泛应用使档案工作逐渐渗透于各行各业的方方面面，促进了馆藏档案资源的开发与利用，强化了社会公众的档案意识。科学技术的发展是档案管理走向现代化的助推器，档案信息化也必将推动档案事业迈向自动化、现代化的快速发展轨道。

2.1　观念变革与认识提升

观念决定思路，思路决定发展。档案信息化能否顺利开展，能否快速见效，能否持续发展，很大程度上取决于档案工作者的思想观念及其对信息化工作的认知和重视程度，取决于档案工作者接受新理念、学习新知识、开拓新思维、使用新方法的思维和行动。

2.1.1　案例场景

场景 2-1-1：使用档案管理信息系统

（1）场景描述

这是一组档案管理机构对其信息化应用现状的描述，内容涉及信息化应用效果、档案信息管理、标准规范的采用以及电子文件接收与管理等多个方面。

（2）场景再现

档案馆 A：我馆的信息化工作开展得比较早，20 世纪 90 年代初我们就开发了自主知识产权的单机版档案管理信息系统，至今依然用得很好，功能主要集中于档案目录信息的录入、修改、查询、检索、统计和打印等，对于管理当前库房保存的纸质档案基本够用；我馆的档案分十多个门类分别由多位同志进行管理，每位工作人员管理 3 个以上的档案门类信息库，各档案门类之间的信息并无任何关联；档案著录信息主要参照 80 年代国家档案局发布的文书档案著录标准，按照本馆自己的实际需要单独建立，每个档案门类的著录项和格式几乎都不一样；到目前为止尚未开始接收电子文件归档，声像档案中有一些视频、音频的信息以光盘形式接收，并按照纸质档案的管理方法将光盘保存于库房，建立了光盘档案目录数据库，以方便检索和浏览使用；在接收档案的过程中，立卷单位将案卷目录以 Excel 文件形式复制到数字化介质中，档案馆接收后将各单位的 Excel 数据文件由技术支持人员批量导入到当前使用的单机版档案管理信息系统中，避免了档案归档和移交过程中目录信息的重复录入。与其他单位比较起来，我们依然采用单机版档案管理信息系统，可以说有些落后吧！

档案馆 B：我馆的信息化工作起步比较晚，从 2000 年才开始，但是起点较高，我们直接采用网络版档案管理信息系统，并实现了与归档单位各部门之间的业务集成和信息共享，避免了档案目录数据的重复录入，实现了电子文件的网络化自动分类、归档与接收，这主要得益于学校把档案馆信息化纳入全校电子校务的全局来规划、设计和实施；目前档案馆新接收的纸质档案目录和电子文件的编目信息与档案内容的电子原文信息等都由各立卷单位进行整理、分类并采用网络平台实现归档、移交和接收（保密档案以介质方式由保密人员亲自送交到档案馆），案卷著录格式和电子文件格式采用本校统一制定的格式规范，档案馆的信息资源统一存储于学校信息中心管理的数据库服务器和文件服务器上，由信息中心的管理人员统一进行维护、管理并实行数据备份。我们的做法是将信息化建设与运行维护等技术含量较高的工作委托学校信息中心来统一开展。

档案馆 C：我馆信息化工作比较复杂，每任领导都有自己的想法。第一任领导主张自主开发，带领大家开发了一个档案管理信息系统，实现了对 2~3 个档案门类的案卷级目录信息的管理和检索；第二任领导上任后，采取外包开发模式，请一个 IT 公司开发了一个电子文件接收系统，对新接收的部分电子文件实现了以“件”为单位的管理方式；第三任领导上任后，认为档案的开放利用比较重要，于是又购买了一套档案信息发布系统，将开放档案信息发布在网络系统上并提供网络化档案信息利用服务。这种不连续的建设思路和方法造成了我馆有多台服务器、多个信息系统、多个数据库平台并存的、复杂的信息化系统运行环境，各系统之间互不集成，互不兼容，各自的著录项也没有统一的格式规范。档案的接收整理、库房管理和档案利用等几个部门的信息系统分别采用了不同的软件开发平台而研制，造成了信息不共享。这样一来，技术支持服务工作量大，每个系统都需要跟踪、维护、升级完善，缺乏统一管理思路。下一步我们的工作任务是在档案馆内部开展系统集成和信息共享等工作。

（3）业务聚焦

① 档案馆信息化工作应具有连续性。人为制造异构软硬件基础设施平台和异构软件系统只能造成 IT 投资的浪费。每一任领导上任，都应充分尊重前任领导的劳动成果，在保护已有 IT 投资的前提下继续完善、扩展。案例中档案馆 C 的做法是不可取的，这种做法只能使档案馆的信息化工作陷入困境，而且越来越被动。

② 档案管理信息系统的选择与使用应适合档案馆自身的需要。尽管档案馆 A 依然使用单机版档案管理信息系统，但各项工作的开展都非常扎实，而且通过对单机版系统的使用理顺了档案管理的业务流程，档案馆内部资源的管理也逐渐走向规范化。可以肯定，一旦条件成熟，档案馆 A 开始实施网络版信息系统时，将会比较顺利。

③ IT 集约化管理是开展信息化工作的一个有效方法。档案馆 B 采取 IT 资源集中建设与档案信息集中管理的方式，这是当前信息化建设的一种有效方式，不仅节约了 IT 投入的

成本，而且降低了档案馆开展信息化建设的难度和复杂度，这样促使了档案馆信息化工作走向良性循环和可持续发展的轨道。

场景 2-1-2：了解软件开发过程

（1）场景描述

档案馆领导（ADW）希望通过引进 IT 技术人才（RDW）开发自主知识产权的软件系统，要求 RDW 在半个月之内开发一个档案管理信息系统。

（2）场景再现

ADW：我们现在急需使用网络版档案管理信息系统来实现某个门类的档案信息的共享与管理，给您半个月时间能否帮我们开发一个系统？

RDW：半个月做一个系统？似乎不太可能。不过，我想我需要与档案管理的工作人员进行沟通，先了解一下档案管理的具体业务、工作流程以及他们对信息系统的使用要求等。

ADW 找来档案管理的业务骨干 ABW，让他介绍一下其部门的工作。

ABW：我们部门有三岗位，一个负责建档，一个负责归档和查档，一个负责转档，我们每人的工作量都很大，每天都有档案的转入转出，特别容易出错，年底统计时经常会差几千份档案！我们的工作流程是这样的……

RDW 听了 ABW 的介绍后，对自己要做的事情，有了一定的了解，认为档案管理的工作流程很清晰，也不复杂，与其他的软件系统相比较，难度不算大，但在半个月时间内做出一个系统来还是比较困难的。关键是系统实现的过程中还需要得到档案管理业务人员的大力支持和配合，目前还不清楚当前的几个业务人员是否都会全力以赴投入到这项工作中来配合自己，也不了解每个人的计算机操作能力和信息化认知水平，因此就想再继续了解一下系统建设的期望与目标。

RDW：你们认为一个好用的管理信息系统是什么样的？应包括哪些功能？

ABW：每个岗位录入的数据能够被其他人共享，不需要重复录入数据，改变我们当前的现状：每人计算机上有一套数据，数据拷来拷去，新录入的数据不能及时共享，有时候还会造成版本上的混乱。

RDW：除了数据能够共享外，是否还有别的需求，如数据统计、库房盘点等功能。你们现在的数据格式是什么样的？

ABW：我们目前不需要太多功能，我们只希望能够在部门内实现数据共享就可以了。但我们这些数据都是保密的，不能给您拷贝，不过您可以先看一下。

……

就这样，RDW 有了一定的思想准备，他既感到轻松又感到压力很大，轻松的是业务人员要求不高，其实就开发一个具有数据录入和查询功能的模块就可以了；感到压力大的原因是业务人员对信息化的认识比较浮浅，实施过程将会遇到很多难以沟通的问题和困难，更重要的是随着业务工作者信息化应用水平的提高，他们的需求将会越来越多，如果只考虑眼前的要求来开发一个模块，那以后增加新需求时系统就很难扩展了。

（3）业务聚焦

① 软件开发的目标是实现一个完整的管理信息系统，而不是一个功能模块。一个完整的信息系统需要有用户模型、数据模型和全过程的档案业务管理模型做支撑，如果从一开始就陷入个别模块的开发，未来的系统建设工作将陷入被动，甚至会造成推倒重新开发的严重

后果。

② 档案工作者应了解软件开发过程。一个软件系统的实现需要经过需求分析、系统设计、系统编码、系统测试、系统实施、系统培训和改进完善等过程，较短的时间内是很难做出一个有持续发展能力的档案管理信息系统的。尽管档案工作者不需要开展具体软件开发工作，但只有充分了解软件开发过程，才能提出合理的要求和需求。

③ 档案工作者应能够清晰地描述档案工作的业务需求。业务需求是软件实现的依据，开展需求分析是首要的也是非常重要的任务，需要档案工作者清晰地描述工作流程、管理方法和使用要求，而且还需要在现有业务基础上有更深入的思考和分析，挖掘并提出潜在需求，这对系统的开发非常重要。而开发人员必须在了解和熟悉档案业务工作流程和档案信息管理特点之后才能进入软件程序设计和编码阶段的工作。

④ 软件设计人员应将业务工作转换为计算机能够实现的功能模型。档案工作人员从实际工作要求出发提出的各种需求，必须经由系统设计人员将其转换为计算机能够实现的功能模型，而且需要分辨出哪些业务能够采用计算机来提高档案工作效率，哪些流程可以优化甚至重组，哪些信息需要录入管理信息系统中实施管理并提供利用。这一系统分析工作的开展正是将档案业务与信息技术紧密结合，实现技术为业务服务的目标。

场景 2-1-3：全面认识档案信息化工作

（1）场景描述

档案馆需要压缩编制，馆领导（ADW）找档案馆的信息技术服务人员（RDW）谈话，希望撤掉一个岗位。

（2）场景再现

ADW：近几年，你们技术部同志结合档案馆的业务工作需要开发了自主知识产权的档案管理信息系统，提升了档案馆的信息化水平，提高了大家的工作效率。由于我们人员少，软件开发又很辛苦，以后我们决定不再自己开展软件开发工作了，也就是说技术部人员就没有太多的事可做了。当前档案馆的编制很紧张，我决定撤掉一个技术岗。

RDW：这恐怕不行。档案馆的信息化工作包括很多内容，仅软件系统研发就包括总体规划、系统设计、软件编码与测试、系统实施、完善改进、运行维护等工作；网络管理工作还包括网络、服务器、数据组织与存储、计算机及其外设的故障检测、安全管理和运行维护等；系统管理员的工作也包括系统数据的备份、恢复、数据库管理、软件系统安装、培训、运行维护等各种技术支持服务工作。因此，即使不开发新软件系统了，但网络管理、系统管理以及当前使用的系统及设备的升级换代等工作还将继续开展，技术部两个人承担这些工作就已经很辛苦了，有时候也忙不过来，经常加班加点，如果再减编制，工作就无法开展起来了。

ADW：我以为档案馆工作人员就十多个，技术部只需要一个人就完全可以承担档案馆信息化中涉及的所有工作，包括软件开发、网络运行维护和系统管理等工作。

RDW：信息化工程及信息化应用的技术支持需要应用多个学科领域的信息技术知识，如网络的规划、部署、实施、运行维护与安全管理，计算机、服务器、存储设备等硬件方面的知识与软件基础平台系统，如操作系统、系统开发平台以及应用软件的安装、运行维护、升级服务、故障检测与恢复，数据库管理系统的安装、使用、维护与数据备份与恢复，以及网络环境中病毒的防治等，开展这些跨度比较大的信息化技术支持、运行服务和 IT 资产管理等工作都需要具有多学科知识背景的信息技术人才团队并协同工作才能做好。而且这些知识不断地发展、变化，技术人员还需要不断地学习新知识才能承担技术支持工作。

ADW：我以为，技术人员在信息技术方面是内行，但在档案业务知识方面比较欠缺，目前我们要开展现代化管理，以后准备软件开发工作委托外面的公司来开发，那么技术部人员在档案管理、档案编研和提供利用等方面也提不出什么需求。

RDW：如果说技术人员把档案管理信息系统都已经开发出来了，但他还不懂档案业务，没有把档案工作流程和业务需求搞清楚，那么软件系统就不可能开发出来，即使做出来了也不能为档案业务工作人员所认同，可以说根本无法使用。事实上，软件系统的开发人员应该在软件编码之前就把软件系统中涉及的各个岗位的业务工作及其之间的业务衔接过程全部了解和熟悉，这样才有能力承担任何一个岗位的工作任务，届时只需要在具体实践和待人接物方面进行磨炼就可以了。因此，建议以后档案馆新进的员工先到技术部工作一段时间，通过使用各个软件系统，把各个业务岗位的档案工作从整体角度熟悉后，再委派到某个具体岗位去工作。

ADW：看来，以前我对档案馆的信息化工作及其开展过程认识得还很不全面，对信息技术人员开展的各项工作还没有做深入的了解，以后还需要多与你们沟通和交流。

（3）业务聚焦

① 软件开发只是档案信息化工作的一项具体内容。档案工作者认为档案信息化就是开发一个软件或者购买一个软件系统并把它用起来，这是一个很大的误区。软件开发只是信息化工作的一项具体任务，软件开发之前开展的系统规划、需求分析、系统设计以及软件开发完成后的系统实施、运行维护、升级完善以及网络运行管理与控制，数据备份与恢复，故障检测与维修等工作都是非常重要的，而且需要综合素质与技能全面的信息技术人员来开展。

② 现代档案管理工作的开展需要引进、培养和重视信息技术人才。档案信息化是一项系统工程，它包括信息化总体规划、软硬件系统选型与环境建设、档案管理信息系统的设计、开发、编码、测试、实施与培训、系统实施后的网络管理、系统管理、运行维护等技术支持工作。这些工作技术性强、实时性高、知识面广，因此开展现代档案管理工作应重视信息技术人才，并充分发挥其作用。

③ 全面认识档案信息化工作是非常必要的。档案信息化工作的开展源自现代档案管理的需要，同时又能促进档案管理业务水平和工作效率的提高，无论档案馆的行政管理人员还是档案业务骨干，都应了解和认识档案信息化工作全过程的任务和内容，这对现代档案管理工作的开展有很大的促进作用。

2.1.2 观念革新

开展档案信息化工作，档案工作者需要改变一些传统的观念，如对信息化工作的认识需要从无到有、由浅入深，对信息化工作的开展也应从旁观者步入到实践参与者，对信息化应用系统的使用也应从初级应用阶段发展到能够提出更多、更深档案工作业务需求的研究与发展阶段，只有这样，才能加快档案信息化的发展进程、加强档案信息化的应用深度、提升档案信息化的应用效果。

（1）档案信息化是现代档案管理的基础性工作

人类进入 21 世纪，网络、计算机成为我们开展各项业务和检索利用各类信息资源的主要工具和手段。档案的收集、整理、保管和提供利用的传统工作方式不仅难以适应快节奏、高效率社会发展的多元化利用要求，而且也难以保障数字时代档案信息的收集、管理和永久保存工作的有效开展。因此，档案馆开展档案信息化建设，设计、开发、实施和应用档案管理信息系统，提供网络化高效率的信息服务已经成为现代档案管理的一项基础性工作。这一基础性工作将逐渐渗透到档案的收集、整理、鉴定、归档、保管、处理、统计、编研和利用服务等档案工作的全过程，这就要求档案工作者积极参与其中，了解、熟悉和掌握以信息技术为主要手段的现代档案管理工作的新特征。

（2）档案信息化是国家信息化的重要组成部分

信息资源是信息社会和知识经济时代的核心资源，信息资源建设必然成为信息化建设的核心内容，档案馆是收集、保管和提供档案利用的重要基地，80%以上的国家信息资源沉淀于全国各级各类档案馆中，档案资源是国家信息资源的重要组成部分。

（3）档案信息化需要技术与业务的融会贯通

信息技术与档案业务融合应用、互动发展，有效地为档案工作服务，这是现代档案工作者和档案信息化建设人员追寻的目标和努力的方向。这一目标的实现需要全体档案工作者对传统档案工作模式进行改造，勤于学习和勇于接收信息技术知识，掌握信息技术的应用方法，在实际工作中不断探索和实践，才能保障信息化工作的顺利开展与迅速发展。

（4）档案信息化需要持续滚动发展的长效机制作保障

信息化是一个长期而复杂的实践过程，需要持续地投入经费和人力，这就要求各档案馆逐渐增加对档案管理部门的投入，落实档案事业与信息化建设与发展的经费，把档案信息化作为一项重要工作来抓，统筹规划，同步发展，提高档案管理的工作质量和服务效率。

（5）开展档案信息化工作需要坚持“四真”“六多”的工作作风

开展档案信息化工作需要做到“四真”“六多”。“四真”即真学、真懂、真干、真用，这意味着必须要有吃苦耐劳、勤勉敬业、一切为他人服务的精神，只有坚持“四真”宗旨才能把信息化工作做扎实，落到实处；“六多”是指多学习、多实践、多总结、多思考、多研究、多试验、多应用，这是保障档案信息化系统获得稳定、协调、安全、有效和可持续发展的金钥匙。

（6）档案现代化管理工作需要全面开展

① 管理制度化。按照档案信息化的要求制定电子文件和数字化档案的管理办法和标准，确定搭建系统平台的功能要求和技术规范，制定网络及信息安全管理制度，坚持依法治档，为档案信息化建设提供制度保障。

② 归档自动化。自动化网络办公环境下，各类文件和信息具有数字特征，档案工作也应随之发生变化，电子文件的归档需要实现自动化。

③ 馆藏数字化。为适应信息社会发展需要，利用信息技术手段将传统载体的馆藏档案进行数字化，形成数字化档案，以提供更广泛、更深入、更方便的档案信息服务。

④ 利用网络化。利用档案信息服务网实现对数字化档案资源的信息收集与信息发布，最大限度地提高档案利用效率，显现档案信息资源的社会价值。

⑤ 控制智能化。利用档案管理信息系统、网络系统服务和各类IT基础设施平台，建立智能化安全监控系统，实现对档案库房的规范管理、工作场地的安全监控、工作人员的智能识别以及工作过程的状态跟踪，提高现代档案管理的综合水平。

2.2 行政管理方法的革新

档案信息化工作的有效开展，不仅能够提高档案业务工作人员的效率和服务质量，而且能够为档案馆的行政管理人员提供思路、方法、手段和信息，促进行政管理能力的进一步提高，提升管理和决策的科学性、客观性和正确性。

2.2.1 案例场景

场景 2-2-1：业务过程监控能力的提高

（1）场景描述

档案馆有一份档案找不到了，档案馆行政管理人员（ADW）正在与两位档案业务工作者（ABW1，ABW2）查找原因。

（2）场景再现

ABW1 对 ABW2 说：昨天您有事没来，有一家单位咨询 XXX 的个人档案转出之事，我帮您接待了，我在计算机管理信息系统中查询到该份档案已经于 11 月 10 日转出了，但是已经过去一个月了，接收单位说没收到，您赶快帮着查一下。

ABW2：XXX 的档案没有转出，在我的抽屉里（边说边从办公桌抽屉里取档案拿出来）。

ABW1：那您为什么在系统中标注了该档案已经转出了呢？为什么不将档案放回库房？

ABW2：上周，这份档案本来是要做转出处理的，后来接到他们单位来电话，说先不转，我顺手就放在办公桌抽屉里了。但信息系统中的数据我肯定没有录入，是不是前几天技术部的 RDW 在帮我们整理数据时弄错了数据？

ABW1：这种可能性不大，技术部同志没有权力和义务修改我们使用的系统中的业务数据。出了问题应首先查找自己的原因，不要马上想到怪罪别人，再说上周 RDW 帮我们整理数据时，您和我都一直在现场，并未整理转出的数据，RDW 是不会随便修改我们系统中的数据的！我建议您说话要客观些，要有根据！

ADW：这件事情昨天引起了很大的麻烦，也影响了我们档案馆的形象，应查清楚到底是谁的责任，以免以后出错（于是 ADW 组织业务人员和 RDW 开始查找问题，RDW 利用数据备份和系统日志文件开始查找问题责任人）。

RDW：我把 11 月 9 日前与 11 月 12 日后备份的最近一次的数据库文件找出来进行对比，发现 XXX 档案的转出信息是 11 月 10 日录入的，RDW 协助整理数据是 11 月 1 日之前进行的，这就排除了 RDW 修改数据的可能性；另外我查找了一下数据库管理系统中的日志文件，上面记录了此条信息是 11 月 10 日以 ABW2 用户登录且以他使用的 IP 地址进入系统进行修改的。因此可以准确地判断出 ABW2 录入了此条数据，这是系统自动记录的信息，不可能有错。

（3）业务聚焦

这一场景反映了在档案馆工作人员素质参差不齐的工作环境中，档案行政管理需要依靠信息系统中记录的真实情况来做出正确的判断，否则，若偏听偏信，则势必会助长一些不良习气，误伤积极上进的工作人员，造成判断上的错误和管理上的失误。

① 数据库管理系统的日志文件与信息系统的日志信息都需要及时做备份，一方面用以在系统发生故障后恢复系统数据之用，另一方面也能够记录系统每时每刻的数据处理过程信息。日志信息是行政管理人员开展工作的辅助信息，不应忽视。

② 档案管理信息系统的主要作用是协助档案工作者管理档案信息资源，方便档案信息的统一管理、方便检索和查询利用，但也可以根据档案行政管理人员的要求，开发辅助行政管理的功能模块，以跟踪和记录系统操作过程的每个步骤、每个业务环节，为档案馆的行政管理人员开展事前、事中、事后的监督管理提供真实的、客观的事实依据。

③ 档案工作者应不断提高个人素养，提高对信息系统操作的规范化程度，特别是网络化操作过程，系统中的信息是共享的，一个人的失误可能会引起整个业务链的混乱。另外，在使用档案管理信息系统的过程中，需要及时录入业务数据，保持实际业务过程与管理信息系统中记录的信息一致，以免为他人提供错误信息。

场景 2-2-2：员工管理方式的改进

（1）场景描述

上午 8 点 35 分，档案馆技术部软件开发人员 RDW 带着一脸的疲倦来到办公室，碰到了检查考勤的行政管理人员（ADW），RDW 不仅挨了一顿训斥而且还被记了一次迟到早退。

（2）场景再现

ADW：您怎么又迟到了，按照我们馆的工作制度，您又得记一次迟到！

RDW：对不起，昨晚因为调试一段小程序，加班到凌晨 2 点才休息。

ADW：谁让您加班了？在档案馆工作做好 8 小时以内的工作就可以了，没有特殊要求不应加班加点，你们晚上在办公室，也许上网聊天或做别的事情；再说，如果早上一大早服务器出了问题，岂不影响大家的工作？以后你们应保持与大家同步上下班，天天画考勤。

RDW：软件开发人员的工作习惯不能完全与档案馆的日常业务工作人员一致，如果能区别对待也许会有好的效果。我们技术部三个人员，每天早上只要保证一个开展技术支持和运行维护的人员按时上班，随时应对应急故障就可以了；其他开展软件开发、系统测试和数据备份的工作人员在上班时间上是否可以考虑采用灵活机制，因为数据备份工作往往需要等大家都下班了才能去做，软件开发工作也需要静心思考，工作效率才会高些。另外，我们还承担了信息化科研项目，撰写研究报告和学术论文，编写程序做实验等都需要上网查找更多的资料，往往安静的环境才有灵感。听说，有些档案馆的领导对待科研人员和软件开发人员采取的是目标管理办法，考勤上不做严格要求，每年度都是以研究成果、软件开发成果来考核 IT 人员的，希望咱们也能适当做些调整。

ADW：这么说，档案馆内部还需要根据工作性质的不同，对不同的人员采取不同的管理方式？以前我们从未考虑过。

（3）业务聚焦

现代档案管理工作的综合性与复杂性决定了档案馆人才队伍多元化发展的态势，不仅需要专长档案工作的业务型人才，还需要专长信息技术的技术型人才，而技术与业务二者之间工作性质有很大差异，这需要行政管理打破传统的管理模式，以科学发展观为指导思想，思考更有效的管理模式，加强以人为本的服务理念。

① 档案馆日常业务工作需要在上班时间保质保量完成。档案的收集、整理、鉴定、审

核、提供借阅服务等工作都属于档案馆对外服务和档案馆内部管理档案的日常性业务工作，往往需要在白天上班时间完成，其工作特点是事务性、重复性、流水性较强，考核标准侧重于服务态度的优劣，待人接物的熟练程度，沟通协调能力与处理事情的应变能力等方面。

② 科研工作、软件开发、技术保护等工作可以考虑采取目标管理方法。技术性较强的工作则强调创新、强调结果，管理人员没有必要关注更多的过程和细节。特别是软件设计与开发工作，有时候一个小 Bug 会花费几天时间来排查解决，有时候一个小点子会加快开发进度，思路、思维、思考非常重要。对这些人员的考核应注重目标的实现和成果的应用。

③ 档案信息化技术服务人员也有工作性质之区分。信息化工作过程涉及系统分析员、系统设计人员、软件编程人员、软件测试人员、系统实施人员、网络管理员、系统管理员、技术支持人员等多个角色，后三个角色属于信息化工作过程中的日常维护与运行管理，需要随时跟踪、管理和处理档案馆信息化环境中出现的各种故障和问题，前面的几个角色属于研究开发类人员，二者之间也需要区别对待。

场景 2-2-3：IT 资产管理意识的加强

（1）场景描述

档案馆机房部分设备出现了故障，技术部工作人员（RDW1，RDW2）正在紧急抢修，档案馆行政管理人员（ADW）知道后推门进入机房……

（2）场景再现

ADW：听说网络不通了，档案管理信息系统不能使用了，怎么回事？

RDW1：防火墙工作不太正常，一会儿通一会儿不通，我们正在查找原因。另外，存储数据的磁盘阵列上有一块硬盘出现故障，也正在修复。

ADW：防火墙和磁盘阵列都是花了好几万元买的，才用了三年多，怎么说坏就坏了呢？

RDW1：我认为三年前购买的这一批设备质量已经很不错了，我们的维护工作也做得非常细致，这三年内几乎都没有出现任何故障。今年夏天，天气太热，机房温度太高，加上晚上不允许机房开空调，可能是造成这些 IT 设备不能正常工作的主要原因吧，当然也不排除有些零部件老化造成运行中的故障。我们已经通知设备供应商，他们会尽快赶到协助我们来查找原因并进行维修的。

ADW：晚上不允许开空调是档案馆多年的规定，这完全是档案馆安全保障的需要。档案馆库房中保存的档案才是最重要的，而每天晚上我们都要求把库房空调关掉，库房能够较长时间地保持一定的温度，不会有太大的变化。机房的设备坏了还能再买，因此应以安全为主，晚上不能开空调。

RDW1：机房与库房是不能相提并论的，库房中的档案是不产生热量的，而机房中不断运转的网络计算机设备随时都会产生热量，如果没有空调，机房温度会升至很高。再说，存储器上存储的也是档案资源，这些数字化档案资源与库房中的纸质档案一样重要！机房中的重要设备一天 24 小时运转就应该有空调保持恒温，档案馆有监控设备，有人员 24 小时值班，机房 IT 资产的安全管理和稳定运行应考虑一个综合的解决方案。

ADW：机房有这么多事，为省事，是否可以考虑把服务器和存储设备托管到计算中心，他们的机房应该更安全些，另外，以后我们就不需要设立技术支持岗位了。

RDW1：有钱去托管当然可以了，他们可以保障服务器和存储设备的安全稳定运行，但并不等于档案馆的信息化工作就不需要技术支持与服务这一工作岗位了，比如，设备出现故障时也需要找厂商协助解决，而且档案管理信息系统的安装维护以及档案数据的备份与安全等工作还需要另外加收技术支持费，与软件开发与改进完善的信息系统相关的事项还需要档案馆的技术支持人员来开展，另外，档案馆的各个客户端计算机的运行维护、升级服务等工作也需要有技术服务人员来开展。

ADW：我以为信息系统建设工作完成了，只要大家熟练使用了就可以，没想到后续还有这么多事需要做！

RDW2：另外，我们当前使用的防火墙、服务器、存储设备的保修期已经过了，为了保障以后设备能持续稳定运行，还需要尽快与厂商签订续服合同。

ADW：看来，这信息化工作是越做越多。

（3）业务聚焦

档案馆开展信息化建设工作之后，档案馆的资产就不再局限于库房中的实物档案、库房设备等与传统档案管理相关的资产，网络设备、存储设备、服务器、计算机与数字化档案资源等 IT 资产也应纳入档案馆内部的资产管理范畴，而且 IT 资产的管理有其特殊性。

① IT 资产的管理不容忽视。信息化后档案馆的资产多了一项 IT 资产，从网络基础环境、网络设备、服务器、存储器、计算机及其外部连接设备等都需要科学有效地加以管理，而且需要专业的信息技术人员采取专门的策略和方法来开展此项工作，不能简单地将传统的库房档案管理模式套用到 IT 资产的管理上。

② IT 资产的管理方式多样化。档案馆自己可以设立技术部门招聘专业技术人员来管理 IT 资产并保障 IT 设备的持续稳定运行，也可以将重要的 IT 设备托管到相关单位的计算中心进行管理，档案馆各工作人员使用的个人计算机的运行维护等工作也可以委托给专业 IT 服务团队，但无论哪种方式，都需要综合考虑资金投入、信息安全和持续发展等因素。

③ IT 资产需要不断地升级换代。信息化建设工作完成之后，就需要大力开展信息化系统的应用，由于硬件设备、软件产品都会不断地更新和有新版本发布，IT 资产的升级换代、数字资源的迁移等都成为必须开展的工作，档案工作者特别是领导应充分认识到其重要性和必要性，在经费预算方面应考虑到 IT 资产升级换代、维修维护等所需要的经费。

场景 2-2-4：辅助决策信息获取能力的提升

（1）场景描述

在年底总结会上，档案馆业务主管（ADW）希望获得一些与档案工作相关的统计数据，正在找科室的负责人谈话（ABW1，ABW2）。

（2）场景再现

ADW：我想了解一下我们档案馆库房档案的准确数量，能否在一周之内统计出来？

ABW1：用不了一周，我几分钟就可以统计出来。我们去年在开发档案管理信息系统时就考虑到这一点，因此就给系统开发人员提出了数据综合统计的功能需求。只要平时工作中数据录入准确了，我们随时都可以使用系统提供的统计功能来获得准确的统计数据。系统提供的统计功能不仅能够统计出各个库房内的纸质档案的案卷数量、卷内文件数，照片档案的张数与册数、声像档案的盒数量、基建档案的图纸张数，而且还能够计算出库房档案的排架长度。

ADW：您怎么保证系统所统计的数量一定准确？

ABW1：我们只需要保障录入信息系统中的数据与库房中实物档案的信息一致就可以获得准确的数据，系统提供了库房档案盘点功能模块，可以进一步核对机库信息的一致性；另外，我们在使用管理信息系统的过程中，在数据录入、数据修改等方面控制得比较严格，在日常工作的开展过程中就严格控制好系统中数据录入的准确性和变更的及时性。

ADW：能否从系统中获知档案借出到期后尚未归还的一些单位名单及档案卷数？

ABW1：完全可以。档案借阅功能模块中增添了预警功能，进入该模块，到期未还的档案信息就会以不同颜色突显出来，如果我们没有在办公室或在外地开会，系统还能够通过发短信和 E-mail 的形式提醒我们及时开展催还工作。

ADW：有同志反映，我们档案馆的库房空间比较紧张，最多再能容纳未来两年档案的接收，建议尽快做库房扩容，有什么根据吗？

ABW1：这是我们在管理信息系统中将每年的进馆档案数量做了对比分析，并根据各种数据和方法预测未来一年新增的档案数量，然后将两年后档案馆的总馆藏量与当前库房的承载能力进行比较、分析，而得出的结论。

ADW：看来，去年我们开发的档案管理信息系统真的很实用，能帮助我们快速解决这么多问题。我想再问一下，系统能不能告诉我们，哪些单位的档案立卷和移交工作做得比较好，哪些单位做得比较差？

ABW1：应该可以，针对这一需求我们正在给软件开发人员提出详细要求，准备将档案的立卷、移交、鉴定等工作也通过网络来实现，这样记录各个业务过程的详细信息，通过确定各种指标来衡量各工作人员的工作质量与效率。

ADW：我想我也需要学会使用这套系统，以后自己进入系统就可以了解很多信息，不用再花时间开会，或请你们来汇报，这样不仅效率高，而且获得数据更客观，对我做决策很有用，希望能告别以前拍脑袋决策的习惯。

ABW1：是啊！您还可以根据领导开展管理和决策活动的需要，提出更多的辅助领导决策的功能要求，让软件开发人员再开发一些新的功能模块，这对科学决策有很大的帮助。

（3）业务聚焦

① 档案馆领导也应从自己岗位职责出发提出信息系统建设的需求。档案管理信息系统的使用对象不仅包括日常的档案业务工作人员，档案行政管理人员的工作也能够依靠管理信息系统来获得辅助信息，以提高判断的客观性和真实性。

② 辅助决策信息能够从管理信息系统的应用过程中获得。通过编写程序，跟踪各工作人员使用管理信息系统的详细过程，就可以获得各类综合数据；通过使用系统提供的综合分析工具和计算模型，就可以获得科学决策的信息和依据。

③ 档案管理信息系统的功能需求需要档案馆工作人员结合业务工作需要进行分析并提出。随着信息化工作的深入开展，各工作人员对信息系统的智能化分析、预警、提示等功能的要求越来越强。这些强大功能的实现，需要档案业务工作人员提出更细的需求，需要软件开发人员充分了解其业务过程，并采用合适的数学模型来实现预测分析等功能。

2.2.2 全面实施信息化战略

战略是全局性的筹划和谋略，犹如建筑设计蓝图，能够为所涉及的领域提供一个长远的、全方位的、动态可扩展的框架。实施信息化需要树立战略观，需要立足全局，制定具有全局性、纲领性、长远性、协同性、抗争性的方针政策和规划方案。数字档案馆国家战略观要求档案工作从国家档案事业发展全局出发，全面制定和实施数字化档案资源管理的国家战略，从国家层启动数字档案馆工程，明确国家数字化档案资源的管理目标、指导方针、总体发展规划及相关法律法规与标准体系，制定相关的管理制度、管理程序和技术标准，完善管理措施和技术措施，提高国家级数字化档案资源的集中控制力度，解决数字化档案的永久保存和有效利用等问题，消除数字化档案信息的区域性“孤岛”，推进数字化档案资源从机构层面向国家层面，从分散式管理模式向集中式管理模式，从环节式分段管理向无缝式流程管理的战略转型，确保数字化档案资源在我国国民经济发展和文化传承中的重要地位。

（1）打破档案馆传统的行政管理方法，实施需求驱动战略

需求驱动是档案信息化建设应该遵循的重要战略。档案信息化建设的范畴十分宽泛，它是档案管理理论的发展，是档案管理手段的变革，是信息社会的需要，并不仅仅是一个阶段性的工作。因此，开展档案信息化建设必须从电子档案的形成和管理、资源的整合与利用出发明确系统建设内容，需求驱动才能成为现实、才能获得相应的发展条件。比如，在自动化网络办公环境下，文档一体化会变得急需；有了先进的应用网络，人们对信息的网络服务会变得比较急需；在熟练使用档案目录信息的计算机和网络检索的情况下，全文检索的需求又会提出来；为了保护珍贵的历史档案（实物原件）及其内容信息，会想到将其数字化转换成电子的图像文件，发布在网上提供利用，减少库房档案的翻阅次数；随着政府职能转变，管理工作的科学化、规范化和高效率的要求越来越高，档案信息系统的辅助决策功能的开发也逐渐提上议事日程。

（2）IT资源管理应走向专业化服务轨道，保障滚动发展战略

信息化建设的各项工作都将是一个逐步发展、渐进完善的过程，不可能一步到位，因而确定滚动发展战略非常重要。第一，信息技术发展的日新月异，必然导致档案管理应用系统功能的不断完善和拓展，不应一味追求设备更新，而是要善于接受新的思维和应用技术。第二，数字化档案信息的积累是一个没有止境的过程，也是档案信息化建设最核心的内容，信息积累得越多所拥有的资源才越丰富，能够提供的服务才会越宽，开发潜力才会越大，档案工作的地位和作用才会得到更充分的体现。无论是文档一体化、馆藏数字化，还是信息资源的整合都将是一个滚动发展的过程。第三，就数字化档案资源的共享和开发利用而言，从目录检索、全文检索到社会化开发、知识化管理、辅助决策支持，从单份的档案信息到基于对象管理的信息链接加工，从本单位共享、行业共享、区域共享到全国、全球共享，以及开发档案信息资源等都是一个滚动的递增与发展的过程。第四，在自动化办公、信息化管理的基础上，还将逐步实现数字档案馆和智能化控制的目标。这些都是一个滚动发展和持续完善的过程。

（3）探索科学决策新途径，保障应用普及战略

一谈到信息化建设，大家都会联想到资金的专项投入、设备的专门购置。事实上，一方面没有信息化的基础设施建设就不可能开展信息化应用工作，另一方面在全国绝大多数档案专门管理机构都已经不同程度地购置了信息化基础设备并开展了一定规模的管理信息系统和信息资源建设后，能够真正用起来并取得成效才是非常重要。只建设，不使用，或使用得非常浅显都是当前信息化建设的一大问题。当前首要的工作是在应用的推广、普及和深层次使用上下大功夫，在项目的规划、设计、实施中着力强调应用普及问题，将它们纳入制度建立和培训工作中。必须在更新管理观念、改变管理手段、加强培训引导、建立健全制度方面上下齐动，重点是要发挥领导和重要业务职能部门的关键作用。应用普及工作将关系到档案信息化建设的发展和生命力，关系到国家信息化战略基础性信息资源建设的成败。

（4）保障信息化稳定发展，实施专业化服务战略

档案信息化是关系到国家信息化战略实施的基础性工作，也是社会化需求很强的工作。档案信息化建设单靠档案部门自身的力量是很难全方位地实现其战略目标的，也很难达到预期的效果，必须依靠、联合专业的 IT 服务公司，从咨询、规划、设计、研发、实施、培训等系统建设的外包模式，甚至是服务器、数据的专业化管理和技术维护，计算机网络设备和应用软件的售后服务，以及更新升级等都必须依托社会化的信息技术服务力量，才能获得更大的发展空间，才能及时解决信息化建设与发展过程中遇到的各种问题，才能有效探索和推动档案信息产业化的市场途径。

（5）传承档案文化，实施产业化发展战略

档案是支撑社会经济发展的宝贵资源，档案记载着国家的文化遗产，对档案的利用也会不断地形成新的社会文化，而且逐渐成为社会生产力的重要组成部分，档案文化产业的发展是综合国力最直观、最具体、最真实的反映。面对文化产业的浪潮，我们不能再把文化仅仅看成是在思想观念、风俗习惯、增强民族凝聚力等方面起作用的软力量，更应把它当作一种像科学技术一样能产生巨大经济效益和社会效益的宝贵资源。在信息社会和知识经济时代，信息资源对经济增长和经济增长方式的改变，将起到越来越重要的作用。档案作为社会的原生信息源如何进行社会化的开放、开发利用是时代赋予档案事业发展的历史性机遇和档案工作探讨新思路的责任和义务，走档案信息产业化的路无疑是符合时代需要的发展战略，一方面为档案事业的发展注入活力，增强造血机能，创造新的运行机制；另一方面为信息社会的经济增长提供强大的推动力。

2.3 信息化决策能力的提升

档案信息化能否顺利开展、能否获得预期的效果，很大程度上取决于信息化主管领导的思维方式、决策能力及其在开展信息化工作中的组织能力和技术水平。

2.3.1 案例场景

场景 2-3-1：现状分析与系统建设决策能力的提高

（1）场景描述

为全面培养和提高档案工作者开展现代档案管理的综合能力，档案馆制定了岗位轮换制度，在执行过程中，遇到了一些问题。一位是档案工作经验很丰富的老同志 ABW1，他一直延续使用旧的单机版档案管理信息系统，一位是使用过档案馆最新开发的网络版档案管理信息系统的年轻同志 ABW2，他们在工作交接过程中出现了一些问题，因此，需要找领导（ADW）协商解决。

（2）场景再现

ABW1（边操作计算机边介绍）：这是我当前使用的档案馆早期开发的单机版档案管理信息系统，从系统建库、数据录入、数据维护、信息查询、标签报表打印、数据导入导出等功能都能够正常使用，而且很方便；这是扫描仪，用来把查询利用频率较高的档案进行数字化并与计算机系统中的档案目录信息实现一对一的关联，以方便查询；目前大部分照片我已经扫描并将其档号编辑在扫描后的图片上，查询利用比较方便；档案的整理工作要及时，目前各归档单位都上交数码照片，几乎都没有洗出来的照片，建议重要的照片应保留一份纸质的，而且都要及时整理编目入册，以前接收的照片大多没有著录项或者六要素标引不全面，整理起来比较困难，特别是年代久远的历史照片标引的六要素更不全面，以后在这方面应该对归档单位有严格的要求，要求他们在归档时做好著录和标引，接收时做好鉴定、分类和整理工作；系统数据库文件的备份，如果有新数据录入最好做一个脱机备份，长假前后更要注意数据的备份……

ABW2：看来，这个岗位的工作挺繁杂的，数据备份还得自己做，这不是技术支持人员开展的工作吗？怎么您还需要做备份？单机版档案管理信息系统早就过时了，应该淘汰，我得去跟领导反映重新开发一个网络版的软件系统。

于是，急于求成的 ABW2 在尚未完全熟悉新岗位工作内容、工作思路和方法的情况下，急匆匆去找领导反映问题。

ADW：新到一个岗位，有无遇到什么新问题？

ABW2：我了解和熟悉了新岗位的工作内容，基本上可以正常开展工作了。

ADW：年轻人就是能力强，没几天就能完全适应新岗位工作的要求，好好干！有什么问题及时向我反映。

ABW2：我的确有一些问题需要您出面解决：一是目前使用的单机版档案管理信息系统太落后了，界面不好用，数据录入、修改、查询、检索都不方便，几乎无法使用；二是系统的数据库文件还得自己备份，这应该是技术部门的工作，我想工作太杂会影响我对业务的深入研究；三是以前归档的照片，标引信息不全，需要重新整理；四是库房照片档案册大小不一、不整齐，是否考虑定制统一的案卷……

ADW：您说的这些问题很重要，单机版档案管理信息系统确实太落后，应该更换，我找人重新开发一个全新的系统。

于是，ADW 找到一家 IT 公司，很快签订了软件开发协议，匆忙开始了软件系统开发工作，并雇用了临时人员协同 ABW2 对以前库房中接收的所有照片档案进行了重新整理、编目、录入、打印……几个月过去了，旧的档案用具淘汰了，照片重新进行了扫描处理，新的软件系统投入了使用，ABW2 的工作成绩很大，得到了领导的大力表扬。但深入实际去调查和了解真实情况后发现刚开发的软件系统采用的开发平台相对比较落后，系统实现过程中也未体现现代档案管理的思想和方法，系统的功能更是主要局限于目录信息的简单查询和图片文件的浏览，其他的支持档案工作人员开展收集、接收、保管、利用、鉴定等核心业务过程的功能在系统中没有体现，系统依然只能供单人使用，而且数据库文件的备份方法也未改变，只是将原来的桌面数据库文件变为关系型数据库系统的文件。ABW2 的工作繁杂程度不减反增，新开发的档案管理信息系统由于缺乏测试环节，在使用上还存在很多问题，由于系统设计的局限性，系统功能无法扩充。结果，没过多长时间该系统又需要重新开展需求分析，重新设计、开发和完善，结果事倍功半。

（3）问题分析

这是一个典型的急于求成的信息化“政绩”工程的案例，其问题体现于以下几个方面。

① 判断太片面。网络技术的快速发展推动了网络版档案管理信息系统的迅速发展，但不等于单机版的软件系统就一定是落后的。判断档案管理信息系统是否落后，只从单机版还

是网络版来判断是很片面的，因为管理信息系统中融入了管理思路、管理方法、档案业务等实际问题。该案例中 IT 开发人员设计初衷是基于网络平台的，但系统的开发脱离了档案工作的实际业务需求，违背了信息技术为管理服务这一根本的核心思想，新系统采用的后台数据库尽管能够支持多用户并发访问，但在设计理念、实现方法以及系统功能实现方面还不如原来的单机版系统先进。

② 决策太鲁莽。领导未开展充分的调查、分析和思考，只听个别人的片面之词，就匆忙做出决策。其实，只要稍加思考，就能够分析出其中的问题，为什么老同志 ABW1 在该岗位工作很多年都没有提出这些问题，而 ABW2 刚上任几天就遇到很多问题？仔细思考，更能分析出 ABW2 反映问题的目的所在，一方面 ABW2 已经习惯了专业化分工比较细的工作模式带来的方便性和优越感，另一方面体现出 ABW2 希望新岗位上任快速引人注意和出成绩的心态，当然还体现出 ABW2 年轻人的以自我为中心的、图省事图方便的性格弱点。事实上，年轻人有其知识新、肯干、上进心强等优点，而资历深的老档案工作者身上也有很多优秀的品质值得年轻人学习，比如，以国家和集体利益为重，勤奋努力、节约开支、任劳任怨。如果 ADW 在决策过程中与 ABW1 进行沟通和协商，事先征求部门其他同志的意见，决策也许就不会造成如此大的失误。

③ 需求分析不到位。软件系统的开发，首先需要开展需求分析工作，需求的正确性和有效性取决于档案工作人员对档案业务的熟悉程度，对工作流程的清晰梳理。ABW2 在不熟悉新岗位业务工作和业务流程的前提下，只能依靠自己很局限的知识面提出狭隘的需求，而 IT 公司的研发人员在没有弄清楚档案业务需求和工作流程的前提下，就匆忙研制系统，这是信息化建设初级阶段的不规范做法，其结果只能以失败而告终。

④ 投资无回报。信息化决策的失误必然会造成欲速不达、投资浪费，虚报应用效果与成绩。现实工作中，这一投资浪费现象不仅存在而且还在蔓延，对于信息化建设工作，似乎只要开展就有成绩，项目的验收结果都是行业领先、国内先进，这是因为项目验收和鉴定专家是花钱请来的。随着我国行政管理问责制的完善与落实，相信这一现象会逐步减少。

场景 2-3-2：业务拓展与信息化发展决策能力的提高

（1）场景描述

档案馆业务工作人员（ABW1）责任心很强，工作很主动，能力也很强，希望借着新领导（ADW）上任的东风，把本部门的信息化工作再提升一个新台阶，于是就借机会向新领导（ADW）反映目前存在问题，希望尽快得到解决。

（2）场景再现

ABW1：我们当前使用的档案管理信息系统虽然解决了我们工作过程中遇到的一些问题，特别是在提供服务利用方面，大大提高了我们的工作效率，但还存在很多问题：一是建档、转档和档案处理等工作岗位上数据录入工作量很大，这些数据在一些归档单位已经录入了，如果能够方便地共享这些数据，我们就会省出很多时间来钻研档案业务；二是由于我们部门的工作人员计算机水平较低，在使用信息系统时往往缺乏思考或者不认真，有的也不熟练，造成了系统中录入的数据不准确、不及时，因此系统统计的数据与库房中的档案数量不能完全吻合，希望能够再加强培训，让大家更规范地使用管理信息系统；三是已经建立的数据库管理系统还有一些不规范，需要进行数据整理，这样才能保障系统统计数据的准确性和有效性；四是……

ADW：我听说这个系统已经使用了几年了，怎么还有这么多问题没有解决？以前为什么不找技术开发人员及时解决。

ABW1：由于技术开发人员少，工作量大，这些工作都需要逐步做，事实上这几年我们也是一边在使用一边在改。我今天提的有些问题是新的需求，以前开发时并没有提出，现在提出是希望能够再继续进行开发，使我们的系统更完善，使用起来更方便、更高效。

ADW：以前，我负责开展过好几个信息化项目，都是请外面的 IT 公司来开发，系统建成后从来没有人反映过这么多问题，是不是我们的技术开发人员能力不行？我想，我们以后需要改变以往的自主开发的信息化建设思路，请专业的 IT 公司来开发，这样既省事又高效。

ABW1：请别人开发需要经费，何况我们已经有了一个系统，而且使用效果很不错，应该在原有基础上进行完善和改进，没必要重新开发另外一个系统。更何况重新开发一个系统又需要我们付出很多时间来配合软件开发人员来做需求调研、系统测试和系统实施等工作。

ADW：我再去做一些咨询调研，然后确定如何开展工作。

一周后，ADW 宣布，为解决 ABW1 提出的问题，需要请 XXX 公司重新开发一个全新的软件系统，要求将原来的系统开发与实现的技术文档、用户手册等提供给 XXX 公司，并强调说 XXX 公司承诺三个月后开发出一个全新的、一流的管理信息系统，目前使用的系统不再做任何完善和改进工作。结果，半年过去了，一年过去了，两年过去了，XXX 公司终于来档案馆安装新系统了，测试结果是：不能满足档案管理的业务需求，新系统无法投入使用，旧系统也没有去改进和完善，档案馆的信息化工作停滞了两年。

（3）问题分析

这个案例充分说明了信息化建设需要真学、真懂、真干、真用的人才来主持工作。

① 决策者没有充分认识到信息化的滚动发展性。信息技术快速发展与档案工作者采用信息化手段开展现代档案管理能力的增强，都决定了信息化建设的持续性和发展性特点。任何一个系统的设计与实现都有其时代局限性，系统的完善和改进应持续开展，这一点作为决策者应充分认识到。另外，不针对系统当前使用的长处与短处进行充分分析，就简单地否认和推翻前期的信息化工作，重新开发，这是一种投资浪费的错误行为。

② 信息化项目的开展不应漏掉招投标过程。任何信息化工程项目，无论大小，按照规定应开展招投标工作，通过公开选拔挑选出合适的项目承担单位。但很多单位在开展信息化过程中都忽略了招投标工作的开展，认为很麻烦。事实上，招投标工作的开展能够帮助档案业务工作者进一步梳理业务流程，协助 IT 公司开发人员熟悉档案业务工作过程，并促进双方单位互相了解，充分沟通和交流，因此这个环节不应省略。

③ 决策应能对症下药，真正解决实际问题。ABW1 提出希望共享其他部门的数据，这是一项新的需求，只需要开发一个数据接口系统就可以解决问题，完全不需要重新开发一个完整的信息系统；ABW1 提出业务人员使用系统过程中遇到的各种问题，只需要加强培训和熟练使用就可以解决，这与信息系统本身没有太大的关系；ABW1 提出将原有的数据进行规范化处理，只需要技术部门的人员配合开展数据整理与核对工作就可以解决问题。而 ADW 的决策完全偏离了 ABW1 提出的各种要求，当然不能有效地解决问题。

④ 表决心说大话对信息化建设有害无益。“全新的”“一流的”系统只停留在口头，而不通过实践赋予其真正内涵，是没有任何意义的。开发一个档案管理信息系统，不脚踏实地地开展需求调研和需求分析，不遵循软件工程的设计与开发规范，其成功的可能性几

乎为零。

2.3.2 科学决策再认识

信息化工作的开展，科学决策至关重要，决策的有效性直接影响信息化建设与发展的速度和效果。

（1）决策是一种服务

以人为本的科学发展观，实质上就是将管理层的决策过程定义为一种高智商的服务过程，这种服务需要以档案事业发展为宗旨，以档案信息服务社会为导向，以业务需求与为依据，以员工获益为根本。传统的思想认识中，往往将管理认为是“监管”，挑毛病，将决策认为是拥有“权利”，去整人，这些观念和意识早已与信息社会、知识型社会的发展相背离，如果不及时改变，必然会影响档案事业发展的大局。

（2）科学决策需要具有勤、敏、智

领导开展决策的前提条件是：了解事实真相、分析问题原因、提出可操作的解决方案。决策过程不仅需要付出辛勤劳动，需要拥有思考能力、敏锐的洞察力、解决问题的能力，更需要宽广的胸怀和渊博的知识。领导的综合文化素养和处理问题的能力对科学决策是至关重要的。

（3）科学决策需要拥有民主意识

决策不应只是管理者个人的事情，而应是集体智慧的结晶。民主集中制是多年来行之有效的制度，其执行过程中的关键在于如何理解“民主”二字的含义。民主不是“告知”，但在实际工作中，有些领导在做出决策后才进行通告，甚至不给员工提意见的机会，让大家知道的目的是在出现问题时好有托词——这是民主决策的结果，这实质上是剥夺民主权利，而不是实施民主决策。

（4）科学决策需要综合能力强的人才团队来执行

信息技术的快速发展与应用给档案事业带来前所未有的挑战和机遇。此时，决策的科学性、正确性和有效性就变得至关重要，这就要求参与决策的团队成员拥有业务、技术、现代管理三重知识背景，而且还应不断地跟踪、学习最新的技术和知识，钻研业务，只有这样才能在信息化时代做出正确的决策。

2.4 档案工作模式的变革

档案信息化工作的开展改变了档案工作者的思想观念、管理模式和工作方法，文档一体化与“双轨制”逐渐成为现代档案管理的新型工作模式。

2.4.1 案例场景

场景 2-4-1“双轨制”工作模式的转变

（1）场景描述

档案馆技术部同志（RDW）正在接待来馆学习访问的同行（ABW），他们就当前档案管理的工作模式进行讨论。

（2）场景再现

RDW：“十一五”期间，我们档案馆开展工作的基本方式发生了重大变革：一是采用了“双轨制”工作模式，即纸质档案与电子档案同步管理，将人工接待查档和网络信息服务协同开展；二是接收电子文件进馆，部分归档单位已经实行了电子文件网络化归档；三是开展文档一体化信息系统的建设与应用。

ABW：针对不同的归档单位信息化程度参差不齐，有的尚未使用计算机，有的使用本部门单独拥有的管理信息系统的情况，你们是怎么保障电子文件归档工作的顺利开展的？

RDW：在开始实行电子文件网络化归档与接收工作之前，我们首先制定了电子文件的归档工作流程、管理规范及档案馆接收电子文件的格式规范和操作要求，针对各归档单位的信息化应用现状，制定了个性化的工作思路和方法。对于信息化程度较高的且已经使用了档案管理信息系统的归档单位，我们通过开发电子文件归档和接收的接口程序，实现归档电子文件与档案馆信息系统的业务集成和信息共享，通过网络实现自动归档；对于能够通过网络和计算机进行工作但尚未使用管理信息系统的归档单位，我们为其提供了档案馆的电子文件网络化归档功能，他们通过网络和使用档案馆开发的电子文件归档系统，来开展电子文件的整理、编目和移交等工作；对于尚未使用计算机的归档单位，我们在接收他们移交的纸质档案的同时，由档案馆工作人员对接收的档案进行数字化处理，这样做的目的是保障档案馆接收的纸质档案与电子档案能够保持同步和一致。

ABW：这种半手工半自动化的工作方式为档案馆增加了许多工作量，有些单位已经开始实施文档一体化工作了。

RDW：我们也正在与信息中心及多个归档单位进行策划、组织和研制文档一体化系统，以更规范、更科学的方式来管理电子文件，希望能够从电子文件生成之日起，档案工作者就能跟踪其管理活动的全过程，这一工作的开展需要与归档单位进行充分的协调和沟通，而且要求归档单位的信息化程度比较高。文档一体化系统建设仅仅依靠档案馆的实力和能力是开展不起来的，必须从全局角度来规划、设计和实施。

……

（3）业务聚焦

① “双轨制”是指在文件形成、处理、归档、保存和提供利用等过程中，纸质文件和电子文件同时存在，两种载体的文件同步随办公业务流程运转，同步进行归档和移交、同步进入接收后的档案保管过程。实行“双轨制”的单位，在文件（包括收文、发文和内部文件）进入流转处理过程时就以电子和纸质两种载体并存，业务人员需要对同样内容的两种载体文件开展同步操作和管理。“双轨制”的核心是从文件形成之时就以两种载体形式记录各项社会活动的信息。这些记录中有保存价值的文件将作为档案以纸质和电子两种形式移交到档案馆。

② “双轨制”不仅需要投入大量的人、财、物等资源，而且在电子文件形成过程的管理方面也比较复杂，因此有些单位采取了“双套归档”的做法，一种是将办公自动化系统中属于归档范围的电子文件在归档前，制作纸质拷贝，归档时将二者同时移交到档案馆；另外一种则是对纸质的文件进行数字化扫描和文字识别处理，形成纸质档案的电子拷贝。电子格式的文件主要用于方便网络化利用，纸质文件则用于长期保存，有些单位则采用微缩技术，实现档案的微缩化保存。这些做法都不可避免地增加了档案馆接收档案和管理档案的复杂性，提高了档案管理和保存的成本，但这是过渡时期档案工作的一种管理模式。随着时间

的推移，档案馆保存的纸质档案和电子档案的比例将会逐渐发生变化，但纸质档案还将在相当长一段时间内成为馆藏的主要内容。

③ 各档案馆需要根据自身管理档案的特点和所拥有的资金、人才、网络设备资源等状况，选择合适的方式以开展档案的接收与管理工作。比如，是全部做“双套归档”还是将重要的档案做“双套归档”，是在管理过程中随着档案利用的需要开展数字化还是将馆藏全部数字化，等等。在这一点上，每个档案馆的情况都不会完全相同，因此无固定的模式可循。

场景 2-4-2：文档一体化工作模式的形成

（1）场景描述

场景 2-4-2 是 2-4-1 场景的继续。

（2）场景再现

ABW：你们对文档一体化工作的开展是如何考虑的？

RDW：文档一体化强调电子文件全过程管理的连续性和信息记录的完整性，目的是确保有保存价值的电子文件，自生成开始到生命周期活动结束的全过程信息能够获得完整的记载和一致的保存。我个人认为文档一体化管理应充分体现以下特点。

① 管理过程的互动性。文档一体化最重要的特性是将现行业务系统的工作与档案工作实现互动与交叉。管理过程的互动性加强了多方人员工作中的交流与沟通，对形成和积累有价值的、完整的、真实记载社会活动记录的电子档案具有非常重要的社会意义。

② 应用系统的统一性。文档一体化管理使文件和档案共同依赖于一个统一的管理信息系统，并运行于同构的网络、服务器、数据库管理平台，采取相同的数据、文件存储格式，不同的是管理文件与档案工作人员对信息系统的操作权限有所不同。应用系统的统一性使文件到档案的转变过程中，不再需要数据转换和迁移，保持了文件信息的真实性和完整性，同时也降低了工作人员使用信息系统的复杂性，降低了使用过程中的错误发生率。

③ 工作流程的集成性。文档一体化将文件、档案的管理流程实现了集成，要求在一个统一的系统内部，有统一的控制中心，统一的工作制度，统一的且各有特点又互相衔接的工作程序，将档案著录、鉴定、保存和管理等工作贯穿于文件的形成、流转、会签、批准或签发、整理、鉴定、归档、移交、保存或销毁等各个环节，实现各个过程中工作流程的集成和信息的共享，而且能够根据不同的文件及其处理要求定义特定的工作流程，实现流程的优化和个性化处理，提高工作效率，降低档案接收和保管的复杂性，避免信息的多次录入和产生不一致信息的可能性。

④ 业务处理的自动性。文档一体化是在充分信任的网络、计算机和信息系统的数字环境下开展工作，采用信息技术和基于工作流程管理理念实现的自动化程度较高的管理信息系统，不仅提高了工作效率，还降低了错误发生的概率；同时在一些业务处理环节增加了系统自动处理技术，如电子文件版本信息的自动跟踪、电子文件处理过程中的责任链信息的自动保存、基于预先定义的规则实现电子档案的自动标引、分类等，这些功能都会大大提高业务处理工作的自动化程度，减少人工操作的复杂程度。由于这些自动化的处理过程是通过信息系统进行身份认证之后，自动生成并保存记载的，因而，大大增强了电子文件整个生命周期活动中信息记载的真实性和完整性。

⑤ 归档工作的及时性。通过对文档一体化应用系统的广泛使用，档案工作者能够随时对归档范围内的、已经完成现行期使命的文件开展鉴定、整理、归档和提供利用等工作，一

旦电子文件的形成机构确认该文件已经结束现行期的历史使命，就完全能够实现即时归档、即时鉴定，避免以往通行的隔年归档中存在的各种问题，如丢失、泄密、滞后等。

⑥ 安全管理的有效性。文档一体化，一方面使电子文件归档过程变得简单、快捷，自动化程度高；另一方面使人们对电子档案原始文件与档案目录数据的管理实现了同步，最大限度地减少了人工的干预，不仅提高了归档工作的效率，更重要的是大大增强了归档过程的规范性和安全性。至于网络和信息系统带来的安全风险，是能够通过采取各种现代技术手段和管理制度得到控制和加强的。

ABW：您分析得很全面，语言表达很清楚，我们这次参观真的收获很大。非常感谢！

（3）业务聚焦

文档一体化系统的集成性主要体现在以下几个方面。

① 归档工作与文件处理业务活动的集成。各单位在采用办公自动化系统形成和处理文件时，可以考虑对重要文件贴上归档标记，保证其在处理完毕之后即可存入档案数据库。

② 归档工作和鉴定工作的集成。在文件形成时对重要文件做归档标记，是对文件具有保存价值的一个初始判断，档案工作人员在开展归档前的鉴定工作时，重点考虑带标识的文件，这样既能保证鉴定的质量，又能提高鉴定工作的效率，使归档文件的质量控制和文件的技术鉴定工作得以同步进行。

③ 归档工作和用户权限设置、数据备份等安全保护活动的集成。归档意味着电子文件管理权由文件形成单位转移到档案保管单位，系统用户对文件的操作权限将随之发生变化。另外，在归档过程中需要对归档电子文件做电子签章和数据备份，这些工作都应随着归档工作的结束而同步完成。

④ 归档工作与档案整理工作的集成。归档的同时，系统将根据预先设定的档案目录信息和著录的规则，实现自动分类，自动著录，然后再在人工参与下，进行核对、再确认和添加档案馆（室）保管档案的其他元数据项的内容。

2.4.2 现代化管理方法的应用

文档一体化是现代档案管理的一种全新工作模式，是适应信息化发展的必然要求。文件、档案一体化管理的最佳实践是在组织机构内部，建立功能涵盖电子文件生命周期业务活动的管理信息系统。文档一体化系统的实现，使办公业务实现自动化、规范化和流程化，档案管理日趋现代化，具有电子文件从起草时就备份，从办文时就修正，处理完成后就归档，鉴定及整理等工作都能依靠计算机实现互动和辅助管理等优点。

（1）提高认识、统一思想是文档一体化管理的基本要求

文档一体化的实质是将各部门相对分散独立的文件与档案统一为一个有机的整体实施集中管理。这不仅能够加强档案部门对文件管理的超前控制，保证档案的质量，还能够实现文档数据的一次输入，多次利用，减少重复劳动，节约人力、财力、物力和时间。然而，要想真正实现文档一体化管理，对档案工作者而言，特别是档案部门的领导，必须对文档一体化管理理念有一个全面、客观、科学的认识，并达成共识：应充分认识到文档一体化管理的真正受益者是文件与档案业务工作者，认识到新时期文档一体化的必要性和紧迫性，认识到这是时代赋予当今文件与档案工作者的使命，只有这样才能够顺利推行文档一体化管理，加强自觉性，使他们面对困难，不逃避、不退缩，勇于接受新鲜事物，逐步实施和应用文档一体化管理模式来开展各项业务。

（2）加强电子文件管理的标准化与规范化

实施文档一体化管理，电子文件与电子档案之间的关系将更为密切，二者同处于一个综合的管理信息系统中，统一地组织和控制整个文件生命周期的全过程。由于文件管理与档案管理的这种前后相承的关系，文件管理直接关系到档案管理的存在和发展，只有文件管理做到标准化、规范化，档案管理才能够顺利地展开，如果文件管理无章可循，紊乱不堪，可以想象档案管理各环节必然会陷入忙乱无序的状态，这将影响档案管理信息系统整体功能的效用。因此，必须强化电子文件管理的标准化与规范化，严格规范表达文件内部特征和外部特征信息的各项数据，更好地推行文档一体化管理工作的开展。作为档案工作者应严格按照《中华人民共和国档案法》和《电子公文归档管理暂行办法》，参考《电子文件归档与管理规范》，对现行文件管理过程提出标准、规范和实施的具体要求，提高文件管理的规范化和标准化。

（3）加强培训和继续教育，提高档案工作者的综合素质

文档一体化管理要求档案工作者不仅具有档案学基础理论知识及专业知识，还必须掌握现代信息技术，熟练运用计算机、网络及各种信息技术工具来使用档案管理信息系统，要求档案工作者不断调整自己的知识结构，提高技能，加强综合素质的培养。如果不熟悉计算机，不懂网络知识，根本无法接受文档一体化的管理思路，更无法开展电子档案的管理工作，也不可能参与到电子文件管理的全过程业务活动中。因此，加强档案信息化咨询与培训，开展现代档案管理专业知识和档案信息化技术知识的继续教育是档案部门迫在眉睫的任务，也是实现文档一体化管理的前提。否则，进行前端控制，开展电子文档的完整、有效和安全管理就成了一句空话。

2.5 档案信息化运作能力的提高

档案管理是理论性与实践性结合非常紧密的一项工作，而现代信息技术的发展和应用对文件和档案管理的影响异常全面且深刻，信息化一方面使文件与档案管理的工作效率大大提高，使档案信息的获取与利用更加方便快捷；另一方面，诸多前所未有的、严峻的挑战层出不穷，管理对象的数字化、管理手段的现代化、管理模式的多样化，促进档案管理的理念、与方法发生变革。面对诸多挑战，档案工作者应知其难而不畏其难，勇于学习，善于思考，不断提高自身技能和素养，探索现代档案管理的新思路、新方法。

2.5.1 案例场景

场景 2-5-1：信息化基本技能的提高

（1）场景描述

该场景通过描述档案馆 IT 服务人员（RDW）上班工作时的忙碌状况，说明档案工作者在信息化时代开展现代档案管理工作应具备的、保障工作顺利开展的基本技能。

（2）场景再现

上午 8 点 10 分，RDW 刚把计算机机房中服务器的病毒库程序升级完毕，办公室电话铃声响起，拿起电话就听到二楼工作人员 ABW1 的急促的求援声：“赶紧的，我的电脑黑屏了，无法使用了。”放下电话，RDW 赶到 ABW1 的办公室，查出故障原因：他的电脑显示器与主机之间的连线松动了。RDW 把显示器连接线插紧后，ABW1 使用的电脑就能正常工作了。

上午 8 点半，RDW 刚回到办公室，三楼的工作人员 ABW2 打电话说他的电脑不能联网，打印机也无法使用。RDW 赶到其办公室，查出故障原因：网线插口处松动，打印机驱动程序不知道什么时候被 ABW2 删除了。RDW 一边安装打印机驱动一边给他讲解安装方法和操作注意事项，并协助 ABW2 测试打印机是否能正常工作。正在此时又接到一楼工作人员 ABW3 打来电话求救，说他的计算机被病毒感染了，启动后就提示关机，无法使用了。

RDW 又匆匆从三楼赶到一楼 ABW3 的办公室，原来他从移动硬盘中拷贝数据时电脑被感染了病毒。RDW 一边查杀病毒，一边告诉 ABW3 应按照档案馆的安全操作管理办法进行操作，在从移动硬盘拷贝数据时应先用最新的病毒库程序查杀计算机病毒，确认无病毒后再进行数据的拷贝和文件的打开等操作，另外，应将计算机系统提供的文件自动播放功能关闭，等等。RDW 将各种已经培训过多次的、强调过多次的，且在人手一册的档案馆安全操作手册上写得非常清楚的各种计算机安全操作注意事项又一次在服务现场时进行强调。

RDW 刚走到办公室门口还没来得及喝口水就又接到三楼 ABW2 打来的电话，说 RDW 一离开他的办公室，打印机就不能用了，难道打印机还认人呢？赶到三楼办公室，ABW2 解释说他只把打印机挪动了一个位置就不能用了，RDW 一检查，原来打印机与计算机相连接的电缆线在挪动过程中松动了，插紧后打印机就回到正常工作状态了。

上午 11 点，RDW 刚回到自己办公室，就接到了二楼 ABW4 的电话，说他以前生成的几个 Word 文件打不开，系统提示文件已损坏，无法读取文件数据。RDW 走入 ABW4 的办公室，帮助他一起查找出原因，主要问题是新版本的 Word 2003 在读取老版本 Word 1997 生成的文件时，遇到了问题，通过网络查询，发现需要安装插件才能解决此问题。于是 RDW 通过网络下载插件并安装完成后，还发现有些文件仍然不能打开，又采用其他的方法，进一步确认该文件在提交时就已经被损坏无法读取数据，但由于 ABW4 在接收文件进馆时就忽略了检查该文件的可读性，因此没办法挽救。

RDW 还未回到办公室就又被 ABW5 叫去，排除由于查看邮件和上网过程中下载并安装了带有病毒的文件而引起的计算机故障……

就这样，RDW 白天忙于档案馆内部因工作人员基本技能较差而导致的计算机基本操作问题的解答与故障排除，而有关档案馆的网络管理、系统管理、数据备份和安全保障等技术支持和运行维护等工作只能在晚上完成，或者往后拖延，其结果只能是导致档案馆信息化应用的潜在危险越来越大。

（3）业务聚焦

① 档案工作者应具备最基础的计算机操作技能。在信息技术广泛应用的网络时代，传统的习惯手工操作的档案工作者需要不断地学习和熟练掌握网络、计算机、常用办公软件和档案管理信息系统的操作与使用方面的基础知识，提高自身的计算机操作技能，把网络、计算机和管理信息系统作为开展工作的基础工具，只有这样，工作效率才能提高，信息化的效果才能发挥得更充分。

② 保障安全是档案信息化环境中的重要任务。规范操作、病毒防治等基本的安全意识应加强，因此，安全规章制度、安全意识培养、病毒预防与病毒查杀的方法与技巧等都需要提前制定并对每位员工进行培训，以保障网络环境中各项操作的安全。

③ 档案信息化基础准备工作的主要内容是档案业务工作流程的梳理与档案基础数据的整理，而熟练掌握计算机与网络操作过程是档案工作者必须具备的基本技能。档案工作者开展档案信息化工作，不仅仅局限于掌握简单的计算机操作方法，更重要的是应按照信息化的工作思路梳理档案业务流程，制定档案信息数据库的格式规范，整理和整合档案信息资源，提出切合实际工作需要的和满足档案业务发展要求的信息系统建设需求，为档案信息化工作的顺利开展奠定基础。

场景 2-5-2：信息化运控能力的增强

（1）场景描述

档案馆有同志反映技术支持服务人员（RDW）工作不热心，馆领导（ADW）将其叫来问明原因。

（2）场景再现

ADW：今年有些同志反映您的技术支持服务工作不如之前的那位同志服务周到，热情度也不高。您前任的技术支持服务人员经常去各办公室安装一些系统补丁、升级防病毒库，查杀病毒等。怎么很少看见您去各办公现场去开展这些事情？

RDW：这是由于我们俩的工作思路有区别，工作方式也不同。我认为我到现场服务的次数越少，越能说明我的工作有成效。

ADW：这是什么逻辑？

RDW：我是通过网络开展系统升级、病毒防治等工作的，如果发现某些客户端的计算机出现故障而通过网络又很难解决，我才去现场进行咨询、服务和故障排除。我的工作思路是预防为主，防治结合，出现问题立刻解决。我认为技术支持服务需要做到未雨绸缪，安全保障需要做到人人意识的加强，为了达到这样的效果，我重点做了以下三件事。一是上半年，我集中组织了两次信息化基础应用知识方面的培训，制定了档案馆计算机安全操作手册并发给每位同志，并通过实践操作帮助大家逐渐将网络、计算机和管理信息系统作为基础工具。前一个月的时间内我几乎天天给每位同志做培训，并通过邮件定期不定期地进行提醒，后来，档案馆的每位同志逐渐熟练地掌握计算机的基本使用方法，上网操作规范了，安全意识加强了，熟练程度也提高了，这样我就不会把时间浪费在简单问题的处理上。二是下半年，我在档案馆内部服务器和各计算机上部署了网络版防病毒软件系统，只要服务器端的病毒库升级了，档案馆各客户端的病毒库就同步升级了，而且我还在各台计算机上设定了定期的扫描和查杀病毒的计划。可以说，我在服务器的控制中心就可以随时监控到哪台机器被感染病毒，病毒是否已清除等状况，我只需要解决有问题的客户机即可。三是我还在档案馆一台服务器上安装了微软的 Windows Server Update Services（WSUS，服务器），并在每台客户机上设置了系统更新的自动化处理方式，如果微软发布了其操作系统和办公应用软件的补丁和更新程序，我只需要将补丁程序下载到馆内的 WSUS 服务器上，馆内各计算机的自动更新工作就会按照我预先部署的更新方式来完成，修复系统漏洞，保护计算机安全，不需要计算机操作人员在此方面花费更多的时间。这样做，还给档案馆节省了出国上网的费用，以前多台机器都需要连接到微软的服务器上进行更新服务，现在只需要花费一台服务器连接出国上网的费用，其他机器就可以与馆里 WSUS 服务器连接后完成自动更新。其实，开展这些工作我整天都很忙，忙于研究和思考更有效、更合适的方法，因为我知道以前那种“救火式”的技术服务工作方式很难把档案馆的信息化工作做好，特别是档案馆技术服务人员就一个岗位，如果不从根本上思考解决问题的办法，而采取“头痛治痛、脚痛医脚”的方式将会使档案馆的信息化工作陷入故障排除的恶性循环过程中。

ADW：其实，我也一直在思考这个问题，没看见您天天到各业务人员办公室那里去解决问题，但大家工作都能正常进行，而且工作效率还挺高，特别是网络信息安全保障工作开展得很好。我馆以前的技术服务人员是计算机专业毕业的大学生，他工作了三个月就很厌烦此项工作，于是就辞职不干了。

RDW：是啊，要是我天天去做那些重复性的工作，一个人忙不过来，也很快会厌烦的。因此，我想利用自己的技术优势，高质量地开展工作才是最好的选择。信息技术发展很快，各种技术支持服务的工具也有很多，方法也很多，关键是要多学习、多动脑、多试验，把技术服务工作做得有条不紊才能提高大家的工作效率。其实我也很忙，我的这种忙，主要是脑力劳动，而提意见的同志认同的是看得见的体力劳动的忙。

ADW：应该说，您采用这种技术服务方式使得我们档案馆的现代化管理水平上了一个高台阶，不仅节省了大家的时间，提高了工作效率，还为我们节省了网络运行的成本，值得表扬。我会在开会时把此事给大家解释一下。

（3）业务聚焦

① 档案馆的技术服务工作应走向深层次、专业化。技术服务工作范围广、内容多，如果按照场景 2-5-1 那样去开展计算机和网络的基础“扫盲”服务工作，就没有时间去开展其职责范围内真正需要开展的技术支持与运行维护等工作了。这样一来，技术支持人员成为“扫盲”救火服务队，没有精力去思考和研究信息化系统的运行维护和持续发展面临的众多问题。久而久之，档案业务工作者也很难正常地工作，档案信息化的发展最终也会走向低效率高成本，不仅造成 IT 投资的浪费，还将使信息化工作陷入恶性循环的怪圈。

② 技术服务水平是体现档案馆现代化管理水平的重要依据。档案馆开展信息化，通过网络实现档案信息资源的共享和业务流程的集成，如果系统运行后技术服务模式很原始、很落后，就会使信息化的应用效果大打折扣，因此，应重视技术支持服务工作的开展，应委派能力强的技术人员有策略、有思路、有计划地去开展这项工作。

③ 开展档案信息化需要具备 “四真”精神。真学、真懂、真干、真用是开展信息化工作的总体要求，要求从领导到员工都能做到“四真”，只有这样，档案馆的信息化工作才能高效率地开展起来，才能快速地见到效果。

场景 2-5-3：信息化领导能力的提升

（1）场景描述

在档案信息化工作经验交流会上，各档案馆的参会代表（ADW1、ADW2、ADW3）纷纷总结经验、交流思想和方法，为未来档案信息化工作的顺利开展出谋划策。

（2）场景再现

ADW1：我们馆开展信息化工作已经有近十年的历史了，有成功的喜悦，也有失败的教训，更有酸甜苦辣的艰辛历程。我馆先后有三任馆长主持信息化工作。刚开始的三年，我们可以说是摸着石头过河，那时候全国档案信息化工作还处于初级起步阶段，没有成功的经验，没有可参考的模式，档案业务工作人员对信息化的认识很浅显，档案馆里会使用计算机打字的人就被认为是计算机专家了。当时，馆领导带着档案馆业务骨干和几位外聘软件开发人员加班加点地开发了具有自主知识产权的软件产品——单机版档案管理信息系统，边学习，边开发，边培训，边实施，边使用，边改进，应该说档案馆领导和软件开发人员的真干，档案业务工作人员的真学、真用，使我们迈开了信息化工作的第一步，我馆大部分同志都得到了很好的锻炼，几乎都能够熟练使用计算机开展档案信息的录入、查询和检索服务，大大提高了档案利用和检索的工作效率，这为我们后来全面快速开展档案信息化建设奠定了坚实的基础。后来，在开展档案信息网络化共享和利用的过程中，我们走过一段弯路，新上任的馆长知道一些信息化方面的知识，认为档案馆的信息化状况过时了、落后了，希望加快步伐，一改原来的自主开发模式，采用软件系统外包开发模式，委托 IT 公司给我们开发网络版软件系统，但由于 IT 公司对档案业务不熟悉，在需求分析阶段，IT 公司的研发人员与档案馆业务人员也缺乏充分的沟通和交流，在需求定位不明确的情况下，就进入了软件开发阶段，结果导致了开发的系统功能不全面，甚至无法投入使用。我们走了弯路，几乎没有新的突破，大家对信息化的热情和学习态度也减弱了很多，信息化工作依然维持前期的运行状况。最近这几年，我们经过一段时间调整、学习、培训和与外界交流，档案馆的信息化工作又恢复了积极向上、快速发展的阶段，新上任的馆领导是信息化方面的专家，主持过很多信息化科研和工程项目，具有战略眼光，从多个方面下大力度狠抓信息化工作，在充分认识全国信息化大形势的基础上，了解全国档案信息化与各立档单位的信息化应用现状，结合档案馆自身的应用现状，制定了档案馆的信息化发展规划，从人才引进、人才培养到信息化工程项目的资金筹措、进度计划、过程监控和质量把关等角度逐步落实档案馆的信息化工作。我们首先将档案工作流程进行梳理，结合接收电子文件进馆、馆藏资源组织、存储、开发、利用与提供档案信息服务三条主线分别立项，并稳妥地开展各项工作，在将业务流程分析清楚之后，制定了各种标准规范，通过招投标方式选择 IT 合作伙伴，联合研制现代档案管理的软件系统，取得了很好的效果。目前，应其他档案馆的要求，我们正在与该 IT 公司一起开展软件产品的产业化工作，准备将产品推广应用到更多的档案馆，一方面赢得资金来保障我们未来信息化工作所需要的经费，另一方面根据其他档案馆的应用需求进一步改进和完善，推动我馆档案信息化的持续发展。总之，我认为开展信息化工作，档案馆领导的观念、认识、策略、思路、方法及其组织协调能力是非常重要的。

ADW2：我们的做法是依靠学校计算中心来开展各种技术性工作，将档案信息化纳入学校电子校务的全局来开展。在系统建设阶段，档案馆工作人员主要负责提出与档案工作相关的业务需求、使用要求以及管理档案信息资源的特殊要求，并联合计算中心的技术人员共同制定各种档案信息的技术标准与操作规范，计算中心专门负责软硬件基础设施的建设、软件系统的研制、应用系统的实施等工作；在系统运行阶段，档案馆工作人员的主要任务是接受计算机和软件系统的各项操作培训并熟练掌握其使用方法，计算中心的人员负责软硬件系统平台的设备管理、运行维护、数据备份、灾难恢复等。这种方式使我们档案馆的工作人员能够把主要精力用在钻研档案业务方面，把档案工作做得更细致、更深入。而作为馆长，把握全局与发展方向是很关键的。馆长需要在深刻领会学校信息化总体发展规划的基础上，围绕档案馆开展档案收集、整理、保管、检索、查阅、统计等各项工作，全面规划和部署档案馆的信息化工作计划，制定实施方案，明确应用需求，妥善处理与计算中心、立档单位之间的合作关系，因此，我们相对来说轻松一些，但信息化应用需求的描述、业务流程的梳理、实施前的数据准备、使用人员的计算机操作培训等各项工作必须提前做到位，才能确保开发出来的档案管理信息系统能够很快地用起来并见到效果。但这一模式的工作效率主要取决于学校计算中心的工作能力和重视程度，因此需要我们档案馆人员非常主动，经常去催促。

ADW3：我们档案馆的信息化工作起步比较晚，但成效很突出。我们的做法是采用租赁IT管理服务的形式来开展档案信息化工作。我们与提供档案信息服务的IT合作伙伴（也称ASP服务供应商）建立长期、稳定的合作关系，他们提供包括服务器、网络存储器、软件系统和运行维护在内的所有与档案信息化相关的软硬件基础设施的建设与IT资源的集中管理和运行维护等技术性服务工作。ASP服务供应商通过建立专业的IT服务平台提供设备租赁、网络空间租赁、应用软件租赁、数据备份与运行维护等各项IT服务，我们只需要与其签订服务合同，按期付费，接受使用培训就能够很轻松地将档案信息化工作开展起来。目前该ASP服务厂商提供的各项IT服务基本上能够满足我们开展电子文件归档和提供档案信息网络化服务的各种要求，他们还将根据新的需求和档案发展方向不断地扩展和改进现有的应用软件和服务方式，ASP的IT专业团队也能够保障我们档案信息化工作的不间断运行和持续发展。这样的工作模式，使我们档案工作者不用花费大量的精力去研究和学习我们不专长的信息技术和软件系统的实现，而且，也为未来档案信息资源的共享提供了极大的方便。这一工作模式富有创新意识，要求领导有魄力、有超前思维能力，而且在实践工作中能够把握好尺度，在签订合同等方面有较强的法律观念，重点从国家档案信息资源的安全与完整角度，考虑制度和管理方面的安全保障措施。

（3）业务聚焦

① 信息化属“一把手”工程。这需要信息化主管领导参与到档案事业长期发展的决策和执行过程，需要高层领导真正“融入”档案信息化发展规划、实施监控与运行维护的各个环节。“一把手”的领导能力直接影响档案信息化工作的成效。

② 领导的创新与超前思维能力直接影响信息化工作效果。在信息技术发展迅速、不进则退的时代，需要领导紧跟时代步伐，拥有较强的综合能力，不仅能够把握信息化发展的总体方向，还能够开拓创新。

③ 领导的业务能力与解决问题的能力至关重要。领导的宏观决策能力不是与生俱来的，需要深入基层、钻研业务，才能发现问题，找出信息化发展的瓶颈，并能够根据工作需要充分发挥其聪明才智才能提出解决问题的思路和方法。

④ 领导的“伯乐识马”能力至关重要。信息技术人才在信息化建设过程中起着举足轻重的作用，而技术型人才也因其专长领域、实践经验、工作能力的不同而在信息化建设的不同阶段发挥各自的作用，这就要求领导深入信息化建设的工作过程，在选人、用人与培养人方面具有独特的能力，传统档案馆中稳妥保守的用人策略是需要有所改变的。

2.5.2 人才战略思维转变

人才发展战略是档案信息化建设的关键和先导，现代档案管理的高级人才应具备几个基本因素：一是具有现代信息意识，信息时代产生的数字资源在规模、数量上是前所未有的，只有具备了现代信息意识，才能捕捉和收集到有价值的档案信息；二是应具备信息管理能力，即具有档案信息的评估能力、组织能力以及维护档案真实性、完整性、安全性和可读性的能力；三是应具有前瞻预见能力，能够根据档案利用者对档案资源的利用要求，有前瞻性、有预见地加强档案信息资源的收集与积累、挖掘与开发。

档案馆的人才队伍建设有多种途径：一是对现有档案管理人员加强培训和培养，选择培训教材、制订培训计划，将培训工作纳入日常工作的重要内容，纳入信息化建设的工作计划中，在条件许可的情况下，选拔中青年管理人员到大专院校有针对性地进行委托培养，提高档案工作者开展现代档案管理和提供综合信息服务方面的素质和能力；二是引进急需的信息技术和信息化应用的专业人才，特别是有信息化工程实践经验的懂管理、懂技术、懂业务的复合型人才，他们是加强队伍建设的重要推动力；三是选拔能力强、综合素质高的人员组成课题组，展开档案信息化课题研究，开拓创新，进一步研究新思路和新方法；四是利用 IT 行业的信息化人才资源，聘请专家、顾问提供技术支持和咨询培训。

档案馆人才队伍建设的目标是采取各种措施实施人才战略，造就一支具备现代信息素质，具有宽广知识背景，能够掌握新知识、新技术、新技能的复合型人才队伍。

① 提升档案行政高管人员的综合素质和领导力。信息化工作和数字档案馆工程建设不能片面地被理解为只有档案业务工作者参与并受益，而与档案行政管理人员没有直接的关系。信息化的“一把手”工程特点正是行政领导人员的执政境界、领导能力、思想观念、工作思路和社会责任感的真实反映：不仅务实，还应前瞻；不仅能力强，还应心胸宽；不仅关注项目立项时的论证、资金筹措、队伍建设，还应参与到数字档案馆建设的全过程，更应重视信息化工作的真实效果。应该说，档案行政高级管理人员是信息化建设的领军人物，需要紧跟时代步伐，需要善于接受新观念、思考新方法，以科学发展观把握档案事业的发展动向，以综合素质和高深的领导能力影响档案从业人员，推动档案事业又好又快地发展。

② 提高档案管理人员的业务能力和技术技能。档案信息化和数字档案馆建设是建立在扎实、有序、规范的档案管理业务和档案工作者熟练掌握计算机日常操作的基础上而开展的综合性工作。如果档案馆内部各部门各自为战，业务不衔接、信息不共享、网络计算机的知识比较粗浅、操作不熟练、安全意识差等状态不改变，信息化工作是无法进展的，即使投入再多的资金、购买再先进的软硬件设备、引进再好的 IT 技术人才来搭建最先进的数字档案馆平台和运行系统，也很难真正地将其使用起来。档案从业人员是使用数字档案馆系统开展现代档案管理工作的主力军，真学、真懂、真干、真用是档案信息化对档案从业人员的基本要求。

③ 引进综合素质高能力强的 IT 人员。传统档案管理模式及其封闭式运转体系造成了档案行业内部人员在信息技术方面的技能有所欠缺，即使有些同志想紧跟时代步伐，想学习也缺乏学习的环境和动力，因此，适时引进综合素质高、档案意识强、业务能力强的信息技术人员到档案队伍中，对档案事业的发展会有很大的促进作用，对提高档案从业人员的技术技能也有很好的帮助。但在引进人才时需要注意的是，并不是所有开展技术工作的人员都是“专家”“人才”，都能深入理解档案业务工作并将信息技术很好地渗透到现代档案管理过程中，因此，在人才引进过程中，应建立科学的评价机制，注重工程实践背景，避免盲目引进。

④ 关注和重视档案工作者的切身利益。通常情况下，好员工的出现是由于有好的机制、待遇，当然高境界不追求名利的员工也会存在，但靠一部分人的高境界是很难维持整个档案事业的持续发展的，因此，必须建立符合广大人员切身利益的、科学的执政理念和人才培养机制，才能确保档案事业的持续发展。长期以来，我国的档案工作者社会地位不高、待遇低也是造成档案工作效率不高、员工积极性弱、人才引进困难的一个重要原因，因此，关注和重视档案工作者的切身利益，提高社会地位和薪酬待遇，应引起档案行政管理人员和各界人士的高度重视。

总之，档案从业人员基本素质、业务技能、技术知识和操作能力的提高是提升现代档案管理水平的重要基础，档案业务人员与技术人员之间能否充分沟通、相互协作、相互支持和相互信任是信息化建设工作能否顺利开展的重要因素。不沟通，需求就无法明确；不合作，工作就无法开展；不信任，系统就无法建成；不懂技术、不钻研业务，档案事业将难以发展。

2.6 档案馆服务能力的拓展

科学发展观强调以人为本的服务理念，档案信息服务需要牢牢把握服务大局，服务大众。以服务为宗旨，把档案工作做深、做细、做实，以档案馆基础设施建设、优化和丰富馆藏为重点，创建爱国主义教育基地，强化档案的宣传教育，加强档案信息资源的整合、开发与共享利用，拓展档案馆的服务职能，扩大档案信息服务的社会效应，这些都是档案馆开展现代档案管理工作应具备的职能。

2.6.1 案例场景

场景 2-6-1：信息化促进档案业务工作精细化

（1）场景描述

档案管理信息系统的开发人员（RDW）正在进行档案库房盘点功能的需求调研，几位档案工作者（ABW1、ABW2）正在结合各自的工作岗位提出具体的要求。

（2）场景再现

ABW1：每年年底都需要填写各种报表，我们需要组织大家花一天时间来库房清点档案数量，但总是有误差，不能达到 100%的准确。我希望我们的系统能够增加一个库房盘点功能，用计算机来帮助我们解决这个问题。

RDW：这个功能模块可以做，但要想达到 100%准确，主要还是档案的建档、转档、库房内部转移等工作要保证做到很细，不出差错或少出差错，并将这些工作过程信息及时录入系统中，才能保障系统中数据的准确性，这样统计数据也就准确了。咱们库房中档案门类比较多，盘点的目的除了清点库房档案的总数量，是否还需要分不同门类进行核对？

ABW2：如果能够分门别类开展盘点工作那当然更好了，各门类档案数量清楚了，总数当然也就准确了。库房中的同类档案，一般都是集中排放在一起的。

RDW：你们会不会出现档案放错位置的情况，如这个门类的档案错放到另外一类里？

ABW2：难免会有的。如果能够通过盘点帮助我们及时纠正工作过程中的这些疏忽，那就更好了，否则时间长了，会越积越多，给未来工作造成困难。

RDW：刚才我去库房看了一下档案实物的排放位置，了解了库房档案的分类和编码方法，又听了你们对具体工作的要求，我想我可以设计和实现一个能够帮助你们随时根据需要盘点库房档案的功能模块，而且有条件地筛选出任何一类档案中的一部分档案进行核对，这样只要一有空就可以对自己认为可能存在问题的档案区域进行清点核对，只要档案管理信息系统中的数据准确了，单击一下统计按钮就可以把各门类档案的数量统计出来。盘点功能的工作流程和实现方法我打算这样设计：首先，按条件生成待盘点的档案信息 DATA1，盘点结果默认为机中有库中无；其次，手持采集器到库房中相应的档案实物区进行数据采集；再次，上传到采集器中的数据 DATA2 到计算机；最后，比较 DATA1 和 DATA2 的数据，这样就可以分出几种类型的数据：机中有库中无的情况，即为库房中缺档案，而计算机中有信息记录的，可能是档案转出了但没有及时录入并修改信息系统中的存档状态；库中有机中无的情况，即为库房中有档案而计算机中无信息，可能是建档时遗漏了或者信息系统中的数据被误删了；总库中有盘点库中无的，则可能是档案放错位置了；盘点结果为“一致”的，表明计算机中的信息和库房中的信息是一致的，不需要再处理了。这样只需要及时追查前三种盘点结果对应的档案数据就可以了。

ABW1：您的思路很清晰，这样就可以帮助我们做到库房档案的精细化管理。太好了，今年年底不用再召集大家去库房点数了。

（3）业务聚焦

① 档案库房盘点工作可以做到随时进行，工作中的疏漏可以随时纠正。有了计算机辅助操作，档案库房的盘点工作可以根据工作需要随时开展，不必积压到年底再开展。

② 档案库房盘点的作用是将信息系统中的档案数据信息与库房实物信息相比对，找出存在的问题并提醒业务人员随时纠正，目的是保障统计数据的准确性。

③ 条码采集器也可以用于档案的借出、档案材料归档和建档工作过程，减少人工录入档号的工作量，但需要将条码标签都贴于档案袋或档案材料上，而且还需要与归档部门实现统一规范化管理后才可实施。

④ 档案库房盘点工作的目的是要做到“家底清”。不仅要落实到案卷级档案数量的清点上，也应加强卷内文件的清点与核查，更需要通过对库房档案的对比分析提出对更深层次问题的思考：如归档范围是否需要修订，档案工作过程中哪些业务流程需要重组，档案管理过程中的漏洞如何及时补救，档案利用过程中的监督管理与控制等。对这些问题的分析和研究，将会有利于把档案馆内部的工作做深、做细、做实，提升档案管理的业务水平，加强档案工作的精细化管理。

场景 2-6-2：分析利用状况促进档案工作改进

（1）场景描述

在年底工作总结会上，各档案工作者（ABW1、ABW2、ABW3、ABW4）和档案技术部门的人员（RDW）正在总结其一年的工作及遇到的各种问题，档案馆领导（ADW）根据需要随时进行指导。

（2）场景再现

ABW1：今年很大的一项工作是支持学校开展教学评估工作。通过这一工作的开展，我们发现教学评估所需要的很多材料在库房档案中都找不到，这给教学评估工作带来了一定的困难，从另外一个方面也反映出归档范围可能需要进行调整。

ADW：这件事情应该引起大家的深入思考，大家应根据日常提供档案利用的情况写一些分析报告，并借此机会把档案馆的家底摸清楚。管理档案不但要知道数量多少，还需要进一步了解档案的内容是否齐全，是否能够满足未来利用的要求，因此，可以考虑针对档案利用情况立一个科研项目，重新研究以前制定的归档范围是否合理，是否需要再增加新的内容。

ABW2：我们档案馆内部各部门之间的管理信息系统相互独立，信息不共享，档案利用者往往需要到好几个部门才能查找到他需要的资料，档案利用者对此很有意见。

ADW：技术部门的人员能否协助解决此问题？

RDW：以前建设的各个系统都是相互独立的，可以考虑做一个综合信息查询系统，将各类档案信息资源进行整合并发布在网络上以便查询利用。

ABW3：我们在完成日常的档案管理和提供档案服务利用的同时，对一些历史档案做了简单的资料汇编，按照时间顺序形成了一些综合性的资料，提供给校史研究和档案编研人员，大大节省了他们的编史修志的时间。另外，我们还主动根据馆藏情况，又开展了一些征集活动，使我们库房档案更趋完整。我建议大家也都利用空闲时间开展一些编研工作，不仅可以更全面地了解馆藏状况，还能够为利用者提供更多的服务，自己的知识也会更丰富。

ADW：档案编研工作应该大力开展，大家应该以 ABW3 为榜样，围绕馆藏库房档案的情况，积极主动多做点事情。

ABW4：我们以前接收的电子档案基本上都刻录到光盘并保存在库房中，最近发现光盘上有些文件已经打不开了。有的是由于软件升级的问题造成，有的则是整张光盘内容都打不开。我感觉电子档案太不安全，与纸介质比较，数字存储介质的寿命也太短了。

RDW：这一问题的确很严重，我们应尽快制定电子档案的管理规范，定期进行检查。光盘介质的保存寿命是很有限的，光盘的管理应该与纸质档案的管理有所区别，需要定期做数据迁移和数据转换。

……

（3）业务聚焦

① 提供档案利用，应做一个有心人。保存档案是为了更好地利用档案，档案价值的体现关键在于档案的利用情况。而档案的利用效果不仅取决于利用者的思维、行动和作为，而且在很大程度上取决于档案保管者管理档案的思路和提供服务的方法，这需要档案管理人员结合实际工作进行分析、思考和研究，开展各项主动服务活动，探索各种有效途径，最大限度地方便社会公众利用档案。

② 档案的归档范围应根据需要及时调整。各行各业发展的脚步逐渐在加快，不可避免地带来机构的合并与调整，新组织的成立，新生事物的凸现，必然会形成新类型、新载体的档案材料，因此，归档范围应及时进行调整，以适应社会发展之需要。

③ 档案编研工作能够丰富馆藏，提高档案的利用效率。征集、收集新的档案是丰富馆藏的主要渠道，而在信息技术应用如此普及的知识型社会，档案馆开展档案编研工作，对现有馆藏史料进行编纂，开展系统化整理，并在此基础上开展研究分析，形成综合性强的文档资料，这不仅能够丰富馆藏，也能为档案利用者提供方便，提高馆藏档案的利用效果。因此，应大力提倡档案编研工作的开展，提升档案馆业务工作的专业性和服务的有效性。

④ 电子档案的管理需要有章可循。电子档案与纸质档案同样具有法律效力，不仅需要按照档案管理学科的要求进行收集、分类、整理和保存，还需要在计算机系统中实行有序的管理和分类，以方便检索和利用。因此，档案馆在接收电子档案之前就应制定电子档案的接收、保管、存储和提供利用的标准与规范，确保电子档案工作的顺利开展。

场景 2-6-3：档案信息服务走向多元化

（1）场景描述

在“档案信息服务机制创新”研讨会上，几位档案业务骨干（ADW1、ADW2、ADW3）正在介绍档案馆提供档案信息服务的业务现状。

（2）场景再现

ABW1：自开展档案信息化工作以来，我们已经尝试过采用多种渠道、多种方式为社会公众、机构与档案研究人员等提供档案信息服务。最初的方法是在馆内建立档案利用阅览室，在馆内局域网环境中提供了个人计算机、触摸屏计算机及打印机与复印机输出设备等设施，档案利用者来馆查询、检索和输出他所需要的档案信息；去年，在建立档案馆门户网站后，我们又通过网络提供了开放档案目录信息的网络化检索与查询服务，并随着馆藏数字化工作的推进，通过网络提供开放档案信息图像的全文浏览，这样档案利用者就可以通过网络方便地获取相关信息，减少亲临档案馆查询档案的次数；下一步我们计划对馆藏档案进行细加工，通过网络提供开放档案信息的全文检索服务，为编研利用者提供更到位的信息服务。

ABW2：我们档案馆不仅提供了进馆查询和网络检索这两种展示开放档案信息的服务与利用方式，而且还结合国家、城市在每个发展阶段的重要主题，分析档案利用者利用档案的目的、用途和方式，分析档案馆馆藏资源优势，主动开展各种主题编研工作并将一些编纂成果印成宣传册对社会公众发放，制作广告、展板等在街道宣传栏中进行张贴，或将这些成果发布在门户网站上提供广泛的浏览和检索；另外，还通过组织、开展档案专业知识讲座来扩大档案的服务范围，促进社会公众更加深刻地认识、关注和利用档案，总之可以采取多种方式提供档案信息服务。

ABW3：我们档案馆还承担着爱国主义教育的职能，因此，挖掘、分析和编研档案，研究社会发展历史，并通过网络、出版物、专题讲座和研讨会等形式提供档案信息的多元化服务。这些服务功能的拓展使我们档案馆的工作变得丰富多彩，也提升了档案馆的影响力和知名度，我们还将更深入、更广泛地开展有益于宣传档案、利用档案、提高公民档案意识的各种信息服务活动……

（3）业务聚焦

① 档案信息化为档案工作者开展档案的精细化管理奠定了基础。档案工作者借助网络、计算机和信息系统开展现代档案管理工作，提高了工作效率和服务质量，同步还节省了更多的时间以钻研档案业务，开展档案信息的编研、挖掘和分析，把档案工作开展得更深层次、更具现代水平，为档案服务于社会做出更大的贡献。

② 档案信息化为档案馆实现多元化信息服务提供了条件。随着档案信息门户网站功能的扩展、档案管理信息系统的广泛使用、档案编研工作的深入开展，档案馆提供信息服务的方式将逐渐走向多元化，包括进馆请求查档、进馆自助检索、网络浏览以及通过出版物、宣传册等方式，了解档案及档案工作；档案内容的服务形式也将从档案目录信息检索发展为提供档案信息原文内容以及经过编研后的二次编研成果等综合信息，这将为档案信息的广泛利用提供有利的条件。

2.6.2 档案信息服务机制创新

随着全国各行各业信息化进程的加快，档案信息化逐渐步入更广、更深的应用阶段。档案信息服务模式将不再拘泥于传统的、单一的方式，将有所创新并趋于多元化发展。

（1）服务方式由被动向主动转变

长期以来，档案工作者习惯了“等客上门”的传统服务方式，这与信息社会的发展已不相协调，不利于档案信息价值的挖掘与发现，堵塞了挖掘和发现档案信息价值的众多途径。因此，应适应新形势改变被动服务模式，积极主动地开展档案信息各种服务，逐渐形成“请客入门”的服务方式。一是广泛、深入地研究不同方面、不同层次的利用者，研究社会公众对档案利用的种种需求，主动提供档案信息利用服务。二是大力开展档案宣传服务工作，消除社会公众对档案的片面认识，使更多的公众接近档案。三是提供多种档案信息利用服务方式，如编制多样化的检索工具，提供功能全、效率高、使用方便的检索系统；加强档案编研工作，将档案的价值系统、全面、集中地向社会公布，向档案信息利用者提供有效的利用途径；拓展档案信息的中介服务机构等。

（2）服务手段由传统向现代转变

计算机网络技术、数据库技术以及多媒体技术的快速发展使档案信息服务手段发生了巨大的转变。开展档案的现代化管理，应借助于数字化综合管理信息系统，把分散于不同载体、不同地理位置的档案信息资源以数字化的形式储存，以基于对象管理的方式来组织，以网络化的方式互联互通，以信息化的方式提供档案信息资源的访问，实现档案信息资源的集成与共享。当然，由于现阶段经济发展和技术条件的制约，档案管理手段的转变还将经历一个长期的艰巨过程，全新的档案信息传播与利用方式的形成必然是在对传统服务机制扬弃的基础上，而逐步得到实现的。

（3）服务内容由单一向多元化发展

在保留传统档案文献的同时，通过协作与协调，逐步对馆藏资源进行数字化，形成数字化档案信息，通过网络和数字载体，提供多元化的档案内容信息服务，如档案信息的网上发布、档案专题展览、专题档案的编研与展示、爱国主义教育等活动的开展。总之，档案馆应充分发挥其资源优势，为社会提供多元化的服务。

（4）信息服务由封闭向开放转变

网络为档案馆之间的信息资源互联互通、集成共享提供了便利条件，提供多元化服务要求各档案馆能够优化馆藏、整合馆藏资源，在本馆档案信息资源与其他馆藏档案信息之间建立信息相互访问机制，提供馆际之间的综合信息服务。

2.7 思考题

1. 结合档案管理工作，分析档案管理信息系统的应用现状，存在哪些问题，打算如何改进。
2. 软件开发有哪些过程？如何合理分配各个过程占用整个工程的时间？
3. 谈谈应从哪些方面来保障档案信息化的持续发展。
4. 开展现代档案管理工作，需要更新哪些传统观念？
5. 谈谈信息化环境下传统行政管理方法如何改进。
6. 结合自己的工作环境，谈谈在信息化建设与发展中开展科学决策的重要性。
7. 现代档案管理的工作模式有哪些特点？
8. 文档一体化工作有哪些特点？
9. 档案馆服务能力应从哪些方面进行拓展？
10. 结合信息化工程项目的开展，谈谈领导参与的方式和重要性。
11. 开展现代档案管理工作，档案工作者应具备哪些基础知识和基本技能？
12. 谈谈档案信息化主管领导应具备哪些现代化管理的素质和技能。

第3章

数字档案馆建设

网络信息技术的飞速发展为数字信息的形成、传播、组织、存储、管理与利用提供了现代化的手段和方法。一方面各行各业信息化及其快速发展已经形成了大量的数字信息，其网络存储占用空间正在成倍增长，其中具有凭证、参考价值的反映社会真实活动的数字化信息需要作为档案移交到档案馆实施长期永久保存；另一方面借助信息技术手段提高档案的检索利用服务效率，开展传统档案馆藏资源的开发也成为必须，馆藏档案数字化工作的大力开展也将形成越来越多的数字化档案信息。这些数字化信息是人类从事各项社会活动的真实记录，是社会发展过程中可再生、能增值的国家信息资源。因此，改变传统管理方法中不适宜、不合理、不科学的成分，结合现代档案管理工作需要，思考和研究适合时代需要的管理思路和方法，开拓创新、与时俱进将为新时期档案工作者提供重大机遇。可以肯定，充分利用现代高科技手段和方法，记录信息社会的发展历程，将成为 21 世纪档案事业发展的一项重要的、基础性工作。开展数字记忆工程——建设数字档案馆，是实现信息社会数字记录持续积累、长期保存、集中管理、统一控制和有效利用的重要途径。

3.1 数字档案馆定位

建设数字档案馆，首先必须理解其内涵，明确其定位，正确处理数字档案馆与传统档案馆之间的互动关系，才有可能少走弯路，避免 IT 投资浪费，取得良好的社会效益。

3.1.1 数字档案馆功能定位

《中华人民共和国档案法》（以下简称档案法）规定：档案馆是永久保管档案并向社会提供服务的、单独设置的、集中管理档案的文化事业机构，档案馆负责收集、整理、接收、保管和提供档案利用。档案馆作为一个独立运行机构应具有以下主要功能。

① 积累和整合国家档案资源。通过收集、接收、整理等工作不断丰富馆藏资源，为社会积累越来越多的财富。

② 集中管理和维护各类档案。将各分管范围内的档案集中到档案馆，按照档案管理科学的方法对档案实行集中、统一管理和有效维护。

③ 永久保存档案。将接收进馆的档案进行长期永久保存和管理，保障其真实、完整与有效可用，维护历史记录的真实性。

④ 提供档案信息服务。按照社会需要，为社会公众、专家学者等各类档案利用者提供档案信息服务，如原始凭证证明，查借阅档案，进行历史研究和史料编纂、爱国教育等。

⑤ 展示档案，传承文化。通过开展各种程度的档案编研工作，展示编研成果，传播档

案信息、开展宣传教育，为社会提供多元化服务。

尽管当前的《档案法》还未明确规定数字档案馆的性质和功能，但可以借助《档案法》对传统档案馆的定义和定位，推理得出数字档案馆同样也应具有《档案法》规定的档案馆的性质和功能。不同的是数字档案馆接收和保存的是数字档案而不是纸质档案，数字档案是数字档案馆管理的信息对象，数字档案的鉴定、接收、存储和提供利用的手段是以网络和数字化载体的形式来实现的。我们从档案馆具备的基本功能出发，结合数字档案管理及网络服务的各种特性，将数字档案馆的功能定位于以下几个方面。

① 数字档案馆是信息社会的记忆馆。它是信息社会中人类在各个领域从事各项活动的历史见证。

② 数字档案馆是数字档案资源的终极保管基地。它能够为数字档案资源提供集中、统一、安全、长久的保存场所。

③ 数字档案馆是一组标准规范的集合体。它将来自各行各业、各种信息化业务系统中的、以各种类型格式保存的电子记录，转换成统一标准的数字档案文件格式进行组织、存储和管理，并提供统一规范的访问机制。

④ 数字档案馆是一个集成化的档案业务运行服务平台。它通过网络为档案工作者提供数字档案的收集、鉴定、接收、整理、分类、存储、共享、检索、查询、统计、打印等各种业务操作。

⑤ 数字档案馆是档案事业服务社会的信息门户网站。它为国家、政府、机构和个人提供开放档案的即时查询、检索与浏览，提供受控档案的限制利用服务，提供主题档案的集成化共享和系统化展示服务等。

⑥ 数字档案馆是展示历史、传承文化及开展宣传教育的数字信息服务基地。它通过网络为史学家和各种研究人员提供开展史料编纂、文献整理、档案编研的各项服务，将开放档案及各类编纂成果展示于社会，服务于人类。

⑦ 数字档案馆是一个持续运行和动态扩展的组织或联合体。它提供对软硬件基础支撑平台持续扩展，对标准规范不断完善、扩充，对业务平台不断升级，对运行维护不断发展，对信息技术持续跟踪，对数字化档案资源的真实、完整与有效提供安全保障等的各种能力。

3.1.2 数字档案馆目标定位

数字档案馆建设的最终目的是对数字档案资源实施集中、统一、标准、规范的保存与管理，为档案工作者开展现代档案管理提供信息化手段和方法，为数字档案资源提供一个长期永久的保存基地，为档案工作者提供开展档案的接收、管理、利用、鉴定、编研、展示的综合服务平台。

无论是站在国家档案资源全局的高度来统筹策划，还是从区域内部资源共享的角度，或是单个档案馆开展数字档案馆建设的角度，数字档案馆建设的远景目标都应包括以下几个方面。

① 拥有统一的标准规范体系，确保档案馆之间的信息能够交换与共享。通过不断地制定和完善用于归档整理、接收、保存、管理、利用和展示数字档案信息的标准体系与规章制度，实现对数字档案资源的规范化管理和长期永久保存，确保国家档案资源的集中控制。

② 保障历史记忆的真实、完整和有效性。通过持续研究和跟踪数字信息的长期永久保

存技术和系统升迁特点，接收应归档保存的各类电子文件进馆，实现对接收的任何形式电子文件原始状态信息的真实保存。

③ 提供数据档案信息的交换与转换功能。通过信息交换和数据处理，一方面实现对新接收的各类档案的数据转换、数据迁移，达到集中统一保管的目的；另一方面实现与其他类型信息资源之间的信息交换与共享。

④ 维护信息系统的持续运行。管理一个一致的、通用的、可持续发展的服务平台系统来支持数字档案资源的持续积累、有效管理和广泛利用。

⑤ 做好电子文件的前端控制。与电子文件形成者相互配合，从有利于档案管理的要求出发，制定政策和技术指南来负责监督电子文件的产生、积累、整理、分类和归档移交等工作。

⑥ 确保档案信息利用的高效性。确保所有需要并符合条件的人在任何时间、任何地方都可以有机会使用最好的工具来找到和使用数字档案馆所保存的文件。

⑦ 保障档案数据的安全性。通过采取各种安全策略、方法和技术，保障数字档案资源在接收、存储、处理和提供利用过程中不被篡改、不被偷窃、不感染计算机病毒，并能正确、有效地存取和访问。

⑧ 实现与传统档案馆间的互动与互补。传统档案馆的工作人员成为数字档案馆的最终用户，利用数字档案馆实现电子文件全生命周期的管理，将馆藏档案数字化加工后生成的数字档案资源纳入数字档案馆的全局管理范畴。

⑨ 拥有最新技术能力。利用最新信息技术，开发和保持捕获、保存、描述、访问和适当处理任何数字档案资源的接收、管理和提供有效利用的技术能力。

⑩ 获得广泛的支持。通过了解档案馆的用户需求，满足各类档案管理用户的需求和寻求用户反馈，不断改进服务职能、提高服务质量，使数字档案馆得到广泛的支持。

数字档案馆建设的这一总体目标决定了它的规划与实现是一项复杂的、长期的系统工程，不可能一蹴而就，仅仅依靠擅长档案业务的工作人员努力也是很难完成的，数字档案馆的建设需要从国家档案资源统筹管理的高度，制定数字档案资源的存储格式和标准规范，依靠掌握技术、精通业务、综合素质高的多方面的社会力量来共同建设。

3.1.3 数字档案馆与传统档案馆的区别和联系

数字档案馆与传统档案馆分别以数字、纸质形式记载社会的发展历史，它们之间紧密相关，既相对独立，又相互依赖，不能完全分离。数字档案馆离开传统的实物档案馆，就成为空中楼阁；传统的实物档案馆离开数字档案馆，其现代化管理的业务将陷入困境。它们之间的互动关系与数字档案馆的组建方式也有直接的关系。总体而言，可以将它们之间的关系描述如下。

① 数字档案馆与传统的实物档案馆在机构设置、管理模式、运行方式等方面有很大的区别。传统档案馆的机构划分是按照档案的收集整理、保护管理和提供利用的业务过程进行职能划分的。数字档案馆的机构设置更趋向于从软件与硬件平台的建设与维护角度来进行划分，而不是按照档案的收集、保管和利用三类业务进行划分；管理模式更多的是利用网络进行任务监控和过程跟踪；运行方式则较为灵活，可以以自行维护、托管、租赁等方式保障数字档案馆的持续运行。

② 人员结构不同。数字档案馆的人员构成要求技术技能比较强，且熟悉档案业务工作流程，能够将信息技术与档案业务工作实现融合，从规划、设计、研究、开发、测试、实施、运行维护、安全控制等各个方面配置专业人才，以确保数字档案馆的持久性。传统档案馆则侧重于业务工作的精益求精，只需要掌握简单的计算机操作方法，通过培训能够使用信息系统开展现代档案管理业务，他们更加关心档案业务的信息化实现和各类系统操作的方便性，不需要关注这些系统是如何实现的。

③ 档案资源有所区别。数字档案馆接收、保管数字档案资源，而传统的实体档案馆接收、保管纸质和其他载体档案。

④ 档案内容方面的联系。数字档案馆接收的数字档案资源一部分来源于立档部门新形成的需要永久保存的电子档案，一部分来源于传统档案馆数字化加工后形成的各类数字化档案信息，同时还包括某一时期档案馆应对外提供开放的政府文件，如行政规范性文件等；二者之间的档案内容信息不完全一致，只有馆藏数字化加工后形成的和新接收并有纸质复制件的电子档案这两部分档案内容是一致的。

⑤ 数字档案馆为传统档案馆提供采用计算机和网络开展档案的收集、保管、利用、档案展示等各项系统服务，传统档案馆为数字档案馆的建设、运行和发展提供各种业务需求，并推动数字档案馆持续永久地发展。

⑥ 数字档案馆与传统档案馆长期并存，优势互补，共同记录信息社会的进步与发展，短时期内，彼此间不能互相代替。

3.1.4 数字档案馆基本特征

依据数字档案馆的定位，可以确定数字档案馆应具备以下主要特征：

① 能接收任何应用系统生成的数字档案信息；

② 能保存任何类型的数字档案信息并提供对之进行管理的计划与服务；

③ 能在任何计算平台上运行，在跨平台间实现档案资源共享；

④ 能将数字档案信息提供给任何数字媒体用以展示；

⑤ 能给任何人或组织提供合法的权限以发现和挖掘数字档案信息；

⑥ 能为档案工作者提供开展现代档案管理工作的信息化服务平台。

3.2 数字档案馆模型

20 世纪末，美国空间数据系统咨询委员会（Consultative Committee for Space Data System，CCSDS）针对数字信息长期保存的需要制定并发布了开放档案信息系统参考模型（Reference Model of Open Archival Information System，OAIS）。OAIS 的目标和范围定位于：

① 提供一个可以理解长期保存和访问数字信息所需的存档概念框架；

② 提供一个使非存档组织可以有效参与长期保存进程所需的各种概念；

③ 提供一个包括各种用来描述和比较当前与未来存档信息的操作及体系结构的术语和概念框架；

④ 提供一个用来描述和比较不同的、长期保存的过程和技术框架；

⑤ 提供一个能够用于比较长期保存各种数字信息的数据模型，且可以研究数据模型和底层信息随时间变化的情况；

⑥ 提供一个可以扩展到处理其他非数字形态信息（如物理介质）长期保存的基础结构；

⑦ 扩展数字信息长期保存和存取处理的支持与宣传，赢得更大的市场支持，提升厂商的支持度；

⑧ 指导与 OAIS 相关标准的鉴别和制定。

OAIS 的问世无疑为档案管理工作者、档案信息系统的设计和研发人员、档案利用者以及制定数字信息标准体系的工作者提供了参考依据，OAIS 的开放性在于它并没有规定系统设计和实现的具体细节，因此一个具体的参考模型的实现可以组合或者突破不同的功能。本节将依据现代档案管理的业务需求，遵循 OAIS 来分析和设计数字档案馆的应用模型。

3.2.1 环境模型

迄今为止，OAIS 已经在国内外图书馆、档案馆、数据管理中心等领域得到了广泛的应用。图 3-1 是基于 OAIS 设计的数字档案馆的环境模型。在这里数字档案馆被定义为：在信息技术和标准体系支撑下，能够为数字档案信息的提供者、管理者、利用者提供信息收集、信息保存和信息访问的综合服务平台系统，这个系统能够接收任何其他业务系统产生的任何格式的数字档案信息，并能够跟踪信息技术的变化而制订长期保存计划，实现对数字档案信息的长期保存和有效访问，能够根据利用者的需要提供数字档案信息的各种利用服务，能够根据档案业务的需求变化提供可扩展的信息服务。

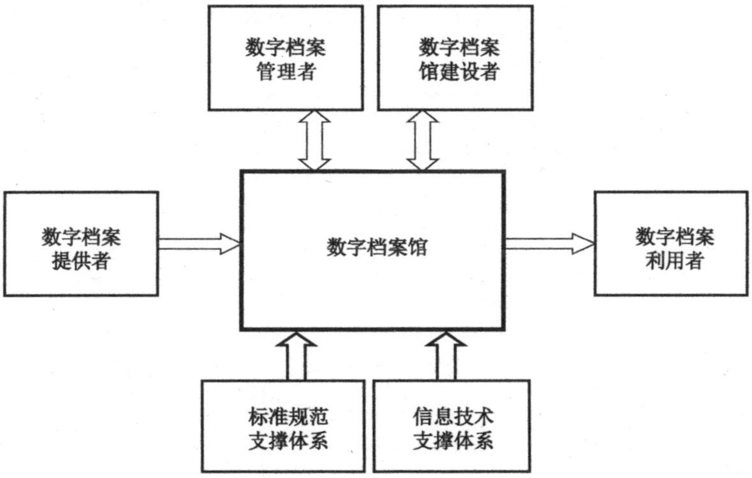

图 3-1　数字档案馆的环境模型

① 数字档案提供者是指给数字档案馆提供数字档案信息的一类角色的统称，它既可能是现行业务系统的工作人员，如电子文档的形成机构，也可能是一个通过网络传递信息的应用系统，如办公自动化系统，同时也可能是开展纸质档案数字化加工的传统档案馆的工作人员。所提供的数字档案信息既可以通过网络进行传递，也可以通过磁盘、光盘等数字形式的存储介质进行移交和信息交互。

② 数字档案利用者是指通过数字档案馆综合服务平台利用档案信息资源的一类角色的统称，它既可能是社会公众、机关团体或组织，又可能是编史修志或学术研究的专家、学者，也可能是开展档案编研工作的档案工作者。

③ 数字档案管理者主要是指利用数字档案馆综合服务平台开展档案的收集、保管和提供利用服务的档案工作人员。

④ 数字档案馆的建设者主要包括两类人员，一类是根据数字档案管理的业务模型提供现代档案管理业务需求的档案工作者，他们与信息技术架构分析师共同开展需求分析；另一类是指利用网络、信息技术建设数字档案馆综合系统的软硬件开发和实施人员，既可能是系统设计人员，又可能是软件开发和测试人员，也可能是软硬件系统集成商。

⑤ 标准规范支撑体系是指支撑数字档案馆集成运行和持续发展的各类相关的国际标准、国内标准和行业标准，包括数字档案的元数据格式规范、数字资源长期保存标准、数据交换标准、数据存取与数据访问标准以及用于支撑数字档案馆建设与发展的国家制度、管理规范操作规程等。

⑥ 信息技术支撑体系是指支撑数字档案馆稳定运行和持续发展的各类信息技术手段和方法，如集中或分布式数据存储技术、统一标准的数据管理技术、数据访问技术、数据安全保障技术以及服务器集群、网络数据存储与传输等各类先进技术及其应用方法。

3.2.2 功能模型

图 3-2 是基于 OAIS 而设计的数字档案馆的功能模型，该模型围绕数字档案及其管理信息的摄取、存储、访问、管理及数字档案馆运行服务等核心业务而设计。这里主要从数据摄取、档案管理、数据访问、数字档案长期保存计划和数字档案馆集成运行服务系统等组成数字档案馆支撑系统的核心功能实体来探讨。

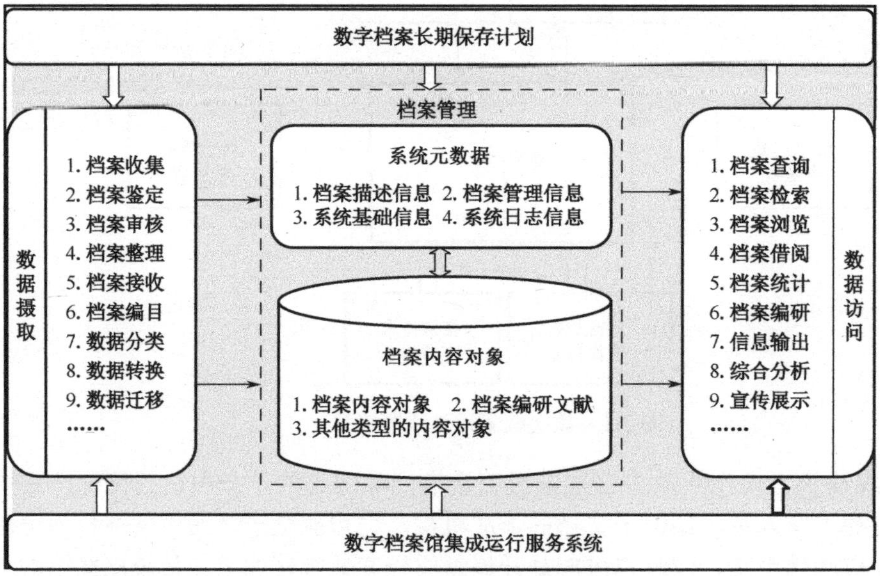

图 3-2 数字档案馆的功能模型

3.2.2.1 数据摄取

数据摄取是从档案形成者或档案收藏者那里获得档案并按照数字档案馆的组织、存储标准和管理规范对所获得的档案做统一处理的一项基础性工作。数据摄取这一功能实体的实现需要从计算机辅助业务管理和信息技术实现两个角度分别考虑其需求。

(1) 计算机辅助业务管理的要求

从档案工作者开展档案业务角度而言，数据摄取应提供满足档案工作者开展档案收集、档案鉴定、档案审核、档案整理、档案接收、档案编目、数据分类、数据转换、数据迁移等操作界面，这些业务操作界面的设计与实现需要符合档案工作者的操作习惯、管理要求和工作流程。也正是为了支撑这些档案业务操作的计算机化管理，才需要依赖信息技术，设计和实现基于这些业务流程的功能模型，将业务之间的信息流模型定义清楚，为数字档案馆提供一个符合档案馆接收数字档案实际工作需要的数据摄取功能。

在实际工作中，为了减少数字档案馆实施数据转换的难度，往往通过行政干预和规范管理来协调。比如，要求档案形成部门在建设信息系统之前就应征求档案管理部门的意见，提前考虑档案长期保存的各种要求，或者在从现行的业务系统中提取档案时，应以数字档案馆的要求进行转换保存，这样就可以避免档案移交到数字档案馆时开展大量的数据转换等工作。

(2) 信息技术实现的考虑

从数字档案馆信息技术实现的角度而言，数据摄取的主要工作是数据接收、数据转换和数据包装。

① 数据接收：接收来自各种信息系统、各种载体的、通过网络在线或载体离线等渠道传递的，以各种不同格式保存的、通过各种程序或应用软件进行阅读、浏览的数字档案。

② 数据转换：将所接收的各种形式、各种类别的档案数据按照数字档案馆的标准规范体系，进行统一的格式转换，转换成数字档案馆定义的用于长期保存和方便管理的数字对象及其管理数据。

③ 数据包装：数据转换之后将数字档案对象进行统一封装，将描述档案对象、用于方便管理的档案信息实行结构化处理，建立两者之间的映射关系。

数字档案馆提供的数据摄取功能应为档案工作者开展馆藏信息资源的积累提供多元化渠道和模式，提供快捷高效的自动化数据处理功能。因此，在系统设计、开发和实现这一功能时应充分考虑档案馆接收档案的复杂性，理顺档案馆在接收档案过程中开展的各项业务操作要求、工作流程、各流程环节产生的各种信息及其之间的共享、变动、累增等关系，以保障该功能实体的有效性。

3.2.2.2 档案管理

档案管理功能是指利用网络存储、计算机辅助管理实现对档案资源实施的科学组织、长期保存和有效管理，主要包括两大功能。

(1) 对数字档案内容对象的存储管理

数字档案馆中档案内容对象（详细内容见 3.2.3.1）会被标准化“封装”，并实施“黑盒”管理，这一部分数据大多是非结构化的数字对象，需要数字档案馆定义专门的网络组织和存储方式来保存，并将其存储到能够提供永久保存的网络空间，同时管理存储系统的各个不同层次，更新档案内容所在的存储介质，进行日常和专门的错误检查，提供故障排除、灾难预防与恢复功能。这些数字对象会依据系统提供的长期保存策略来确保其长期可读取。系统用户对档案对象的访问需要通过系统提供的信息管理功能来实现。

（2）对系统元数据的管理

系统元数据（详细内容见 3.2.3.1）大多是结构化的二维信息，一般采用关系型数据库管理系统来保存，用户信息系统的实现主要是基于这一部分元数据而设计和开发，并通过这一类信息实现对档案内容对象的访问或生成查询访问结果集，以数据报表或视图的方式提供给数据访问模块。

档案管理中最难解决的问题是档案内容对象的长期保存，主要原因是信息技术更新换代的速度快、数字化设备中用于长期保存的存储载体还处在不断的发展和改进过程中。当前保持数据长期存储的常用方法是不断地将这些数据迁移到新的载体上，并同时采用传统的方式如转换成微缩胶片或输出到纸质载体上，以保持其长期可读性，这样做大大增加了管理的复杂度，增加了管理成本和工作量。目前，国际上也正在研究对固定内容长期存储的一些解决方案，其中，将固定内容连同其应用阅读器的技术环境作为一个对象，实施统一封装是一种新的解决方案，以后对这些固定内容进行访问时，若其应用阅读环境在新的软硬件支撑平台中无法安装和运行，则应考虑按照当时的技术标准进行开发，以读取其中的数据；而对于经常需要访问的数据应采用信息技术提供数据访问机制。这样一来就大大降低了数据迁移带来的高成本、管理复杂度和数据丢失的风险。

3.2.2.3 数据访问

数据访问是数字档案馆与用户接口的功能模块，它需要提供多元化的系统服务和数据访问功能，用以支持用户对数字档案馆所存储信息的检索、浏览和访问。

从系统设计和开发的角度而言，数据访问功能应包括接收用户请求、验证用户权限，限制访问控制，协调多用户之间的请求并对用户访问进行响应。

从系统用户使用的角度而言，数据访问功能应面向社会公众、档案工作者、档案研究人员、特殊权限的用户等提供档案的查询、检索、浏览、借阅、统计、编研、信息输出、综合分析和宣传展示等功能。

数据访问功能的实现要求能够给各类用户提供在其熟悉的信息系统环境下访问数字档案信息的方便。这就要求数字档案馆在建设过程中遵循信息系统通常采用的各类标准体系与管理规范，实现与其他系统兼容的数据访问。

3.2.2.4 数字档案长期保存计划

长期保存计划是确保数字档案馆可持续发展的决策性功能实体，它是决策数字档案长期保存方向的指挥中心，它提供支撑数字档案馆长期稳定运行的建议方案和执行策略，保证存储在数字档案馆系统中的数据经过较长时间后仍能被特定的用户、组织访问，即使是原始的计算环境和应用程序已经无法再运行，也应保障固定内容信息的可读取。长期保存计划的主要功能包括：

① 跟踪最新信息技术，定期检测和评估长期保存的档案内容对象，建议对存档信息实施更新、迁移和转换等数据处理；

② 跟踪系统建设环境，提供数字档案馆标准体系改进和完善的建议方案和参考策略；

③ 监测技术环境、特定组织的服务需求和知识库的变化，提供服务变化的新需求；

④ 明确和规划详细的环境变革、系统更新和数据迁移计划，协调整个数字档案馆的更

新换代；

⑤ 更新、改进和维护长期保存计划。

3.2.2.5 数字档案馆集成运行服务系统

集成运行服务系统为数字档案馆的整体运行提供集成化服务，它是数字档案馆的协调控制中心、配置中心、维护中心，它的主要功能包括：

① 对数字档案馆的软硬件基础运行平台进行配置并对设备和软件实施管理和监控；

② 对数字档案馆的应用系统功能进行监督和控制，记录系统运行过程中的各类信息并针对各类需求提出改进建议；

③ 对数字档案馆标准体系的实施和使用进行监督和管理，提出改进各种标准和规范的措施和建议，维护数字档案馆的标准、规范和运行；

④ 对数字档案馆的安全提供各种保障，包括稳定的网络、安全的计算机和存储环境，可靠的数据传递、数据转换和数据访问等多层次安全保障措施；

⑤ 对系统数据进行备份，包括实施异地备份、灾难备份等功能；

⑥ 提供公用服务功能，提供对数字档案馆所采用的操作系统、网络、命名、安全保障、系统操作培训以及系统经营运行等服务功能。

3.2.3 信息模型

档案工作是围绕档案这一特殊对象来开展的收集、保管和提供利用的各项业务活动，在工作过程中必然会产生各种管理信息，如档案描述信息、档案流转信息、档案处理信息等，这些信息和档案对象本身的内容都是档案管理信息系统中需要管理的主要数据。如何按照档案管理学科的要求，对这些数据进行规范化定义，实施科学的组织、存储与管理，建立有序的存取和访问机制，提供有效的利用服务等都是系统信息模型研究的主要内容。

3.2.3.1 档案信息分类与存储

从网络存储、计算机管理和数据的结构化与非结构化角度来考虑，可以将数字档案馆系统中存储和管理的信息分为档案内容对象和系统元数据两大类。

（1）档案内容对象

档案内容对象是档案的原始材料，经数据转换、封装后形成用于长期保存的数字对象，以唯一的对象标识存储于数字档案馆的网络存储空间，用户对数字档案对象的访问必须通过系统管理信息和档案描述信息才能访问。当然，由于数字档案馆的设计从一开始就基于信息技术不断发展的基础综合考虑资源的长期保存需求，因此，其他的数字资源对象，如档案编研的综合信息以及其他类型的电子文档信息（如行政性规范文件等）也可以根据档案工作的需要为其分配存储空间。这类非结构化的数据，需要采用数字档案馆的对象数据库进行存储、实现访问。

（2）系统元数据

数字档案馆中用以描述档案对象和系统管理工作过程信息的数据，称为数字档案馆的系统元数据，主要包括档案描述信息、档案管理信息、系统基础信息和系统日志等。这类数据一般采用关系型数据库进行组织和管理。

档案描述信息是描述档案内容的元数据，也相当于档案管理信息系统中的案卷目录和卷内文件目录信息。它主要是为管理方便而建立的检索著录项，包括对档案的基本属性（如形成单位、时间、背景、保管期限、密级、档号等）、特征（载体、环境、形状等）以及内容概要（如主题、摘要、内容条目等）等进行的描述，在要求全文检索的系统中，有的元数据还将包括档案对象中相关的关键文字信息，从图像对象中识别和抽取出来用于提供全文检索服务。

档案管理信息主要是指在档案管理过程中围绕档案对象产生的各种信息，如档案收集/接收的时间、经手人，档案迁移过程中的信息丢失、保护措施等信息，档案技术处理及转出等过程相关的各类信息，这些信息是档案工作者在对档案进行存储、保护和处理过程中产生的管理过程信息。

系统基础信息是指支撑系统运行的各种基础数据库信息，如数据字典、用户基本信息、用户权限信息、系统配置信息、系统定义信息等。

系统日志是指数字档案馆运行过程中各用户访问系统以及对系统数据进行操作的各种记录，包括客户端的 IP 地址、访问时间、访问用户以及所做的各项操作。

3.2.3.2 档案信息关联模型

① 档案目录与档案内容对象的关联：档案目录是对档案内容的描述信息，因此在建立系统信息模型时，要求将目录信息与档案内容实现关联，通过目录信息可以实现对档案内容的访问。

② 目录之间的关联：传统的案卷管理模式形成了案卷目录和卷内文件目录，盒目录与盒内文件目录，在科技项目的管理中还可能有三级目录相关联，这就要求信息模型的设计能够适应 1～3 级目录的关联处理，通过上级目录可以实现对下级目录的访问。

③ 档案目录与档案管理过程信息的关联：这些信息记录了档案处理过程中各业务活动过程产生的相关管理信息，它与档案的目录信息是一对多的关系，要求信息模型的设计能够通过档案目录信息访问所有的管理过程信息。

④ 档案访问权限与系统用户信息的关联：用户对数字档案馆所管理的数据的访问需要建立访问控制机制，需要按权限模型进行关联。

3.2.3.3 档案信息访问

① 按密级访问：档案分密级的管理方式决定了档案目录和内容信息的组织与管理必须分密级处置。涉密档案必须单独管理，但为了在档案降密后能够与其他档案信息实现集成管理，则要求不同密级档案必须采用统一的信息模型。

② 按目录和内容关联访问：档案目录与档案内容的开放权限不完全相同，要求信息模型的设计考虑二者权限的分层次管理方式。

③ 按流程分权限访问：目录信息和管理过程信息是随着档案处理工作流程的过程而形成的描述档案状态的基础数据，因此对这两类信息的访问也应考虑使用权限的分配。

3.2.3.4 档案元数据模型

档案元数据是对档案内容及档案管理过程中产生数据的描述，它不是档案本身，它是各类数据的集合，是描述档案属性、特点和状态的数据。

（1）档案元数据的组成

档案元数据是档案管理系统中描述档案及档案业务的元数据集合，主要包括档案基本元数据集、档案管理元数据集、业务处理元数据集及继承而来的归档电子文件的元数据。

① 基本元数据集：用以描述档案本身内容及其属性的数据集，主要包括文号、题名、时间、责任者、页数、备注，这是档案馆在接收档案进馆时从立档单位获得的元数据信息。

② 管理元数据集：为了档案管理、保存和提供利用的需要而确定的数据集，主要包括立档单位、件号（顺序号）、档号、全宗、类目、保管期限、保管级别、密级、存址（库房位置、电子文件的 URL）、载体、检索/信息分类等。

针对案卷保管方式，又可添加案卷级管理元数据集，主要是增添案卷号、案卷题名、起止时间、页数、件数，用以描述卷内文件/档案的基本状况。

③ 业务处理元数据集：描述各档案管理业务过程中产生的各种信息数据集，如接口处理的责任链信息、工作过程产生的与档案密切相关的过程信息。主要包括档案的接收、分类、排列、编号、编目、组卷、入库、上架、库房管理、保护处理、数字化处理、微缩处理、开放处理、利用信息、销毁处理等工作的时间、责任者、处理相关信息等。这些元数据集记录了档案工作全过程的信息。

④ 电子文件的元数据：描述电子文件的内容、结构、背景及其技术属性等的元数据，主要包括电子文件实体、内容要素、制作背景和技术特征等相关信息，详细内容可参照 ISO 23081 和国家档案局发布的有关电子文件相关元数据标准。

（2）档案元数据的定义方法

元数据的定义通常包括数据项、数据结构、数据流、数据存储和处理过程五个部分：

数据项描述＝{数据项名，数据项含义说明，别名，数据类型，长度，
取值范围，取值含义，与其他数据项的逻辑关系}

数据结构描述＝{数据结构名，含义说明，组成:{数据项或数据结构}}

数据流描述＝{数据流名，说明，数据流来源，数据流去向，
组成:{数据结构}，平均流量，高峰期流量}

数据存储描述＝{数据存储名，说明，编号，流入的数据流，流出的数据流，
组成:{数据结构}，数据量，存取方式}

处理过程描述＝{处理过程名，说明，输入:{数据流}，输出:{数据流}，
处理:{简要说明}}

（3）档案信息的数据库模型

档案信息的数据库模型如图 3-3 所示。档案馆内部的档案信息库将分为涉密档案、内网档案数据库和互联网网上开放档案数据库三大部分。由于保管和利用方式的限制，涉密档案需要单独建立数据库，实行物理隔离；内网档案数据库包括开放档案的全部信息，但为了确保档案利用过程中的安全性，往往将开放档案信息迁移到与内网档案数据分离的另外一个网络存储设备上。

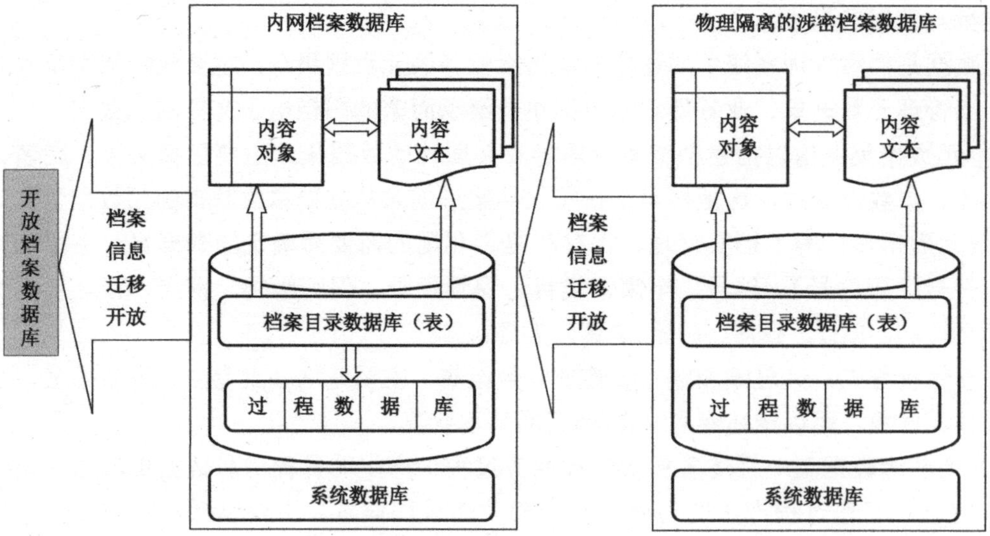

图 3-3　档案信息的数据库模型

3.2.4　过程模型

档案工作的业务流程是业务与业务之间的衔接、传递、转移的动态过程，是为了完成档案全过程管理而开展的一系列活动。业务流程的发生可能在档案馆内部各部门之间，也可能在移交单位与档案馆之间、档案馆与档案利用者之间。有业务流程存在的地方就会有档案信息的输入、输出等数据处理过程的存在。档案工作的业务流程与数据流程就像一对孪生兄弟随着档案工作的开展成对出现。

3.2.4.1　档案工作数据处理工作流模型

从信息管理的角度出发，可以将档案馆围绕文件/档案开展的业务工作划分为数据采集、数据处理、数据维护、数据利用四个子过程，每个子过程又将根据具体的业务要求划分为多个子过程，如图 3-4 所示。

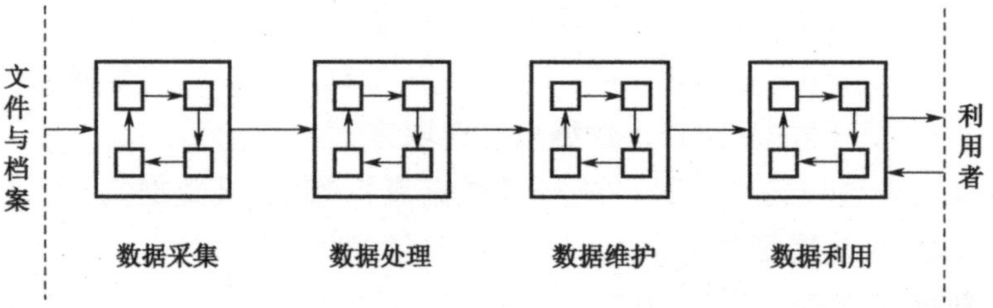

图 3-4　档案工作数据处理工作流模型

（1）数据采集

数据采集主要是指有新的档案条目记录和新的数字档案内容的增加，主要工作集中于现行文件与档案的接收、征集、数字化处理等业务部门，不同的业务工作其信息采集的方式也有所区别，概括起来主要包括以下方面。

① 手工著录，是指对于没有机读目录的档案和文件，档案馆工作人员手工录入描述档案对象内容的目录信息，如征集的档案、数字化处理的档案需要进行人工信息录入，并根据需要挂接原文信息。

② 数据导入，是指接收以磁盘、光盘等介质存储的目录信息和原文信息时，可以考虑借助计算机实现数据的自动导入处理功能，前提是必须做好数据之间的匹配对应关系。

③ 网络传输，是指对于以网络形式提交的文件/档案可以自动实现信息的采集，必要时可考虑人工干预，前提是预先约定好统一的信息交换标准和文件上传格式与规范等。

④ 自动捕获，是指在对行政规范性文件的信息获取过程中，针对各个主题开发专门的应用程序，实现信息的自动采集，采集到的信息也需要进行人工干预，前提是明确采集规则，随时调整预先定义的规则库。

（2）数据处理

数据采集获得进馆前文件与档案的基本描述信息和档案内容，之后的数据处理工作主要包括以下内容。

① 档案著录信息的核对。为降低手工录入的错误率，往往在信息采集功能基础上，采取双重录入并借助计算机进行自动核对，以加强信息采集的准确度。

② 馆藏数字化处理。数字化处理包括粗加工和深加工两部分，粗加工是将传统介质的档案转变为数字形式的图像文件或多媒体信息，深加工是再次从中获取文本信息，以提供全文的检索服务。数字化处理过程中将产生档案内容的双层信息，这些都需要与档案著录信息实现一一对应与挂接处理。

③ 管理过程信息的记载。管理过程信息是档案馆在内部管理的业务过程中不断完善和更改的工作过程记录，主要是指对档案目录信息的完善过程，如档案鉴定、移交、整理、保管（降密、降期、转库等）、微缩、数字化、开放、保护、转出、销毁等业务过程中产生的信息，包括处理时间、责任者、处理方式等相关信息，管理过程信息将随着档案业务管理过程不断产生，并保存每个处理过程的原始记录。

管理过程信息的维护分为两部分，一部分由系统自动生成（如责任者、时间等），一部分由业务工作者手工录入（处理相关信息），系统自动生成的部分原则上不允许修改，这样就能保证真实的责任链信息，可以用来检查和统计工作量，也可以用来追查责任。

④ 加密处理。为了确保安全，需要对重要的档案信息进行加密，特别是对保密档案不仅要实行物理隔离，还需要采取更安全的措施防止泄露。

⑤ 数据整合。数据整合是指将档案馆收集到的各类信息以及所有业务过程产生的信息进行整合，实行统一管理，如将接收的电子档案信息和馆藏档案数字化后获得的信息与档案管理过程中形成的各类信息进行整合，实现集成化的管理。

（3）数据维护

数据维护是保障档案信息能够持久有效发挥作用的主要方式，主要包括以下内容。

① 数据的组织与存储。将档案信息分为目录信息和内容信息两大类，分别采用有效的存储和组织管理方式，提供对档案信息的存取与访问机制，这是任何信息系统必须保障的基本功能。

② 数据有效性维护。档案内容对象的访问需要相应的电子阅读器来支持，由于软件系统及应用程序的发展速度非常快，必须随时跟踪最新发展，及时将以前版本的对象文件转换成新版本能够读取的对象，确保档案内容对象的有效性和可读性。

③ 数据备份。备份不仅仅是简单的复制，更包括一系列的管理过程，包括备份计划的制订、备份策略的选择、备份内容的管理、系统受灾后的恢复等。一方面需要对当前使用的系统、数据和配置文件等进行介质备份、网络在线备份，另一方面要考虑灾难备份、异地备

份等方案的实现和备份计划的执行等。

④ 数据迁移。数据迁移是将档案数据从一个系统迁移到另外一个系统中（当系统升级，或者异地间系统数据进行同步更新时），或是在存储介质的保存期达到安全边界期时应开展的一项非常重要的工作。数据迁移过程要采取各种方法和手段保证数据的真实、完整和有效。

（4）数据利用

提供数据利用是实施档案管理信息系统（Archives Management Information System, AMIS）的最终目的所在，主要体现在两个方面：一是面向社会和公众提供档案信息服务，展示档案的社会价值，了解公众希望从档案馆了解哪些信息，明确档案馆能够以什么方式为社会提供哪些信息服务；二是通过分析档案管理过程中存在的各种问题，为组织机构的重组、业务流程的优化、管理水平的提高提供辅助决策信息，促进档案馆现代化进程。档案馆提供信息服务的工作过程主要包括以下内容。

① 对档案信息进行分类整合。A.按提供利用服务的方式进行分类，分为涉密、开放和控制使用档案三大类，针对不同的利用者提供不同的查档服务。开放档案信息可以发布到互联网上提供查阅利用；控制使用档案可以在馆内设置专门的阅览场所，凭借有效证件查询相关信息；涉密档案信息不能在网上传输，必须施行物理隔离，在提供查阅服务时要求更为严格，需严格遵守《中华人民共和国保密法》的规定。B.按档案信息的内容进行分类，分为档案目录信息和全文信息。档案目录信息的数字化比较容易做到，但要将所有馆藏内容进行数字化是很难做到的，因此可以考虑提供全部目录信息的网络化检索服务，但档案全文信息的网络化服务则取决于馆内档案数字化工作的进展情况。

② 选择提供服务的有效方式。提供信息服务的方式有多种，可以选择在档案馆内部开辟专门的阅览场所，也可通过互联网提供公开档案和行政规范性现行文件的目录和全文数据检索，甚至在一些繁华的闹市区，如酒店、商场、汽车站等公共场所设立触摸屏，方便公众查阅利用。无论哪种方式，公众不仅关注查询检索的方便性，同时还关注能够获得哪些信息服务。

③ 信息发布。通过网络、存储介质等形式将已经开放的档案向社会公布，提供查阅利用服务。通常提供开放信息服务的服务器在外网上，需要定期将馆内逐渐开放的档案信息转移到外网的数据服务器上。

④ 提供利用并记录服务过程中相关信息，如用户信息、调卷/还卷信息、利用目的、利用方式、利用效果、接待服务责任者与时间等。

⑤ 对信息服务相关工作进行统计、分析，为进一步开展档案信息的利用工作奠定基础。

3.2.4.2 档案业务处理工作流单元模型

档案的收集/征集、鉴定、整理、编目（著录、标引）、入库、保管、处理（技术保护、数字化、微缩）、利用服务（检索、借阅、编研、信息发布）等是档案馆围绕档案管理的主要业务工作而开展的。档案管理的主体业务是相互关联的，并通过对档案信息的维护和工作过程信息的记录与归档反映业务工作的完成情况，当前一项业务工作执行完成后提交下一环节继续开展连续的业务工作，这种基于工作流程实现档案信息处理的方式正是网络化应用的优势所在。图 3-5 描述了档案业务处理过程的工作流单元模型。

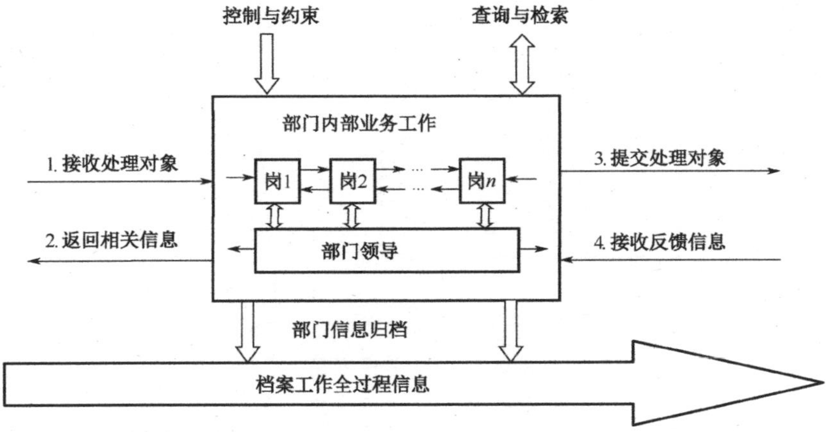

图 3-5　档案业务处理工作流单元模型

（1）业务衔接与信息集成

图 3-5 从输入（如图中 1 接收处理对象和 4 接收反馈信息）、输出（如图中 2 返回相关信息和 3 提交处理对象）与控制（如图中控制与约束、查询与检索）三个方面描述了档案馆内部各业务部门的工作流程模型，每个业务部门内部同时也存在类似的工作流程，这就决定了档案管理信息系统提供的每个功能模块之间是通过“接收”和“返回”两项操作来完成业务工作的衔接和档案数据的集成的。因此，可以考虑基于工作流程的管理将档案工作与计算机信息管理紧密结合，实现业务工作与档案信息管理的一体化。

（2）档案工作过程信息归档与保存

档案的鉴定、收集/征集、整理、编目、入库、保管、处理、提供利用等每个业务部门在开展工作过程中，不仅对描述档案的基本元数据进行维护，对档案实体进行整理，还会产生相关的处理信息，如收集工作方案、鉴定工作结果报告、整理方案和整理过程信息记录、档案开放过程信息记录、档案销毁决定等，这些信息应当归档保存，以记录和反映档案馆开展工作的完整过程信息。通过对这些处理过程信息进行全面的管理与分析，可以进一步提高管理水平，优化处理过程，将现代管理思想和方法融入档案业务处理全过程，形成档案工作全过程信息。

（3）部门内部信息共享和职能划分

各岗位职能的划分方法决定了部门内部业务工作的流程关系和信息处理方式。基于工作流程定义部门内部的业务活动单元及其之间的信息流关系，能够实现部门内部档案信息和工作过程信息的集成与共享。

（4）工作流程控制为领导决策提供依据

馆内各部门各岗位基于工作流程开展各项工作，不仅能够理顺内部的业务工作过程，记录全过程工作信息，更有利于部门领导和馆领导全面掌握工作过程的各种情况和信息，如工作计划、工作质量、存在的问题以及馆藏状况、档案利用现状等，这也是档案馆内实施信息系统的重要作用所在。

3.2.4.3　档案管理系统业务处理过程模型

工作流程是确定系统业务逻辑的基本依据，图 3-6 展示了基于档案馆的主体业务流程的档案管理系统业务处理过程模型。该模型将档案生存周期划分为待移交、待接收、待整理、待入库、库房存档、档案出库六种状态。

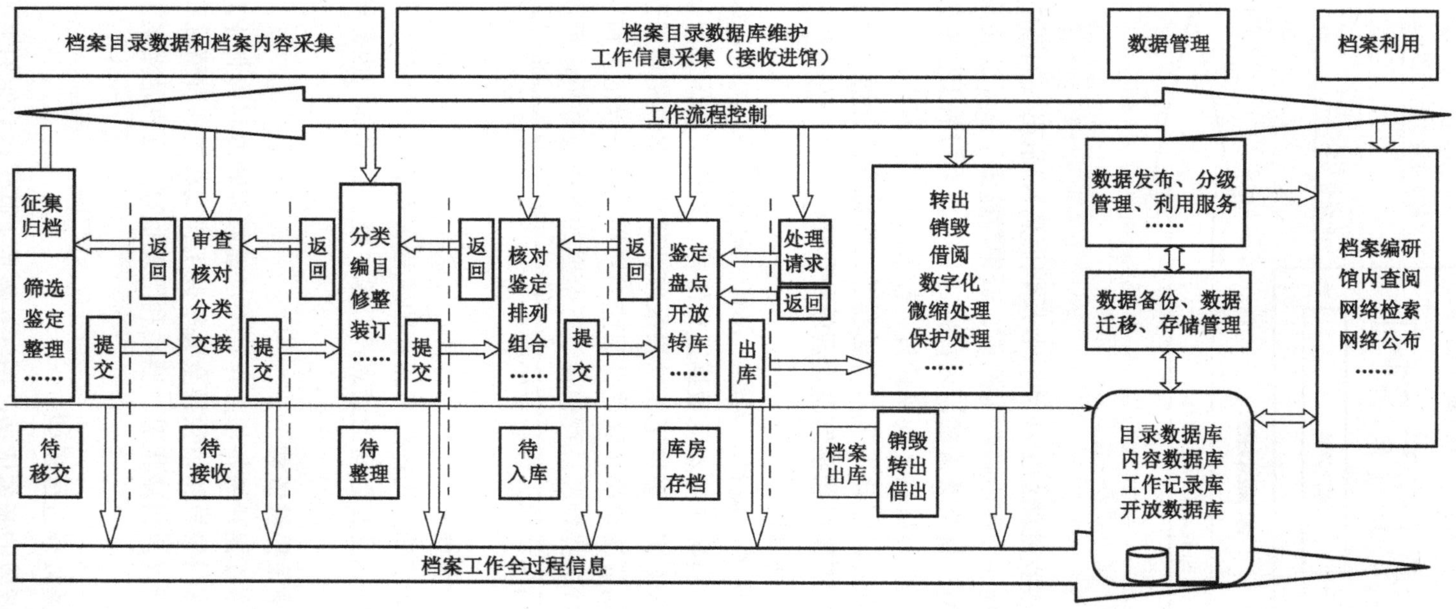

图 3-6　档案管理系统业务处理过程模型

①“待移交”状态下的档案工作包括两部分：一是立档单位开展的移交前的准备工作，主要包括筛选需要移交的档案，对准备移交的档案进行再鉴定，确定档案是否依然具有永久保存价值，确定档案的密级、保管期限等，开展移交前的档案整理工作，按档案馆的要求对准备移交的档案进行调整、处理、审核、编目、统计、生成报表等；二是档案馆开展的档案征集进馆等工作，档案征集是档案馆在分析馆藏资源基础上，面向社会开展的丰富馆藏的一项主动收集档案的工作；归档工作主要是指对档案局（馆）工作过程中形成的工作过程信息进行归档。征集进馆的工作流程可以直接进入档案的整理阶段，如图 3-6 中虚线所示，这就要求系统提供灵活定义工作流程的功能。

在“待移交”处理阶段，将形成档案基本元数据的目录信息，档案内容也基本确定，“提交”后档案就进入“待接收”或者“待整理”状态。这个阶段对数据的操作主要包括档案基本元数据目录信息（包括案卷级、文件级以及盒目录信息等）的录入、修改、查询、审核、统计、打印等工作。

②“待接收”状态下的档案工作是档案馆与立档单位之间进行档案移交处理的工作，主要包括审查、核对、分类、交接等工作，对档案数据的操作主要包括将各单位移交的各目录数据库信息装载到档案馆的管理信息系统中，电子版的可以直接网上传输或将接收的介质存储的目录数据导入系统中，也可以手工录入系统。档号的形成可以按照档案馆预先设定的规则系统自动生成。对于新的立档单位可以首先申请在档案馆的全宗编号，也可以将档号空着，到整理编目过程中再处理。具体工作流程根据各单位情况进行确定。

③“待整理”状态下的档案工作是档案馆对已经接收进馆的档案按档案馆保管档案的方式进行分类、编目、修整、装订等处理，对档案信息系统中数据的操作主要是修改档案目录数据，包括对全宗号、类目号等的处理。

④“待入库”状态下的档案工作是在档案入库前进行的核对、鉴定、排列、组合等工作，确定档案目录信息与档案实体和档案内容之间的对应关系，对档案信息系统中数据的操作主要是添加档案目录数据，包括对实物存址、档案内容对象的资源定位地址等的处理。

⑤“库房存档”状态下的档案工作主要是库房管理人员对库房档案进行鉴定、盘点、开放、转库、安全保管、记录档案的存在状态，并根据利用部门或馆内其他部门的调卷请求开展出库工作。这个阶段对档案信息系统中数据的操作主要是修改档案的保管期限、记录档案的保管状态和档案开放处理的过程信息等。

⑥“档案出库”状态下的档案工作主要有三类情况：一是销毁，对不具有保存价值的档案进行销毁处理，记录档案销毁信息；二是转出，将档案转出到其他档案馆；三是借出，根据档案利用的需要，如技术保护、数字化加工、微缩处理以及查档借阅等需要将档案临时调卷出库，等工作完成后再归还入库。

从上面的工作流过程分析可以知道，每个过程都会影响档案的基本元数据和管理元数据的值，但影响各档案馆工作流程的接口元数据（或影响档号定义的元数据项）主要是全宗、类目、编号、档案存址、检索分类，前三项是档案馆内部管理的核心要素，后两项主要目的是方便利用。通过管理信息系统辅助管理的一个重要因素就是将档案馆内部的这些核心工作过程归纳形成特定的程序规则，通过在应用系统中预先定义的这些规则在人工控制的基础上实现自动化处理（如自动标引等），减轻人工处理的工作量。对于档案管理工作过程中形成的电子文件的归档，可以通过对电子文件的结构、类型、特点等进行分析，实现自动著录，大大节省人工著录的工作量。

3.2.5 用户模型

使用档案管理信息系统的人员最终将以信息系统提供的一个个用户的身份登录和使用系统，辅助业务工作的开展。针对档案馆的组织机构和岗位职责分工方式，研究系统用户模型对 AMIS 的安全使用是非常重要的。

3.2.5.1 用户类别划分

① 按照数据操作权限划分用户类别。根据档案馆工作人员对档案及档案信息的操作方式，可以考虑把处理 AMIS 数据的用户分为数据维护类用户（User）、数据查询类用户（Query）、数据管理类用户（Admin）三大类。数据维护类用户主要负责系统数据的增加、修改、删除，如录入/装载/导入档案元数据，挂接档案原文信息，修改或删除元数据信息等。数据查询类用户只能查询、检索、浏览、打印系统中的相关数据或报表，不具有增加、修改、删除的权限。由于档案的特殊性，并不是所有的档案都可以对外开放，因此可以将拥有开放档案信息查询权限的用户定义为 WQuery 类用户。数据管理类用户的主要职能是对数据进行备份、恢复、迁移、加密等处理。另外，任何系统通常有一个默认的超级管理员（Super）用户，他拥有对系统功能和数据的所有操作权限，但主要是在系统初始配置和应急处理时使用。

② 按照职能划分用户角色。档案馆内设的不同机构所开展的业务工作不完全相同，使用 AMIS 的功能也不相同，但同一机构内部两个用户操作系统的子功能模块可能是相同的，尽管操作的数据范围不完全相同，因此，可以按角色区分这些用户。另外，也可以把不同机构中拥有相同职能的岗位定义为同一角色，角色在系统实施时可以根据需要自由定义。采取角色定义的方式能够加快系统的实施效率，如表 3-1 所示。

表 3-1 用户角色定义

机　构	角色	类别	职　责	说　明
网络计算机信息服务部门	Super	Super	超级管理	拥有所有功能和数据的操作权限。系统配置和应急处理
	S_Admin	Admin	系统管理	拥有系统定义和全部数据管理的操作权限，可以按照系统分类划分多个用户角色
档案管理业务部门信息服务（内网）收集管理利用	P_Admin	Admin	部门管理	拥有对本部门维护的档案数据的管理、用户管理和分配的权限
	P_User	User	档案管理业务	拥有档案收集、整理和编目等多项功能模块的操作权限
	P_User1	User	档案元数据维护	拥有维护本部门管理的档案目录数据的操作权限，还可划分多个用户角色
	P_User2	User	档案内容数据维护	拥有维护本部门管理的档案内容信息的操作权限，还可按档案内容划分多个用户角色
	PD_Query1	Query	档案元数据查询	拥有对本部门维护的档案目录数据的查询权限
	PT_Query2	Query	档案内容数据查询	拥有对本部门维护的档案内容数据的查询权限
	PV_Query1	Query	馆领导特殊服务	拥有个性化的查询服务请求，按时间、访问次数做安全限制

续表

机　　构	角色	类别	职　责	说　　明
网络信息利用服务（互联网）	W_Admin	Admin	部门管理	拥有对信息发布网络系统的管理权限
	V_WQuery1	WQuery	远程领导查询服务	对能在互联网上传输的信息拥有个性化的查询服务请求，按时间、按访问次数做安全限制
	D_WQuery1	WQuery	目录查询	查询开放的档案目录信息
	T_WQuery1	WQuery	内容查询	查询开放的档案内容信息

用户角色是拥有一组功能模块权限的子用户类，如角色 P_User 拥有档案收集、档案整理、档案编目三个模块的功能，其他用户定义时能够继承该角色的权限，用以减少 AMIS 用户实施过程中用户权限设置的工作量。

3.2.5.2　用户权限分类

系统用户的授权是按照使用系统的工作人员的岗位职责和他能够操作的数据范围进行的，主要包括对系统提供的功能模块的操作（功能权限）和对每个功能模块中数据的操作两方面的权限。因此，用户授权模型的确定，一方面需要根据档案馆内部每个机构中设定的岗位职责来确定用户的功能及其操作权限，另一方面需要根据各机构内部的分工情况来确定用户对每个模块的数据操作权限。

按照档案管理的工作流程设置 AMIS 的功能结构和功能模块，每个功能模块又具有对档案数据的装载、增加、修改、删除、复制、原文挂接、备份、恢复、目录查询、原文查询、原文浏览、报表输出、数据打印等功能组件。功能模块确定了用户对元数据项的操作权限，功能组件确定了用户对数据的存取访问方式。

① 功能授权，对用户的功能授权是授予用户对子系统以及子系统中功能模块和每个模块中的功能组件的权限。这样就确定了不同机构、不同岗位对系统元数据“列”和档案内容的访问权限。

② 数据授权，同类岗位中，不同人员对档案的收集或管理范围不同，需要加以区分，这就需要将这一岗位中的数据进行分类，或按立档单位划分，或按数据分类方式划分，或按用户自定义的方式进行划分，这种“数据行”权限的划分是为了方便系统实现用户的数据“类”授权服务。

3.2.5.3　用户授权模型

如图 3-7 所示，Super 是系统的默认用户，在系统实施过程中首先建立 S_Admin 管理员用户，然后再建立档案各业务部门的 P_Admin 和对外提供服务利用的 W_Admin 两个管理员用户；P_Admin 再针对部门内部业务工作的需要建立进行数据维护的 User 和查阅数据的 Query 用户；W_Admin 管理通过互联网访问档案馆开放资源的用户及其访问权限，并拥有对这些用户访问档案资源的情况进行处理统计等功能。

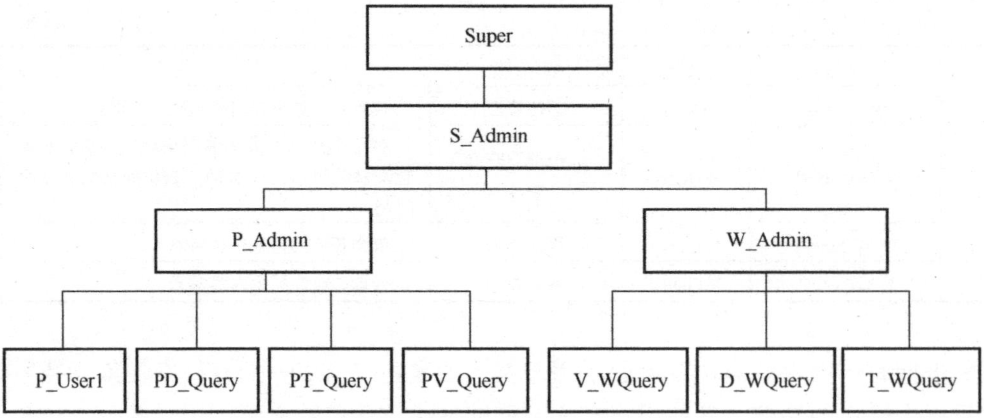

图 3-7 用户授权模型（示例）

3.2.5.4 用户权限模型

AMIS 系统的实现是按照分/子系统方式实现档案信息的集成化管理的，每个子系统又划分为多个功能模块，每个功能模块又由多个功能组件组成，用户通过使用系统提供的功能模块和功能组件实现对系统数据的存取和访问操作。图 3-8 给出了用户权限模型，将用户的权限模型分为系统级权限、功能模块级权限、功能组件级权限和数据级权限四个层次。图中"被授权系统""被授权模块"和用户操作直接相关；"被授权的操作""被授权的数据列"与"被授权模块"通过业务逻辑关系实现关联处理；"被授权的数据行"与"被授权模块"和用户都直接相关。

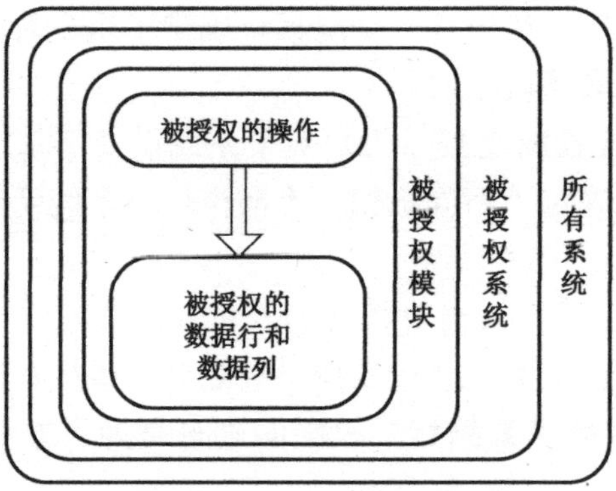

图 3-8 用户权限模型

3.2.6 OAIS 在美国 ERA 系统的应用模型

美国电子文件档案馆（Electronic Records Archives, ERA）系统的结构和功能的架构遵循 OAIS 参考模型，如图 3-9 所示，在实现过程中，ERA 只做了一些概念上的调整，比如，OAIS 是进行数据管理，而 ERA 强调文件管理（Records Management）。在 ERA 系统中，"文件"和"数据"有着本质的差异，"数据"只描述档案的结构和内容，而"文件"还要描述该数据的"语义"，即关联关系。OAIS 的提取、档案存储、数据管理、访问、保存、公共服务等功能分别细化为图中相应功能。SIP 为信息接收包，AIP 为档案信息存储包，DIP 为档案信息列用包，DAIS 中的 SIP、AIP 和 DIP 分别为 ERA 所采纳并进行实例化。

ERA 采用服务导向体系架构方案来组织系统。这种架构使各个功能子系统之间实现松耦合，相互关联程度较小，这样可以分步实施 ERA 系统，减少系统集成的复杂度。

ERA 本身并不是一个单一的系统，它是一个拥有电子数据组织、存储及基于这些数据提供的所有服务为一体的一个综合系统。这样就可以在统筹规划、顶层设计的前提下，部署项目计划和实施策略，把数据管理、系统服务和系统实现等工作分开，一方面对于已有的系统，可以通过对象封装继续保持使用，保护现有 IT 投资；另一方面新的系统可以通过服务的方式滚动完善，而不必一次开发完成。

在设计和开发方面，ERA 采用基于构件的通用对象方法，大大降低了不同应用之间的耦合程度，提高系统的集成能力。不同构件经过科学、有效、合理的组装完成一个或多个应用需求，当需求发生改变时，通过构件的拆卸、重新拼装就能很好地实现系统的改进和升级，缩短系统实施的周期，降低系统建设总成本。

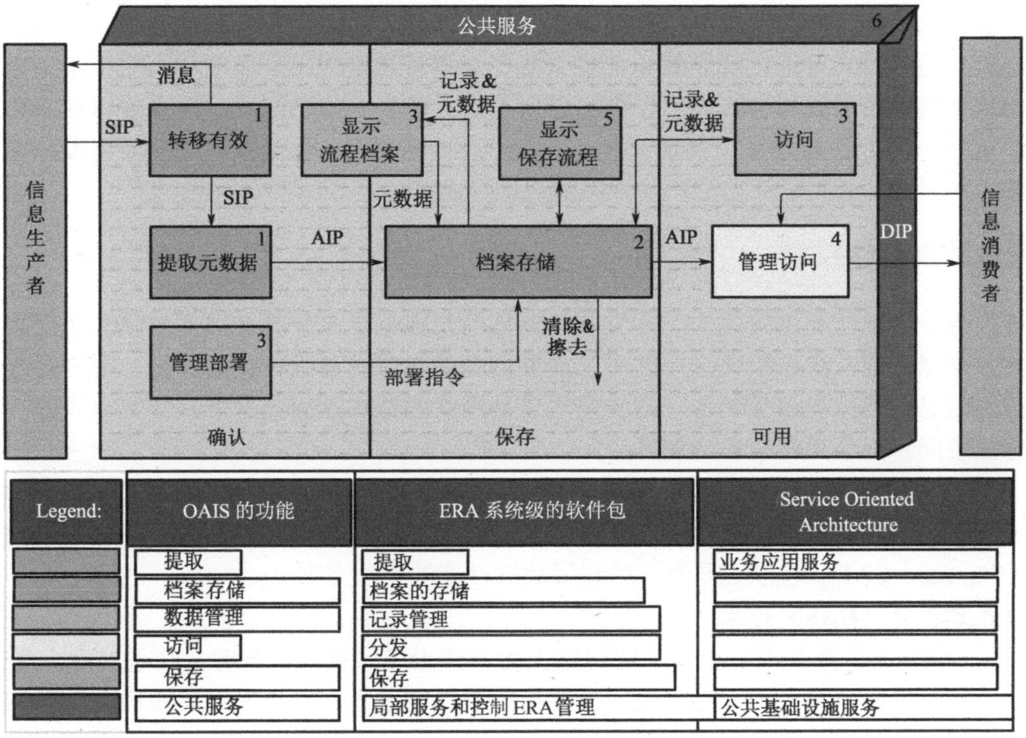

图 3-9　OAIS 在美国 ERA 中的应用

3.3　数字档案馆技术

数字档案馆的建设与发展、数字资源的组织与存储等都涉及顶层设计、海量数据存储、知识管理、数据挖掘、多媒体数据访问和检索、电子档案凭证保障和验证、数字资源长期保存等专业技术，数字档案馆的滚动发展和持续完善更需要借助服务导向体系架构（Service-Oriented Architecture, SOA）和应用服务提供商（Application Service Provider, ASP）的机制来获得保障。

3.3.1 顶层设计技术与方法

顶层设计是一种充分体现全局性、发展性、长效性的总体管理思路的自上而下的设计方法（Top-Down）。顶层设计的全局性要求从系统规划的全局视角跳出局部业务环境的束缚，站在国家、行业的全局高度去研究、分析和思考解决方案，设定目标，规划方案，明确任务，提出系统化开展工作的策略、思路、方法和步骤；顶层设计的发展性要求保障系统建设与运行的持续可发展，技术可衔接，业务可扩展、工作流程可改变，机构可重组；顶层设计的长效性是确保长期见效，而不是短暂的眼前可用，保障目标系统的长效、稳定与持续扩展，从长远角度降低数字档案馆建设与发展的总成本。

顶层设计的全局性、发展性和长效性对数字档案馆的有效建设与持续发展具有重要的保障作用。数字档案馆的顶层设计就是要站在国家档案信息化工作的“顶”层角度来开展，从国家档案信息资源管理全局的角度对数字档案馆的管理体制、功能模型、数据结构、组织变革、标准规范和运行模式等进行统筹规划，确立数字档案馆建设的国家战略和顶层框架，以指导各省市数字档案馆的规划与实施，打破当前自下而上的基层推动模式，树立整体观念和全局意识，坚持节约型社会建设与发展原则，避免“信息孤岛”，避免低水平重复建设，避免人力、物力和财力的浪费。

3.3.2 海量数据存储技术

随着各行各业信息化应用的深入，各类非结构化的归档电子文件越来越多地移交至档案馆，海量信息存储的需求在不断增强，这不仅需要用海量存储设备进行存储备份，更需要提供数字化档案信息的网络化服务利用，这就需要借助网络的在线存储技术来获得更可靠的、更安全的存储空间，提供更快速的访问。

直连式存储（Direct Attached Storage，DAS）、网络附属存储（Network Attached Storage，NAS）、存储区域网（Storage Area Network，SAN）以及内容寻址存储（Content Addressing Storage，CAS）等方法提供了对海量数据存储的解决方案。

（1）直连式存储（DAS）技术

DAS 是一种传统存储方式，是在本地网络上将存储设备（磁盘、磁带、磁盘阵列、磁带库等）通过 SCSI 接口的电缆一对一地直接连接到服务器或者客户端的扩展接口上。DAS 本身没有独立的操作系统，而是依靠其宿主设备——服务器或者客户端的操作系统来完成对数据的存储与管理。服务器和存储设备之间的连接通道是独立、专用的。存储设备只能由与其直接相连的服务器通过一个智能的控制器来访问。该方法主要是为克服主机上驱动器槽的缺陷。当服务器需要更多的存储量时，只要多连接一个存储器就行了。该方法同时还允许一台服务器成为另外一台的镜像。这个功能是通过将服务器直接连到另一台服务器的界面上来实现的。DAS 的优点是数据存储速度快，所有数据能够时刻在线，为用户提供快速的访问响应。不足之处在于大量占用服务器资源，当用户数增加或者服务器上的应用程序运行繁忙时，服务器就成了数据存储与访问的瓶颈，当网络上存储设备和服务器被添加进来，DAS 环境将导致服务器和存储孤岛数量的激增，产生巨大的管理负担，并导致资源利用率降低。由于受到服务器扩展能力的限制，不可能进行无限度的扩容，容量会受到一定的限制。因此，它比较适合数字化信息量较小的档案馆使用。

（2）网络附属存储（NAS）技术

NAS 是一种基于文件级别的存储结构，存储设备直接连接到局域网上，具备文档存储功能，一个附加的层被用来对共享的存储文件进行寻址，系统通常使用网络文件系统（Network File System，NFS）或者通用互联文件系统（Common Internet File System, CIFS），这两者都是基于 IP 的应用。它将存储设备从服务器上脱离出来，完全独立于网络中的主服务器，而连接到现有的网络上，通过网络共享方式给各客户机提供网络数据资源服务，客户机完全可以不经过服务器而直接访问存储设备上的数据。NAS 服务器一般由存储硬件（如硬盘驱动器阵列）、操作系统以及其上的文件系统等几个部分组成。

NAS 的优点在于几台不同的服务器可以共享一个独立的存储设备。与 DAS 不同，NAS 不仅实现了异构操作环境下的数据共享，而且即插即用，可以在线扩容且具有良好的扩展性，而且每台服务器不再需要自己的存储设备，使存储能力得到更加充分有效地利用，降低了存储设备的成本。服务器可以使用不同的操作系统平台，只要它们都能支持 IP 协议即可。

NAS 的典型组成是使用 TCP/IP 协议的以太网文件服务器，数据是以文件作为操作对象。存储的介质可以是磁盘、磁盘阵列、光盘、磁带。

（3）存储区域网（SAN）技术

SAN 网络是一种通过光纤集线器、光纤路由器、光纤交换机等连接设备将磁盘阵列、磁带等存储设备与相关服务器连接起来的高速专用子网。SAN 的交换式架构使任何一个存储单元都可以通过多个交换机连接到各个服务器上，这样就为访问存储单元的路由提供了冗余度，为通信提供了更多的路由，消除了某台交换机损坏而导致的单点失败。SAN 构成的子网专门用于存储，不占用服务器运算处理的网络带宽。SAN 设备通常由 RAID 阵列、磁带库、光盘库和光纤交换机组成。SAN 和服务器的数据通信通过命令而非 TCP/IP，是以数据块的形式提供对共享数据的访问，这样服务器可以访问数据中的任何一部分，而文件级的访问只能访问一个文件，一个文件通常包含若干个数据块。SAN 提供了很高的可靠性和很强的连续处理业务的能力，适合用在处理速度较快的数据环境中。

一个 SAN 系统通常由接口（如 SCSI、光纤通道、ESCON 等）、连接设备（如交换设备、网关、路由器、集线器等）和通信控制协议（如 IP 和 SCSI 等）三个基本组件，及附加的存储设备和独立的 SAN 服务器组成。其特点在于：

① SAN 提供了一个专用的、高可靠性的基于光通道的存储网络，它允许独立地增加它们的存储容量；

② SAN 提供了一种与现有 LAN 连接的简易方法，允许任何服务器连接到任何存储阵列，这样不管数据存放在哪里，服务器都可直接存取所需的数据，也使管理及集中控制更加简化，特别是对于全部存储设备都集群在一起的时候；

③ SAN 通过同一物理通道支持广泛使用的 SCSI 和 IP 协议，不受现今主流的、基于 SCSI 存储结构的布局限制；

④ 运行备份操作就无须考虑它们对网络总体性能的影响；

⑤ 光纤接口提供了 10 km 的连接长度，这使实现物理上分离的、不在机房的存储变得非常容易；

⑥ SAN 初始构建成本比较高，因此适合有海量数据且具有良好经济实力的省市级档案馆使用。

（4）内容寻址存储（CAS）技术

DAS 和 NAS 是基于文件访问的，SAN 是基于块（BLOCK）寻址的，比较适用 TB 级数量的交易型或整合型的网络应用环境，而 CAS 则是采用内容寻址方式来进行数据存储的，主要是针对非结构化、固定内容、静态数据（如文档、电子邮件、影像、Video/Audio 流媒体、CAD 图纸及各种数据交易历史记录等）等内容对象的存储而设计的。由于一个内容数据的大小是没有任何上限的，因此，CAS 使用一个内容地址来存放和读取此内容对象。CAS 设备中组织和存储的数据方式对外部应用系统是不可见的，对用户它是一个存储数据的“黑盒子”，用户也不用关心它是如何存放数据的，只需要通过 CAS 提供的专有应用程序接口（Application Programming Interface，API）来实现对 CAS 设备上的存取或访问。目前，很多提供内容存储解决方案的厂商大都开发了专门访问 CAS 设备的应用程序，这使用户在存取和访问 CAS 设备中的内容时与通常的文件操作方式相一致。

与 CAS 设备配套的管理软件提供了许多功能来确保数据的完整性、有效性和安全性，如为每个文件设置保存期，可预防人为的或故意的修改和删除；保证同样内容的文件不会重复保存，只要进行修改，便成为新的文件，因此可以保证文件的真实性；采用单点无故障的结构以防止技术变化带来的影响。所有这些特点，都与档案这一“固定内容”的数据的管理要求相吻合，因此非常适合存储永久保存的、使用频率不高的数字化档案信息。

档案馆在构建存储解决方案时，可以考虑将 SAN 和 CAS 存储技术联合使用，采用分级存储解决方案，将访问频率和访问速度要求较高的数字化档案信息存储在 SAN 构建的网络中，而将做长期保存和访问频率较低的档案信息存储在 CAS 的存储设备中，这样不仅能够满足用户对档案的利用需求，也能够满足档案馆对长期保存数字化档案信息的安全保存要求，降低管理复杂度。

3.3.3 知识管理与数据挖掘技术

档案的形成是一个从个体知识到组织知识，再到社会知识转换的文化积累、动态跟踪和滚动发展的历史记忆过程，档案的开发与利用则是人类传承文明、创新发展的进步与成长的历史形成过程。随着社会的发展，人类积累的档案数据量几乎以指数级的速度迅速增长。面对档案馆保存的海量数据，需要考虑如何运用数据挖掘技术与知识管理的相关知识，对档案数据进行分析、整合、挖掘与共享，充分发挥档案的价值作用，为人类从事各项社会活动提供知识服务，是 21 世纪对档案利用服务工作的创新要求。

在数字档案馆中利用知识管理技术能提供一种推理和学习机制帮助各种档案使用者有效地利用档案资源。知识管理利用概念之间的关系来描述不同档案之间的管理和所对应的知识领域。多种描述方法可以表达这样的知识模型，如与数据库相关的 E-R 模型、UML 类模型。概念和概念之间的关系和知识规则可以被存储在知识仓储中用于提供各种知识服务。

档案的双重价值属性（凭证属性、参考属性）表明了档案只有得到充分利用，才能更好地体现其珍藏价值。而如今档案的利用已不再局限于对档案信息的简单浏览和查看，许多单位和个人已经开展了更深入的检索、查询、统计、编史、修志、展示、整合与共享，甚至用于为决策者和管理人员提供科学决策依据。因此，在数据档案馆建设过程中，如果能够将档案与信息作为业务的重要组成部分并提供更深层次的信息服务，那么，档案馆在冲击既定目标和进行有效的技术投资方面，就会占据更有利的地位。

数据挖掘技术（Data Mining, DM）的产生，为解决数字档案馆中海量信息的整合、管理、高度综合和高效利用提供了可行条件。数据挖掘是一种深层次的数据分析方法，是一个交互式、循环反复的整合过程。数据分析本身已经有很多年的历史，只是过去数据收集和分析的目的是用于科学研究，而且由于当时计算能力的限制，对大数据量进行分析的复杂数据分析方法受到很大限制。现在，由于各行业业务自动化的实现，产生了大量的业务数据，分析这些数据不再是单纯为了研究的需要，更主要的是为决策提供真正有价值的信息。

3.3.4 多媒体数据访问和检索技术

多媒体档案将会逐渐成为数字档案馆中重要的信息资源。如何高效访问和快速检索音/视频档案信息是建设数字档案馆应解决的重要问题之一。

基于内容的检索（Content-Based Retrival）是一种新的数字资源检索技术，是对多媒体对象的内容及上下文语义环境进行检索，如对图像中的颜色、纹理，或对视频中的场景、片段进行分析和特征提取，并基于这些特征进行相似性匹配。其检索方式如下。

① 基于内容的图像检索：根据分析图像的内容，提取其颜色、形状、纹理，以及对象空间关系等信息，建立图像的特征索引。

② 基于内容的视频检索：对非结构化的视频数据进行结构化分析和处理，采用视频分割技术，将连续的视频流划分为具有特定语义的视频片段——镜头，作为检索的基本单元，在此基础上进行代表帧（Representative Frame）的提取和动态特征的提取，形成描述镜头的特征索引；依据镜头组织和特征索引，采用视频聚类等方法研究镜头之间的关系，把内容相近的镜头组合起来，逐步缩小检索范围，直至查询到所需的视频数据。其中，视频分割、代表帧和动态特征提取是基于内容的视频检索的关键技术。

③ 基于内容的音频检索：从音频数据中提取听觉特征信息。音频特征可以分为听觉感知特征和听觉非感知特征（物理特性），听觉感知特征包括音量、音调、音强等。

3.3.5 数字资源长期保存技术

数字档案馆建设必须要面临和应解决的问题就是数字资源的长期保存问题。数字档案长期保存主要应从网络存储的硬件和应用系统的软件两方面获得保障。

硬件即数字资源的存储介质，不仅需要容量大，还需要保持持久稳定与可用，这种技术主要属于材料技术和信息技术领域研究内容。建设数字档案馆也需要不断地跟踪、学习硬件存储介质方便的技术，结合数字档案资源的存储特点研究长期保存的策略、计划和方法。

软件系统主要是指能够保障数字档案资源可读性的计算机应用程序。数字资源不同于纸质信息资源，它必须依附于某个特定的系统或软件才能展示其信息内容。而软件系统的升级换代比较快，需要数字档案馆的建设者从一开始就选择或制定一个用于长期保存数字档案资源的标准与格式规范、组织与存储的方法，以保障数字档案的长期可读性。

研究不依赖于特定平台（包括软、硬件）的数字信息展示方法是未来建设数字档案馆应考虑的一个重点问题。

3.3.6 服务导向体系架构技术

服务导向体系架构（Service-Oriented Architecture，SOA）是一种新型的能够支持系统架构者从容地面对业务需求的变化，帮助系统架构者站在一个新的高度理解复杂系统的各种组件的开发与功能部署形式，以更迅速、更可靠、更具重用性的方式来架构整个信息系统。

SOA 并不是一种现成的技术，而是一种架构和组织 IT 基础结构及业务功能的思想方法；SOA 是一种在计算环境中设计、开发、部署和管理离散逻辑单元（服务）的模型；SOA 可以看作是 B/S 模型、XML/Web Service 技术之后的自然延伸。

基于 SOA 技术的数字档案馆的关键在于提供各种“服务”，即系统中精确定义的、封装完善的、独立于其他服务所处环境和状态的函数。服务层是 SOA 的基础，服务组件可以直接被应用调用，从而有效控制系统中与软件代理交互的人为依赖性，通过网络对松散耦合的粗粒度应用组件进行分布式部署、组合和使用。

SOA 要求开发人员将应用设计为服务的集合，要求开发人员跳出应用本身进行思考，考虑现有服务的重用，或研究所提供的服务如何能够被其他项目重用。因此，基于 SOA 技术的数字档案馆的主要目标是实现数字档案馆 IT 资产的最大化重用，通过提供服务组件的方式来灵活部署档案馆的业务系统和功能结构，支持多个实体档案馆基于统一的数字档案馆服务平台来开展现代档案管理的综合业务工作。

3.3.7 应用服务提供商运行模式

应用服务提供商（Application Service Provider，ASP）是以提供软硬件 IT 资源租用服务的应用服务运行模式。与传统的独立软件/解决方案供应商（Independent Software Vendor, ISV）相比较，ASP 运营商拥有软硬件运行平台和应用系统的所有权，应用系统集中部署 ASP 提供的网络环境中，实行统一管理，以一对多租赁的形式为众多使用者提供高品质和高安全保证的共享平台和应用程序，使用者不用担心整个系统的运行维护、数据备份、安全管理、技术支持和应用软件升级与改进，大大减少了使用者在资金和专业技术人员方面的投入。

基于 ASP 模式实现数字档案馆的运营管理与服务，能够为众多的实体档案馆节省 IT 投入，只需要一个组织一次性地建设数字档案馆系统，其他档案馆无须购买任何架构数字档案馆系统的硬件设施和组织 IT 人员来设计、开发应用系统，只需要以廉价的租赁方式来共享数字档案馆提供的集中服务即可。这种方式的主要优点体现在以下几个方面：

① 能够节省数字档案馆建设的重复投入，获得一次开发多次使用的效果；

② 节省数字档案馆软硬件系统的运行维护和升级成本；

③ 节省各档案馆在 IT 技术人力方面的投入；

④ 保障传统档案馆的工作人员专注于档案业务工作的精细化开展；

⑤ 各档案馆信息化实施的周期大大缩短；

⑥ 促进档案资源趋于标准规范化管理，为档案信息资源的整合工作奠定基础；

⑦ 数字档案馆拥有的专业 IT 技术人员和不断更新的软硬件设备使各类数字档案信息的安全获得最大程度的保障；

⑧ 数字档案馆的长期建设和持续发展获得保障。

3.3.8 电子档案凭证保障和验证技术

数字档案馆提供电子档案的长期保存以及利用场所。随着电子政务、电子商务的迅速发展，为创新政务工作模式、提高行政效率、提升政府治理能力以及社会公众服务水平，电子档案作为合法凭据成为必然的发展趋势。电子档案如果要像以往的纸质档案一样具有凭证效力，就需要重点解决电子档案可信保障及认定问题，应当有可信保障和认定的要素、防止伪造和验证真伪的计算机技术手段。

解决电子档案的可信管理与凭证性验证等问题，需要具备相关基础和条件，通常应包括：

① 规范电子档案从形成乃至形成之前到长期保存的合法程序；

② 确定电子档案的构成要素，明确一份真实、有效的电子档案应包含的组成部分，如元数据、档案数字实体及其法律要素等；

③ 确定电子档案真实性的检验方法，对电子档案进行全过程的安全控制和保障；

④ 明确电子档案真实性、完整性、有效性和安全性的认定方法；

⑤ 确定电子档案在长期利用、保存和多元化使用过程中的有效性与可识别性。

3.4 数字档案馆组织与管理

《档案法》明确规定我国的档案资源实行统一领导、分级管理的原则，同时也明确规定了各级各类档案行政管理部门与档案馆（室）的组织机构及其职能，其分级管理工作细化到县级档案馆以及机关、团体、企业事业单位的档案室，这对于传统纸质档案的集中、就近和区域性查阅特性而言，非常有利于组织和管理；而数字档案馆的网络无边界性、网络存储的海量性以及组建、运行和管理过程中信息技术专业性强等特点，决定了数字档案馆组织与管理的特殊性，如果完全按照传统档案馆的组织、架构、管理和维护来运行数字档案馆是不现实的，也是很难实现的，因此，在开展数字档案馆系统规划之前，应首先将组织、管理和运行模式及其与传统档案馆之间的关系等相关问题考虑清楚，方可进入实质性的建设阶段。

3.4.1 数字档案馆组织体系

从全国档案事业发展和档案资源整合的全局高度来看，数字档案馆的建设涉及国家信息资源战略的全局，理应从国家档案行政管理的角度来做统一的规划和部署。

一方面数字档案馆是基于网络运行的，网络具有无边际互联互通的特性，从技术角度而言网络完全能够实现全国范围内服务器、存储器等 IT 硬件资源的共享与共用，加之网络存储空间的大容量和易扩展性，使数字档案信息的集成与共享甚至集中存储成为可能；另一方面档案馆开展档案工作主要是收集、保管和利用资源，工作流程和业务模式相对稳定，从网络计算机辅助档案工作的角度而言，数字档案馆的软件系统也完全可以实现应用共享。

这些因素决定了数字档案馆机构的设置与传统的实物档案馆应有所区别，因此，不宜再按照乡、县、市、省等多个级别建立多层档案行政管理机构和各个级别的数字档案馆，应充分利用网络计算机的各种优势，建立扁平化管理的全国数字档案馆的组织体系，开展高效率的、覆盖全国范围内的数字化档案资源开发利用的服务体系。国家档案行政管理部门应根据现代档案管理的需要设立数字档案馆行政管理机构，负责规划、设立和部署数字档案馆的分支机构，组织制定数字档案馆建设、运行及发展的标准、规范和制度，划分数字档案馆网络存储系统中所管理的数字档案资源的区域、范围和内容，启动、管理和验收数字档案馆工程项目，指导、监督和协调基于各类数字档案馆系统平台开展的现代档案管理工作，发布数字档案馆标准规范体系、建设指南和管理、运行、维护的规章制度。

当然，数字档案馆建设还处于研究和探索发展的过程中，其设置一方面要依据国家档案信息资源总体战略和国家档案局最新制度规范进行统一部署，另一方面也要充分考虑各省市档案信息化建设与发展的现实状况以及综合档案馆与专门档案馆的信息资源管理特点和实际需要来设立。总之，数字档案馆的机构设置应坚持科学发展观，构建以人为本的数字化档案资源的服务体系，既应方便各级各类档案工作者开展现代档案管理的各项业务，又要为社会公众提供方便快捷的开放档案信息的共享利用服务。

设置和部署数字档案馆的组织体系工作，主要是在数字档案资源的存取管理与利用服务的有效性、方便性和快捷性以及安全、存储及运行维护成本等方面进行权衡。图 3-10 给出了一个组织体系建议方案，它是在继承传统档案馆的区域性、专门档案和综合档案划分原则的基础上，兼顾档案来源原则，注重档案的历史联系性，考虑与传统档案馆的互动关系等因素而设计的。当然各省市及各机构的档案室也可以根据本单位人、财、物资源的状况，从本单位的实际需要出发，从利用档案信息的用户角度，考虑按照档案资源的形成时代或者按照档案信息的逻辑关系来部署机构，每一种组织机构的设置方式都有利弊，具体操作时应在遵循本节中建议成立的国家数字档案馆管理委员会发布的制度、标准与规范的基础上，进行灵活部署。

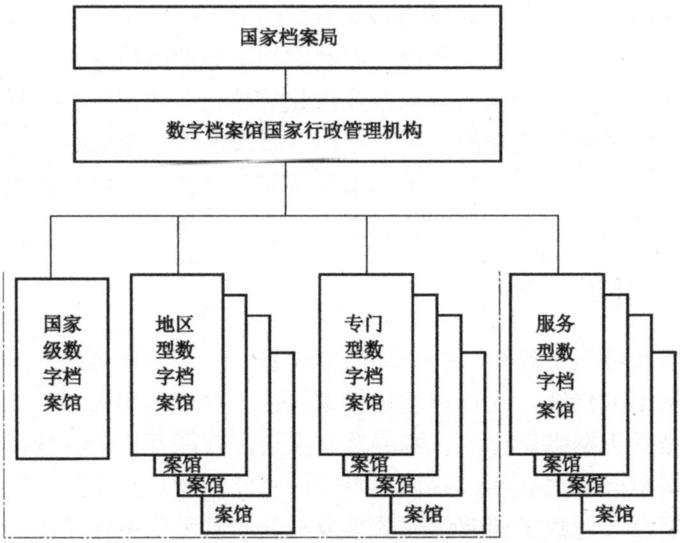

图 3-10　全国数字档案馆的组织体系建议方案

在图 3-10 中，国家级、地区型、专门型数字档案馆的分类依然延续了我国当前档案馆的机构设置特点，这三类数字档案馆分别在其传统的实物档案馆的基础上进行架构，主要特点是根据档案资源整理注重历史性、来源性、类别划分和档案资源的地区性分布等特点进行划分的。这一机构划分方式可以将我国当前已经或正在建设的一批数字档案馆纳入国家数字档案馆管理委员会实施统一管辖，这对已经建成或者正在建设的依附于传统档案馆而开展的数字档案馆的软硬件资源能够进行松散的整合，但从遵循国家及档案管理的标准规范和统一管理方面需要加强管理、控制和协调。

在图 3-10 中，服务型数字档案馆则是希望从我国构建节约型和谐社会的总体指导思想出发，以基础平台共建、IT 资源共享为宗旨，以安全、永久保存数字档案资源为根本目的，遵循档案事业和信息化项目顶层设计的先进理念，站在国家档案资源统筹管理的角度来探索的一种建议性方案，详细内容请参考薛四新发表的学术论文《面向服务架构的数字档案馆建设方案研究》（《档案学研究》2007 年第 4 期）和《IT 集约化服务型数字档案馆运行模式研究》（《档案学通讯》2007 年第 4 期）。

3.4.2 数字档案馆组建方式

正确定位数字档案馆的功能与目标是为了更清楚地描述和设想数字档案馆的建设能达到什么效果，满足什么目的。而研究数字档案馆的组建方式和运行模式的目的则是需要回答如何组织团队使数字档案馆的建设和运行更为有效。数字档案资源的统一管理、永久保存和有效利用是组建数字档案馆的根本出发点，统一管理取决于标准体系的建设，永久保存主要取决于数字档案馆的技术支撑体系的建设，而有效利用则取决于档案资源的整合、集成与共享的程度。

从国家档案事业发展全局来看，建设数字档案馆需要在国家档案局的统一领导下，采取共建共享的总体原则，制定数字化档案信息的接收、存储、管理、提供利用、IT 资源选购、平台搭建、系统运行维护以及数据封装、数据组织、数据存储、数据访问等相关的行业技术标准和管理规范，形成支撑数字档案馆集成运行的基础体系结构，确保数字化档案资源的统一格式存储与访问；应用系统的建设可以考虑以省/直辖市为单位进行立项，集中各地区的软硬件资源及人才优势，针对现代档案管理的电子文件归档、馆藏数字化、数字档案的综合管理、开放档案的服务利用、档案编研成果展示等条块化业务主线分别开展通用档案信息系统的设计、研发与实现，做到各类应用系统的一次开发，多地区共享使用。基于图 3-10 建议的组织规划方案，各数字档案馆应在其国家行政管理机构的统一管理下，通过网络连接成全国数字档案馆网络体系，如图 3-11 所示。

当前，国内数字档案馆的组建有单一型和区域型两种主流模式：单一型数字档案馆运行模式是单个档案馆在自己内部开展馆藏数字化加工、接收电子文件归档、整合馆内档案资源、建设档案馆的门户网站等工作，通过门户网站提供该馆的开放档案信息服务和行政规范性文件的查阅服务；区域型数字档案馆则是以一个区域（或市、或区）为单元，以档案馆的业务工作为中心，除了开展档案馆内部的各种信息化建设、实施和系统应用外，还通过网络为相关档案室提供档案信息管理的信息化服务，在档案形成单位进行归档的同时，将纸质文件归到档案室，将电子文件通过网络、载体或接口系统传递到数字档案馆系统中，实现了一个区域内部数字化档案信息的集中存储。这两种模式建设的一个共同特点是数字档案馆依附于某个传统档案馆，数字档案馆的滚动发展与运行维护也取决它所依附的档案馆的信息化水平，更准确地说是依赖档案馆的决策者和档案馆设立的开展信息技术服务的计算机处（室）的人员对信息化的理解、认识和跟踪发展的水平，其局限性和风险性不言而喻。加上信息化滚动发展的持续投资，从长远角度必然会限制数字档案馆的发展。从国家档案信息化建设全局来看，这两种建设模式存在着档案行业 IT 资源重复建设的弊端，在全国数字档案馆标准体系尚未健全的前提下各自开展数字档案馆建设，也必然会造成未来国家档案信息资源整合难的新问题。

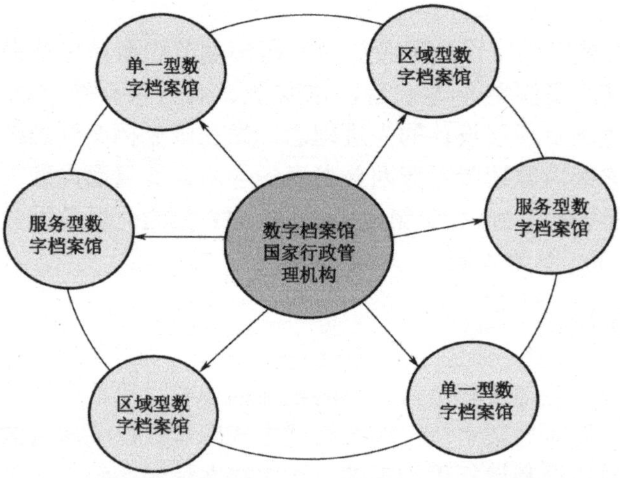

图 3-11　全国数字档案馆网络体系参考模型

服务型数字档案馆是本节提出的一个全新的概念，它是在考虑数字档案馆建设对资金、对信息化专业人才、对信息技术的持续跟踪、对数字档案资源的永久保存技术的研究、对数字档案资源安全性保障等技术性要求较高，而传统的档案工作队伍又很难承担其艰巨的系统建设、滚动发展、技术跟踪与升迁、安全保障和持续运行等专业性工作任务的基础上，而提出的一种借助社会力量，由国家档案局专门设立的数字档案馆建设机构，可在第三方机构配合下进行建设、发展和维护的数字档案馆专门组织。比如，可以考虑借助高等院校、科学技术研究院、国家重点实验室拥有的大型的、稳定的软硬件资源平台和提供信息化服务的专业团队，在数字档案馆国家行政管理委员会直接领导下，遵循国家数字档案馆的建设指南、标准体系和顶层设计指导思想，以独立于某一个传统档案馆而建设的专门为多个传统档案馆提供各类信息化应用和数据存储的服务型数字档案馆。其服务性工作内容包括以下内容。

① 提供用于接收和交换各类数字档案信息的数据转换接口服务；

② 提供用于保存和管理数字档案信息的网络存储服务；

③ 提供基于网络开展电子文件的鉴定、归档、移交/接收、整理、分类、管理、划控、查询、检索、统计等开展现代档案管理工作的各类业务服务；

④ 提供开放档案信息、形成规范性文件的集成、共享和网络化利用服务；

⑤ 提供开展馆藏数字化加工、处理、格式转换等的各项业务服务；

⑥ 提供档案馆对外服务的门户网站的运营与维护服务；

⑦ 提供支持数字档案馆滚动建设、持续发展和长期运行管理的技术支持服务；

⑧ 提供用于展示档案编研成果的 Web 服务；

⑨ 提供用于开展辅助决策的数据挖掘、数据分析等的深层的技术支持服务；

⑩ 为档案利用者提供不间断的网络化查询、检索服务。

服务型数字档案馆的建立将为当前已经或正在开展“双轨制”档案工作的各档案馆工作人员提供众多的方便性，使档案工作者从信息技术的专业性强、技术难度较大的困惑中解脱出来，能够集中精力更加关注档案业务工作，把主要精力放在钻研档案业务、保护档案文献、分析档案利用特点、编研档案文献、挖掘档案资源等方面，从而更好地将档案信息服务于社会，为社会积累和挖掘适时、有价值的档案信息。表 3-2 对三种类型数字档案馆建设方式做了比较。

表 3-2　数字档案馆建设方式比较

特点＼类型	单一型数字档案馆	区域型数字档案馆	服务型数字档案馆
数字档案馆的服务对象	单个档案馆及其归档单位（档案室）	专网区域内多个档案馆	网络连接区域内的各档案馆及档案室
数字档案馆信息资源的组织与存储	档案目录信息同步更新，档案内容信息/电子文件分散存放于本地	档案目录信息定期更新，档案内容信息/电子文件原文分布存放于本地	档案目录信息、原文、内容集中管理，统一分配网络存储空间
机构之间关联方式	档案馆与档案室之间采取紧耦合方式	档案馆之间采取松耦合方式	可灵活设定档案馆之间的耦合关系
数字资源的采集模式	档案馆信息系统实时捕获各种接收电子文件的元数据，并进行分类、整理、组织和存储，电子文件原文可保存于各档案室	各实体档案馆负责开发和实施具体的档案信息管理系统。中心档案馆实时或定期采集其他各档案馆馆藏数字档案的元数据和目录数据库，建立目录中心	数字档案馆按照统一的格式规范，将传统档案馆的各类信息资源实施统一管理和集中控制，通过统一的数据采集系统接收所有入网档案馆需要保存的数字档案资源
馆藏资源分布	档案室保存现行文件。档案馆保存数字化档案目录信息和馆藏数字后形成的数字档案图像文件	各档案馆接收电子档案和电子文件。中心档案馆保存所有数字档案资源的元数据和目录数据库	所有档案馆的数字馆藏资源都由数字档案馆统一管理和存储
数字资源的利用	数字档案馆提供统一门户网站查询和检索目录信息，可以通过建立数字资源的导航系统访问各档案室内部的馆藏资源	数字档案馆提供档案目录信息检索的统一门户系统，可以通过建立数字资源的导航系统访问各档案馆内部的馆藏资源	数字档案馆能够根据利用权限提供所有资源的利用，开放档案的利用能够实现档案目录和档案内容信息的整合
数字档案馆的运行维护	由档案馆内部设定的技术部门来开展	由档案馆内部设定的技术部门来开展	由数字档案馆的专业维护团队开展
主要优点	1. 便于信息生产者自身的重复利用电子文件，也便于保持文件内容的一致性 2. 可以刺激组织/机构进行经费投入以保存自身的电子文件资源，从而减轻档案管理部门的投入压力 3. 可以减轻因为电子文件数量的急剧膨胀而导致的海量数字资源的管理和维护的压力 4. 可以暂时不需要制定统一的原始文件格式标准 5. 不存在立档单位对电子文件中心的不信任问题	1. 由档案馆来保存和管理立档单位的电子文件可以保证电子文件的可靠性和可用性 2. 档案馆之间的数字资源共享将容易得多 3. 各档案馆可以按照各自的客户要求提供有针对性的服务 4. 多个档案馆负责存储数字资源，能够减轻面向海量数字资源管理的压力 5. 由于管理体系没有做根本的改变，因此没有太多的适法问题	1. 大大减少了重复建设，节约了建设成本。节省下来的资金可以更好地投入数字资源的保存和利用中去 2. 更好地执行统一的标准 3. 各级档案馆不再需要配备大量的人力、物力进行数字档案资源的维护 4. 可以更好地对技术本身进行跟踪，并及时地实现更新 5. 彻底改变了管理流程和管理体系，信息技术不再仅仅是档案管理的支撑，而是融入档案业务中
关键问题和挑战	1. 组织/机构发展不均衡，当电子文件存储和管理成为一种不小的负担时，有些组织机构可能发现负担很重 2. 有些部门可能只是为了保存而保存，而不能有效地提供对外的访问服务 3. 对于有些业务数据可能需要开发专门系统来为用户提供服务，因此必须要有法律、法规来确定立档单位的这种义务 4. 档案管理部门管理复杂性增大	1. 面临重复建设和资金的障碍 2. 各档案馆都要组织一批专业开发和维护队伍 3. 由于发展不平衡，有些档案馆经费可能不足，造成整个数字档案馆的资源不完整 4. 由于没有对业务流程和管理体系做根本的变革，影响了信息技术的发挥效率 5. 立档单位对各电子文件中心是否有充分的信任存在问题	1. 集中模式需要涉及管理体系的变革，因此必须要协调多方意见，并征得上级主管部门的认可 2. 如果实行电子文件和数据资源集中管理，存在适法问题 3. 立档单位对中心保管部门是否有充分的信任存在问题 4. 现行信息系统如何与新的系统进行对接需要解决

影响数字档案馆组建方式有多方面的因素，如远景目标、资金供应、管理水平、人才队伍以及各级各类档案资源的整合需求等诸多因素。因此，对于各档案行政管理机构而言，在考虑如何架构本地区或本单位的数字档案馆系统时，应在国家数字档案馆建设的总体方针指导下，根据本机构的具体情况提出解决方案。

3.4.3 数字档案馆运行机制

数字档案馆的运行机制主要是指它与各级档案行政管理部门、各级各类档案馆之间的互动与制约关系。由于数字档案馆的建设、实施、运行维护和持续发展的思路、方法与传统档案馆的建设与发展有很大的区别，涉及网络、计算机、软件工程、系统工程以及数字资源管理等多学科知识的交叉应用，软硬件平台和应用系统建设过程中对人才、资金的要求比较高，因而数字档案馆的规划与建设需要高素质人才，需要既熟悉档案业务工作又精通信息化应用技术的综合型团队来开展，更需要国家档案事业发展的各种创新机制和制度作保障。

然而，在我国当前的档案工作团队中，信息技术专长的技术型人才还比较缺乏，能够将信息技术熟练应用于档案工作过程中的复合型人才更是缺乏。数字档案馆的规划、设计、开发、实施等工作仅仅依靠各档案馆的业务型工作人员是很难完成的，因此，从系统开始规划之初就应理顺数字档案馆运行体制和管理模式，培养或引进复合型、技术型档案工作者是很必要的。

随着信息社会的快速发展，数字档案馆和实物档案馆之间的互相依存关系将逐渐明确，档案信息化建设的实践也充分证明单靠档案工作者自身的力量来开展数字档案馆建设是很困难的，依附于实物档案馆架构数字档案馆更是事倍功半，如果将数字档案馆作为国家档案事业系统中提供档案信息化专业服务的独立运行机构而设立，这无疑会对全国档案事业的快速发展起到重大促进作用，3.4.2节中提出的服务型数字档案馆的建设就是围绕这一创新设想来探讨的。从我国档案行政监管的垂直管理角度而言，指定数字档案馆作为集中、永久保管数字化档案信息服务的专门机构是可行的；从国家信息资源建设的角度而言，数字档案馆这一专业化服务机构的成立对档案信息资源的开发与利用有着重大的社会意义。

IT 集约化服务型数字档案馆定义为：独立于任何一个实物档案馆而存在的单独组织机构，直接接受国家档案行政管理部门的监督和指导。如果只考虑网络的全球互通性，加上档案资源的国家属性，理论上和逻辑上都可以提出全国只建设一个能够通过网络将数字档案信息分布式存放的数字档案馆，将全国所有的数字化档案信息统一组织并保存起来以提供利用，但考虑到存储设备存储量、服务器承载能力、网络访问速度以及信息技术的快速发展性等的局限性，还有数字化档案种类的多样性等现实情况，可以考虑按中央、省/直辖市等分区域，根据专门档案馆、公共档案馆等分类别方式，或按数字化档案资源的存储与访问需求来设立数字档案馆的分支机构。这必然要求设立数字档案馆国家级行政管理部门，针对全国档案事业发展状况和数字档案资源的分布与管理特点，规划和确立数字档案馆组织网络，制定支持数字档案馆建设、运行与发展的标准、规范和管理制度，确定数字档案馆系统中保存的数字化档案资源的范围和内容，指导和监督数字档案馆各项工作的科学、有序开展。

服务型数字档案馆必须与它所服务的传统的实物档案馆之间建立永久的协作关系，各传统的实物档案馆工作人员应能够利用数字档案馆提供的电子文件归档、档案信息综合管理、开放档案服务、档案门户网站等多种网络化平台系统来完成档案管理的日常工作，同时履行实物档案的收集、接收、整理与保管等职能。数字档案馆除了提供档案业务管理的网络化服务平台外，还需要提供保障数字化档案信息真实、完整和有效的各种安全措施和方法。

IT 集约化服务型数字档案馆的重要特征就是提供 IT 资源（包括数字档案馆的网络、服务器、存储设备等硬件/软件应用程序以及 IT 运行维护等）的集中管理和共享服务，确保多个实物档案馆共享服务型数字档案馆提供的各种 IT 服务。

3.4.4 服务型数字档案馆工作机理

IT 集约化服务型数字档案馆观点的提出，是希望能够站在国家信息资源战略和行业全局的高度建设数字档案馆，寻找一种更加有效的行业解决方案，以适应和谐型、节约型、快速发展型、信息资源广泛利用型信息社会的总体特征。这不仅需要缓解信息化建设中因技术人员与业务工作者观念、认识上的不统一而产生的各种制约系统建设与发展的矛盾，还要能够保障数字档案馆的高效运作和长期发展。这一观点的基本要求包括以下方面。

① 机构重组：将数字档案馆与传统档案馆在组织上进行分割，数字档案馆的建设不再依附于某个传统档案馆，而应设立专门的组织机构。

② 人才分类：将档案馆的工作人员分为业务型和技术型两大类，分别负责开展数字档案馆和传统档案馆的各项工作。

③ 职能分割：数字档案馆保管数字化档案信息，传统档案馆保管纸质档案和各种其他介质档案。

④ 互动互进：数字档案馆为传统档案馆提供开展档案的收集、保管、利用、档案展示等各项服务，传统档案馆为数字档案馆的建设与发展提供各种业务需求，保障各类数字档案资源的供应。数字档案馆与传统档案馆互动发展、相互促进，分别以数字、纸质形式记载信息社会的发展历史。

图 3-12 展示了服务型数字档案馆与传统实物档案馆之间的信息交互关系和系统使用的工作机理，服务型数字档案馆为各实体档案馆提供分权限的访问机制，为社会公众提供开放档案信息的利用服务。

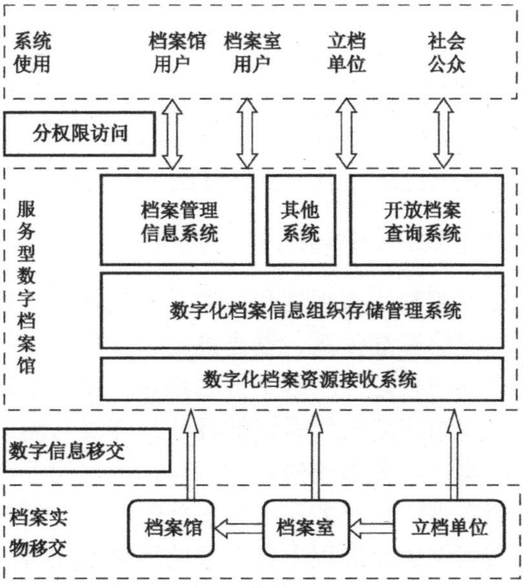

图 3-12 服务型数字档案馆工作机理

3.4.5 服务型数字档案馆机构部署

服务型数字档案馆的工作人员工作重点应侧重于研究信息技术在现代档案管理中的应用，逐渐形成具有信息技术专长、档案工作流程清楚、业务逻辑精通的复合型专业工作团队，从而将档案管理与档案工作的业务需求准确地用计算机语言进行描述，通过开发软件应用系统来支持现代档案业务工作的开展，因此，数字档案馆的档案工作人员需要有信息技术和档案管理双学科的教育和实践背景，能够将 IT 技术融会贯通到现代档案管理的业务实践过程中。相对于传统档案馆的业务型工作人员而言，可以将数字档案馆的工作人员定义为技术型档案工作者，他们同样必须遵循《档案法》，同样肩负着数字档案资源永久保存的历史重任。

从当前“双轨制”档案管理的业务现状而言，业务型档案工作者应摆脱对信息技术快速发展的恐惧感，把主要精力放在对档案业务精通与钻研方面，技术型档案工作者不仅应做好技术支持与服务工作，更应肩负起数字化档案信息集中统一、完整有效、永久保存的重任，引领数字档案馆朝着健康良性发展之路前进。

数字档案馆内部机构的设置与传统的实体档案馆会有很大的区别，除了行政、办公及财务等公共部门外，其他业务部门的部署方式完全不同，数字档案馆不能按照档案业务的收、管、用工作流程来部署组织机构，而应按照 IT 服务的工作内容来设置部门，根据信息化建设与发展的具体特点，可考虑设有发展规划部、标准规范部、平台建设部、系统研发部、系统实施部、运营服务部和质量管理部等。图 3-13 提出了数字档案馆内部机构设置的参考建议。

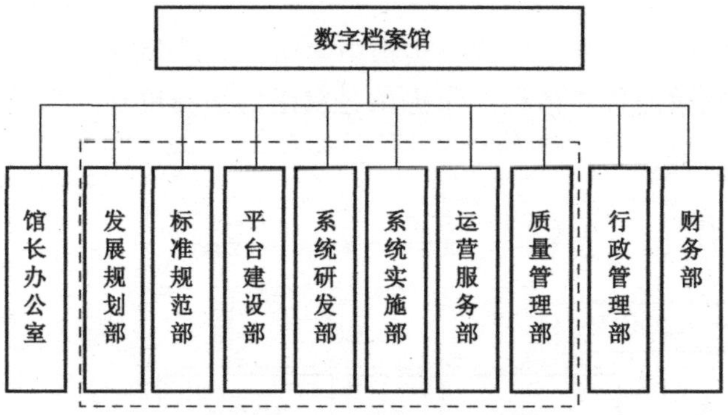

图 3-13　数字档案馆的内部机构设置参考

① 发展规划部：负责数字档案馆的战略规划和长期发展策略与计划的制定。
② 标准规范部：负责数字档案馆标准体系、操作规范和管理制度等的确定。
③ 平台建设部：负责数字档案馆软硬件基础平台的规划、购买、搭建等工作。
④ 系统研发部：负责数字档案馆应用软件系统的设计、开发与测试等工作。
⑤ 系统实施部：负责数字档案馆业务系统的实施，包括数据的整合。
⑥ 运营服务部：负责数字档案馆运营服务和技术支持等运行管理与维护工作。
⑦ 质量管理部：负责数字档案馆建设过程中各环节的质量监控与验收等工作。
⑧ 其他部门：包括行政、办公、财务等保障数字档案馆整体机构协调运行的公共服务

部门，这些部门的管理与工作职能与传统档案馆类似。

3.4.6 服务型数字档案馆建设特点

服务型数字档案馆的建设具有以下典型特征。

① 节约型：从国家和地区档案资源管理的全局视角出发，统筹规划、分步实施，避免重复建设，节约人、财、物资源，提高 IT 投资的利用效率。

② 和谐型：针对当前档案行业内部信息化水平参差不齐的现状，为协调发展提供保障机制。对偏远及相对落后的地区能够提升其建设与使用的速度，对于信息化程度较高的地区能够促进业务流程的规范化和档案资源的共享化。

③ 共享型：使数字档案馆的 IT 资源能够得到最大限度的共享，包括网络基础设施、服务器存储器等硬件平台、档案应用软件系统、开放档案资源、编研利用方法等的共享使用。

④ 便利型：为各实物档案馆提供网络化管理数字档案资源、开展现代档案工作的基础支撑平台，不需要各档案馆自筹资金开展各自局部范围内容的信息化建设工作；同时还能够通过统一的门户网站为社会公众提供便利的网络化档案利用服务。

⑤ 发展型：建设统一的服务型数字档案馆平台和通用的档案管理信息系统，满足各类档案资源的收、管、用、编、研、展的业务需要，做到系统功能不断地随着业务的发展需要而实现扩充、完善和升级。

⑥ 集中型：实现区域乃至全国档案信息资源的集中管理与分布存储，为大力开展国家档案资源的开发与利用提供基础保障；采用 IT 集约化模式建设与发展数字档案馆，既能够为国家、为社会、为档案事业节约人力、物力和财力，又能够为数字档案馆的稳定运行和持续发展提供不间断的 IT 服务保障机制。

3.5 数字档案馆建设

数字档案馆的建设是一项复杂的系统工程，其复杂度不仅体现于信息技术应用的综合性、软硬件平台更新换代的迅速性以及网络环境下数据存储与访问的安全性，而且还体现于档案业务与现代管理方法及信息技术的融合程度，不仅需要处理好与传统档案馆之间的互动关系，还需要考虑未来持续发展与稳定运行的综合因素；不仅需要综合技能高、业务素质强的复合型人才，还需要大量的资金做保障。就像建设一栋高楼大厦，只有打好了地基，高楼才能拔地而起，人们才能享用。因此，建设数字档案馆必须从一开始就做到：论证充分，条件允许，从思想观念、信息技术、专业技能和工作方法等方面做好各种基础准备，并在建设过程中按照工程项目的管理要求，做好进度、质量、成本、风险的把关与控制，才能达到预期的目标。

3.5.1 建设方法与原则

全国数字档案馆建设应在国家档案局统一领导和监督指导下，遵循国家信息化战略规划和信息资源开发战略的方针政策；遵循 IT 资源共建共享的基本原则，借助社会多方力量开展系统建设；依据国际标准、国家标准和行业标准，制定数字化档案信息的接收、存储、管理、提供利用以及 IT 资源选购、搭建、运行维护以及数据长期保存与访问的行业性技术标准和管理规范；构建数字档案馆的集成运行体系结构，确保数字化档案资源的安全存储、科学组织与有效访问，确保档案管理应用系统的长期稳定运行和持续滚动发展。

3.5.1.1 建设理念

数字档案馆是网络信息社会和知识经济时代记忆和传承人类文明的网络载体，它的建设思路、管理方法、运行模式和服务机制应区别于传统档案馆。本节在系统工程、信息工程和档案学基础理论的基础上，结合我国多年来档案信息化建设的实践，研究建设数字档案馆应具备的基本理念，把信息论、资源论、整合论、集成论等思想观念和实践方法贯穿于数字档案馆建设的全过程。

（1）信息论

人类在收集、保管和利用信息的过程中，只有真正理解了信息的本质特性，才能使信息成为社会的财富。信息是有用的数据，信息只有得到恰如其分、正确的利用才能体现出其价值特征；信息是可以再生的社会资源，信息的增值效应引起了知识型社会的高度关注；信息的价值属性是相对的，不同的组织、团体和个人对利用信息的时机、内容都有特定的要求；信息可以通过各种介质和媒体进行传播，而网络则为信息的传播提供了高速公路。档案的信息价值属性，决定了档案的收集、管理、利用、传播的全过程应严格遵循信息理论的方法指导，在数字档案信息的收集整理，丰富馆藏的过程中，开展严格的审核与鉴定，筛选掉冗余的、无用的数据，将真正有价值的数字信息、电子文件认定为档案，实施长期保存；在信息的组织、管理过程中，应严格遵循科学的管理方法，实现档案信息有序、有效和安全的管理；在信息的开发、利用和传播过程中，应深入研究和挖掘档案信息的价值特征和利用需求，把有用的信息及时地、方便地传递给利用者。这些都是在数字档案馆建设过程中应研究和思考的基本问题，应坚持的基本理论和观点。

（2）资源论

信息技术的飞速发展和信息化的普及与深化，使信息成为当今社会的重要资源，与能源、材料处于同等重要地位，资源的数字化与网络化利用程度已经成为评价一个国家信息基础水平的重要标志。档案是社会政治、经济、文化等各方面活动的真实记录，是社会各界察往知来的原始凭证，是国家信息资源的重要组成部分。档案馆是国家和机构对档案进行收集、保管和提供利用的重要基地，80%以上的国家信息资源沉淀于全国的各级各类档案馆中。因此，树立国家档案信息资源观，充分发挥档案馆的资源优势，利用现代化技术手段辅助档案馆开发档案信息资源，为社会提供广泛的利用服务，已经成为档案事业的重要组成部分。近年来，国家、政府、档案行政管理部门都非常重视档案信息资源的开发与利用，我国的档案信息资源积累、丰富馆藏和开发利用等方面都取得了长足的进步与发展，在国家经济发展和社会进步中发挥着日益重要的作用。但是面对国家各项事业发展对档案信息需求日益迫切和国家信息化发展的新形势，档案信息资源开发利用工作依然存在一些薄弱环节，主要体现在：档案信息资源开发不足；档案信息资源开发利用的手段和方法比较落后；档案信息资源社会化服务水平不高；档案信息安全保障体系不够健全，特别是数字档案信息在收集、传输、发布、提供利用过程中的保存、保密、保真等安全保障工作水平还不高。因此，应进一步增强档案工作者的责任感和紧迫感，通过建设数字档案馆来解决现代档案管理工作中存在的各种问题，不断提高档案信息资源的建设能力、管理水平和服务利用效率。

（3）整合论

IT 资源整合是以战略的眼光。科学发展观的宗旨来推动数字档案馆建设的一项重要措施。IT 资源整合包括国家档案信息资源整合、网络基础设施的整合、硬件服务器和存储设备的整合、软件服务平台系统的整合、IT 运行服务系统的整合和 IT 服务人员的整合。

国家档案资源整合是在国家档案工作“统一领导，分级管理”的体制下实施的，是经过统筹规划之下的收集、整理、鉴定与多元组合，使全部对国家和社会有保存价值的档案资源形成一个结构合理、配置优化的信息资源体系，以适应多元化的社会利用的需要。在我国，这种整合是在档案信息化和政府信息化与公共信息公开的背景之下开展的，整合不仅是针对档案实体，更是针对数字化档案信息，档案资源整合是数字档案馆建设的重要工作。

网络基础设施的整合、服务器和存储设备的整合、软件服务平台系统的整合、运行服务系统的整合和 IT 服务人员的整合，是指在一定范围内，将档案行政管辖区的网络连接系统、网络专用设备、服务器、存储器、软件服务系统、数据库管理系统以及支撑数字档案馆持续发展的运行维护系统等信息化基础设施资源进行整合，实施统筹管理，集中控制，打破以往自筹自建的“孤岛”式建设模式，扩大数字档案馆平台系统的服务范围，实施 IT 服务的集约化管理，集中人力、财力和物力建设一个数字档案馆集成运行系统，更多的实体档案馆能够共享该数字档案馆的 IT 资源和 IT 服务，真正体现在国家档案行政管理系统内部的共建共享，履行节约型社会的服务宗旨，为国家、为社会、为人类节约更多的 IT 资源，节省更多的信息化建设费用，为档案工作提供更专业的 IT 服务。

（4）集成论

集成是从档案工作的业务连续性和软硬件平台系统的兼容性角度来考虑数字档案馆服务体系和运行平台建设的主导思想。集成观充分体现于数字档案馆的运行平台集成、信息系统集成、业务过程集成和信息集成。

运行平台集成是指构成数字档案馆系统的硬件平台、软件系统平台、数据库平台和存储服务平台等组成数字档案馆基础运行平台之间的集成、兼容与稳定等，由于不同的服务器存储设备、操作系统、数据库管理系统等之间都具有独自的特性，尽管各供应商在产品生产过程中都声称，会严格执行和兼容相关的国际标准、国家标准，但不完全兼容性依然还是会存在，因此，在数字档案馆的基础平台体系建设过程中应尽可能避免异构平台的建设。

信息系统集成是指构成数字档案馆业务模型的各个分、子系统之间的功能集成。数字档案馆的软件系统是分批、分时、分团队逐渐建成，而用户则希望面对一个一致、统一的操作界面，并不关心分/子系统的构成，也不希望登录多个系统去开展工作，因此，分系统、子系统之间的集成、界面一致性等都是需要在设计和实现阶段解决的关键问题，数字档案馆应为用户提供一站式的快捷服务。

业务过程集成是指各个业务系统内部工作流程的紧密衔接，基于过程集成理念实现的管理信息系统是能够通过网络系统提供如电子文档的鉴定、提交、接收、整理、存储、发布、利用等互相关联、互动衔接的业务连续的工作流程服务，为现代档案工作者提供全自动的网络化办公环境。因此，业务过程集成是档案管理信息系统实现过程中应重点考虑的问题，业务连续性是档案管理信息系统的灵魂。

信息集成是集成的最终目的，只要运行平台集成、信息系统集成和业务过程集成等问题得到实现，信息集成也就顺理成章了。信息集成的最终目标是实现档案信息资源的共享和方便利用，这是数字档案馆建设的宗旨。

3.5.1.2 建设方法

国外发达国家在数字档案馆、数字图书馆的建立和运行方面已经走在了前列，十分有效地获得了信息资源的增值效益，在知识创新方面取得了明显的进展。较为典型的有伊利诺斯数字档案馆（Illinois Digital Archives）项目，主要是由伊利诺斯的图书馆和行政部门联合建设和维护，参加者有 15 个机构，该项目的主要目的是在网上为用户提供有关该州历史和现状的信息。2002 年 10 月美国国家档案馆推出了档案检索系统，该系统通过提供更为完善的关键词检索、数字化副本检索和定位检索，以及从人名、机构名和专题角度等检索服务，使档案的检全率更高，检准率更强，检索的方便性更好及速度更快。另外还有美国的西北数字档案馆（Northwest Digital Archives）于 2002 年年初由 13 个机构共同建立，该项目得到了美国国家人文基金的批准，资助金额为两年 35 万美元，目的是为各类研究人员提供在线信息检索与信息服务。由于基础设施比较完善，标准规范和法律制度比较健全，档案开放程度较高，国外机构大多将开展数字档案馆的建设重点放在高效率的检索与提供利用服务方面。他们的经验将对我们思考如何建设数字档案馆起到积极的作用。发达国家在建设数字化档案馆和图书馆时，普遍认识到这是一项大工程，一般由国家出资，并组建一个专门的委员会或工作组，进行统筹规划，分步实施。

我国数字档案馆的建设工作已经在部分省市得到开展。各档案馆从本地区档案工作的实际业务需求出发，从不同角度，不同程度地开展了数字档案馆建设的基础性工作，如深圳市档案馆注重馆藏数字化，青岛市档案馆注重基础平台和档案资源数据库的建设，天津开发区档案馆则注重解决电子文件的归档接收和电子档案的保存管理，等等。这些基础性建设工作的开展都取得了一定的成效，在很大程度上促进了我国数字档案馆理论、技术与方法的研究、应用与发展。尽管如此，数字档案馆的建设目前在我国还有很多空白领域值得深入探讨和研究。比如，数字档案馆建设的标准规范、基础网络结构、系统运行架构、数据存储结构、功能扩展模式、运行维护与安全控制，以及它与数字图书馆的区别、联系、资源互动，以及在社会化共享模式等方面都需要广开思路，借助社会各方力量来理清工作思路。综观国内外数字档案馆建设过程，不同的角度和出发点都将决定其思路和方法的差异性，侧重点也有所不同。

从项目论证和系统规划的角度而言，有完全依靠档案馆自身实力开展可行性分析的自主建设型，也有完全依赖系统集成商提供解决方案的供应商依赖型，还有的是通过聘请信息化顾问专家，组织专业项目团队以 IT 项目管理方式开展总体规划和方案论证的类型。

从系统设计角度而言，有的是基层业务需求驱动，即当前业务工作者需要什么就设计什么功能，主要从档案工作的当前应用角度来考虑系统建设问题；有的是战略需求驱动，即采用顶层设计方法来开展工作，从全局、整体及长远的发展需求来架构整个系统，将档案业务系统进行整合、归一，实施通用性平台系统建设计划。

从系统开发方式来划分，可分为自主开发、外包开发、联合开发与整体引进四种模式。

从资源共享角度来划分，可分为单一档案馆内部信息共享型、区域性档案信息共享型（又可分为松耦合转换型与紧耦合无缝集成型两种方式）以及 IT 资源集成服务共享型三种类型。

从运行管理和维护的角度来划分，可分为自主管理、委托管理和租赁服务管理等方式。

从个性与通用的角度来划分，可以分为个性化方式和通用化方式两种。个性化方式是某一个档案馆或某一区域的档案馆集群根据区域内部的档案工作需要建设的，主要用来支持本区域档案信息交换、共享和开展档案业务的数字档案馆，这类数字档案馆往往依附于传统档案馆而存在，因此可称之为依附型数字档案馆；通用化方式是在分析了档案业务通用性基础上而建设的一种能够支持更广范围内容的档案工作动态变化和灵活部署的基础平台，从硬件架构、软件支撑平台、网络存储空间的分配到档案应用软件系统的开发等都遵循统一的标准规范，这类数字档案馆不依附于任何一个传统的档案馆，但它能为传统档案馆提供各种开展现代档案管理的业务服务，称之为服务型数字档案馆。

总之，建设数字档案馆无论采取哪种策略和方法，各自为战，每一例数字档案馆的建设几乎都从零开始的做法是不可取的，封闭的、固定的、缺乏标准规范的数字档案馆基础结构的搭建更是很难适应档案业务需求变化、档案资源滚动增长、应用系统持续发展和为社会服务提供多元化的动态需求服务。因此，必须在系统建设之初，就应采取正确的工作思路和方法尽可能地搭建一个开放的、灵活的、动态可扩展的数字档案馆的体系架构，为现代档案管理工作的持续开展奠定基础。IT 集约化服务型数字档案馆的建设是一个可行方案，其宗旨是将数字档案馆的建设与传统档案馆相对独立，提出从档案行政管理的顶层，设立专门的机构来负责和协调全国数字档案馆系统的建设、运营和发展，建立包括数字档案馆的软硬件运行平台、档案应用软件、网络存储空间在内的一系列遵循 IT 资源集成运行的统一标准体系，支撑档案工作者通过统一的网络服务平台开展现代档案管理业务。这一思路和方法采用了信息技术领域的各项最新技术和理念，如服务导向体系架构（SOA）、应用服务供应商（ASP）、内容服务（CS）等理念，将与信息技术相关的系统建设工作、运行维护任务及数据备份与安全保障等技术型工作与档案业务工作区别开来，由 IT 专业团队负责提供全方位的 IT 综合服务，将档案管理的业务人员从复杂的技术因素中解放出来，把主要精力放在业务钻研、流程细化和熟练使用系统来提升档案服务的水平上，不需要再过多关注数字档案的永久保存、数字档案的安全以及系统的升级换代与安全稳定运行等技术问题上。这种 IT 集约化服务型数字档案馆的实现，需要采用顶层设计方法，制定统一的标准规范体系，开发通用的档案管理业务系统，明确数字档案馆的基础运行结构，确定全国数字档案馆建设指南方案。

3.5.1.3 建设原则

在全国构建节约型和谐社会的总体方针指导下，数字档案馆建设应本着以下原则开展各项工作。

（1）经济节约原则

从全国档案事业发展的全局高度出发，消除各自为战，避免低水平的重复建设、重复投资，尽可能地利用现有资源，通过统筹规划、集中控制、统一调度，最大限度地节约人、财、物及时间的投入。

（2）协调发展原则

针对当前各地区档案信息化参差不齐的现状，应采取措施保障协调发展，对于偏远的相对落后的地区应采取拉动模式加快速度，对于已经走在前面的地区档案馆应采取推动模式，加强系统建设的标准规范化与资源的共享化。

（3）共建共享原则

联合多方人力资源，共同策划，共同承担风险和责任，保障数字档案馆平台系统能够提供最大限度的 IT 服务（包括硬件资源、应用系统、开放档案资源、档案编研与服务利用的手段等），坚持在共建中共享，共享中共建的基本建设原则。

（4）服务导向原则

突破传统档案管理的守旧思想，以新观念、新技术、新思路、新方法建设集成化运行、集中化管理的数字档案馆平台系统，以全新 IT 服务管理理念运行和发展数字档案馆系统，建立数字档案馆服务平台，为现代档案管理业务提供各种必须的信息化服务。

（5）以人为本原则

数字档案馆平台系统的建设与发展以方便档案工作者高效开展现代档案管理，方便档案利用者查询检索，方便信息技术支持服务与系统运行维护的工作人员为宗旨，全面体现以人为本的科学发展观思想。

（6）持续发展原则

建设统一、集成的数字档案馆平台系统，满足各类档案资源的收、管、用、编、研、展的功能需要，不断地扩充、完善和升级，结合最新信息技术的发展与拓展应用，保障数字档案馆的滚动建设、持续发展和长期运行。

3.5.1.4 建设步骤

成立专项工作组、确定总体方案和实施策略、开展招投标工作、实施数字档案馆建设工程等都是建设数字档案馆必须经过的重要过程和步骤。

（1）成立专项工作组

建设数字档案馆，成立专项工作组是非常必要的也是首要的任务，该工作组应包括总体协调组、发展研究组、系统建设组和项目监理组等。

① 总体协调组：协调数字档案馆建设过程中涉及档案局（馆）与其他机构之间的数据交换、系统接口、共建共享等工作，档案局（馆）之间的管理与运行等协调工作；主要由各单位负责信息化具体工作的人员组成。

② 发展研究组：研究与控制数字档案馆持续稳定发展的宏观决策、技术路线、总体方向、指导方针，提出系统建设总体规划与策略计划；主要由档案业务专家、IT 技术专家、学术研究专家、信息技术发展研究的 IT 专家等组成。

③ 系统建设组：聘请专职的项目经理，组建项目团队，按照系统规划方案和实施计划，组织 IT 研发公司、项目实施人员、项目运行管理与维护人员等，进行系统共同建设。

④ 项目监理组：从规划、设计、实施、运行维护、滚动发展等系统建设的全过程，在项目管理的计划、成本、质量、风险等方面实施全方位的监控、协调、跟踪、控制，降低项目风险；聘请具有 IT 项目监理资质的第三方单位承担。

（2）确定总体方案和实施策略

项目总体方案和实施策略主要由发展研究组、系统建设组、项目监理组共同开展，主要任务如下。

① 数字档案馆建设目标：制定长期发展目标，确定近期建设目标，预期能达到的社会效果。

② 总体方案设计：确定数字档案馆的建设方案和运行管理模式，根据长期目标，确定数字档案馆建设的基础体系架构和持续运行与发展的总体模式，明确数字档案馆建设的总体功能需求，制定总体规划方案。

③ 明确数字档案馆的应用与实施范围：按照总体规划方案，明确数字档案馆建设的对

象范围、功能范围、数字化档案资源的范围以及用户范围，开展系统初步设计。

④ 确定实施路线：在需求明确的前提下，根据系统建设资源的综合状况，明确数字档案馆工程的实施路线，是从零开始开发，是基于现有系统进行改进和完善，还是采用服务型数字档案馆的运行方式实施。

（3）开展招投标工作

① 根据总体方案、各阶段的具体任务及系统建设需求编写数字档案馆的招投标说明文件。

② 实施公开招标，聘请专家、监理组共同开展招标工作，选择综合实力强、服务质量高的设备供应商、软件开发商及系统集成商，最终确定数字档案馆工程项目的主要建设者。

（4）实施数字档案馆建设工程

遵循软件项目管理的理论与方法，遵循软件工程规范，按照项目化运作方式开展数字档案馆工程建设。详细内容见 3.5.4。

3.5.2 基础保障工作的开展

盖房子首先应打好地基、做好设计，但人们往往最关注高楼大厦的外表和装饰，很少有人去了解地基是否牢固，房屋建设结构是否合理。然而，没有坚实牢固的地基，空中楼阁无法被使用。同样，在信息化建设过程中，基础性建设工作也往往被忽视，提到建设数字档案馆，多数人首先想到的是购买设备、开发软件、扫描纸质档案，这是数字档案馆建设的一大误区，这一误区曾经造成 IT 投资的许多浪费，这一浪费在一些单位依然还在延续。

基础性建设工作是开展任何事情的重要保障，数字档案馆系统运行平台和应用软件系统的建设亦如此。由于数字档案馆的建设不仅是一个涉及网络工程、软件工程、服务器、存储器及计算器协同运行的复杂性技术工程，还是一个集档案的收集、保管、编研、利用、保护、服务社会全过程的综合性业务工程，更是一个信息技术与档案业务相互融合、相互促进和相互发展的协同性工程。在数字档案馆建设过程中，信息技术是支持手段，档案业务是核心内容，融合应用是科学方法，因此，为了确保数字档案馆工程的顺利开展，需要围绕手段、内容和方法开展大量的基础性建设工作，主要包括管理环境、标准规范、网络环境、档案信息资源、资金筹措、人力资源等基础性准备工作。

3.5.2.1 管理环境建设

档案信息化不是简单地将传统档案管理工作在计算机上进行模拟，而是通过使用网络、计算机将档案管理工作程序化、借助网络、信息技术、自动处理方法和高密度存储等优势将档案工作者从传统的手工、低效、重复性工作中解脱出来，将传统手工档案工作流程进行梳理与优化，将档案信息资源实现集成与共享，使档案信息最大限度地为社会所利用。因此，开展信息化，首要的任务是在了解和认识网络、计算机、信息系统的优点和有用性基础上，对传统档案管理思路和方式进行重新审视，对档案馆的组织机构、岗位职责、管理模式进行重新定位，围绕档案信息管理这一核心业务对档案工作流程进行优化甚至重组，建立适合当时档案管理要求的规范化管理环境。在这一工作的开展过程中，信息化的规划、设计和开发者只能是辅助的配角，档案馆工作者才是主角，特别是档案管理中的高层领导、业务骨干更是管理软环境建设的主力军，他们应在思想、观念和行动等方面起带头作用，带领各个岗位的基层档案工作者打破一些旧观念，从手工、低效、被动的工作方式中走出来，思考更为科学有效的管理方法和工作思路，只有这样，档案工作者才能在信息化系统建设过程中提出符合管理需要的、满足业务发展的、合理的、正确的应用需求，才能与信息系统实现人员进行充分的沟通和交流，甚至在有经验的技术人员启发下挖掘深层次的需求，以确保所建设的系统能用、好用、具有可持续发展性。档案管理软环境的改进具体可以从以下几个方面着手思考和建设。

① 优化业务流程：按照档案管理工作的业务需求，对档案工作的业务流程进行梳理、优化，理清档案信息流在各个业务环节的输入与输出关系，理顺各业务环节信息处理过程的规范化操作程序，把档案业务划分成一个个既能相互独立操作，又能通过档案信息实现关联的功能单元，结合组织机构和岗位职责对这些功能单元的操作进行定义。

② 机构重组：对传统档案馆内部的机构及其职能进行重新定位，按照档案管理的业务流程划分机构，按照优化的业务流程中功能单元划分岗位、明确职责。

③ 管理工作制度化：遵循科学发展观，按照现代管理的思路和方法对档案馆内部各类资源实施科学管理，打破依据经验和头脑记忆来开展工作的传统模式，制定档案鉴定、收集/征集/归档、整理、移交、保管、技术处理、编研、借阅、利用、销毁等贯穿业务工作全过程的规章制度和操作规范，将档案管理程序化，实现档案管理的规范化和制度化。

3.5.2.2 标准规范建设

标准规范是构建数字档案馆的参照和依据。一套完整、合理、可操作的标准体系能够大大加快数字档案馆建设步伐，增强档案信息资源的管理规范化，提升档案工作者的管理水平和服务效能。因此，从数字档案馆建设之初就应严格遵循国际、国家和行业的标准规范体系，结合现代档案管理工作逐步发展的需要，研究制定科学、合理、可操作、可扩展的数字档案馆标准规范体系，使之成为档案信息化建设的依据性、指导性和规范性文件，从而保障数字档案馆平台系统的健康、有效、快速和可持续性。

从国际标准来看，可参考的有开放档案信息系统（OAIS）参考模型，文档管理——长期保存电子文档的文件格式 PDF/A-1（ISO 19005-1），以及数字图书馆的元数据格式规范等。已经发布和公开使用的这些国际标准对数字档案馆建设过程中体系结构的搭建、功能模型的确定、数字档案的长期保存和数字档案元数据的格式定义等都有重要的指导作用。

从我国的法律法规、标准规范角度来看，《中华人民共和国电子签名法》的发布给电子文件赋予了法律效力，电子文件与书面文书具有同等的效力，开辟了档案馆接收电子文件、保管电子档案的新纪元。自 1999 年开始，国家质量技术监督局、国家标准化管理委员会等相关部门陆续制定和发布了我国开展信息化系统建设、保存数字资源等方面的国家标准，其中《电子文件归档与管理规范》（GB/T 18894），《CAD 电子文件光盘存储、归档与档案管理要求》（GB/T 17678），照片档案管理规范（GB/T 11821），《CAD 电子文件光盘存储、归档一致性测试与档案管理要求》（GB/T 17679），《国家行政机关公文格式》（GB/T 9704—1999）等标准的制定和发布都为数字档案馆的建设提供了重要的参考。

从档案行业角度来看，国家档案局也相继制定和发布了各种标准规范。各地方档案局也依据其信息化工作及数字档案馆建设的需要制定了适合地方档案信息化建设和信息资源管理的相关标准和规范，北京市档案局自 2000 年开始，陆续制定一系列的标准规范，如《北京市档案数字化加工规范》《北京市数码照片档案管理规范》《北京市综合档案馆档案目录数据库结构与数据交换格式标准》《北京市数字档案馆建设基本元数据规范》《北京市数字档案馆数字资源长期保存规范》《数字档案术语和定义》《北京市电子文件管理系统功能需求指南》《北京市档案数字资源保管规范》《北京市数字档案的处置规范》《北京市数字档案的鉴定标准》《北京市数字档案安全保护规范》《北京市数字档案保管期限和归档范围规范》《北京市电子档案著录规则》《北京市归档电子文件整理规则》《北京市档案信息资源共享管理规范》《北京市档案信息系统和网络管理规范》等，这些操作性强、实用指导性高的标准与规范对地方区域性数字档案馆的建设具有直接的指导作用。

从数字档案馆本身的运行管理和维护角度来考虑，还应制定数字档案馆的运行管理和持续发展的管理制度与标准规范，如《数字档案馆 IT 资源管理制度》《数字档案馆运行维护管理制度》《数字档案馆运营服务管理办法》等，这些都是确保数字档案馆稳定运行和滚动发展的参考文件。

建设数字档案馆的标准与规范也可以从管理、技术和业务三个方面来划分。

管理性标准规范是对数字档案信息资源进行规范化管理的一套规则，包括计算机安全法规与标准，数字档案信息资源合法性的确认等，它需要国家档案行政管理部门统一制定并推广实施，以保证数字档案信息资源的统一规范和资源共享。目前，国务院及有关部门颁布了一系列计算机安全的法规与标准，如《中华人民共和国计算机信息系统安全保护条例》《中华人民共和国计算机信息网络国际联网安全保护管理办法》《中华人民共和国计算机信息网络国际联网管理暂行规定》《中华人民共和国计算机信息网络国际联网管理暂行规定实施办法》《计算机信息系统保密管理暂行规定》《计算机病毒防治管理办法》等，这些都属于管理性标准。《中华人民共和国档案法实施办法》《中华人民共和国电子签名法》《国家行政机关公文处理办法》《计算机信息系统保密管理暂行规定》《电子公文归档管理暂行办法》《档案管理软件功能要求暂行规定》等则是档案资源开发与利用的法律依据和法规制度。

业务性标准规范是针对现代档案业务工作的处理而制定的标准规范，其范围包含电子文件/数字档案的术语标准及管理规范，如《电子文件归档和电子档案管理规范》（GB/T 18894—2016）、《公文邮件归档管理规范》、《CAD 电子文件光盘存储与归档管理要求》（GB/T 17678.2—1999）、《政府电子文件鉴定指南》等。国家已颁发的标准《CAD 电子文件光盘存储、归档与档案管理要求》，是 CAD 电子文件收集、归档与利用的统一规范。国家标准《电子文件归档及管理规范》和地方标准《深圳市电子文件归档及管理办法》，是电子文件归档、管理及安全有效利用的规范，以及《档案数字资源加工规范》《电子文件元数据标准》《电子文件档案著录规则》《电子文件保管期限表》《电子文件档案鉴定标准》《电子文件归档细则》等标准规范也正处于制定过程中。

技术性标准规范包括电子文件/数字档案的数据存储压缩格式规范、数据交换标准规范、数据加密、水印技术规范和系统软硬件设施技术标准等。其中有些技术标准是电子信息管理的共用标准，如《信息交换用七位编码字符集》《信息交换用汉字编码字符集》等。目前正在制定的标准有：《档案信息应用系统技术标准》《档案信息数据存储、压缩格式规范》《数据加密算法规范》《数字水印标准》《电子文件/档案存储格式与载体规范》《照片档案数字化技术规范》《录音与档案化技术规范》等。

无论从哪个角度划分，标准规范体系的建设都是数字档案馆建设的基础，也将随着数字档案馆的应用与发展而进行完善和扩充。

3.5.2.3 网络环境建设

网络是通过电缆或光纤将网络设备、计算机、服务器和存储设备连接在一起的、可以传递数据的可扩展空间。综合布线系统是网络弱电工程的主要内容，它构成了网络七层协议中最低层——物理层的基本链路，它是整个信息化工程的基础，也是网络上各种硬件设备和软件系统发挥作用的中枢神经系统。对于档案工作者而言，不需要关心网络布线工程的具体工作，但需要了解网络的拓扑结构、网络区域的划分方法与规则，如互联网、广域网、局域网，需要认识网络能给档案工作带来哪些方便以及网络需要档案工作做什么，需要熟练掌握网络上各个运行设备的性能特点，需要认识到网络的安全局限性，等等。只有网络意识加强了，网络环境清楚了，基于网络的工作才有可能开展。除了网络综合布线、网络设备的专业连接等技术性工作外，从网络环境建设的角度还应注重网络基础知识的积累、网络环境下安全意识的加强和培养。

① 网络基础连接与设置。双绞线是客户端计算机与局域网连接的基本工具，计算机名、IP 地址和网络域名是计算机在网络上的标识，网络连接和上网设置等基本操作方法需要使用计算机的档案工作者能够熟练掌握。

② 网络功能的了解。网络能够传输、存储和浏览数字信息，Windows 的资源管理器、浏览器、网上邻居、文件管理、信息共享等都是计算机通过网络提供的基本功能，这些都需要使用者熟练掌握。

③ 网络安全意识的加强。网络计算机为操作者提供方便的同时，也存在安全隐患，管理不善、操作不规范、密码简单、系统不升级、不安装防火墙、不使用防病毒软件查杀病毒等都会引发网络安全事故，因此，加强安全意识，提高安全使用技巧都是档案工作者必修的基础课。

3.5.2.4 档案信息资源建设

档案信息资源是档案管理的主要对象，数字档案信息是数字档案馆的血液，没有信息流动的数字档案馆毫无存在价值。因此，在数字档案馆工程的筹划阶段，档案工作者就必须摸清家底，弄清楚有多少档案数据、有哪些类型的数字档案信息需要在数字档案馆上流转和提供利用；同时还需要了解和做好档案基础数据库建设工作需要哪些准备性工作，需要了解和掌握哪些数据库管理知识。

① 档案描述信息准备。档案描述性信息是档案工作者为方便检索和快速了解档案的保存状态等信息而形成的档案标引信息，也就是通常所说的案卷目录、卷内文件目录信息。这些信息不仅应包括档案的基本属性如档号、文号、题名、归档单位、归档时间、责任者等，档案在档案馆库房的管理状态如存址、介质类型、损坏程度等，同时还应包括档案的鉴定、利用、数字化处理、技术保护、转出、销毁等档案管理全过程的描述信息，这些信息的著录、整合等都需要提前开展，可以采用办公自动化软件如 Word，Excel，foxpro 等桌面软件系统开展档案目录信息的数字化工作。

② 档案内容信息积累。档案内容才是最具有保存价值的信息，档案通过不同的载体来显示其内容，对于纸质档案以及以光盘、磁盘、磁带、录音带、微缩胶片等方式保存的档案，其内容的数字化都需要经过不同的加工和处理，而且，数字化工作量的大小取决于数字化的数量与程度，因此，需要提前做好数字化前的鉴定、调度、策划等工作，哪些档案需要数字化，哪些需要做图像加工处理，哪些需要做文字识别，同时还应明确档案内容在网络环

境中的使用权限等问题。

③ 管理性信息。管理性信息是指档案从一个部门流转到另外一个部门之间的交接工作信息以及档案描述信息在系统中被修改的日志信息等，这些信息不是档案，也不需要长期保存，但它记录了档案管理过程产生的一些责任链信息，能够为决策提供服务，为管理提供依据。这类信息可以依靠系统进行自动记录，但需要根据档案工作的实际需要，分析其详细程度和保存期限等。

3.5.2.5 资金筹措

开展数字档案馆建设需要大量资金做保障，而传统档案馆的行政拨款经费主要用于支付档案馆日常运行的开支，如档案盒袋等消耗品、库房设备更新、水电费等，往往很难从中节省出足够的资金来开展数字档案馆工程项目，通常情况下，开展数字档案馆建设，需要申请专项经费或者采取其他方法来解决经费问题。

① 申请信息化工程专项经费。以申请工程项目的方法来筹措资金是一个高明策略，也是一个高起点的建设方法。这一方法筹措资金的重点是找到渠道，并做充分的项目论证，要求方案论证要切合实际，要有前瞻性，要有说服力，因此，一般需要酝酿较长时间、需要抓住时机，必要时需要聘请信息化咨询顾问来帮助策划、分析并编写可行性方案。

② 开展科研项目。开展科研项目不仅能够提升档案工作者的业务钻研能力、加强档案工作人员善于思考、主动工作的积极性，同时也能筹措到一部分资金，用于购买设备、支持软件开发和实施。目前在我国，从国家档案局到各省市档案局都设立了一定数量的科研项目，国家科技部、信息产业部以及财政部等每年也都有自主重大专项和各种工程项目的经费支持。数字档案馆的建设是国家信息资源建设的一个重要组成部分，也是电子政务系统的重要组成部分，相信这一工程项目将会被列为国家公共基础设施建设的重要内容。

③ 租赁服务方式。和谐社会提倡节能减排，共建共享，以最低的成本赢得最大的收益。改变观念，提高认识，若采用服务型数字档案馆来建设系统，一开始就不需要投入大量的资金来购买服务器、存储器、软件系统，花费大量的人力、物力和财力从零起点开始搭建数字档案馆的软硬件运行平台、开发档案管理系统，只需要了解、认识服务型数字档案馆能够提供的各种服务功能，熟练掌握其操作方式，只需要交纳廉价的租赁服务费就可以达到建设数字档案馆的目的。这种思路不仅能够让基础差的档案馆很快上一个高台阶，保障档案事业的平衡发展，同时也能方便档案资源的整合与共享，更重要的是能够为国家节约投资，实现 IT 资源共享的最大化。当然，这一方式开展的前提是有机构牵头从档案事业发展的全局出发，从业务、技术、管理、组织和标准体系等多个方面来架构服务型数字档案馆系统，并保障其通用性、稳定性、安全性、持久性和发展性。

④ 其他辅助方式。档案馆保存的各种档案在某一特定的时期围绕某一特定的主题都有可能得到集中的关注和使用，如抗战 50 年、香港回归 20 年、学校百年校庆、民俗文化展示、建国 50 年、城市记忆展示等，这一特殊时期正是显示档案保存价值的重要时机，也是档案工作者开发档案资源、体现档案工作社会意义和宣传档案意识的重要机遇，同时也是档案馆申请经费的好时机。事实上城市记忆工程、城市动脉工程、学校百年记忆、名人博物馆等项目的立项、资金筹措等都是因此而获得的机遇。

3.5.2.6 人力资源建设

美国著名学家谢伦伯格曾说：是否关心档案是判断一个国家文明程度的标尺之一。当前，中国已经进入了一个文化发展的新时代，文化事业开始走向产业化，其中人力资源所发挥的作用将越来越大。然而，我国档案事业人才建设的现状不容乐观，无论是在与国外同行的人才建设情况相比较，还是在与国内相关行业如情报、信息咨询、图书馆等相比较，都处于一种弱势状况。我国档案工作者人数众多，但长期以来处于传统、稳定、手工、守旧、封闭的工作状态，人员流动慢，与其他行业的交流也比较贫乏；档案管理的封闭性和保密性也使档案行业以外的人员望而生畏，尽管这种自成体系的传统档案团队很敬业、很负责、很安全，但落后的思想观念和传统的手工方式已经与 21 世纪信息社会的发展不协调，甚至跟不上时代发展的需要，如开发社会信息资源、为公众、为政府、为决策提供档案信息服务等工作的开展进展缓慢，这不仅会引起档案工作者的高度重视，还将引起档案行业以外的其他人员的关注、参与和投入。

然而，信息时代赋予了档案工作新的内涵，档案人员的工作对象从有形实体扩展至数字代码，工作环境从现实空间扩展至虚拟空间，工作方式也必将从传统模式转换为基于网络的现代模式。我国档案人员感到了前所未有的困惑，就其具备的各项综合素质而言，他们对于这突如而来的一切感到束手无策。因此，必须采取各种措施以促进这种状况的改变。

① 扭转社会对档案人员的错误定位。档案人员的社会角色需要发生转变，即从希拉里·詹金逊所言的被动档案“保管者”而转变为特里·库克所言的档案形成的“审计员”“监督者”“由消极的文献记录保存者变为档案遗产积极的塑造者，从仅仅继承文件的公正的不带偏见的保管者变为档案形成过程中明确历史责任感的积极干预者”。W.凯·兰姆博士也认为“档案工作者已不再是一个文件的看管者，而变成文件和手稿的收藏者，他的作用已不再是被动的，而变成主动的和充满活力的了”。当然这种角色的转变必须通过不断学习、更新知识结构来实现，如信息学、管理学以及计算机知识等都应该作为涉猎的领域。同时，档案人员进入了文化产业领域之中，在这一领域中应该清醒地认识到自己同其他相邻行业如图书、情报领域相关人员之间存在着一种不可避免的职业竞争。“有为”方能“有位”。档案人员需要付出巨大的努力来真正悉心地重塑职业形象，方能扭转长久以来形成的思维定式。

② 树立以人为本的管理理念。人是管理之根本，是一切工作的基础。档案事业中任务的完成和目标的实现，都是档案人员个体努力和群体合作的结果。档案事业中应树立“以人为本”的管理理念，充分调动档案人员的工作积极性。心理学的研究表明：个人的自我价值和社会价值得到实现时，人会主动地增加付出。人的需求是多方面的，不仅有物质需求，还有精神上的需求。在档案事业中树立以人为本的管理理念也就是要实现档案人员的自我价值、关心档案人员的利益，激发档案人才队伍的内在动力，激发档案人员的自豪感和责任心，让整个档案队伍对自己的职业有一种职业荣誉感，对自身和工作充满信心。

③ 建立良好的人才成长环境。比尔·盖茨在谈到管理时，把“为雇员创造良好的成长环境”这一条放在了第三位。李国杰院士在谈到人才的培养时说：千里马常有，而伯乐不常有。目前的关键不是缺人才，而是缺人才得以产生的环境。将这些观点具体到档案事业中，对档案人才，我们需要给予人文关怀。在工作中，鼓励工作人员提出自己的意见，重视大家提出的合理建议。在档案学研究上，提供一个相对自由的学术空间，让研究人员可以在一个宽松环境中进行科学研究，从而提出真正有价值的研究报告和解决方案，而不是人云亦云。努力营造一个协调和谐的集体，建立一个融洽祥和、积极向上的人际关系环境。这样的工作环境，必然可以形成巨大的内部凝聚力。目前有些地方的档案机构追求“风正人和”的人事

氛围，实质上也就是在档案人员间互相理解沟通，互相尊重彼此的信念与价值观，互相包容彼此的品格和特点等基础上进行建设的。

④ 建立科学的人才引进机制。建立科学的人才引进机制，从而构建合理的档案人才群体结构。档案人才队伍的群体结构取决于将个体素质按照一定的比例组成最佳结构，使不同层次、不同类型的人才，尽可能地放在档案事业的最适宜的岗位上，各得其所，各显其能，从而调动一切积极因素。一个合理的人才结构所形成的整体功能，绝不是个体功能的简单相加，而是会产生“1+1＞2”的综合效果。合理人才结构的构建是要以多样化为原则的，因此在人才引进时可以放宽眼界，“不拘一格降人才”，比如，引进一些外语、计算机、管理、自动化等专业的人才。不同专业知识背景的工作者在一起工作可以在知识上互相融合、取长补短、互相启发，这样往往可以产生新的工作方式和管理思路。

⑤ 建立人才激励机制。目前，在我国行政事业单位中已经纷纷采用了竞争上岗制度。国家人事部部长宋德福表示：21世纪，中国将逐步全面推行竞争上岗制度。在此情形之下，档案事业人事管理也不例外，必将积极地引入竞争和激励机制。正如著名管理学家马斯洛的Y理论认为：人人都喜欢工作，也享受工作的乐趣，人人都有创造力和挑战心。在激励机制下，以前干多干少一个样的局面就会被彻底地打破，从而在档案人才队伍中形成一种你追我赶的竞争局面，形成档案事业人才建设的内在动力和长期发展的良性机制。

⑥ 改善继续教育制度。第一，要得到有关政策的支持，甚至出台一些创新政策，对档案继续教育的对象、任务、内容、时间、经费、管理机构和师资等做出详细明确的规定。第二，要解决档案人员学习的动力问题，建立激励机制，可以考虑把接受档案继续教育同晋升专业技术职务与行政领导职务等挂钩，产生一种学习的压力与动力。第三，培养档案人员自学能力，最大限度地调动他们的主动参与性。一方面要把培训对象的工作经验看作是宝贵的培训素材，并尽可能地与培训内容相结合；另一方面培训方式要多样化，采用便于参与的培训方式，如小组讨论、案例分析、技能实习、操作演示等。第四，继续教育的内容应该注重实效，建议以实际工作中存在的问题为专题进行设计，强调直观形象性和实用操作性，在培训中适当地结合培训对象当前正在进行的工作，这样的培训效果会事半功倍。

另外，在档案继续教育制度及人才队伍的改革和发展上，应考虑借鉴国外这方面的有关经验。法国、美国、日本、新加坡等国都进行了继续教育的立法工作，立法的主要内容有继续教育的地位、经费来源和使用方法，以及国家、地方政府、企事业单位和个人等方面应承担的义务和享受的权利等。比如，新加坡政府就明文规定，企事业单位每位员工都必须交纳本人工资的21.5%，作为培训教育和社会福利基金，有关单位也应相应地将员工工资总额的18.5%交给该基金会，还规定每个单位和员工都可申请基金的补助，补助金额可达到实际培训费的90%。为了鼓励企事业单位兴办继续教育，美国、英国、法国等还允许将公司的继续教育费列入成本，免于征税。为了保证继续教育的时间，法国等还建立了“带薪教育休假制度”，鼓励受教育者接受继续教育等，所有这些成功的案例都是值得我们借鉴和学习的。

3.5.3 档案馆信息化管理需求分析

需求调研与分析是数字档案馆设计、开发与实施的重要依据。需求分析的准确性、科学性是影响项目成功的重要因素。

3.5.3.1 档案馆组织机构调研与AMIS实施范围需求分析

开展对档案馆组织机构的调研与分析工作目的有三点：一是弄清楚档案馆内部机构的划分方式与各机构的职能分布情况；二是结合档案信息化建设的思路和方法分析哪些机构和业务环节需要借助管理信息系统来实现规范化管理和提高工作效率；三是明确各机构之间的业务流程互动关系，以及各机构形成、保管的档案资源的集成与共享模式，最终确定AMIS实施和应用所覆盖的范围。

现实环境中，各档案馆都是围绕档案信息的管理业务，设立档案的收集、整理、编目、保管、利用、技术处理（包括档案鉴定、技术保护、微缩处理、数字化等）等部门，同时结合现代化管理和信息化建设的需要，成立了网络计算机维护与信息管理部门（常称为信息中心、计算中心或网络信息服务部门），这些部门与档案及档案信息的管理密切相关，是档案管理信息系统实施和应用的主要部门。另外，档案馆还设立了一些行政、后勤、辅助管理部门，如办公室、设备管理、保卫、财务等部门，这些部门的信息化建设工作主要是办公自动化系统的实施与应用，一般不实施档案管理信息系统。这就决定了档案馆实施档案管理信息系统的需求调研工作主要集中在档案的接收、保管、提供利用、技术处理和网络信息服务等部门，要求AMIS的实施范围需要覆盖这些部门；同时为了辅助档案馆决策机构开展现代化管理和及时了解档案信息的收、管、用等主体业务工作，要求AMIS也必须具有为领导提供辅助决策的综合信息服务和预警等功能。

由此，按照档案馆开展信息化建设和实施信息系统的分类需要，可以把档案馆内部组织分为四大类，如图3-14所示。

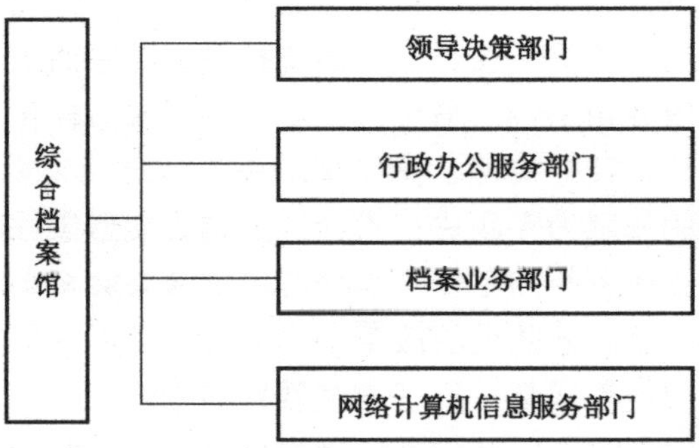

图3-14 档案馆组织机构分类

① 领导决策部门主要由档案馆的领导成员组成，信息化对决策部门的支持主要表现在：一是从全局的高度了解全馆业务工作的进展状况；二是辅助领导进行决策。要求AMIS系统能够提供综合信息以满足领导查询服务的要求，由于不同的领导分工有所不同，因此需要对每个领导岗位的信息化需求做详细的了解，进而分析AMIS系统中辅助决策模块的功能需求。

② 行政办公服务部门主要包括办公室、人事、财务、保卫、设备等，这些部门与档案馆的档案及档案信息的管理没有直接的业务关系，主要从公共环境的安全、行政办公等角度开展服务工作。支持这些部门开展工作的信息系统主要是办公自动化软件。因该类型部门不实施档案管理信息系统，所以其需求分析可以暂不列入本课题的研究范围。

③ 档案业务部门是档案馆开展档案工作的核心机构，包括鉴定（价值鉴定和使用鉴定）、收集、整理、编目、保管（调卷、库房转移等）、技术处理（数字化处理、微缩处理、

保护处理）、编研、资源开发、提供利用（检索、借阅、复印）、统计、信息发布等工作。支持这些业务部门开展信息化管理的系统是档案信息管理的各应用系统（包括信息采集、信息管理、数字化加工、信息检索与查询、信息发布等）。这些部门是档案管理信息系统的重点应用机构，对这些部门需求调研的主要工作包括：一是各部门职能的规定和限制；二是各部门之间业务活动、信息结构和工作流程；三是各部门内部业务活动、信息结构和工作流程；四是档案资源组织和管理统一标准与规范；五是档案收集部门与档案移交部门之间的信息交换方案；六是档案利用者对档案馆提供服务利用的具体需求，进而分析这些部门对 AMIS 系统的使用要求。

④ 网络计算机信息服务部门是档案馆信息化建设与应用的技术服务机构，主要包括对网络、服务器、存储器等的硬件和软件平台系统的调试、管理和维护，以及对档案信息资源的整合、保存、迁移、备份等工作，有些档案馆的这些部门还肩负着软件开发、系统实施、设备选型、管理信息系统的二次开发和升级维护等工作。在 AMIS 实施过程中，档案馆的网络计算机信息服务部门必须从一开始就参与，直到应用后还需要担负 AMIS 的日常维护、数据管理、数据备份、系统更新等工作。对这一部门的调研工作，主要是需要了解档案信息的存储设备、存储要求、系统运行与维护的要求等，进而分析档案馆技术支持人员对 AMIS 运行管理和持续维护的相关需求。

3.5.3.2 档案管理业务工作调研与 AMIS 功能需求分析

档案馆设置的每个内部机构都执行相对独立的业务工作，但他们彼此间的业务活动是紧密联系的，各项业务工作围绕档案和档案信息的处理构成档案管理的业务流程，每个流程节点执行相应的功能。在分析档案馆内部机构对档案管理信息系统的功能需求时，需要结合档案馆当前业务工作和未来发展的潜在需求进行机构调整、职能转变，这是由网络计算机对信息处理的自动化等特点区别于传统手工方式而决定的。机构调整与优化的主要目的是为了更好地适应档案馆现代化和信息化管理的需要，精简中间过程，避免重复操作，提高工作效率。

（1）档案管理主体业务活动和工作流程需求分析

对档案管理主体业务活动和工作流程调研与分析的目的是将档案馆现有业务流程过程和业务活动内容搞清楚，确定管理信息系统能够支持的信息流程，确定每个功能模块应具备的各项操作；并结合每个部门、每个岗位的职责要求，确定信息系统的功能部署方案、用户角色、用户类型以及每个用户能够拥有的功能权限和数据权限。因此，要求档案馆所有业务工作者都要参与，清晰地描述当前业务需求，并结合未来发展需要挖掘潜在的需求，与档案馆技术支持人员及 AMIS 开发者进行充分的交流和沟通，在业务模型上达成共识。

接收、管理、利用是综合档案馆的三项核心业务工作，每项业务工作分别由档案馆设置的档案业务部门工作人员承担，完成档案的收集、整理、编目、入库/上架、保管、技术处理、利用服务等各项工作，这些工作的渐进执行构成了档案馆开展档案工作的主体业务流程，如图 3-15 所示。

① 档案接收是档案馆面向档案形成部门和档案移交单位开展的主要工作，也是档案馆信息资源不断丰富和积累的源头。档案接收工作的核心内容是将新接收的档案按照档案管理的要求纳入档案馆的管理模式中，不仅要对档案实体进行整理、分类，同时还需要进行编目、标引，形成管理档案的目录信息，接收的档案经审核合格后，就可以提交入库使档案进

入被保管阶段。规模较大的档案馆，档案接收的工作量比较大，往往设置多个岗位共同完成工作，因此常常需要将收集阶段的工作进行更细的分工，分工的方式直接关系到AMIS的流程设置和功能模型的部署方式，因此在进行需求调研的过程中需要确定以下几点：一是要明确开展档案接收工作的部门以及各部门内部的业务流程、任务分工方式；二是档案馆接收到档案及档案信息的约定（如是否有电子信息，以什么方式什么格式移交等）；三是档案接收与保管部门之间的业务流程和信息流关系；四是档案接收处理的过程中产生哪些信息，是否需要对这些信息进行记录、跟踪和管理等的全面调研。

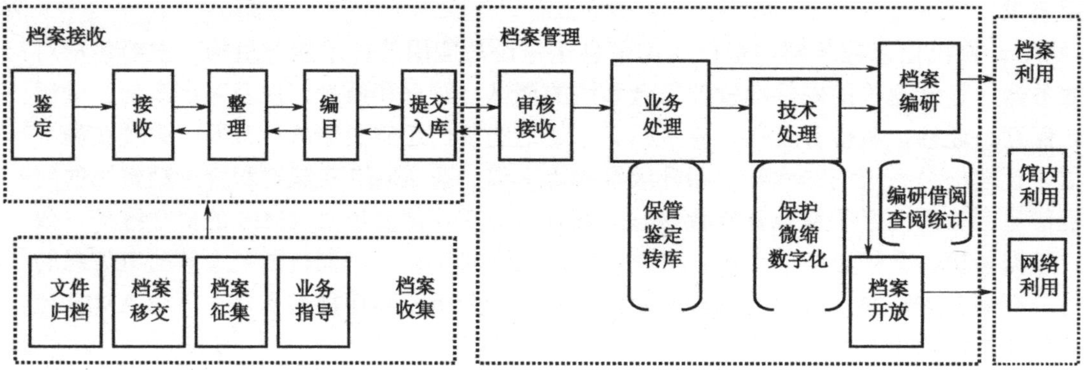

图 3-15　档案信息管理的主体业务流程

② 档案管理是档案馆管理档案资源的重要任务。当档案被提交入库后，档案管理工作就开始了。根据档案在库房的保管状况、档案长期、永久保存和提供服务利用的要求来跟踪管理，如配合相关部门完成档案的微缩化、数字化以及存址转移、档案鉴定、档案保护等处理工作。有些会影响档案的载体形式、存储方式，并可能使提供利用服务的方式发生变化，而这些业务往往又是相对独立的过程。因此，需求调研时一定要弄清楚这些独立的档案业务是如何开展工作的，处理过程中形成的档案信息是如何实现集成管理和信息共享的。特别是在进行馆藏档案数字化处理的过程中，档案内容将全部转变为数字图像、多媒体文件等形式，可能刻录成光盘进行管理并提供利用，也可能以文件形式保存在在线的网络存储设备中提供检索服务，这些如何与描述档案的元数据实现一体化管理是需要重点调研和分析的内容。

③ 提供档案利用服务是档案永久保存的主要目的之一。根据档案管理的特点和提供档案服务的要求，可以将档案分为涉密档案、控制使用档案和开放档案三大类。开放档案需要面向社会公众提供服务和利用，控制使用档案则需要根据其受控使用的范围加以区分，涉密档案不能上网，必须实行物理隔离。因此，从档案管理的具体要求出发，档案利用工作中涉及的档案信息必须针对不同档案设置专门的处理程序，这期间数据迁移、数据转换、数据开放、数据更新服务等后台的计算机处理程序是非常必要的。因而，在调研过程中必须弄清楚档案馆在提供利用方面的各项规定，确定档案馆提供服务利用的方式（如网络化服务、馆内阅览服务等），是提供档案目录信息的网络检索服务还是包括全文的检索服务；另外还需要分析档案工作者在提供档案服务利用过程中的各种业务流程（如调卷、借阅），以及服务利用过程中有关用户信息、档案利用目的、被利用档案数量等过程信息的记录和跟踪管理的需求，以及对档案利用过程信息的统计需求等。

④ 统计工作是档案管理过程中很重要的工作内容。统计工作贯穿于档案业务管理的各

个过程，在档案收集阶段需要按照年度、密级、保管期限、移交单位等统计档案数量，在库房保管阶段需要分门别类地统计馆藏量，在档案处理过程中需要统计微缩数量、需要数字化和已经实现数字化的档案类型和数量，需要保护档案的数量以及必须监销的数量。在提供服务利用阶段需要对档案的借阅信息、档案的利用频率、档案利用者信息等进行统计。统计工作不仅有助于开展档案的精细化管理，还能够为档案馆的领导进行科学决策提供辅助信息，如在馆藏数字化决策方面，在档案馆库房扩建方面，在档案馆开展现代化管理等方面都能提供相应数据。

⑤ 档案信息查询、检索和浏览是各个业务工作的基本要求，也是档案利用者的主要需求。调研过程中需要明确各个部门能够查询的档案信息的权限范围，需要依据用户的不同类型，确定其查询检索的数据范围和内容。

（2）档案馆业务工作衔接功能的需求分析

档案馆开展档案业务工作，一方面要求档案馆内部各部门之间的工作和信息实现集成，另一方面需要考虑如何实现与档案馆有业务往来的其他单位之间工作的衔接，因此可以分为外部接口和内部接口进行需求分析。

① 外部接口：主要体现在档案接收和档案利用两大业务过程。在档案接收阶段，需要了解档案移交单位要进馆档案的种类、数量、载体形式、描述档案的背景信息、采用的格式规范等（需要事先统一标准），分析这些信息如何与档案馆的业务系统进行有效衔接，既要避免做重复性的信息著录工作，又要方便地实现数据迁移与转换等工作；在档案利用阶段，主要是针对档案信息的开放状况提供几种服务管理模式，有些信息能够放在互联网上提供检索服务，有些信息可以在政务专网上实现共享，有些信息必须在档案馆内部提供检索服务。另外，对档案信息的复制、调卷阅览、收费与否以及信息查询与检索权限都需要有相应的规定。

② 内部接口：主要体现在档案馆内部各机构之间和各机构内部的业务衔接过程。比如，档案入库就体现了档案接收与保管部门之间的接口工作，档案调卷是档案保管与档案利用部门之间的接口工作，档案数字化、微缩处理、保护处理等都需要将档案暂时从库房提出调到加工现场进行处理，这些工作的并行开展都需要在管理系统中加以记录，只有这样才能体现档案馆内部的业务流程，并通过信息化管理和业务流程优化处理，提高档案信息的集成与共享程度，减少或避免重复劳动。

（3）档案馆领导辅助决策功能的需求分析

需求调研阶段不仅需要对业务部门的工作流程和产生与管理的信息进行调研和分析，更需要对档案馆的领导层开展全面的需求调研。当今国家信息化建设的“十一五”规划为档案馆的信息化建设提供了宏观指导方针，领导们要以科学发展观统筹规划、积极推进档案信息化建设。领导决策的基础是档案馆的业务现状与业务发展的总体需求，因此，领导需要在管理系统上全面了解和监督档案馆内部业务的发展、业务部门间的工作过程、馆藏分布和档案的编研、开发利用、档案技术处理等各个环节。系统运行过程中的相关记录和信息对领导进行科学决策很重要；另外，根据不同的主题实现综合查询和数据统计与分析等功能对领导进行科学决策也是十分必要的。

3.5.3.3 档案馆运行管理与 AMIS 体系结构需求分析

档案馆的运行管理方式直接决定着 AMIS 体系结构中分/子系统的划分，不同的档案馆运行管理方式不完全相同、机构设置也有很大的差别，档案资源的组织和管理方式也有区别，库藏量更是多少不一，由于信息系统的使用需要按职能划分权限，因此在实施前必须将分/子系统的分类方式和使用要求调查清楚，才能使 AMIS 系统得到有效的实施和使用。

（1）对档案机构的划分与档案资源的管理方式进行调研和分析

有些档案馆按照档案管理的流程将机构划分为档案收集、档案保管、档案利用、档案处理等部门，这样系统就可以划分为档案收集子系统、档案保管子系统、档案利用子系统等；有的则按档案全宗，或者档案门类进行子系统的划分，或者按照档案馆工作的实际状况划分内部机构。因此在调研时应特别关注档案馆业务工作的具体管理方式。

（2）对档案元数据的描述结构的调研和分析

在传统的档案管理中，有卷、册、盒、捆的概念，在电子文件的管理中有件、夹的概念，档案元数据的管理结构不完全相同，分为盒目录、案卷目录、卷内文件目录，不同的档案门类元数据的管理结构也会有所差别，这必然会影响 AMIS 的系统划分和信息模型的设计方案。

（3）对档案数据操作方式的调研和分析

不同部门工作人员对档案数据的操作方式有所不同，有的只是查询、检索和浏览，而有的则需要增加新的数据，有的则需要修改档案元数据信息，对这些应用模式的需求调研就能够确定 AMIS 提供的各功能模块的运行结构，是采用 Browser/Server 还是 Client/Server 运行模式，这两种运行方式有各自的优点。

3.5.3.4 档案资源种类与 AMIS 信息模型需求分析

档案的载体形式多种多样，有纸质、磁带、录音带、光盘、微缩、磁盘等形式，为了进行永久保存、安全管理和提供利用，档案馆对同一档案也会有多种存储方式，如有纸质、微缩、数字形式等。那么用信息系统来管理这些档案必须要做到不同档案的分类管理和同一档案信息的一致管理，否则就很难获得准确的馆藏量信息。

（1）对数字档案内容存储格式种类的调研与分析

无论是新接收的电子文件还是经过数字化加工生成的档案数字信息，其文件形式和存储格式是多样的、存储载体也各不相同，有文本文件、图像文件、音频、视频等多媒体格式，对于这些数字档案的存储、组织与管理方式需要结合档案馆能够提供的服务器和存储设备等进行分析，确定管理信息系统中到底采用什么方式来保存数字档案的内容信息。

（2）对数字档案元数据信息的调研与分析

档案馆保管的数字档案的元数据和档案内容的描述信息、数字档案的结构信息、依赖电子环境的背景信息以及在档案接收进馆后随着各项业务工作的开展而形成的处理过程信息（如接收审核、处理、保管、利用等）称为工作过程信息，这些信息都可以用二维的表结构来描述，占用的存储空间也不是很大。但是这些信息之间是分主从关系的，生成的先后顺序以及浏览查询的权限也有所区分，对元数据之间的结构关系的详细调研与分析直接影响 AMIS 信息模型的设计方案。

（3）对档案元数据与档案实体之间的关联关系进行调研和分析

信息检索首先要从档案元数据开始，然后找到相应的档案内容，这些内容可能是在线存储的数字形式文件，也可能是保存在光盘中的数据文件，也可能是纸质文件，还有可能是没有数字化的磁带录音带、照片、图片等声像档案，因此，AMIS 系统中需要将档案的元数据与档案内容进行关联处理，才能进行档案的有效管理。

（4）档案目录信息的全过程管理的需求

从信息系统实现档案管理的集成理念出发，要求从档案收集开始形成的档案目录信息到档案保管和提供利用的全过程，能够实现信息共享，并按照工作流程管理进行全过程的记录和跟踪。原则上，一个活动中记录的信息应有其原始性的记载，不能被其他后续的过程修改，但可以根据需要进行浏览，如果后续过程需要对前一个活动中的目录信息进行变更，那么需要记录相应责任链相关信息，以确保在管理过程中档案目录信息维护的完整性。

3.5.3.5 档案馆岗位职能与 AMIS 用户模型的需求分析

档案馆内设各机构的工作任务将分别由多个工作人员承担，任务的分工方式决定了每位员工的岗位职责，如果采用 AMIS 系统来辅助其开展档案信息的管理工作，则需要按照其岗位职责分析 AMIS 系统中每个用户的操作权限，主要分为功能权限和数据权限两项。

（1）对岗位类型的调研与分析

不同部门内部也设有管理岗和业务岗两大类，管理岗能够了解相关业务岗的工作状况，了解整个部门的全局信息，而各业务岗工作者只了解自己的相关信息及与其他业务岗之间的业务衔接关系，这就要求 AMIS 系统中设定不同的角色来区分岗位类别。

（2）对业务岗工作职能的调研与分析

不同部门的业务分工方式有所区别，有的是按照档案门类进行分工（如按照移交单位分为多个同志分别负责），有的则按照工作流程进行划分（如数据录入、数据修改、数据核对等），这就要求 AMIS 系统中能够提供功能授权和数据授权两种方式来支持这些业务工作中的职能分类的需要。

3.5.3.6 档案信息安全管理与 AMIS 安全保障功能的需求分析

网络环境下，数字化档案信息在其形成、处理、传输、存储、管理和提供利用的各个阶段都会面临安全风险，受到安全威胁。需求分析阶段需要对档案信息管理过程中的安全问题进行分析，提出信息化保障的安全要求。

（1）档案内容的不可修改性

档案的原始性和历史性要求档案内容在管理过程中不可被修改。一方面档案在保管过程中可能要对档案作微缩处理、保护处理、数字化处理、数据迁移处理等，但必须保证档案内容的真实、完整和有效性；另一方面对于上网的档案信息也要防止恶意篡改现象的发生，在被篡改后要能够及时更正并及时得到恢复以提供正确的档案内容信息。

（2）档案元数据的真实性要求

描述档案的元数据是经过多个处理过程不断进行完善、更改并随着业务流程而发生变化的，档案元数据的修改需要记录责任链相关信息并能够根据需要进行各个阶段的检索和查询。

（3）档案信息的加密要求

网络及网络传输的不安全性要求档案信息在网络存储和传输过程中采取加密措施，加强安全防护。一方面要防止网络窃取，另一方面要防止档案馆内部管理上的漏洞。如若不加密，存储在硬盘上的数据和信息一旦泄露出去是很危险的事情。

（4）档案馆提供在网上的信息必须真实有效

一方面要求信息发布时采取安全保证的相应措施，另一方面要求防止网络上篡改档案信息的行为发生。

（5）确保电子文件/档案的真实、完整和有效

一方面要求归档电子文件在归档前应采取相应的保障措施，另一方面要求档案馆在接收电子文件时采取安全验证手段和技术措施，保证进馆电子档案的安全性。

3.5.3.7 个性化应用与AMIS灵活定义功能的需求分析

个性化应用需求主要是从档案馆的机构设置、档案信息资源组织与管理、档案工作和档案利用者的个性化需求方面进行调研和分析。

（1）档案馆机构设置的个性化需求

不同级别、不同规模档案馆的内部机构设置不完全相同，有些是按照传统的档案门类划分组织机构，有些是按照档案信息的处理流程设置档案的鉴定、收集、整理、编目、保管、处理和提供利用等划分组织机构，有些则根据档案馆各部门工作量的大小将相关部门分得更细，还有些则将相关部门进行合并。正是由于各档案馆在机构设置上存在差异，因此，档案馆在实施AMIS之前必须针对其机构设置情况进行需求分析，并结合未来业务发展的需要和档案信息化、现代化管理与发展的总体规划，考虑档案馆组织机构的优化，必要时应根据档案馆业务发展和实际应用的需要进行机构重组、岗位职能的调整等。

档案馆机构设置上的个性化以及发展过程中组织机构的调整与变化，要求所使用的AMIS能够随之进行调整和变化，这就对AMIS的设计与开发提出了灵活性的要求，要求当档案馆组织机构发生变化时，AMIS能够在不影响业务工作正常运转的情况下，方便地进行流程调整和功能匹配，最好不需要修改源程序就能达到要求。

（2）档案业务工作人员的个性化需求

不同岗位的工作人员使用计算机的习惯不完全相同，表现在操作界面、操作过程、多窗口操作、对档案信息的显现要求等方面。工作人员的个性化工作要求AMIS系统能够提供个性界面的灵活配置，以满足各操作信息系统的工作人员的个性化需求。

（3）档案利用者的个性化需求

档案馆内部的档案信息往往分门别类进行组织、存储和管理，而档案利用者在检索、查询和浏览档案的过程中，并不了解档案馆内部信息的组织形式，只希望能够快速检索到自己需要的信息，只关注相关的档案信息，这就要求AMIS在系统信息模型设计和功能实现时要充分考虑档案管理的规范性与档案利用者个性化需求之间的矛盾，设计更有效的方案，满足档案利用者的需求。

（4）档案门类及其元数据之间的差异性

档案馆在管理不同档案门类过程中，采用的元数据信息模型不完全一致，有的分为二级目录结构，有的则只采用一级目录，描述目录的元数据个数、名称和类型也不完全一致，即便是支持同一个标准也会有所差异，能否适应这种差异性的变化，是决定AMIS能否得到广泛应用和成功实施的主要因素之一。

3.5.3.8 档案服务社会化与AMIS多元化功能建设的需求分析

随着政务公开的不断推进，档案馆成为政府信息公开场所的地位渐趋明确，档案服务走向社会化成为必然。很多档案馆在开展档案的收集、保管、提供利用服务业务的同时，已经逐渐开始提供行政规范性文件的网络化利用服务，向社会和公众提供包括劳动就业、福利待遇、社会保险、社会救助、房屋拆迁、土地管理、招商引资等方面的信息。

档案服务的社会化使档案馆的职能不断得到扩充，这必然对档案馆信息化建设不断提出新的需求。

① 行政规范性文件服务系统的建设需求，包括信息采集、信息管理、信息发布和信息检索等功能模块，这与档案馆内部的 AMIS 系统的功能基本相似，在各项资源有限的情况下，档案馆如何实现业务整合与系统整合，规范管理过程，减少重复劳动，降低信息化管理的复杂性是信息化建设的一项新需求。

② 行政规范性文件的检索与利用工作与馆藏各类档案利用工作相结合的需求，随着行政规范性文件的利用工作与馆藏档案利用工作相互渗透、相互补充的深入开展，信息整合的需求在不断扩大，这就要求 AMIS 应提供相应的接口功能，实现二者之间的信息集成。

③ 接收电子档案进馆已经成为当前档案馆面临的一项重要任务，如何将接收的电子信息纳入 AMIS 的总体管理过程，也是档案馆信息化建设的重要需求，要求 AMIS 能够提供对电子档案进馆前的前端控制与文件鉴定等功能，支持网络化的业务指导等功能。

④ 馆藏数字化成为档案馆开展数字档案馆建设的重要内容，数字化后形成的档案目录信息、电子图像与多媒体信息等都需要采用 AMIS 系统实行统一管理，这就要求 AMIS 系统能够提供相应的功能模块，将馆藏数字化形成的档案信息纳入档案馆的全局，实现档案馆数字化档案信息的集成管理。

3.5.4 数字档案馆工程建设

数字档案馆工程建设往往是以信息化专门立项的方式来开展，主要目的是建立一个集信息技术、档案业务和管理规范融为一体的集成运行系统，为档案工作者提供开展现代档案管理的网络化运行平台和自动化处理系统。

3.5.4.1 工程阶段划分

开展数字档案馆工程，一般都需要经历规划、设计、开发、实施四大阶段。规划与设计的指导思想是顶层设计（Top-Down），即从全局战略高度出发，逐渐渗透到局部的业务工作中；而开发与实施则是在顶层设计的系统框架方案指导下，从局部的业务需求出发，逐渐实现信息系统框架与最终用户的对接与吻合。图 3-16 展示了数字档案馆工程的四大阶段，每一阶段既相互独立，又密切关联，每个阶段对参与系统建设人员及其所掌握的知识和技能的要求也有所侧重和不同。实际工作中，为节约时间、成本、人力、物力资源，在系统建设过程中往往会采用串行加并行的工作方法来提高工程效率。

系统规划是数字档案馆建设过程中非常关键的第一步，主要工作内容应包括可行性论证、项目立项、资金筹措、计划制订，以及工程总负责人、总体目标、范围、项目监理方的确定等与立项相关的各种准备工作；同时，还应包括招投标工作的开展，明确项目的总体建设方案和工作思路。参与系统规划的人员主要是档案馆的领导及业务骨干，必要时应聘请信息化咨询顾问来协同工作，需要在对决策者的战略目标进行充分分析，对档案馆的信息化应用现状和发展需求进行明确定位的基础上开展各项规划工作。

系统设计阶段的任务是将数字档案馆建设的业务需求以软件工程的方式加以描述，从网络设计、软硬件基础运行平台的设计、数据库设计、应用软件系统结构及其功能设计到系统集成设计等都需要紧扣档案管理的当前与未来发展的业务需求这一主题，并充分考虑现有的网络、软硬件 IT 支撑和运行环境，按照系统建设目标设计一个能够稳定运行和持续发展的

IT 基础运行框架系统。参与系统设计阶段的人员主要是掌握信息技术的高层系统分析人员，他们应能够很好地理解和挖掘用户的当前和发展的需求，并将其转换为软件开发人员能够理解的工程任务。在系统设计过程中，档案工作人员需要提出明确的适合现代档案管理业务的实际需求，并与 IT 分析人员共同探究潜在的、发展的业务需求。

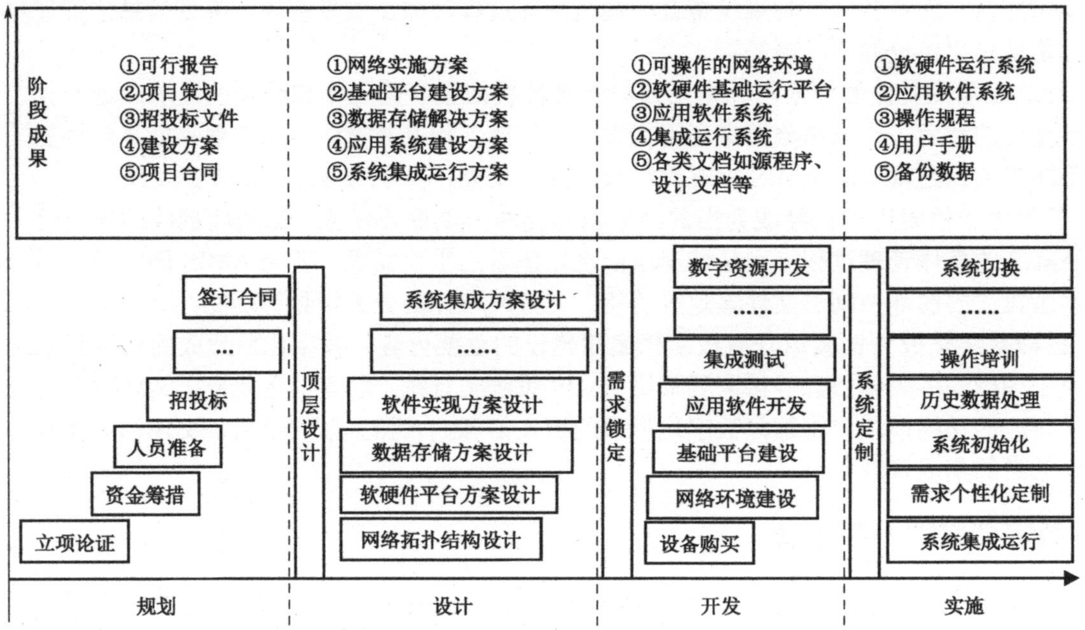

图 3-16 数字档案馆工程阶段划分

系统实现是将系统设计方案转变为可操作的业务系统的技术性过程，不单指应用软件系统编程开发任务，还应包括网络、软硬件基础平台建设以及数字资源的集成开发与测试等工作。参加系统开发的人员主要是能够提供系统集成运行服务的 IT 工作人员以及软件程序员，要求他们能够按照系统设计方案开发和架构目标系统。

系统实施是规范化软件工程项目的重要内容，在完全以客户需求为主导的“量身定做”的软件原型系统开发项目中，系统实施工作往往被忽视，这是信息化初期的误区之一。事实上，系统实施过程就是软件系统的客户化过程，是系统从信息技术模型到业务过程模型的转换过程，是 IT 人员将软件系统移交给用户的关键过程。在系统实施的过程中，档案工作人员应积极参与其中，应接受系统使用、运行维护、数据备份等的各种与使用相关的 IT 操作培训，在熟练掌握系统的应用方法和操作规程并能够独立操作之后，实施过程才算结束。

对于采用依附型数字档案方式开展的工程项目而言，四个阶段都很关键，且环环相扣，每项任务几乎都需要从零开始，每个依附型数字档案馆的建设都需要严格执行四个阶段的各项任务，但就当前我国依附型数字档案馆建设实践而言，重视系统开发，忽视系统规划、设计和实施工作的现象很普遍，这一错误必然造成目标系统的难以扩展性。对于服务型数字档案馆的系统建设而言，工程建设单位只需要按照标准规范执行这四个过程，建成一个通用的数字档案馆服务平台之后，以后的任务主要就是实施，即针对每一个客户的具体需要提供“量身定做”的系统实施，并对实施后的系统提供统一的 IT 运行服务，这样就可以做到：软硬件基础设施的一次建设，多次共享使用；档案管理信息系统的一次开发，多次共享使用；数字档案馆的运行维护和滚动建设等工作由数字档案馆的专业 IT 团队来开展，数字档案馆的持续发展也会因此得到保障。

3.5.4.2 系统规划

数字档案馆的系统规划需要立足国家信息化和档案事业发展的战略全局，从现代档案管理业务发展的现实需要出发，开展具有前瞻性、广泛适应性和持续发展性的、具有长期指导作用的计划性工作。通过开展系统规划，正确定位每个岗位工作人员在数字档案馆建设过程中应担负的责任和义务。档案机构内部从领导到基层馆员，从行政管理人员到档案业务工作者，都应了解数字档案馆系统规划的目标与任务、内容和步骤、思路和方法及工程实践等主要内容，明确自己在系统建设过程中的角色。

（1）系统规划的目标与任务

数字档案馆系统规划的任务是在国家信息化战略规划和档案事业发展战略指导下，围绕档案事业发展的战略目标和档案工作发展的战略需求，诊断、分析、评估档案管理工作和信息化应用现状，梳理、重组和优化现代档案管理工作的业务流程，跟踪并结合信息技术和国家信息化发展的最新动态，提出建设数字档案馆的远景目标和战略思路，确定数字档案馆的体系结构、运行模式和管理体制，细化数字档案馆的数据存储方案、功能部署方案和持续运行与滚动发展的策略和思路，制订数字档案馆建设的工程计划等。

数字档案馆系统规划的总体目标是提出可持续发展的数字档案馆建设方案和工程进度计划，即确定出建设数字档案馆的路线图，使未来信息化工作的行动有了目标和方向，有了资源配备的需求计划，有了符合业务工作的工程进度表，从而全面系统地指导数字档案馆的建设与发展进程，满足现代档案管理快速发展的实际需求，促进档案事业发展战略目标的实现。

从当前我国数字档案馆建设的国家、区域、个体三个层面而言，国家数字档案馆系统规划的总体目标应从标准、规范、运行模式和管理体制等方面提出整体解决方案，以指导和支撑全国区域型、个体型数字档案馆的系统规划与工程建设；区域型、个体型数字档案馆系统规划的目标主要从档案工作流程的梳理与优化、数字档案资源的长期永久保存、信息系统的功能部署方案、持续运行和滚动发展的保障措施等方面提出全面的规划方案和工程计划，以保障数字档案馆工程的顺利进行。

（2）系统规划的内容和步骤

数字档案馆系统规划的主要内容包括信息化建设策略规划和信息系统需求规划，见表3-3。信息化建设策略解决的是数字档案馆信息化发展的整体方向性问题，科学有效的建设策略规划对于解决高层领导对信息化的各种顾虑，规避信息化风险方面有着重要的引导作用；信息系统需求规划解决的是业务系统的方向性问题，解决信息化对管理价值的提升问题，明确业务系统的实际应用价值。

由此看来，数字档案馆的系统规划不仅要关注宏观环境因素、战略发展要素，同时也需要深入档案馆的实际工作中了解业务流程、信息保存和运行维护等具体的工作要求，系统规划工作可按以下步骤顺序开展。

① 环境分析：深入分析国内外宏观环境、档案行业内部环境以及与档案工作相关行业的环境因素，了解数字档案馆建设发展的机遇与挑战，分析建设数字档案馆的瓶颈与困难，确定数字档案馆建设的宏观基础与条件。

表 3-3 数字档案馆系统规划的基本内容

规划的内容	工作要点	工作内容
建设策略规划	IT 战略研究	研究信息化工作对档案业务工作的意义和作用，确定数字档案馆的运行与服务模式，定位数字档案馆的目标、实施范围和应用策略
	IT 现状评估	对档案机构的 IT 基础设施、应用软件系统、网络安全、数据存储等进行诊断、分析和评估，确定未来建设的可用性，实现对现有投资的持续增值，提出未来建设策略
	IT 趋势研究	对与现代档案管理相关的数据保存、安全控制、自动化处理等信息技术趋势进行研究，确保数字档案馆建设的前瞻性与持续发展性
	IT 规划研究	对数字档案馆建设内容、实施步骤、投资计划和质量保障等方面进行研究，形成对数字档案馆工程项目的实施指南
信息系统需求规划	业务流程梳理与优化	了解现有业务流程，从现代化管理和信息化应用的视角对现有业务流程进行审视、优化和重组，提出优化后的业务流程方案
	业务流程的信息化分析	对优化后的业务流程进行信息化应用分析，确定在哪些业务环节上实施信息化处理，形成信息系统建设指南
	信息系统需求规划说明书	采用软件工程方法对需要进行信息化处理的业务流程和信息集成与共享的需求进行需求描述，形成系统需求规划说明书，以指导未来信息系统的实施

② 战略分析：明确国家信息化战略目标、各行各业信息化发展战略、档案事业发展的战略目标，分析建设数字档案馆的可行性、必要性和紧迫性要求，正确定位数字档案馆的建设目标、应用范围、运行机制和发展模式。

③ 现状诊断与分析：分析业务能力现状、档案行政管理现状和 IT 运作能力现状，找出当前存在的问题和瓶颈，思考解决问题的思路和方法。

④ 总体需求分析：分析现代档案管理的业务流程，梳理和优化工作流程；结合档案管理工作现状，分析 IT 应用特点，确定在哪些业务环节上需要采用计算机实现信息化和自动化；使用软件工程方法对需要进行信息化处理的业务流程、信息资源进行需求描述，形成系统需求规划说明书，以指导未来信息系统的实施。

⑤ 数字档案馆战略定位：确定数字档案馆在现代档案管理中的定位，确定数字档案馆与传统档案馆之间的互相依赖关系，确定在数字档案馆的建设模式，确定档案工作人员利用数字档案馆系统开展工作的具体方式。

⑥ 数字档案馆体系架构：确定数字档案馆的技术体系结构，包括功能结构、运行结构、数据存储的组织体系和应遵循的标准规范体系等。

⑦ 数字档案馆工程项目开展：确定项目的承担单位，确定项目的计划、任务、质量、成本、风险等的管理方法。

⑧ 持续发展的策略与计划：确定数字档案馆长期发展的思路与方法，包括数字资源长期保存的策略与计划、数字档案馆运行维护与安全控制的机制和方法、数字档案馆滚动发展和持续建设的资金保障计划等。

（3）系统规划的思路和方法

档案工作者是开展数字档案馆系统规划的主体。系统规划由谁做、以谁为主来开展。这一问题是档案信息化工作过程中争论的主要话题之一。表 3-4 列出了软件公司、管理咨询公司和档案管理机构在开展系统规划工作过程中展现的优势和劣势。软件公司在系统需求分析、确定系统体系结构、开展数字档案馆工程项目和保障系统持续可发展方面具有自身的优势，而在分析环境因素、战略要素、评估诊断和战略定位方面不具优势，如果系统规划以软件公司为主导，将不能正确定位档案事业的发展战略，所做的规划必然受软件产品的制约性较大，从长远角度而言，不利于档案事业的长期发展；管理咨询公司在环境因素分析、战略分析、诊断评估与战略定位方面存在优势，提出的规划更专业、理论性更强，便于长期发展，但由于跟踪信息技术发展动态和系统体系结构和工程项目开展等方面处于劣势，提出的方案可能会过于理论化和理想化，工程实现的难度比较大；档案管理机构在战略发展、现状分析、需求分析和业务工作方面具有先天的优势，在系统体系结构、工程实践和技术持续可发展等方面处于劣势，但是可以通过引进信息技术人才和现代管理人才来弥补档案管理机构的不足，服务型数字档案馆的建设思路就是希望能够在档案机构内部成立一个专门的项目团队，即包括精通业务的骨干，又包括 IT 专业技术人员和掌握现代管理思想的管理咨询人员。当然，也可以采取引进外脑的方式，档案管理机构通过联合管理咨询公司、软件公司共同开展数字档案馆的系统规划。因此，以档案管理机构为主，管理咨询公司为辅，确定战略发展方向，定位数字档案馆的战略目标，再由软件公司规划系统体系结构和工程建设方案，是开展数字档案馆系统规划的主体思路。

表 3-4　开展系统规划工作的优劣势比较表

序　号	系统规划内容	档案管理机构	软 件 公 司	管理咨询公司
1	环境分析	优势	劣势	优势
2	战略分析	优势	劣势	优势
3	诊断评估	劣势	劣势	优势
4	需求分析	优势	优势	劣势
5	战略定位	优势	劣势	优势
6	体系结构	劣势	优势	劣势
7	工程项目	劣势	优势	劣势
8	持续发展策略	劣势	优势	劣势

首先，系统规划应自上而下地将档案事业发展的战略目标逐步渗透到档案工作的各个业务环节，从档案事业长期发展、信息化手段有效使用、档案业务自动化处理等角度对档案工作提出高标准的要求；其次，应深入业务工作的实践，充分了解业务现状，分析信息化应用和需求现状，分析档案收集、保管、利用与社会各行各业发展相协调的现实状况，自下而上提出实践需求；最后，应在理论发展与实践操作、战略目标和业务现实之间找到规划的平衡点，制定出即不脱离档案工作现实，也不与时代发展相背离的、能够促进档案事业发展、对现代档案管理具有重要指导作用的系统规划。

系统规划方案在一定发展阶段具有重要的指导作用，但并不等于系统规划的目标、范围和计划在工程实践环节不可调整。一方面系统规划的阶段时效性决定了它的时间局限性，另一方面社会正处于科学技术快速发展的信息时代，网络、计算机的软硬件基础平台和软件系统的开发平台等都在快速发展之中，档案的保存介质、信息采集方法以及提供档案利用的手段等都在不断地推陈出新，因此，系统规划不是一成不变的，而是需要在围绕档案事业战略发展目标这一主轴方向的同时，根据实际工作做相应的调整。

数字档案馆系统规划涉及档案管理业务工作和信息技术、软件工程等多学科知识的交叉与融合应用，只有对这些知识和内容都非常熟悉、对档案业务工作非常精通的综合素质人才才有能力胜任这项工作，因此，在开展数字档案馆规划工作时，应选择具有熟悉档案管理工作流程，对档案业务工作实践和信息化工程项目开展有丰富经验的现代管理人才作为系统规划的主要承担者，并搭配合理的综合性团队成员，以确保系统规划的科学性。

（4）系统规划的工程实践

本节将结合服务型数字档案馆的建设特点，探讨数字档案馆工程项目实践工作的开展。

服务型数字档案馆建设的目标是：设计、开发一个能满足现代档案管理要求的、拥有最新 IT 技术的、能够安全稳定运行、可持续更新发展的软硬件基础设施，以全新的服务理念，通用且全方位地建设和发展国家档案馆服务平台，加速各级各类档案馆的信息化建设，提升数字档案资源利用的效果和效率。具体目标分解如下。

① 建立数字档案馆建设与发展的动态联盟组织，集宏观决策、科学研究、系统研发、运行维护于一体，保障数字档案馆能够得到持续有效的运行。

② 建立数字档案馆标准规范体系，实现数字档案资源的滚动式发展，及对数字档案的科学和规范化管理。

③ 建立集中控制、统一管理的数字档案馆服务平台，满足各级各类档案馆（室）开展收、管、用、数、编、展的现代档案管理的综合功能。

④ 建立数字档案馆运行管理与综合服务平台，面向各级各类档案馆（室）提供 IT 资源共享、信息交换、数字化加工等多元化的运行服务机制，缩小各级各类档案馆（室）信息化建设与发展的差距，避免“孤岛”式重复建设，降低建设与运行维护成本，促进档案现代化管理的协调发展。

服务型数字档案馆建设目标确定后，需要对数字档案馆工程进行任务分解，主要从标准规范、系统架构、运行环境、系统研发、资源库、系统实施、长期发展等角度进行考虑。从数字档案馆集成运行系统建设的角度而言，数字档案馆工程的任务可分解为以下几方面。

① 数字档案馆标准体系建设：包括数字档案馆网络及软、硬件基础设施选型规范，数字化档案接收、存储、管理、访问、利用的格式规范；数字档案馆软件开发规范；数字档案馆实施过程监控规范；数字档案馆验收标准；数字档案馆发展研究相关规定等。

② 数字档案馆（组织）管理体系建设：系统建设组织机构及其管理模式的确定；数字档案馆 IT 资源管理制度；数字档案馆运行维护管理制度；数字化档案资源管理办法；数字档案馆运营服务管理办法等。

③ 数字档案馆基础支撑环境的建设：包括网络与硬件等基础设施购买、实施、管理与运行维护模式的确定、系统架构方案研究以及运行平台的建设；数字档案馆软件基础平台系统的规划设计与组建，包括操作系统、数据库管理系统、文档管理系统等软件支撑平台的建设；档案数据库建设，包括档案目录数据库、数字化档案内容的整合与规范化处理，档案数据库的分类、管理、存储与访问模式的确定。

④ 数字化档案资源库的建设：包括档案目录数据库、档案全文数据库、档案数据资源的接收/收集/录入、整合、集成、迁移、组织、存储与数据库相关的数字资源处理业务。

⑤ 数字档案馆应用软件系统的研发：包括电子文件管理系统（文件中心）、档案信息交换系统、档案信息采集与接收系统、馆藏数字化系统、档案资源管理系统、档案信息发布系统、档案编研利用系统以及行政规范性文件管理与发布系统等。

⑥ 数字档案馆业务系统的实施：包括对实施单位的档案数据的整合/集成/规范化等各种数据处理、人员培训（系统管理员、业务操作员、运行维护管理人员）、功能定制、权限

设置等。

⑦ 数字档案馆运行维护计划：包括系统管理、运行维护、数据备份、灾难备份与恢复，安全保障及运营服务等工作。

⑧ 数字档案馆的动态跟踪与持续发展研究：跟踪新技术，研究新需求，不断设计、完善数字档案馆平台系统，确保持续可发展，动态可扩充。

3.5.4.3 系统设计

系统设计是继系统规划之后开展的一项非常重要、非常具体的工作，它为系统开发人员提供具体的实现方案。与系统规划相比较，系统设计工作对数字档案馆的技术体系结构描述得更具体，更需要深入档案管理的业务过程去开展工作。

（1）系统设计的目标与任务

系统设计工作的目标是：提出数字档案馆的软硬件实现方案，使参与数字档案馆建设的所有人员都能够明确系统建设的各项内容并达成共识，如数字档案馆的体系架构方案、软硬件基础设施平台的环境搭建、系统信息资源的共享方式、应用系统的部署方案和应用系统接口模式等。

系统设计的任务是回答 “如何架构目标系统的问题”，提出科学、有效的能够促进和引导软件开发工作顺利进行的设计方案。具体任务主要包括以下方面。

① 数字档案馆 IT 基础框架体系的设计，完成对数字档案馆的标准规范体系、数据信息的长期保存策略与方案、软硬件支撑平台及应用软件系统的部署方案等的设计任务。

② 数字档案馆中间件接口平台系统的设计，完成对数字档案馆应用软件系统与 IT 基础框架体系之间的接口中间件对象模型的定义和实现方案的设计等工作。

③ 应用软件实现方案的设计工作，包括对信息技术与业务系统的需求分析，系统运行结构、系统功能模型、系统数据模型、系统工作流程、系统信息集成、系统接口模型与用户界面模型的设计等任务，系统实现方案的详细设计工作应具体到系统编码阶段的各个类、函数、变量等对象的结构定义、流程定义和程序流程等具体细节。

（2）系统设计的内容和步骤

系统设计的主要工作内容包括数字档案馆的 IT 基础体系架构、中间件接口平台系统结构和应用软件系统部署方案等。IT 基础体系架构是支撑数字档案馆建设与发展的 IT 基础运行环境；中间件接口平台系统是数字档案馆应用软件系统与 IT 基础运行环境之间的接口部分，提供数据交换、数据存取、业务系统功能组件、系统搭建参考模型等功能；应用软件系统则是数字档案馆中面向档案业务工作管理信息系统的集合体，如表 3-5 所示。

系统设计工作很难确定出固定的步骤和工作顺序，多数工作需要并行、交叉开展，而且还将遵循反复修改和完善的工作过程。但总体而言，系统设计的每项工作内容的实现步骤还将遵循从概要设计到详细设计再到框架搭建三个主要的工作程序。

① 概要设计：从信息技术、软硬件环境、软件实现方法、系统功能部署等方面确定数字档案馆建设的总体思路、建设方法与计划策略，完成系统设计中软环境建设中的主要内容。

② 详细设计：从软硬件系统的选型、购买、集成调试方法到应用软件系统的功能组件、功能模块、信息模型和工作流程等角度全面设计系统的具体实现方案，细化到每一个功能组件的程序流程和用户操作界面。

表 3-5　数字档案馆系统设计的基本内容

设计的内容	工作要点	工作内容
IT 基础体系架构	标准规范体系	研究支撑数字档案馆建设与发展的各种标准规范体系，包括技术性标准、管理性标准，以及各类操作规范，确定各类标准规范的结构、内容及适用范围
	物理设备架构方案	研究主流的网络、计算机、服务器、存储器的性能、结构和运行方式，确定未来系统建设所选用的物理设备及其架构方案
	软件系统部署方案	研究主流的软件开发工具、软件系统的运行模式，确定软件开发环境平台及软件系统的整体部署和集成运行方案
	IT 资源集成运行方案	对数字档案馆的软硬件设备资源、应用软件系统、数据资源等进行综合分析和研究，提出数字档案馆的资源整合与集成运行方案
	基础性保障工作的计划	包括有利于数字档案馆建设的与管理相关的基础性软环境实施计划，如人才培养、资金筹措、体制革新、理念改变、管理思路和模式的调整等计划方案
中间件接口平台	数据交换平台设计	分析进入和流出数字档案馆系统的各类数字资源的种类、格式、保存方式，设计数据交换平台
	数据访问接口定义	分析数字档案馆中各类数据的访问策略和方法，确定通过业务系统保存和提取数字档案资源的接口访问模式
	业务系统功能组件	提取数字档案管理中与业务系统相关的通用的功能，定义功能组件，保障通用功能组件的一次开发、多次使用，以减少或避免重复开发
	系统参考模型定义	研究数字档案馆业务系统的通用模型的保存方法，将业务流程、数据模型相对固定系统通过实施积累成参考模型系统，提高系统实施的效率
应用软件系统部署方案	信息系统的需求分析	了解信息化应用现状、了解现有业务流程、挖掘潜在需求，从信息化视角分析能够支持现代档案管理工作的信息系统的各种技术需求、管理需求、业务需求、运行维护需求等
	系统体系结构的确定	根据资金、计划、质量、人员等软环境因素及需求分析，确定档案管理信息系统的开发方案、运行结构和维护策略等
	系统功能结构的确定	根据需求分析，确定系统的功能结构，功能实现方案，确定通用功能与个性化功能的具体部署方案和实现方法
	系统业务流程的确定	分析档案管理业务的工作流程，确定各流程环节的业务衔接关系和功能组件的部署方案等
	系统信息模型的确定	研究系统的数据种类、存储方式、备份策略与机制等，确定系统信息的入口、出口的控制方式与处理方法
	系统软件框架的确定	根据机构、岗位与工作流程模型，研究系统的功能组成结构，包括功能部署、安全控制模式和基础支撑功能的实现方案

③ 框架搭建：在已有的或新购买的软硬件支撑平台环境下，搭建系统模拟开发环境，并采用程序设计语言搭建软件系统的框架，为软件开发做好各种准备，同时也需要将设计方案中实现难度较大的功能进行实验，确保设计方案的可行性。

（3）系统设计的思路和方法

顶层设计是系统设计的主要方法之一。顶层设计的系统性、全局性对数字档案馆工作的有效开展和持续发展具有重要的保障作用。数字档案馆的 IT 基础体系架构及其持续稳健发展的工作需要在系统设计阶段引起足够的重视，需要树立整体观念和全局意识，以避免低水平重复建设。

美国是较早在档案馆实现电子化的国家。美国联邦政府在开展政府信息化建设过程中，采用顶层设计方法提出了联邦政府的信息化整体架构模型。在这一解决方案中，电子文件的管理成为电子政务的重要组成部分，美国 ERA 项目就是基于顶层设计战略思想提出并开展的。ERA 项目作为整个政府信息化的一个重要组成部分，遵循电子政务的总体架构，跟踪电子文件生命周期全过程管理，开展 ERA 顶层设计和总体规划（包括组织的变革，文件管理流程的重组，系统的整体设计，数据长期保存规划等），使 ERA 成为一个能够延续多年的、可持续改进和滚动发展的信息化工程，为美国政府开展电子记录的长期保存提供了一个持续有效的 IT 基础架构和档案资源长期保存的管理环境。

澳大利亚维多利亚省电子记录策略（Victorian Electronic Record Strategy, VERS）是当地

的公共文件办公室（Public Record Office Victoria, PROV）基于档案馆的长期保存电子记录的顶层管理宗旨而设计的策略，用于定义归档电子文件长期保存计划和格式规范，解决电子文件的采集、管理和长期保存等问题。目前，VERS 已经被很多档案机构、国家政府以及许多系统集成商和产品供应商所接受，为档案馆开展电子文件的长期保存提供了可借鉴的思路和方法。

在我国，随着全国信息化工作的广泛开展与深入应用，顶层设计方法已经逐渐渗透到档案信息化建设的全过程。天津市开发区数字档案馆工程是一个利用顶层设计方法开展档案信息化建设的典型案例。该项目从天津市开发区信息化战略全局出发，面向电子文件全过程管理，研制用于实现电子记录的采集、管理、保存和提供利用等 IT 基础架构和应用系统，取得了良好效果。在国家档案局立项的科研项目中，也有采用顶层设计方法开展档案信息化系统规划与实现方法的研究，通用档案管理信息系统功能模型的提出就是项目研究人员利用顶层设计方法的研究成果之一。我国的一些高等学校在顶层设计方面进行了一些尝试，电子校务工作的开展正在体现以人为本、以服务为导向的管理理念，全校范围内的系统集成、资源共享已经成为“十一五”期间高等学校信息化工作的重点。如在高等学校，其信息化规划采用顶层设计方法，按职能域划分、设计、研制和应用管理信息系统，基于校园网 IT 资源共享和跨部门信息共享的现代化管理思想，开展全校的信息化规划与实施工作。这无疑为学校档案馆深入开展信息化，实现与归档部门信息共享提供了思想上、方法上、技术环境上甚至是管理体制上的保障。由此，档案馆信息化将逐渐纳入电子校务全局，在顶层设计统一思想指导下，不断提高档案馆的信息化水平，提升现代档案业务管理水平，使学校档案工作迈向更高台阶。

数字档案馆系统设计的主要承担者应为既懂信息技术又熟悉档案业务且能够将信息技术与档案管理工作融为一体的系统分析员。从数字档案馆信息技术基础结构的设计角度而言，要求系统具有可扩展性，要求系统的运行能够实现 IT 资源的集成与共享。图 3-17 展示的就是一个 IT 资源共享型数字档案馆的运行架构。其特点是从软件、硬件、服务器、存储器到档案管理信息系统、数据交换平台等 IT 资源实现集成与共享，使数字档案馆的 IT 资源能够实现一次建设、多次共享使用，既避免重复建设，又能够促进档案馆（室）信息化水平的平衡发展，同时也为数字档案资源的整合、共享提供了基础保障。这一方案对区域型数字档案馆的统一规划与建设具有借鉴意义。

（4）顶层设计的工程实践

顶层设计是各类工程项目普遍采用的重要方法，其系统性、全局性对项目的顺利开展和成功实施具有重要的指导作用。顶层设计在国内外信息化项目实施过程中得到了广泛应用，在电子政务、企业信息化等方面都取得了良好的应用效果。随着全国信息化工作的广泛开展与深入应用，顶层设计方法应逐渐渗透到档案信息化建设的全过程。毕竟在我国档案馆信息化建设方面，“孤岛系统”“低水平重复建设”“政绩工程”“各人自扫门前雪”等做法还不容忽视。

图 3-18 是一个基于动态可扩展、灵活可配置、即插即用的软总线结构而设计的通用档案管理信息系统的功能部署方案。这一设计方案的立足点是 IT 资源集成共享、功能结构顶层部署、系统搭建灵活配置、功能模块动态扩展、系统实施持续积累。这一功能结构的设计方案支持基于工作流程部署系统的总体架构和功能分布，基于不断更新和扩展的功能组件装配系统的功能模块，基于功能模块架构分子系统的结构，基于用户的权限模型和个性化操作

特点配置用户的操作界面，并随着系统的实施，不断积累和丰富系统的参考模型，为更广范围的实施提供参考原型。

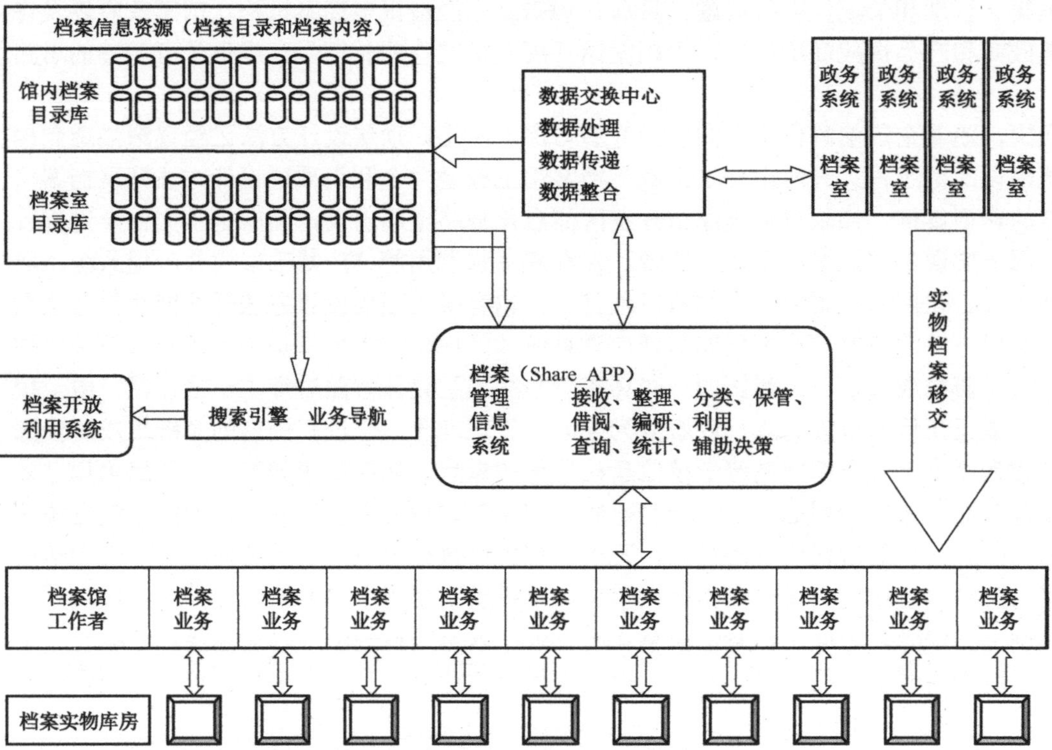

图 3-17 IT 资源共享型数字档案馆的运行架构

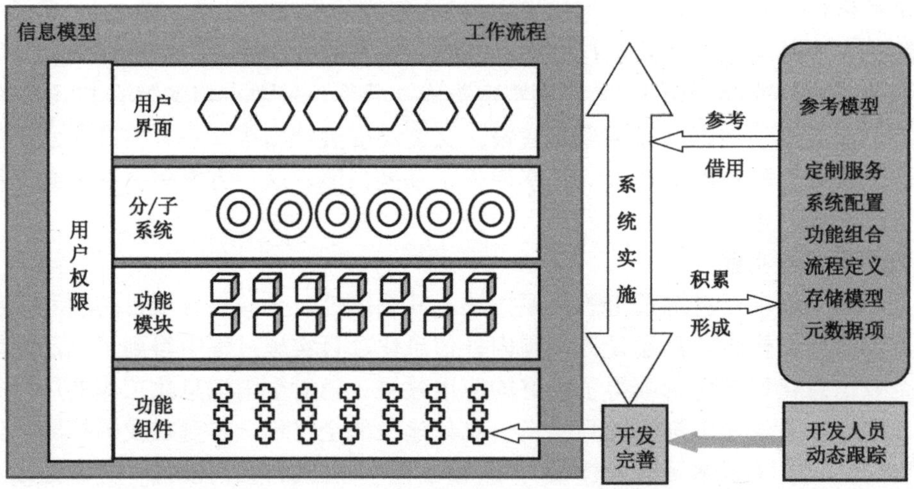

图 3-18 基于动态扩展和软总线架构的 AMIS 功能部署方案

基于这种架构实现的通用档案管理信息系统工程（General Archive Management Information System，GAMIS）在功能部署方面具有以下特点。

① GAMIS 基础平台能够在信息模型、工作流模型、用户模型、功能组件和系统配置等方面满足档案管理的基本业务需求。

② GAMIS 功能组件的灵活装配能够形成档案馆对特定功能模块的要求，不同功能模块的搭配能够满足各分/子系统的功能要求。

③ GAMIS 的信息模型能够根据用户和系统的需要进行动态调整，系统的功能模块能够基于工作流程实现灵活定义。

④ GAMIS 的用户能够根据自己的岗位职责获得对系统数据和系统功能的操作权限，能够根据用户的个性化需求定制其操作界面。

⑤ GAMIS 能够支持动态扩展的功能需求，能够根据档案业务的动态发展需要，不断扩充并丰富系统的功能组件。

⑥ GAMIS 实施过程中能够不断积累和丰富系统的参考模型，为 AMIS 的广泛实施和普及应用提供参考原型，提高实施效率，改善实施效果。

3.5.4.4 系统实现

系统实现是指将数字档案馆的设计方案从逻辑理论模型转变为物理实践环境的过程，这一过程的主要工作包括以下方面。

（1）软件开发工具的确定

软件开发工具是软件工程师开发程序的基础平台，它不仅决定了软件开发方法的选用、软件调试环境的易操作性、编程语言等影响软件开发质量和开发效率的决定性因素，也直接影响着软件系统的持续有效与长期发展。有些供应商提供的小型的、免费的开发工具易使用、技术比较超前，符合一些程序员的喜好，但可能会因其经营方式、市场运作以及配套产品和服务等因素，很快就被淘汰；有的开发工具技术超前，理念先进，但经营不善，成本高也很快被收购或淘汰；有的大型 IT 公司则具备很强的实力，能够提供长期可发展的集成开发平台，但可能使用起来比较复杂，对开发人员的技术水平要求比较高。因此，在选择开发工具时应从多个角度综合平衡，切忌不能只根据程序员的个人喜好做出片面的决策。

① 符合数字档案馆的软硬件基础运行平台的要求。服务器、存储器和网络环境往往对开发工具的选择具有一定的限制，尽管大多设备都支持跨平台操作系统的运行，但人为制造异构平台环境，增加开发的难度总是不可取的。

② 支持最新开发的方法。面向对象、基于工作流、基于 XML 元数据等开发方法逐渐代替结构化开发方法，新的开发方法往往具有持续发展的潜力，但也存在一定的风险，因此选择时也应慎重。

③ 开发工具的发展潜力。选择开发工具应本着选择长期合作伙伴的理念来开展，微软、IBM、SUN、Oracel 及国内的红旗、东软集团等大型跨国公司都具有很强的实力。选择信誉度高、实力强、发展空间大的 IT 供应商成为长期的战略合作伙伴是很有必要的。

④ 程序员的认可程度。程序员的编程能力和水平会直接影响系统的开发进度，而程序员开发经历和实践经验对开发工具的选择也具有很强的实践指导作用，因此，获得开发团队中大多数程序员的认可，也是选择开发工具的重要因素之一。

（2）软件编码的开展

在完成系统分析和设计工作之后，信息系统的运行结构、功能结构、模块结构和接口定义、数据组成和数据结构已基本确定，接下来的工作就是把系统设计的结果翻译成某种程序设计语言编写的程序，即程序员开展代码编写的具体工作。这一阶段的工作目标是按照系统设计阶段产生的文档，进行软件系统的功能开发，整合各个功能模块，实现系统的集成运行，即将详细设计的结果转化为用具体程序设计语言编写的程序代码。

对于非完全自行开发的软件系统，或者是由多个承担方共同参与的信息系统的编码实现而言，还应考虑不同软件系统间的接口和集成问题。

（3）系统集成测试工作

测试是对目标系统的正确性、科学性以及达到目标系统的逼近程度而进行的检查和验证工作，开发人员进行系统自测试的目标是为了尽可能早地发现并修改系统设计和系统编码中存在的错误。

系统测试按范围和内容可以划分为局部测试和集成测试，也称单元测试和综合测试。单元测试任务由程序开发者和专业测试者共同完成，而综合测试则由专门的软件测试机构负责。

在软件开发过程的各个阶段，测试工作是不间断的，随时进行的。当系统投入试运行阶段后，档案工作者将扮演测试者的角色。

（4）软件开发过程的管理

软件开发过程需要对开发人员和开发人员编写的程序实施科学管理，以保障软件开发的有效性。

数字档案馆的软件系统是由电子文件归档、馆藏档案数字化、档案信息网络化服务以及数字档案馆门户网站等各个分/子系统组成，每个分/子系统都可能由多个开发人员共同实现，为了提高开发质量和开发效率，必须通过管理、协调和沟通来解决程序员之间的理解误差，以保障系统开发的正确性和一致性。

软件系统的开发过程可能会形成多个中间版本，做好程序的版本控制工作是非常必要的也是必须的，可以考虑采用专门的版本控制软件、聘用专门的技术人员来监督、控制、管理和备份软件开发过程中的各个程序代码，确保程序开发的有序进行。

3.5.4.5 系统实施

系统实施是信息系统建设过程中难度最大、任务最艰巨的环节，难在多方人员需要达成一致的认识，复杂在软件与硬件、已有的正在运行的旧的应用系统与当前将要实施的新的应用系统的集成以及已有数据的迁移、转换等处理工作。系统实施的最终目的是确保信息系统能够可靠地运行起来，每位操作人员都能够正确使用并获得良好使用效果。

（1）系统实施的目标与任务

系统实施的核心任务就是完成软件系统的客户化定制，目标是建立一套真正能用得起来的软件系统，对于网络版的档案管理信息系统而言，无论商家提供的软件功能有多强大，用户单位切不可不购买其实施服务而自行安装和运行，即便是本单位有专业的网络管理人员、专业技术开发人员也不应盲目从事。因为，每个商家开发的软件系统都有其独特性，如果要将该软件系统提供的功能充分利用起来，明智的选择是严格按照商家的实施方法来开展工作。

（2）系统实施的步骤和内容

① 软件系统的客户化定制。一是框架定义即根据用户的业务需求建立系统总体框架结构，如按照档案门类进行系统分类，或按照信息分类方式或按用户自己习惯的管理模式进行分类定制；二是数据库结构定义即按照每一个档案门类确定著录字段的属性、操作方式等；三是业务流程定义即按照用户对档案操作的业务流程定义系统的功能；四是用户模型定义即

按照实施单位用户操作系统的功能和数据权限建立用户模型并授予其操作权限；五是设定系统运行的配置文件、文件存储位置等。

② 数据处理。很多情况下，数据的迁移、装载、导入等工作需要商家帮用户完成，甚至一些数据整合的工作也需要开发商来完成，而用户单位的主要工作是制定数据的管理规则，对实施过程把关并严格按照档案的保密制度实施，以确保档案信息的安全。事实上这一部分是实施过程中工作量较大的部分，也是最烦琐易出错的环节。因此，档案管理部门应充分认识到这一点，并给予足够重视。如果原有的数据装载不到新的系统中，实施工作就没有完成。

③ 系统测试和试用。客户化定制及数据迁移、装载工作完成后，一个用户使用的原型系统就建立起来了，首先，由软件供应商或开发人员对系统原型进行全面的测试，测试前应拟订多个测试用例，严格按照软件工程的测试方法进行测试；其次，由监理单位按照测试用例和标准的测试方法进行测试，并从专家的角度提出测试意见和改进建议；最后，由用户单位的档案业务管理人员根据双方最初形成的需求分析报告中规定的系统功能进行测试，并进入试运行阶段。需要说明的是在用户试运行之前应将开发人员建立的用户原型系统进行备份，以防使用过程中由于错误操作而导致系统瘫痪。

用户试用和测试的过程对用户单位而言是非常重要的，也是一个系统地学习、理解和接受先进管理理念的过程，要求所有可能的用户参与并以积极的态度提出合理性建议，如果发现问题，软件开发商或开发人员应及时修改系统中不合理的地方，直到用户满意为止，最终通过多次循环，试运行一段时间后确定一个用户系统运行版本。

系统试运行也是新老系统并行工作的特殊阶段，此时用户的工作任务比较重，比较容易出错，特别是在数据处理上，一定要确定一个新系统的数据截止日期，在试运行的系统中不要输入正式的数据，宁可等系统切换后再补上，也不要着急录入，否则可能会做无用工。

④ 系统应用培训。

系统培训：开发商对用户进行应用系统培训是非常必要的实施环节，这有助于用户更深程度地了解和熟悉系统的功能，有时候一些关键的设计思路和实现方案也是需要为用户解释清楚的。一般培训的内容包括系统设计的总体架构、系统设计的总体思路，系统的实现特点、系统运行环境的搭建和维护，系统数据的备份与恢复等；系统的操作使用和各功能模块之间的业务关系和数据流转方式；售后服务以及系统升级等使用过程中的相关问题。

员工分层培训：根据档案管理信息系统对各类人员的要求，结合用户对计算机操作系统、网络知识、数据库知识的掌握程度，将信息系统相关人员进行分层，确定各层人员的培训内容，并分别进行培训。

系统培训准备：建立系统模拟环境进行培训。如果直接在管理信息系统中培训，则必须将已经建好的数据库进行备份，然后在当前的数据库上进行学习和接受培训，给学员提供实际操作的环境。

系统操作培训：结合 AMIS 的用户操作手册，对用户进行培训，确保每个用户都能够在自己的权限范围内完成正常的业务工作。

在对业务人员的培训完成后要进行考试，目的是督促其掌握培训的内容。在所有用户对应掌握的系统操作都熟练后，用备份的数据库文件替换用户培训时使用的数据库文件，使系统投入试运行阶段。

⑤ 系统信息归档。一是整理此次系统实施的架构模型，特别是公共字典表、基础数据

表、模块表、工作流程，形成本单位独有的系统运行模型，并将该单位的数据库结构进行硬拷贝，进行归档，以备未来使用；二是建立客户信息档案，将客户的基本信息、实施情况、当前使用的版本信息等进行归档，同时将数据库结构刻录成光盘进行归档，以便以后的升级与维护使用。

⑥ 系统切换。当用户得到一个可以真正接受和能够熟练使用的系统后，就可以实施系统切换，即正式开始采用新系统来开展工作，但此时不应急于将原有系统破坏掉，应保留一段时间（至少一年），在确保没有丢失数据后再彻底停止对原有系统的使用。在系统切换过程中，应注意将系统试运行阶段的部分数据及时装载到新的系统中，不能疏忽。

系统实施工作结束后，数字档案馆运行系统的维护与升级转由数字档案馆的运行维护部门来承担。

（3）系统实施的思路和方法

数字档案馆为现代档案管理提供自动化处理的方法、工具和技术手段，它给档案管理工作带来的效益一方面取决于所用信息系统是否适合本单位本部门甚至本行业需要并具有先进性，另一方面取决于档案工作人员采取什么样的态度去使用它。更重要的是大家应充分认识到网络、计算机及档案管理信息系统本身并不是万能的，并不是坐在它面前就能解决一切问题，而是需要在充分理解和认识的基础上，结合自己的业务需要，提出合理需求，配合实施并正确使用档案管理信息系统。

① 坚持“一把手”控制策略。数字档案馆建设几乎涉及档案馆所有部门和所有岗位的工作人员。在实施过程中最艰巨的任务是人的协调，系统实施人员与档案业务工作者能够解决的是业务上的沟通、系统上的理解和应用上的操作，但担任不同职位、承担不同任务的人员从不同角度对信息化的认识和对系统的使用要求是很难达成共识的。因此，工作上的冲突、思想上的抵触、认识上的缺陷、观念上的差异等都将使系统建设工作很难甚至无法进行下去，而这些问题特别是人、资金及重要资源调度等问题，只有管理层的“一把手”真正“融入”系统实施过程中，并协调和解决现实问题，才能将人力资源落实到位，将沟通、协调的难度降低，将 IT 资源的运行达到最佳配置，实施工作才能顺利进行，信息技术才能真正发挥作用，应用系统才能得到深入的使用和广泛的普及。

② 采取分步实施思路。数字档案馆的建设首先是能够为档案馆提供一个基础架构平台，它的建设目标要围绕着档案信息化战略思路来实现总体规划、分步实施和稳步拓展，在实施过程中可以考虑首先挑选基础工作做得比较好的部门进行重点突破，并将成功经验逐渐推广开来。做好整体规划，使档案信息化符合本单位信息化发展的总体战略要求，做规划时应看得远一些，使管理信息系统具有可扩展性，为未来的业务发展与系统扩展奠定坚实的软件、硬件设施基础，搭建可扩展的信息平台和留有必要的接口，特别是要把握总体方向，避免未来将基础的甚至是关键的环节推倒重来。档案管理信息系统是在数字档案馆基础架构基础上提供给档案工作者开展档案业务的基础软件系统，它与数字档案馆的硬件设施、网络设施、操作系统、数据库管理系统以及管理信息系统之间有着密切的关系。因此在规划、实施和应用档案管理信息系统之前，首先，要完成档案信息化的整体规划，并明确各组成部分之间的关系及实施的先后顺序，各系统之间的接口等问题，避免“信息孤岛”的形成；其次，制定档案管理信息系统建设的阶段性目标，明确实施与应用的真正目的；最后，要选择综合能力强的项目负责人，不仅应具有全面的协调能力，而且在项目实施过程中应具有各项资源的调配能力，同时还需要熟悉业务、管理与技术融合应用。

（4）系统实施的过程管理

数字档案馆工程作为一个信息化项目能否顺利开展，能否在进度、质量和资金等方面得到保障，在很大程度上还取决于项目参与人员的观念、思路和方法，如领导们工作思路与方法的科学性、档案工作者的认知程度和对系统需求把握的准确度，信息技术人员开展需求分析和系统开发的精细度和深度等。因此，在系统实施过程中，需要制定有效的措施以保障实施过程的顺利开展，详细内容见 4.3.4。

3.6 数字档案馆应用

信息化系统建设的目的在于系统的软硬件平台和应用软件能够真正用起来，而且用得有成效。

3.6.1 数字档案馆的使用

谁是数字档案馆的最终用户？应用数字档案馆真正受益的是谁？答案应是社会公众，是档案工作者。但长期以来，很少有人关注这个问题，也很少有人对这个问题的答案进行充分地认识、理解和正确对待。建设数字档案馆，既然是为社会公众，那么各级政府应十分重视；既然是为档案工作者提升管理水平，提高工作效率，那么档案从业人员应有足够的积极性和主动性。深入开发和利用档案信息资源是时代的呼唤，是档案工作者不容推卸的重任。建设数字档案馆的一个重要目的就是应用现代化手段，提高档案管理水平，挖掘和展示档案信息，加强社会公众的档案意识，增强档案信息的利用效能。因此，数字档案馆工程立项之初就应明确其应用目的、操作用户和应用效果，才能做到有的放矢。

3.6.1.1 社会公众对数字档案馆的使用

数字档案馆通过网络为社会公众提供了解档案、查询档案、研究档案、传播和认识档案的快捷通道，但是由于档案资源本身的特殊性和互联网的不安全性，数字档案馆通过网络提供的档案信息多为已经开放的档案；同时，由于数字档案馆分布建设的特点，也造成了社会公众采用多种方式利用档案的状况。

① 使用数字档案馆利用档案。档案馆通过数字档案馆开放档案服务窗口，提供开放档案的案卷目录、卷内文件目录、档案全文、档案编研成果等开放信息，既可以按照档案门类、档案主题等形式提供专题展示，又可以提供分类检索、模糊查询、二次检索等快速导航与检索方式，也可以根据档案管理特点提供档案信息浏览、档案信息打印等输出方式，使开放档案信息资源得到广泛的利用。因此，在数字档案馆的信息组织、软件功能实现的过程中，必须充分考虑社会公众使用网络的多元化需求，从用户界面的易操作性到档案内容的系统性、完整性与迫切性等方面进行全面分析，最大限度地满足社会公众利用档案的要求。

② 走进档案馆利用档案。一方面由于档案资源的开发过程需要循序渐进，不可能一蹴而就，档案信息逐步上网需要相对较长的时间；另一方面按照《档案法》规定，保密的档案信息不能上网，未开放的档案信息不能完全对社会公众开放，需要有条件地控制这些档案的利用，因此，为保障档案的安全，利用者还需要走进档案馆，接受传统的查档服务。但在数字档案馆系统建设完成后，可以在档案馆的局域网环境中提供对未开放档案的浏览、查询、检索等功能，尽可能地为公共利用提供高效服务。

3.6.1.2 立档单位对数字档案馆的使用

立档单位是数字档案馆的一类特殊用户，这是因为，他们不断地产生新的档案并移交到档案馆，同时也是对本单位形成的档案利用频率最高的机构。

① 使用数字档案馆移交档案。数字档案馆提供的系统功能中应包括档案立卷、审核、整理、自动标引等功能以完成档案的接收工作，为立档单位提供网络化移交档案信息的通道。对于电子文件，可以通过开发与立档单位业务部门信息系统的接口程序来实现人工监督控制下的电子文件的归档、分类、标引和移交；对于纸质档案，立档单位可以通过网络提交档案目录信息和档案相关其他电子化信息，这样就可以做到档案目录信息的一次录入、多次使用，档案馆就可以共享立档单位形成的各种与接收档案相关的各类基础信息。这一功能是数字档案馆系统提供给档案室的功能模块。

② 使用数字档案馆利用档案。立档单位对其自身形成的档案查询的频率较高，数字档案馆系统的建设应充分考虑到这一特点，对立档单位使用网络查询、浏览、检索和利用档案提供更有效、更方便的工具和手段。在软件实现过程中，应将立档单位列为一类特殊的用户，专门针对其利用档案的特点开发个性化的功能模块，来满足他们的利用要求。这一功能模块可以在档案室的功能模块的基础上进一步扩充。

3.6.1.3 档案工作者对数字档案馆的使用

档案工作者对数字档案馆的使用是全方位的，贯穿档案鉴定、收集、整理、保存、管理、查询、统计、发布、销毁等全过程，同时还包括对档案工作的调度、监控和管理工作的开展，包括对档案信息资源的整合、处理、分析、研究等工作。其主要使用人员有档案业务工作人员、档案行政管理人员。

① 档案业务工作人员使用数字档案馆。数字档案馆围绕档案信息的处理与流转将档案馆各个层级、各个部门、各个岗位的工作进行了衔接。

如果完全实现网络化操作和流程化控制，各岗位人员只需要通过网络查看当前的工作任务，对前面工作流程中存在问题的事项提交“返回”操作，完成当前工作后通过系统提交下一环节继续进行处理，如档案移交人员通过网络提交电子档案，他只需要单击系统提供的“提交审核”功能键，该份电子档案就处于等待审核的状态，审核人员随时在网上可以查询到“待审核”的档案。审核不合格的档案，审核人员单击“返回”并写明原因后，该份档案又回到了移交人那里等待重新处理；对于通过审核的档案，审核人员单击“提交入库”功能键，该份电子档案就处于“待入库”状态，等待进一步处理。

如果数字档案馆系统的档案处理工作还处于纸质、电子“双轨制”状态，则工作流程与以上电子化处理基本相同，只是多了一项将网上流转信息与纸质档案进行核对的功能，这一功能，需要人工参与处理，如果采用计算机自动核对，需要花费很高的成本。

基于工作流程实现的数字档案馆系统能够大大提高业务人员的工作效率，能够确保档案信息的集成与共享，能够通过系统提供的日志功能下的各个操作过程中的相关信息，为档案馆的管理提供辅助信息。

② 档案行政管理人员使用数字档案馆。档案行政管理人员主要是指档案机构的各级领导和行政辅助人员。

行政辅助人员一般使用办公自动化系统来开展工作，可以将这一功能纳入数字档案馆系统中，也可以设立单独的系统，因为档案馆的办公自动化系统产生的具有永久保存价值的档案也需要归档，其他的业务信息与档案本身没有太多关系，因此档案馆的办公自动化系统可以作为数字档案馆的一个独立的功能模块单独运行。

档案机构的管理人员一方面使用办公自动化系统，另一方面使用数字档案馆提供的各项管理模块，如档案数据查询、分类统计、档案业务工作过程信息管理、辅助决策系统等。通过对档案馆馆藏信息的了解、档案管理过程信息的监控，发现工作过程中存在的问题，从而进行协调、控制和调度，实施科学决策。这是数字档案馆应提供的一项重要的功能，这些辅助决策的信息大多是计算机系统自动生成的，因此可以保障决策的客观性、针对性和有效性。

3.6.2 数字档案馆的维护

数字档案馆运行维护的主要工作包括数字档案馆的 IT 资源管理、硬件设备维护与更新、软件系统安装与升级、网络计算机安全维护等。数字档案馆的网络、硬件、软件系统的技术依赖性，决定它在被使用过程中，需要由专业的信息技术人员来维护。这是网络管理员和系统管理开展的一项长期的维护工作，是数字档案馆能够正常工作的基础保障，主要工作包括网络环境、网络设备、存储设备、服务器、操作系统、数据库管理系统及应用服务器等基础支撑平台系统的运行维护、升级及软硬件 IT 资源的管理。

3.6.2.1 网络基础设施及网络设备的管理与维护

网络拓扑结构、网络监控、网络管理以及网络设备安全检测、故障恢复、维修、升级与更新换代等工作都是网络管理员的日常工作。为了保障数字档案馆基础运行平台，网络管理员需要不断地跟踪网络技术发展的最新动向，结合数字档案馆的运行与功能扩展需求不断思考和提出新的建设方法。

3.6.2.2 服务器与存储器的管理与维护

一方面对已经购买、安装和正在运行的服务器、存储设备进行管理、跟踪和维护，另一方面也需要根据档案业务的扩展、数字信息量的增加及信息技术的快速发展，考虑服务器与存储设备的升级与更新换代，存储空间的扩展等问题，这些都是系统管理员的日常工作，专业技术性较强。

3.6.2.3 操作系统与应用服务系统的运行维护

操作系统、应用服务系统等都是计算机上运行的基础软件系统，系统管理员除了考虑其安装、升级、故障排除等工作外，还需要跟踪软件供应商定期地打补丁、补漏洞，采用防病毒、入侵检测等安全防护工具保障计算机上的各类应用软件正常、稳定和安全运行。

3.6.2.4 数据库管理系统的运行维护

数据库管理系统的维护、升级以及数据库文件的备份、恢复和故障处理等工作也是系统管理员日常开展的重要工作。桌面数据库、关系型数据库、面向对象的数据库管理系统都提供了对其实施数据管理和系统维护的应用程序，这些管理程序也需要进行维护、升级。

3.6.2.5 应用软件系统的运行维护

办公应用软件包括档案管理信息系统、防病毒软件、办公自动化使用的工具如 Office、Foxpro 以及其他常用软件，这些软件在各台设备上安装的版本、病毒库的升级等都需要进行统一管理和维护。

3.6.2.6 数字档案资源的管理与维护

数字档案资源管理与维护的主要工作是按照档案数据的存储要求定时进行联机备份、物理归档备份、异地备份和光盘备份数据的适时迁移等，并在出现意外事故时能及时准确地恢复系统中的数据。

3.6.2.7 数字档案馆系统的更新换代

任何一个时期的网络环境、硬件设备、软件系统都有一定的局限性。其原因是多方面的，有项目资金的限制，有用户需求的变化，有信息技术的迅速发展，有开发人员的程序漏洞等。因此，不断跟踪信息技术的发展，跟踪软硬件基础设施的更新换代，跟踪软件系统的使用，跟踪用户的业务要求是数字档案馆系统持续可用的基本要求，也是数字档案馆建设与发展必须考虑的重要内容。

3.6.3 数字档案馆的运营

从国家档案资源长期发展角度而言，为保障数字档案资源的长期保存和数字档案馆的持续发展，应考虑将数字档案馆作为全国档案事业系统中提供档案信息化专业服务的独立机构而设立，在国家档案行政管理机构设立数字档案馆行政管理相关部门，负责规划和设立数字档案馆的分支机构，制定数字档案馆建设、运行及发展的标准、规范和制度，确定数字档案馆系统中应保存的数字化档案资源的范围和内容，指导和监督数字档案馆各项工作的开展，将数字档案馆作为数字档案资源的终极保管基地、作为现代档案管理工作开展的网络平台来统筹规划、共建、共享、共用，保障数字档案馆的持久性和发展性。

数字档案馆的建设、应用与维护等工作与信息技术的发展及信息化专业人才有着密切的关系，这就决定了数字档案馆的运营模式将有别于传统实体档案馆，经营管理数字档案馆的工作团队也需要拥有档案业务和信息技术双重背景知识。从国家档案资源战略发展角度来看，迫切需要研究一套适合数字档案馆运营发展的新模式，特别是应遵循我国节约、和谐、共建、共享的科学发展观，打破以往围绕单个实体档案馆而开展的“孤岛”建设模式。图 3-19 展现出 IT 集约化服务型数字档案馆的运行架构，是一种 IT 资源集中控制、IT 服务统筹管理的数字档案馆运作模式，通过建立国家级、省市级的梯队式的数字档案馆 IT 服务中心，为全国的档案工作提供开展现代档案管理业务的网络化服务平台，为国家档案资源的统筹管理和长期保存提供信息技术的专业化服务。

从图 3-19 中可以看出，服务型数字档案馆将数字档案馆建设、使用和发展过程中与信息技术相关的软硬件基础设施的架构、应用软件的研发、信息系统的实施、数字档案馆的运行维护、战略规划、滚动发展以及数字档案资源管理等技术性较强的服务性工作从传统档案馆中剥离出来，将数字化档案信息的安全保障、永久保存、集成共享、传递处理、网络访问、完整有效等众多技术性工作实行集中控制和统筹管理，建立以精通信息技术、跟踪档案业务及信息技术发展的，并能够将档案工作与信息技术融会贯通使用的档案工作者团队，面向现代档案管理业务提供专业化的 IT 集成服务。

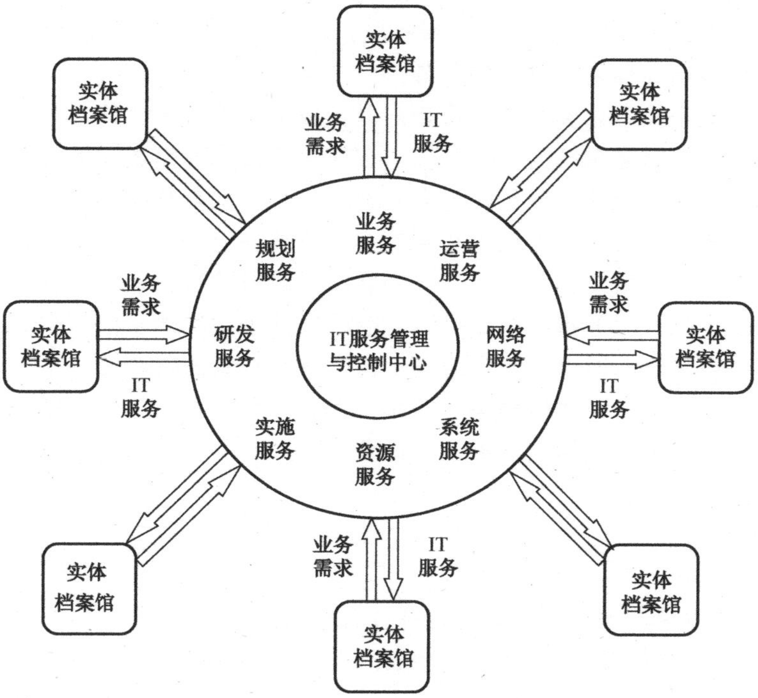

图 3-19 服务型数字档案馆的运营模式

① 规划服务：从国家信息化、各行各业信息化和档案信息化发展全局角度，对数字档案馆的建设实施总体规划，基于顶层设计方法从档案业务和信息技术综合应用方面策划数字档案馆的建设、运行与发展战略，全面指导数字档案馆服务平台系统的建设与实现。

② 业务服务：从档案信息资源的收集、管理、开发、利用等基本业务需求出发，研究现代档案工作的业务模型，梳理现代档案管理的业务流程，为各档案馆采用信息化手段开展档案业务工作提供业务咨询和流程梳理服务，这是各传统档案馆利用服务型数字档案馆平台建立数字档案馆系统的前提性和基础性工作之一。

③ 研发服务：从数字档案馆的软硬件基础支撑平台、档案信息化应用息系统的设计、开发等角度开展信息化应用系统的研究、开发与实现，将各种与档案信息化相关的科研成果进行产品化，提供档案应用系统的产品化服务。

④ 实施服务：从各档案馆的个性化业务需求出发，分析其信息化建设的总体需求，针对其业务工作的当前与未来发展状况，制订实施计划，为各个档案馆开展数字化建设和信息化应用提供实施服务。

⑤ 资源服务：从数字档案信息的收集、整理、整合、共享、开发和信息发布等角度，按照数字档案馆确定的信息资源存储与管理的标准规范，开展数字档案资源的迁移、转换、组织、存储、访问等各项服务。

⑥ 系统服务：从数字档案馆的软硬件基础平台系统、档案软件系统的运行维护角度，提供信息系统的各种安装、调试、升级、维护、管理等服务，确保数字档案馆技术平台稳定运行和持续发展。

⑦ 网络服务：从网络基础设备的部署到网络设备、网络安全等方面提供各种保障服务，确保数字档案馆网络环境的稳定，网络访问的畅通与安全。

⑧ 运营服务：从数字档案馆的经营、发展角度，研究数字档案馆持续发展的运行机制和服务模式，为数字档案馆的稳定发展提供服务。

以服务为导向建设数字档案馆遵循的宗旨是：以低成本、高效率、共建共享的组合模式保证数字档案信息的安全与信息系统的高可用性，实现信息技术与档案业务的紧密结合与互动发展，确保数字资源存储系统的部署更能符合档案信息长期保存和广泛利用的需要，保障信息技术更有效地为档案业务服务。为保障数字档案馆的长期可持续发展，可考虑以应用服务提供商的方式来经营和运作数字档案馆，传统档案馆以较低的费用租赁并共享数字档案馆的 IT 资源，包括网络设施、服务器、存储空间、应用软件等支撑数字档案馆集成运行的各类 IT 资源，通过数字档案馆的网络化综合服务平台完成对档案的收、管、用、数、研、展等业务工作，将需要永久保存的数字化档案资源统一保存于数字档案馆，而纸质档案仍然保存于传统的档案馆，延续传统档案馆的业务工作体系。

3.7 思考题

1. 简述开展数字档案馆建设，如何正确定位其目标与功能。
2. 谈谈数字档案馆与传统档案馆之间的联系。
3. 简述数字档案馆的基本特征。
4. 数字档案馆模型需要从哪几个方面进行描述？
5. 数字档案馆建设需要采用哪些关键技术？
6. 谈谈顶层设计方法如何应用到数字档案馆的建设过程中。
7. 谈谈数字档案馆的组织体系如何建设。
8. 谈谈数字档案馆的组建方式。
9. 什么是服务型数字档案馆？它有哪些特点？
10. 简述数字档案馆的建设原则与实施步骤。
11. 数字档案馆建设的基础性保障工作有哪些？
12. 简述档案管理信息系统在数字档案馆中的作用，其需求分析工作应从哪些方面着手。
13. 数字档案馆工程建设可划分为几个阶段？简述每个阶段的工作内容。
14. 数字档案馆的使用对象有哪些？
15. 从哪几个方面开展数字档案馆的运行维护？
16. 思考服务型数字档案馆持续发展的资金如何得到保障。

第4章

智慧档案馆探究

“智慧地球”概念的提出促使城市和社会从数字时代走向智慧时代。2013 年，我国首批 193 个智慧城市试点启航，开辟了智慧城市建设的新征程，在此背景下，档案富有的人类智慧的支撑作用凸显，如何留存和管理在智慧城市新型 IT 生态环境中形成的全新的、动态的、海量的数字记忆，确保智慧城市的发展脉络和业务活动以数字档案的形式得以记载和传承成为亟待解决的问题。

4.1 智慧档案馆研究的价值

传统档案资源多层次分级、分散、“孤岛”式管理方式与智慧城市的跨行业、跨区域、跨部门的业务协同、资源集约与交换共享等要求形成强烈的反差与不协调，这就迫切需要重构档案馆的基础体系结构，建立一套完整的与智慧城市运营发展要求相适应的新的档案馆运营的基础理论和方法体系，以支撑智慧城市背景下档案馆的智慧化建设、运作和发展。这一研究在档案馆理论体系构建和实践应用发展等方面具有重要的价值和意义。

① 在理论方面，能够丰富和拓展档案学的基础理论。未来的智慧档案馆必将跨越传统实体档案馆的边界而以数字形态且富有智慧地存在和发展，实现馆际间 IT 基础设施共享，档案资源互联，制度、技术与业务集成，档案工作者之间及其与利用者之间的业务协同和服务交互。这一发展态势需要在实践中研究和提炼出一整套包括目标、功能、组织、人员、制度、资源和运作模式等在内的支撑新型档案馆建构与发展的基础理论体系，以指导和支持档案馆业务流程优化、档案资源精细化管理、档案馆藏智能化保护和档案信息多元化服务等，从而满足持续革新与进化的新要求。

② 在档案管理业务方面，使档案馆内部、档案馆与档案形成者和使用者之间建立起良性循环的集成服务机制，实现档案收、管、用三类服务的融合交互与良性发展态势。这三大服务链相互集成、相互渗透，构成智慧城市中最重要的、最有价值的信息增值服务链体系，如图 4-1 所示。

③ 在档案社会服务方面，能够从记载历史、延续文明的角度丰富智慧城市的内涵，从数字生态、城市全局的角度部署档案工作体系架构，提升和延伸档案管理的整体功能。智慧档案馆作为智慧城市建设与发展的基础单元纳入城市顶层规划而得到史无前例的重视，智慧城市建设是集新技术、新行为、新思维于一体的新型城市生态环境，为智慧档案馆的档案资源统筹管理、档案工作高效开展、档案服务能动性与个性化提供了从法规到标准、技术到业务、风险识别到安全保障的智能化系统体系框架，在此框架下设计和实施的智慧档案馆整体解决方案将使国家档案馆功能得到提升并融入智慧城市体系。

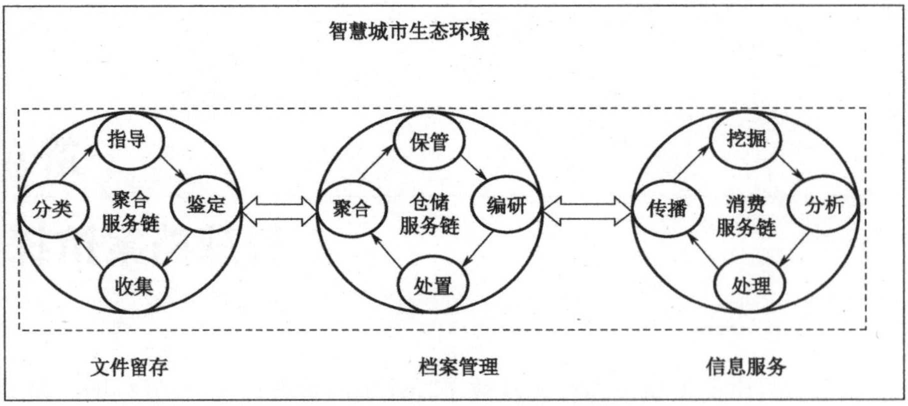

图 4-1　档案资源管理的服务链机制

4.2　智慧档案馆的认识

4.2.1　“智慧”的解读

《辞海》（上海辞书出版社，1999 年）对“智慧”的解释是：对事物能认识、辨析、判断处理和发明创造的能力；《新华字典》（商务书馆，第 10 版，2004 年 1 月）对“智慧”的解释是：对事物能迅速、灵活、正确地理解和解决的能力。按照杨冰之、郑爱军《智慧城市发展手册》对智慧城市“智慧”的解读：“智慧”的“智”指“智商”，指理性思维，是在理论知识基础上对事物的反映、感知和认知能力；“慧”指“情商”，指感性思维、是在实践经验基础上对事物的判断、预知和创新能力。按传统的理解来看只有人才是既有“智”又有“慧”的，对于“档案馆”这一包括“物”（包括馆舍建筑、计算机及其系统、档案实体等）、“人”（包括档案管理员、库房管理员、领导和行政管理人员）和“档案信息”（包括馆藏档案信息、电子档案、档案编研成果和档案业务过程信息等）及其业务活动系统在内的组织而言，称其具有“智慧”特征则是人们希望它能够作为一个整体面向智慧城市呈现出的一种区别于以往传统档案馆的新特质，表现出新型档案馆应具有的和谐、开放、能动/主动，甚至是创造的新型能力，能够与智慧城市的建设与发展相协同、相融合的一种状态。我们看到智慧城市正在形成两种核心驱动力：一是以物联网、云计算、移动互联网为代表的新一代信息与通信技术引发的科技创新层面的技术牵引力；二是知识社会环境下逐步孕育的开放的城市创新环境的社会创新层面的协同创造力。由此我们可以这样理解智慧档案馆，它的“智”是指档案馆的“人”应用新一代信息技术使档案馆中的“物”具有对档案管理活动的自动感知、智能应对和自动处理能力，以及基于现代技术建立的以“档案信息”资源为管理中心的全面档案管理信息系统；“慧”是指为适应社会创新发展的需要，档案馆的“人”以开放的心态，创新发展档案事业，基于技术系统开展智能化、自动化和预测性的业务活动和风险控制，并能够在以往经验的基础上，提升其悟性和创造力，为社会提供多元化的创新服务；构建智慧档案馆就是要实现“智”与“慧”的充分融合，使档案馆及其内部的各组成要素变得越来越“聪明”和“灵敏”，进而把握和洞悉新型社会和智慧城市的发展规律，自动感知和及时捕获城市记录和社会记忆，并能够面向社会发展的多元化需求做出敏锐反应和提供灵活适时的信息服务。

4.2.2 智慧档案馆的理解

基于以上分析，我们认为“智慧档案馆”是智慧城市背景下社会公众对档案事业的一种期望，也是档案工作者适应智慧城市发展给未来的档案馆设定的一个愿景，它是档案资源、档案管理业务、档案馆舍设施、档案人在以云计算构筑的信息生态环境下呈现出的档案馆的新形态。信息技术快速发展的动态性和人们能力拓展的进化性，会使智慧城市的建设与发展具有滚动性和持续性的特点，这必然会造成“智慧档案馆”这一目标的变化性和发展性，因而很难给出一个准确的智慧档案馆的概念。

从已公开发表的学术论文看，目前确实尚无专家、学者给出一个有关智慧档案馆的权威定义。多数研究主要聚焦于如何用现代化技术对现有档案馆进行武装，包括采用物联网、云计算和大数据技术对现有档案馆的馆舍与库房进行智能楼宇建设和环境自动感应的技术改造，对档案管理信息系统进行系统集成和功能升级，对档案信息进行整合、分析和实现共享，主要从推进档案信息化工作角度研究智慧档案馆的建设思路和实施方案。

从我国智慧档案馆的建设实践，可以发现目前主要还是围绕着智慧档案馆的新兴技术使用和档案信息服务等方面探索“智慧”特征如何体现。不难理解，建设智慧档案馆是一项开拓性的且随着智慧城市生态环境的进化而不断变化的工作，既不能等待也无法一步看到尽头，所以应该切合当前的城市发展趋势和档案工作的实际确定一个相对稳定的目标。

从“智”与“慧”的内涵看，建设智慧档案馆就是要赋予档案馆中“物”以智能（高端装备基础上的敏捷感知、智能预警和自动处理等），要培育档案馆中的“人”更富智慧（实践基础上的经验积累、数据基础上的感悟、反思和革新应变能力），要建立围绕档案“资源”开展各项业务活动的网络“平台”（档案资源收、管、存、用和档案业务高效处理和组织运作集成管控的管理信息系统），要将“人”与“物”融为一体，从而使档案馆内部的业务活动和对外的社会服务工作呈现出“智慧”特征。

赋予“物”以智能就是应用物联网技术将智能化传感设备植入档案馆的建筑（楼宇、库房）、物理设施设备、档案实体对象和档案馆活动的各类人员（智能卡）之中，通过物联网、互联网把传感器连接起来形成档案馆新一代智慧化基础设施，实现对档案馆的物和人的全面管理、控制和动态感知；培育“人”的智慧，是在重视档案人员自身的体验、感悟、反思、经验和知识积累的基础上，各类人员在知性、理性、情感、实践和服务等多个层面上适应智慧城市在现代档案管理、信息利用和社会发展的一种知识管理和综合服务的能力系统；建立档案馆的“信息系统”就是采用计算机设施和应用程序建立以档案信息、档案业务活动信息和档案服务信息为管理对象的计算机信息系统，使档案馆的智慧“人”与智能“物”能够通过“信息系统”实现联动，从而使档案馆呈现出“智慧”的特征。在内部使档案馆智能的“物”和智慧的“人”达到互动，实现智慧化管理；在外部使档案馆与外部的部门、系统协调作业，实现对政府和民众的各种需求做出智能化响应和智慧化决策支持，提供智慧化服务。

由此可以认为，智慧档案馆是运用物联网、云计算、大数据为代表的现代信息技术武装起来的，由智慧档案人基于档案馆全面信息化系统而履行现代档案管理职能的新型档案馆，是档案馆发展的新阶段和新形态，是智慧型城市建设过程中不可或缺的重要组成部分。它的构建需要深化使用物联网、云计算、移动互联网、大数据分析和知识管理等不断进化的新技术，再造档案工作流程、整合档案资源，实现档案馆全面信息化，使档案馆具有感知化、智能化、个性化的智慧服务能力。

4.2.3 智慧档案馆的内涵

（1）智慧档案馆是智慧城市的重要组成部分

智慧档案馆是智慧城市的重要组成部分，它将作为智慧城市不可或缺的基础单元而发挥其记载历史、传承文明和资政惠民的作用。智慧是人类所具有的显著特征，而智慧城市生态环境中的信息技术能够将人的智慧与组织的环境实现紧密融合，使机构中的物具有智慧属性。智慧城市的建设与发展是动态的、可持续的，其历史轨迹和发展历程需要以档案的形式持续保存，这是档案馆承担的社会职能，传统的档案馆需要在人员素质和技术技能、基础设施改造和现代管理能力与水平等方面不断提升，并通过技术系统和业务活动融入智慧城市的建设与发展过程，只有这样才能满足智慧城市生态环境下档案管理的业务和信息服务的要求。

（2）智慧档案馆是档案馆发展的高级形态

智慧档案馆将逐渐突破实体档案馆的组织边界、自给自足的IT基础设施和档案资源分层分级的传统管理模式，发展成为跨实体档案馆乃至跨区域的协同工作组织，实现城市档案资源的一体化集约管理与社会化单点服务目标，它的组织管理形态、技术系统结构、业务工作原理和管理运作模式将随着智慧城市生态环境的变化而不断地调整、优化和进化。智慧档案馆是档案馆未来发展的方向，它在数字档案馆基础上融入了新的发展理念，具有丰富的内涵。

① 智慧档案馆的基础是智能感知设备的使用，它是植入智慧档案馆的智慧基因，物联网、互联网、云计算等信息技术是使档案馆变得聪明起来的坚实基础。

② 智慧档案馆的关键因素是智慧的档案人，它是使档案馆聪明起来的主体因素。

③ 智慧档案馆运行的本质是以为社会和人服务为根本。它以现代信息技术和通信技术为支撑，汇聚人的智慧，赋予物智能，使人人、人物、物物互动，充分发挥档案信息资源惠及民生的作用。

④ 智慧档案馆的核心是充分运用现代信息技术，最大限度地开发和利用档案资源。

⑤ 智慧档案馆建设的目标是：档案管理业务实现自动化、智能化、人性化，将位于各业务工作末端的档案工作融入各业务工作中去；档案资源更广、内容更丰富、类型更多样；提供以人为本的个性化服务、深度服务、知识服务、系统服务、专业服务，并将服务融入智慧城市公共服务体系之中，为政府管理服务，为民生服务；其生态系统具有较为完善的行为意识和调控能力，具有自我学习，自我成长和自我创新能力的新体系。

4.2.4 智慧档案馆的构成要素及其特征

智慧档案馆是信息技术推动下档案馆发展的高级形态，它将在现有的数字档案馆和实体档案馆的基础上，融入更多的、更先进的信息技术系统及其应用思想和方法，使档案馆在管理制度、档案资源、档案业务、技术手段、人员及其服务等方面体现出内部的和谐运转、智能决策和对外服务的快速响应与积极主动，这必然要求构成智慧档案馆的各关键要素及其相互间的协作能够体现“智”与“慧”的融合特征。

① 智慧档案馆中关键角色——“人员”应更加聪慧，不仅需要熟悉档案管理的基本原理

和业务过程，而且应该懂得如何采用各种先进的技术和方法提高工作效率和服务水平，这就对档案工作者及其继续教育工作提出了较高的要求。可以想象，智慧档案馆人员分工更细，职责更明确，业务更专业，员工更具创新能力，对各层次工作人员的素质要求也更加明晰，人才队伍培养目标更加明确。智慧档案馆的员工从档案日常业务工作中摆脱出来，更加专注于本职工作，如专门从事档案信息需求分析的员工，专注于研究档案馆如何以人为本为民服务，从用户特点、社会大众的需求、当前的工作中心、文化教育的需要、档案人员自身学习提高的需求等角度全面挖掘档案所含的信息的、知识的、文化的价值，为社会提供全面服务；专门从事应用系统开发的员工，时刻关注现代信息技术的前沿科技，关注发展的方向和需要，结合档案工作实际研究如何将现代信息技术与档案工作更紧密地结合，专心研究档案工作的管理创新、服务创新，使档案馆更加聪明。

② 智慧档案馆中核心内容——“档案”应更有价值，不仅需要将馆藏中的资源进行数字化加工、挖掘分析和提供利用以体现其价值，还需要将信息社会中正在形成的各类值得保存的信息资源进行收集、整理，使其能够为社会和各行各业再利用。智慧档案馆中的馆藏资源将打破传统档案馆中档案信息资源和实体资源被各个档案馆之间的边界和壁垒所分割的状况，资源组织方式由零散转变为统一的、区域性的资源体系，区域内各个体档案馆不再是“资源孤岛”和“应用孤岛”。各个应用环节协同作业，各类资源统一调配发挥其最大的价值；各个关键系统与参与者和谐高效地协作，达到运行的最佳状态。

③ 智慧档案馆的基础设施——“馆舍”应更智能，不仅能够将档案资源安全地保存，更重要的是能够辅助档案人员有效地管理和保护这些档案，档案库房的智能化装备必然会得到全面的升级和改造。通过采用智能楼宇技术对档案馆的环境包括温湿度环境、安防监控、消防系统以及灯光照明等实行自动控制和调节，对设施设备的运行、保养、维护实现智慧化管理，为档案实体营造一个安全保管的生态环境。自动感知档案的位置状态、利用状态、生命状态，使纸质档案的安全完全处于自动监控之下。注重将方便利用者与安全防范结合起来，将方便利用者与档案实体和档案信息安全结合起来，使安全防范体系更具人性，从而实现对档案实体的深入控制，实现对员工、用户、环境、设施设备等的全面、精准控制。

④ 智慧档案馆的技术系统——“档案管理信息系统”应更全面、更有效，不仅能够支持馆员开展档案管理业务活动，而且能够帮助档案馆的管理决策人员及时地了解档案管理业务的进展与问题所在，以便及时地调整工作思路和管理方法，激发全馆人员的工作热情，提升档案工作的整体水平。通过 IT 服务架构体系搭建智慧档案馆的技术系统，实现档案管理由流程式线性管理到各个流程无缝连接融为一体的整体管理的转变，达到对纸质和电子档案全生命周期的自动控制，并通过自动感知档案存在的状态，实现档案的安全、档案的销毁等的自动控制和提醒以及对档案知识产权的保护。

⑤ 智慧档案馆的服务体系——“档案利用者”将更便捷、更受益，不仅能够方便地查找到需要使用的档案信息资源，还能够及时得到可能会用到的或者关注的档案信息。档案馆将通过服务方式的变化、服务内容的丰富、服务工作的主动和服务模式的多元化为用户提供更主动、更深层、更精细化的服务，全面提升服务水平，改变传统的、单向的串行服务模式为多项的、并发的、互动的服务模式，为社会提供全面的、及时的、更专业的信息服务、知识服务和凭证服务。

⑥ 智慧档案馆的管理运作环境——“档案业务活动”更精准，档案馆运营环境更人性化。新一代信息技术、网络技术的应用，由于赋予了物的智能，智慧档案馆在数字档案馆基础上

其管理能力得到了质的提升，实现了对构成档案馆所有因素的智能管理和控制，为档案利用者和社会提供更为人性的、灵活的服务，形成一个以档案资源为核心的提供档案信息增值服务的智慧档案馆生态系统。

由此来看，构建智慧档案馆，其本质就是要充分利用现代化的信息技术手段将拥有智慧的档案人、承载智慧的档案物与传承智慧的档案事业实现紧密融合，为网络信息社会提供一个能够感知人们业务活动诉求、满足人们信息消费要求的，像人一样有悟性的档案馆。这个智慧实体是传统实物档案馆、数字档案馆和云计算、物联网等新技术融为一体的新型“数字实体”，是智慧城市的基本构成单元，是智慧城市持续发展的信息资源支撑。有理由相信，智慧档案馆是智慧城市背景下档案馆的新形态，是数字档案馆发展进化的高级阶段。智慧档案馆的建设和发展将在智慧城市形成的 IT 基础设施集约化、IT 服务计量化、数据捕获感知化、信息管理智能化、知识服务个性化、管理运作协同化的“六化”生态系统的牵引下，深化并实现现有数字档案馆的“馆藏数字化，传输网络化，管理自动化，资源共享化”目标，突破以往自下而上的数字档案馆建设和运行的探索性单向思维的局限性，全面实现国家档案资源观和节约型社会科学发展观引领下的全新蜕变和形态进化。

4.3 智慧档案馆的定位与发展

智慧档案馆是在应用先进的信息和通信技术基础上，将人、档案、环境等档案馆运行的各个构成系统整合起来，从而使整个区域内的档案机构作为一个宏大的“系统之系统”，以一种更智慧的方式运行，进而为城市中的社会人提供更好的服务，从而促进档案体系的和谐与可持续发展。

4.3.1 智慧档案馆在智慧城市中的地位

档案是历史活动的社会记忆，沉淀了人类的智慧，也是进一步启迪智慧和拓展事业的触发工具。档案中沉淀的智慧需要用专业的管理方法进行整合和处置，需要借助技术工具去挖掘、分析和分享给信息消费的组织和人员，从而形成新的知识和能力为现实世界和新型城市的持续建设和新发展做贡献。

智慧档案馆是智慧城市背景下档案馆的新形态，是档案馆发展进化的高级阶段。智慧档案馆的建设和发展将在智慧城市形成的 IT 基础设施集约化、IT 服务计量化、数据捕获感知化、信息管理智能化、知识服务个性化、管理运作协同化的“六化”生态系统的牵引下，深化现有数字档案馆的“馆藏数字化，传输网络化，管理自动化，资源共享化”目标的实现，突破以往自下而上的数字档案馆建设和运行的探索性单向思维的局限性（即依靠传统实体档案馆的人、财、物和个体馆藏档案资源的“自留地”式经营模式），全面实现国家档案资源观和节约型社会科学发展观引领下的全新蜕变和形态进化。智慧城市生态环境通过云数据中心、物联网和智能化的专业 IT 服务提供了一种全新的数字资产（包括电子文件和数字档案）聚集、存储、管理、传播和使用的新模式，这将引发国家信息资源管理体制和服务机制的一场重大变革。在这场重大变革中，智慧档案馆的建设与以往实体档案馆采取的自给自足的数字档案馆建设模式有着本质的区别，这不仅体现在档案管理技术系统的体系架构、功能结构和作用模式的革新，甚至会带来国家档案事业的制度、组织和工作体系、档案馆内组织结构和业务模式、档案资源存储结构、档案信息开发与利用服务方式的深刻变革。

智慧档案馆是智慧城市的基本单元。智慧城市建设和发展的重要支撑是城市拥有的数字信息资产，电子文件和馆藏档案是城市信息资产中最具有凭证价值和参考作用的、最能够体现城市特征和保障城市持续发展的信息资产，档案馆作为电子文件储藏地是智慧城市中无以替代的重要组成部分。没有档案馆中以往知识资源的支撑，智慧城市业务活动难以高起点地启动，因为智慧城市不可能从天而降，而是在延续以往历史文明和推动新型业务发展的基础上实现的持续进化。可以肯定地说，如果没有档案工作的历史记录功能，智慧城市的建设、发展和事务处理的各种形式的历史、经验和智慧将无法记载；如果没有档案馆对国家档案资源的高度聚合和专业控制能力，城市的记忆将缺乏连续性和创新开拓的新动力；如果没有档案工作人员对档案信息实施继承、开发、利用和传播活动，城市中各行各业的新思路、新方法和新行动将难以启迪，数千年的社会实践证明只有以史为镜才能不走回头路、不多走弯路、不做事倍功半之蠢事。由此，在智慧城市建设的论证阶段，智慧城市实施的初期阶段就应将与之相匹配的智慧档案馆的规划、设计和实现纳入其中进行整体规划和跟进实施，确保智慧档案馆与智慧城市的建设与发展相协同，避免以往在数字城市信息化建设过程中只注重城市业务活动信息的暂时保存，而忽略这些有价值信息的持续保存和知识化利用，致使当前各行各业信息化系统中形成的大量的电子文件处于失存、失控、失信、失用状态，大量的文件遗留在文件形成的业务系统中，面临随时被变更、难以归档管理和有效利用的不安全境地。近年来，学术界提出了全程管理、源头控制、后保管思想和文件连续体模型等来指导实践工作的开展，但管理实践工作的推进非常缓慢几乎无从下手，因为从文件管理后端被动地回溯或解决前端层层积累的各类问题是非常困难的。为避免这种被动局面再次在智慧城市建设与发展的新时期重新出现，档案行业呼吁，在智慧城市论证规划和准备建立新的电子信息系统时，就应提前关注和研究在智慧城市新型技术生态环境中档案管理的新变化和新趋向，在构建智慧档案馆时做到未雨绸缪。

智慧档案馆的构建是智慧城市建设的重要组成部分。智慧城市与智慧档案馆的建设目标都是以人为本，为民服务、惠及民生，因此在智慧城市建设中要考虑智慧档案馆的建设问题。①从建设的角度，一方面将智慧档案馆建设纳入智慧城市建设的顶层设计之中，考虑智慧城市建设中产生的原始记录和信息归档保存的问题；另一方面智慧档案馆建设要充分考虑和研究智慧城市建设的大环境，其建设的规划要与智慧城市建设接轨，其技术规范标准等要遵循智慧城市建设的相关标准规范，避免成为智慧城市的“信息孤岛”。②从智慧档案馆发挥作用的角度，智慧档案馆在智慧城市建设和发展中占有重要地位，要将它融入智慧城市建设之中，发挥其公共服务、社会管理、文化服务和信息服务等功能。档案信息资源的原始性，为公众个人需求、政府决策、应急处理及城市规划等提供信息支撑；在智慧城市文化生态中，档案文化是社会几千年发展积淀下来的一种重要的文化源泉，是社会文化传承的重要途径；在智慧城市信息生态中，档案信息是有别于其他信息的信息资源，具有唯一性和凭证性，是智慧城市不可或缺的重要信息源；在智慧城市产业链中，智慧档案馆是智慧城市公共服务的内容和业务的“提供商”，为智慧城市管理和公共服务提供有力的信息资源支撑。

4.3.2　智慧档案馆与传统实体档案馆及数字档案馆的关系

档案馆发展进程是一个逐步应用现代信息技术由传统向现代不断演进的过程，在这个过程中，随着信息化应用的广泛和深入，档案馆从传统的手工管理模式逐步走向数字化、智能化、智慧化，档案服务也从被动接待走向主动提供和推送档案信息的新境界。图 4-2 勾画出随着信息化建设的广泛与应用的深入，档案馆的一个发展脉络。

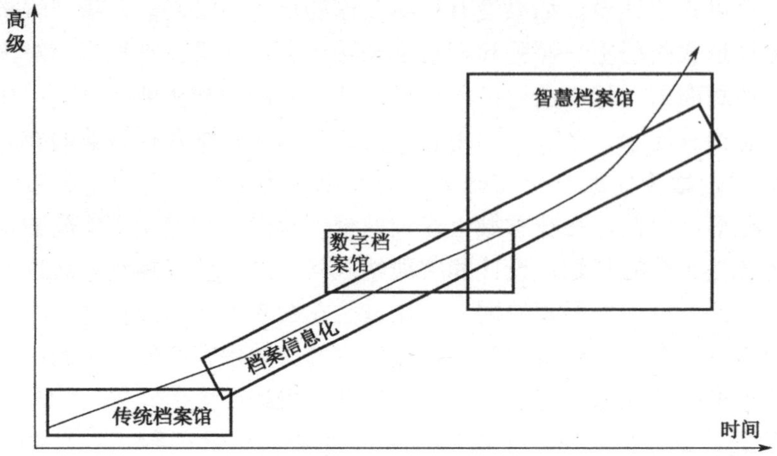

图 4-2　档案馆从传统向现代的演进路径

在这个不断演变和进化的过程中，构成档案馆的各种要素相互之间的关系由单一向多种，由单向向双向不断地发生变化，如图 4-3 所示。

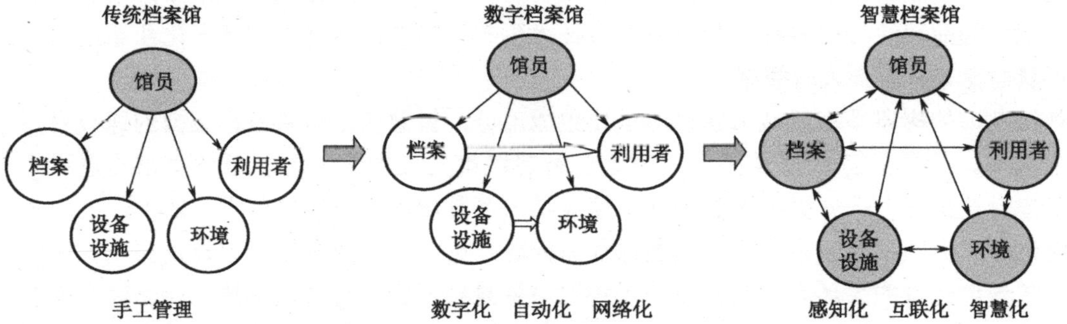

图 4-3　构成档案馆的各种要素相互间关系的变化

如图 4-4 所示，项目组认为数字档案馆是在传统档案馆功能基础上的发展，是将馆藏资源进行数字化加工并通过计算机系统进行系统化管理，同时通过网络提供档案信息服务，在档案资源与档案利用者之间建立了直接的访问通道，实现了档案管理业务集成与互动。智慧档案馆则是在数字档案馆功能基础上的延展和提升，是现代信息技术更深入、更广泛的使用，它将互联互通、协同工作、资源整合、价值发现、服务互动等人类所具有的主动、智能甚至是预知的智慧充分展现出来。与当前着重解决馆藏档案资源数字化和档案信息利用高效率的数字档案馆相比，智慧档案馆将从设施、环境、馆藏、人员、运作和服务等方面实现全面现代化管理的改造和升级，以适应智慧城市新型的网络信息系统生态环境的变化和信息消费习惯的要求，物联网的感知化、移动互联网的个性化、信息服务的智能化和组织运作的智慧化等特征将逐渐显现出来。表 4-1 从档案馆的馆舍环境、档案库房、制度规范、管理对象、IT 设施、应用系统、信息服务、管理运作和档案人员九个维度对智慧档案馆区别于数字档案馆的典型特征进行对比和分析，以帮助理解智慧档案馆的进化特征。

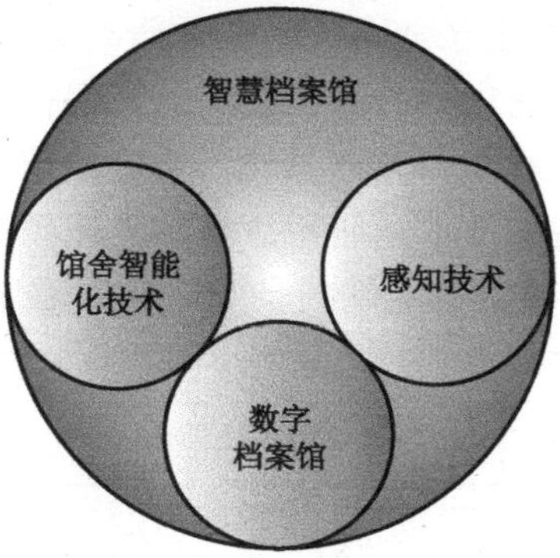

图 4-4 智慧档案馆与数字档案馆的关系（技术应用角度）

表 4-1 智慧档案馆与数字档案馆的典型特征比较表

要素 \ 馆类型	数字档案馆	智慧档案馆
馆舍环境	沿用传统档案馆采用安防、门禁监控系统进行环境安全控制，出现事故后由人工进行事后检查和分析	采用物联网感知技术对档案馆内外环境进行全面改造，实时监控档案馆馆舍安全，营造节能、环保和智能化的馆舍环境
档案库房	库房环境沿用传统的温湿度控制方法	应用感知技术建设虚拟库房，实现实物库房自动管理和智能配置
	库房档案与应用系统中的档案信息相对独立，在系统中档案信息与库房中的实物档案实现逻辑上的一一对应	采用 RFID 技术保持库房实物档案与应用系统中档案信息的映射关系；采用感知智能设施实现档案实物库房温湿度等相关数据的自动捕获和智能监控；建设数字库房，实现档案库房的虚拟化管理
	库房档案的出库及入库管理的安全保障完全依靠人工控制	采用 RFID 技术实时监控库房档案的动态，确保其物理安全
制度规范	主要围绕馆藏资源数字化和文件移交接收等档案后端管理方面制定的制度规范	纳入智慧城市全局制定电子文件和档案管理的政策框架，制度规范全面覆盖组织运作、电子文件全程管理等涉及档案馆全面信息化管理的方方面面
管理对象	以馆藏资源数字化副本为主，新增归档电子文件为辅	以电子文件和数字化档案为主体管理对象，在档案馆运作过程中形成的大数据也成为其管理对象
IT 设施	以档案馆自建为主，IT 设施以档案馆内部的 IT 服务人员或外包形式加以管理和维护	以智慧城市的云服务中心为主，档案馆 IT 设施为辅，IT 服务和设施管理实现全面的智能化；IT 设施的更新换代和数据迁移实现专业化可信操作
应用系统	以档案信息管理为主，实现档案资源安全管理和档案信息检索服务；系统功能主要覆盖具体负责档案信息管理工作人员，未涵盖档案馆领导和行政管理人员	以电子文件管理、档案长期保存、档案信息开发利用为主，在保存档案和传承文化的同时，最大限度地满足社会信息消费需求；系统功能覆盖档案馆各个层面的工作人员。档案馆实现真正意义上的全面信息化、智慧化管理
信息服务	通过数字档案馆门户提供开放档案信息服务	通过跟踪和分析用户的信息消费行为，提供主动的信息推送服务
管理运作	沿用传统档案馆以往的管理运作模式，馆内组织架构等基本不变	依据技术、管理和业务的工作量对档案馆内部的组织结构进行优化调整，合理设置岗位
档案人员	主要对档案管理业务人员的素质提出较高要求，要求熟练使用计算机和档案管理系统	对领导、行政管理人员、档案管理和 IT 服务人员提出全面的要求，重点加强 IT 服务部门人员的档案专业服务技能和档案管理人员的 IT 技术技能的培育和提升

4.3.3 智慧档案馆全面信息化管理的发展态势

智慧档案馆实现的技术路线是充分发挥物联网、移动互联网、大数据和云计算等各种信息技术的优化组合和联动使用，通过建立全面的档案馆管理系统，通过流程优化、资源整合、协同办公来实现馆内管理运作的现代化、基于系统的管理控制和决策部署，减少传统管理中因人为因素而引发的主观性、滞后性和欠科学性。从档案馆内部的现代化管理和系统建设角度看，支撑智慧档案馆建设发展的技术系统特点将体现在档案信息资源库的全面建设，档案馆技术系统的平台化架构和档案馆业务系统的全面化部署等方面，如图 4-5 所示。

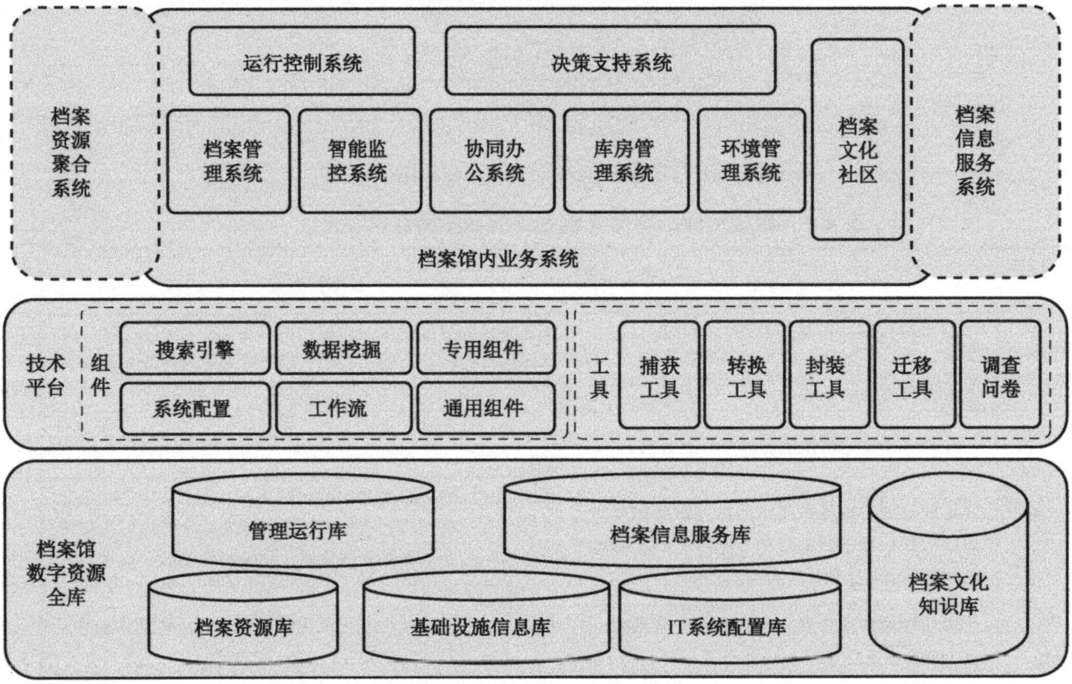

图 4-5 智慧档案馆的全面信息化管理的系统框架

（1）档案馆业务系统建设趋向全面化

多年的档案信息化管理经验是档案馆实现全面信息化的基础，档案馆作为一个完整的机构，其内部的领导决策、管理运作、基础设施和环境建设也将随着档案资源信息化管理的进程而逐渐走向自动化、智能化和感知化。其内部的信息系统建设除了以往数字档案馆重点关注的档案资源信息化管理以外，还应包括行政办公、领导决策、信息开发、环境监控、库房管理以及业务过程管理等在内的档案馆内部各个方面工作的协同办公系统、环境安全监管系统和运行管理系统，使档案馆的所有工作人员的业务活动尽可能地通过网络实现协同办公和高效工作，使档案馆的领导能够基于档案馆内部信息资产的变化而不断地调整管理思路并实现科学决策，这是档案馆适应智慧城市发展的基本条件。

（2）档案系统建设迈向平台化

在智慧城市网络生态环境下，档案馆内部技术系统的架构将突破以往“烟囱式孤岛”建设模式，实现顶层规划和整体设计，基于架构即服务（Service-Oriented Architecture，SOA）的技术框架，构建支撑业务系统灵活部署的服务平台，采用研制和汇聚行业领域的通用组件、专用组件和特定环节使用的专业工具来实现馆际之间的技术联动和应用共享。2011 年年底，OpenGroup 发布了三项与 SOA 相关的标准，其中一项标准中明确提出基于 SOA 的 IT 系统的体系结构构造方法，为全球信息通信技术（Information Communication Technology, ICT）系统的架构师提供了一个共同的、中立的、通用的用于系统体系框架设计的语言和方法，这一标准的发布和推行将在全球 ICT 领域的架构师、产品供应商、系统集成商和用户之间建立能够沟通、交流和协作的术语和环境，从而消除在系统构建过程中因接口不兼容而产生的额外工作，这将会大大降低 IT 平台产品和应用软件的研制成本，增强产品间的兼容性和系统间的集成度。这一平台化的系统架构体系将是档案馆未来实现全面信息化应采取的基本思路和技术路线。

（3）档案资源建设走向精细化

不断丰富馆藏资源是档案馆生存与发展的根本，如何能够通过政策、制度、技术和策略等方法收集到更多有价值的档案资源，并对其实施科学的管理和有效的开发利用是任何时期档案馆均应承担的重要职责。一方面智慧城市生态环境中档案资源会由于采用云数据中心解决方案而更集中，应该说这非常有利于档案的收集，但如果档案馆没有在云数据中心建设阶段就参与其中并提出档案化管理要求，而只在电子文件形成数年后要求以纸质输出或以电子转换方式来归档，那将是一件非常难以实现的事；另一方面档案馆也需要按照档案管理的制度要求提出档案资源库的建设标准和实施规范，并采取措施保障档案资源在档案馆保管的过程中能够安全和有效，这就需要对馆内数据进行顶层设计和整体部署，按照档案长期保存、档案处理、档案利用服务等对档案使用和管理的不同特征进行资源库的优化设计和一致性管理，这是档案馆适应外界环境变化和信息服务要求的基本功能。

依据这样的技术架构说构建的智慧档案，必将突破以往数字档案馆依附于传统单一实体档案馆的构建模式，实现区域内档案信息化基础设施的集约化建设和管理，各种管理系统的共享化使用，档案内容信息的多元化展现，档案数字资源的持久性保存，区域内各种类别、各种层次的档案管理机构将会成为一个更绿色、更人文、更精准管理、惠及民生的有机整体，成为智慧城市生态系统中管理档案资源和提供档案信息服务的重要单元。

4.4　智慧档案馆系统的典型特征

智慧档案馆与以往实体档案馆和数字档案馆最大的区别在于对云计算、物联网和互联网等现代信息与通信技术的广泛应用和深度实施，它最大的特征在于技术系统方面的变化，这一变化是档案馆人员及其服务模式发生变化的根源，本章重点分析智慧档案馆在信息系统实现方面的基础架构特征、信息系统特征和档案仓储管理的虚拟化特征。

4.4.1　智慧档案馆的基础架构特征

与以往档案馆追求稳定的静态思维相比较，智慧档案馆的发展则更需要体现其与时俱进的动态特征。一方面智慧档案馆的建设与发展需要深化应用物联网、云计算、移动互联网、大数据等不断进化的新技术，再造档案工作流程、整合档案资源，使档案馆具有感知化、智能化、个性化的智慧能力，作为智慧城市不可或缺的重要单元而发挥其记载历史、传承文明和资政惠民的作用；另一方面依赖网络而发展的智慧档案馆将逐渐突破其实体档案馆的组织边界、自给自足的IT基础设施和档案资源分层分级的传统运作模式，形成跨实体档案馆乃至跨区域的协同工作组织和城市档案资源一体化集约管理与单点服务模式，它的组织管理形态、技术系统结构、业务工作原理和管理运作模式将随着智慧城市生态环境的变化而不断地调整、优化和进化。

图 4-6 勾画出了智慧城市背景下智慧档案馆的基础体系结构，它体现了智慧城市背景下档案馆全面现代化管理的新特征。技术层通过支撑保障系统、档案仓储系统来保证档案馆对人、事、物的智慧感知，并将这些感知经过互联网、物联网、通信网和泛在网传递到海量数据中心，实现档案资源的集约管理和全面整合；应用层通过智慧服务系统和智慧管理系统来满足智慧城市的服务需求，提供档案信息的集成服务和智慧启迪。

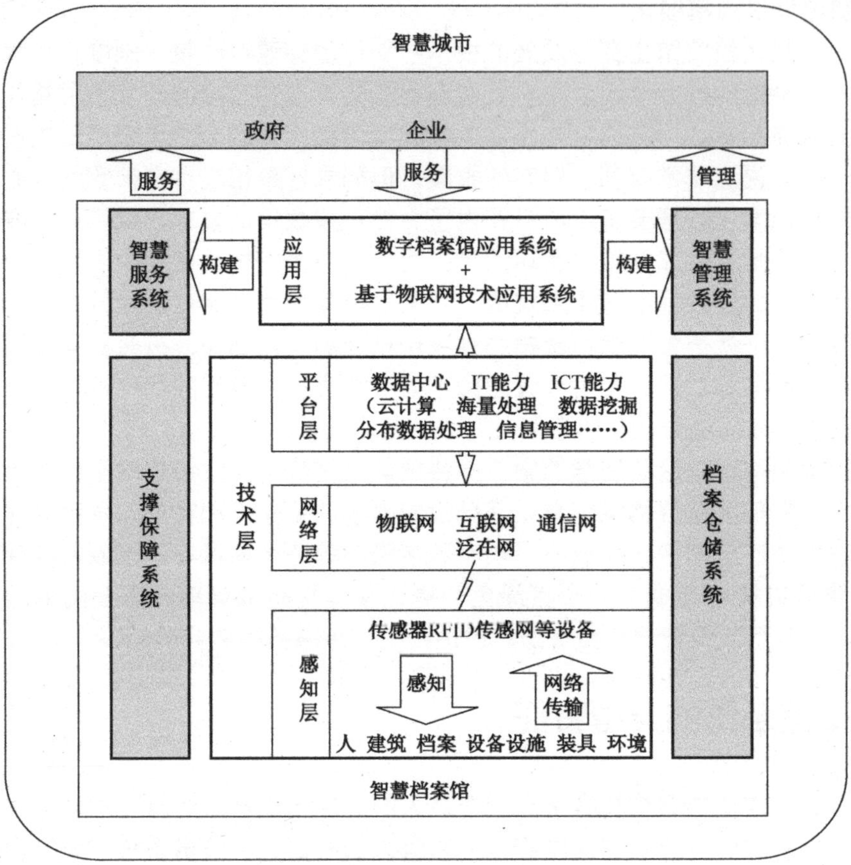

图 4-6 智慧档案馆的基础体系结构

这种“双层四系统”的基础模型构建，适应了智慧城市生态特征发展背景下，档案馆的全面现代化管理。因此，对智慧档案馆的研究视角从制度、资源、业务的体系结构、技术、馆员、服务六个维度全面拓展和延伸。

（1）智慧档案馆的技术层

技术层是整个智慧档案馆的基础支撑，包括感知层、网络层和平台层。技术层使档案馆的人、建筑、环境、设备设施以及档案等具有了智能。

① 感知层位于技术层的底部，相当于人的五官和皮肤，是人的感知能力的延伸，主要解决人类世界和物理世界数据获取问题，实现档案馆中人与各种物体的通信，其建设成效直

接关系到智慧档案馆建设的成败。

感知层的主要功能是利用传感器、RFID、摄像头、条形码等传感设备和技术获取物体的信息，实现对档案馆的人和物的全面感知，并通过传感网络为档案馆智慧管理和服务提供基础信息。

感知层的感知对象主要包括人和物两方面。人是指档案馆员和档案利用者；物是指档案馆的建筑、设施设备、馆藏档案和环境等。

感知层的感知内容是根据采集对象，使用不同的传感技术和设备，采取相应的方式进行智能自动感知和数据采集。概括起来有：身份感知，是对人和物的地址、身份及静态特征感知，如对档案管理人员和来馆查档人员进行身份识别，采集其基本信息，为个性化管理和个性化服务提供基础信息；位置感知，是对人和物的绝对和相对位置的感知，如馆藏档案的位置、所处状态等；环境感知，是对档案馆内部环境静态和动态情形进行感知，如档案馆建筑门窗的安全、消防安全、库房温湿度、工作区的门禁、灯光等。

感知层的感知技术主要有传感器技术、RFID 技术、二维码技术、ZigBee 技术等。

② 网络层位于技术层的中部，是技术架构的中间环节，就像人的神经网络一样，是连通感知层和平台层、技术层与应用层的桥梁。

网络层的主要功能是负责数据的传输。网络层将智慧档案馆各层联结起来，形成一个数字传输、共享和发出指令、作业传递的通道。通过网络层将感知层采集到的信息传输到平台层进行数据的处理，将平台层处理的数据传输到应用层，同样应用层对下层实施控制，各层之间，信息的传递不是单向的，而是具有交互与控制的特征，实现智能控制、智慧管理及服务。

网络层的主要技术包括互联网、通信网、物联网、泛在网等。

③ 平台层位于技术层的顶层，解决的是信息处理的问题，相当于人的大脑中枢，通过各种信息技术的应用，形成应用层需要的信息、指令、知识等，为应用层提供支撑。

平台层的主要功能是由数据中心对各种来源的海量数据进行安全管理。借助现代信息技术，开发各种应用模板，实现对档案馆人和物（档案、环境、设备设施、员工、利用者等）、各种应用、系统、能力、引擎、资源以及数据的管理，构建满足利用需要的各种能力引擎。简言之，就是通过平台层对数据进行过滤、处理、整合、分析、集成等处理，形成指令、信息、知识，做出各种相应的决策和响应。

平台层的关键技术主要包括 M2M 技术、云计算、人工智能、海量数据处理、数据挖掘、中间件等技术。

平台层的建设重点是物联网技术的智能化识别、定位、跟踪、监控和管理在档案管理中的应用，实现档案信息管理与内容管理、实体档案与电子档案的一体化和交互化管理，达到档案管理的集约化、高效化、精细化、动态化和智能化，并通过信息整合、数据挖掘分析等技术的应用，提供档案资源，满足社会各方面的服务需要。

（2）智慧档案馆的应用层

应用层位于智慧档案馆的顶部，面向终端用户提供人机界面，是智慧档案馆的“工作分工”。它通过整合各个子应用构成一个扁平的应用网络体系，实现各业务应用在数据和业务层次进行不同程度的整合，实现各种应用之间的互联互通和智能处理。应用层由智慧管理体系和智慧服务体系构成，实现智慧化管理和人性化服务，是档案馆智慧的人和智能的物相融合的呈现。

① 智慧管理体系是基于物联网技术融合数字档案馆管理系统，形成对档案馆数字档案信息、人、物、实体档案、环境、安全（建筑安全和档案安全）等进行有效管理的高度集成的一体化的应用平台，为各项工作的高效开展提供保证：既实现信息资源共享，又实现档案馆与不同部门之间的协作；既实现档案馆员工对物、对信息的自动化、网络化、数字化管理，又实现人与人、人与物、物与物的双向互动，实现智能控制和智慧管理。

② 智慧服务体系是档案馆“智慧”的呈现，是以档案信息资源开发利用与共享为核心，实现新信息技术支撑下的泛在、便捷和跨时空服务。

智慧服务体系的建设途径：通过加强基础数据资源、档案信息资源建设，借助互联网、通信网、泛在网等技术，整合档案信息资源为民众提供无处不在的公共服务。

智慧服务体系的建设目标：使智慧档案馆最终融入智慧城市的公共服务体系之中，从而推动档案馆与社会部门间的信息共享和业务协同，深度开发和高度整合档案信息资源，满足社会各方面的需求。

智慧服务体系的服务内容：为政府决策和城市应急管理提供信息支撑，发挥信息参考作用；为社会文化建设提供丰富的养分来源，发挥档案的文化积淀作用；为社会提供知识服务，满足民众对档案信息、知识和文化的需求，发挥档案蕴含的丰富知识的作用；满足企业发展对档案信息资源和知识资源的需求，为企业提升工作效率，增强产业能力提供信息和知识支撑。

智慧服务体系的服务能力：内涵更加丰富，其服务方式、服务内容、服务能力等都在数字档案馆服务体系基础上得到了提升。

（3）智慧档案馆的主体

智慧档案馆的规划、建设、使用和运作管理是一个系统工程，需要社会各个方面的共同参与。根据智慧档案馆的发展需求，其主体层包括政府、企业和公众，他们也是智慧档案馆的最终用户和受益者。

① 政府是智慧档案馆的倡导者、设计者、建设者及应用者。政府倡导智慧档案馆的建设并将其纳入智慧城市的统一规划之中，顺应智慧城市对档案服务的需求，推进智慧档案馆的建设，站在智慧城市建设的顶层，推进智慧档案馆与政府部门间的信息共享和业务协作。

② 企业是智慧档案建设的一个重要主体。智慧档案馆建设是一个庞大的系统工程，需要众多信息技术和通信技术的支撑，其基础设施建设、运行、维护，行业应用解决方案的设计和完善，行业化内容信息及定制化业务等都需要专业化的企业提供技术支持和服务。

③ 公众是智慧档案馆的参与者、体验者、受益者。他们直接参与智慧档案馆的建设，体验智慧档案馆建设成果，而智慧档案馆满足其文化的、知识的、解决实际问题的需求，他们与智慧档案馆互动，对智慧档案馆建设提出完善意见和建议，促进智慧档案馆建设。

（4）智慧档案馆的支撑保障体系

智慧档案馆的支撑保障体系包括制度保障、人力资源保障和智慧产业的支撑体系。

① 制度保障体系建设包括政策法规、相关的制度标准等建设。以智慧城市建设为背景，加强对智慧档案馆政策法规的研究，弄清楚它在国家档案事业中的定位及与数字档案馆、智慧城市的关系及其运维方式，研究智慧档案馆的制度、规范以及技术标准，解决在智慧档案馆数字资源复杂性、差异性背景下，确保资源的共享交互及其与智慧城市的协作。

② 人力资源保障体系包括建设者和利用者。智慧档案馆建设需要多层次、多专业的建设人才，既需要精通档案业务工作的档案专业人才和能熟练掌握智慧档案馆各种应用的使用者，能利用智慧档案馆提供的各种应用，全面管理实体档案馆的应用型人才，更需要既懂档案专业又懂现代信息技术，能站在智慧城市的角度，瞄准社会发展的前沿，充分应用新一代现代信息技术创新档案工作，开发档案信息资源更好地为智慧城市服务的复合型人才。同时，智慧档案馆要有意识地培育智慧的利用者，智慧的利用者反过来会促进档案馆的建设，能使智慧档案馆的“智慧”转变成大众的智慧。

③ 智慧产业支持体系是智慧档案馆建设水平、运营维护、可持续发展的一个不可或缺的支撑体系。基于物联网技术的智慧档案馆建设是一个建立在信息技术、通信技术支持上的服务体系，其基础设施建设、运维，各应用系统的开发、集成，数据的存储，信息安全的保障，以及智慧档案馆建设应用解决方案、规划、项目建设方案等都需要物联网制造商和信息产业服务商提供技术支持。

4.4.2 智慧档案馆的信息系统特征

信息系统是智慧档案馆全面实现现代化管理和智慧化服务的基础和前提，属于档案馆战略规划和顶层设计的范畴，它的架构不仅包括档案馆内档案资源如何管理，还需要围绕档案馆工作运行涉及的所有要素进行整体规划和顶层设计，其信息化系统建设和系统实施范围将全面覆盖档案馆所有工作人员（包括档案馆领导、行政事务管理人员、技术服务人员、档案管理人员和库房管理人员等）、所有档案数字资源（包括馆内所有的档案数字资源、档案管理过程记录、档案馆的办公、设施、财务资产信息及其在管理和使用过程中形成的过程记录等）、所有档案馆内的实体资产（包括实体库房、办公环境、基础设施资源等）的信息化管理和运行监控，同时还包括与档案馆上游（档案移交单位及其人员）和下游（档案信息消费人员）等部门的利益相关者。其目标是将档案馆所有的业务实现全面信息化管理，通过流程优化、资源整合、协同办公来实现馆内管理运作的现代化、基于系统的管理控制和领导决策的科学化，减少传统管理中人为因素引发的主观性、滞后性和欠科学性。智慧档案馆的这一目标趋向是与智慧城市建设发展的步调相一致的，具体体现在档案馆信息化管理的全面化、档案馆资源组织的精细化、档案馆业务实现的感知化、档案信息服务的知识化等多个方面。

4.4.2.1 档案馆信息化管理的全面化

与数字档案馆相比，智慧城市背景下的档案馆将首先从档案资源信息化管理迈向档案馆业务全面信息化管理，借助智慧城市的新型生态环境和技术特征实现档案馆工作的全面信息化，从档案资源管理、档案馆设施管理、档案馆业务流程优化和基于系统的管理运作和质量改进，提升档案馆的整体运行效率和决策水平，为科学管理智慧城市生态环境下全面管理电子文件储备专业技术能力，为智慧城市对信息消费的广泛和深度需求提供专业服务能力。其次，需要建立档案文化社区，感知和发现电子文件形成者的规律和特征，记录和传承档案人的经验智慧，捕获和分析档案利用者的行为习惯，建立文件形成者、档案工作者和档案利用者之间的服务链体系，营造智慧城市中记忆历史、传承文化、启迪新智慧的档案文化氛围。最后，需要借助各种新技术手段和方法，建立各种便于档案馆功能实现的智能工具集，为档案资源的聚合、档案信息的检索、档案知识的发现、管理过程的监管以及档案的长期保存提供技术手段。

图 4-7 中智慧档案馆技术系统框架明确了智慧档案馆的信息化系统将基于各种专业的技术工具和功能组件实现档案感知与获取系统、档案馆全面管理系统、档案智能服务系统、档案文化社区四大系统。

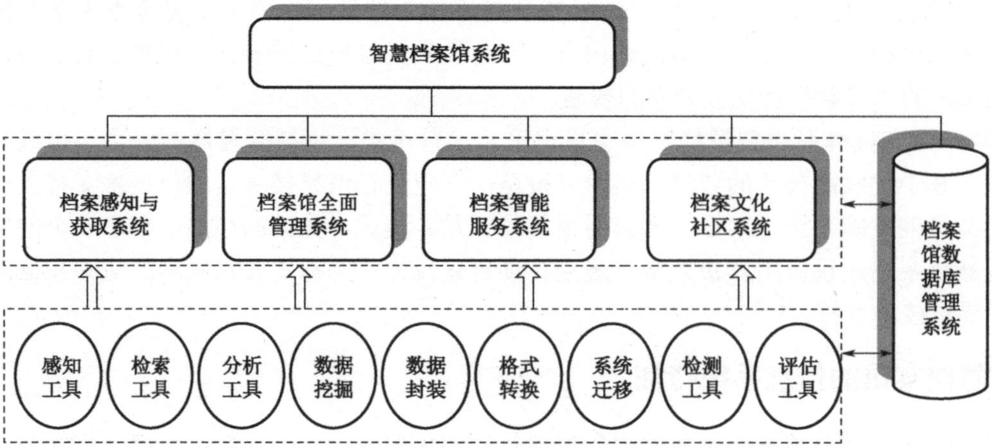

图 4-7　智慧档案馆技术系统框架结构

① 档案感知与获取系统是档案馆主动获取智慧城市中各信息系统形成的有价值的、记录城市发展历史和承载人类智慧的电子记录，需要采用物联网的智能化感知技术和工具来实现，需要采用集成化的方法进行系统迁移或格式转换，需要采用档案化的处理方法进行封装，这一系统是智慧档案馆中核心信息资源——电子档案的来源通道。

② 档案馆全面管理系统是面向档案馆所有业务最大限度地实现信息化管理，包括档案管理、设施管理、人员管理、行政管理、财务管理、库房管理、环境监控和辅助决策管理信息系统等。档案馆通过建立全面管理信息系统，实现业务工作的流程化衔接、过程化监管、质量化控制和学习型组织的建立，减少人为操作失误和人为管理粗放带来的不准确的辅助决策信息，在全馆范围内提升档案馆的现代化运作效率和整体管理水平。

③ 档案智能服务系统是面向档案信息利用者提供的信息服务系统，除了通过建立网站信息公布系统使用户查询和获悉档案信息资源外，还应根据用户以往使用档案信息的行为习惯为用户推送其感兴趣的档案信息与知识，并能够将馆内通过编纂编研而取得的工作成果通过网络进行展示和呈现，能够根据用户的个性化需求开展面向主题的档案信息综合开发和定向服务，能够通过数据挖掘和分析，深度开发档案信息资源，为社会公众提供能够启迪智慧、开拓创新的知识服务功能。

④ 档案文化社区系统是档案工作得以发扬光大、深入智慧城市每个角落和影响每个人信息行为习惯的、营造城市档案文化氛围的综合服务社区，它通过记录和宣传以往档案工作的经验和价值，分析和发现档案形成者和档案利用者的行为规律和信息价值观，在智慧城市背景下形成广泛的档案服务价值链，使每位社会公民都能够从记载历史、延续文明的角度认识和理解档案工作的价值，形成档案文化意识并自觉从文件创建和办理的任何流程环节记录其真实的行为、信息和成果，从而丰富智慧城市的文化内涵。

4.4.2.2 档案馆资源组织的精细化

智慧档案馆系统的全面实现，将对档案馆内部数据库系统的构建提出新的要求。一方面档案馆资源的来源范围将会逐渐扩大，不仅仅来源于传统档案馆定义的机构和部门内部形成的档案，还将范围扩大到云数据中心、社交媒体、电子商务网站等对社会发展有重要推动和影响作用的服务社区或电子商业环境，智慧城市下的档案馆应对这些新型的并未纳入以往传统档案收集范围的电子记录进行统筹安排和整体部署，确保智慧城市下人类智慧和信息技术支撑下的各种新形态、新事物、新发明能够被记载到社会发展的历史中，为子孙后代进行财富再造提供全面的信息和知识；另一方面从档案馆收集、处置、保存和提供档案利用的业务角度看，档案资源库的建设将不仅仅局限于接收进馆的档案信息库（以往数字档案馆建设的主要数据库）的建设，还需要建立支撑档案馆基础设施、库房和环境管理，行政办公、财务、技术服务和档案管理等所有业务活动的数据库，同时还应根据档案管理各个业务环节的特点对档案信息库实施精细化管理，以满足智慧档案馆系统运营的新要求，如图 4-8 所示。智慧档案馆数据库系统的框架结构充分体现了这一特点。

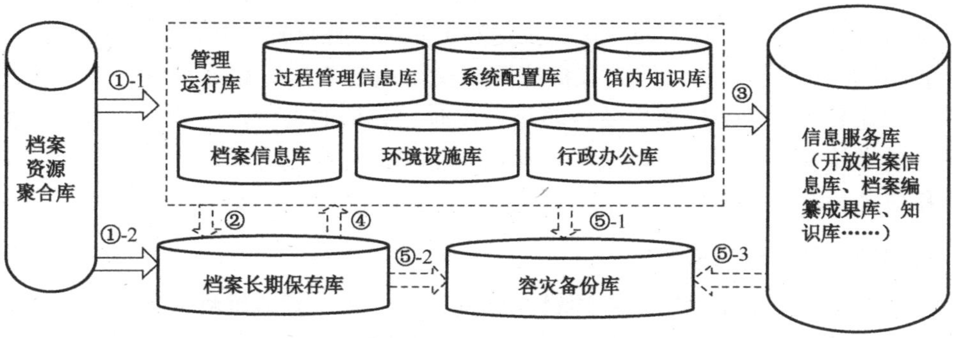

图 4-8 智慧档案馆数据库系统的框架结构

① 档案资源聚合库是档案馆中档案资源的来源库，它按照档案管理的政策、制度、要求和特点对归档电子文件或准备移交的电子档案进行规范化处理，包括分类整理、格式转换、质量检测和归档移交等，这个数据库是档案馆资源不断丰富的主体来源地。在智慧档案馆中可以采取各种感知技术、网络爬虫技术、智能捕获技术将文件形成、办理阶段积累和保存的电子文件从其系统数据库中实现自动或半自动的感知、捕获和标准化处置，智慧城市环境中各种有效的技术手段均有可能提高档案资源的聚合程度与处理能力。

② 管理运行库是支持档案馆全面信息化管理的主体数据库，从逻辑上可以划分为档案信息库、过程管理信息库、环境设施库、系统配置库、行政办公库和馆内知识库等，用于支持所有馆内业务信息化系统的建设和系统使用过程中信息的保存，档案馆工作人员通过使用运行库支撑下建立的信息系统而实现档案管理的信息化、档案馆业务的自动化、档案管理过程的运行监控、档案人智慧的捕获和知识的积累，为建立档案文化社区服务奠定档案文化基础。管理运行库中档案信息库中的内容主要来源于档案资源聚合库（步骤①-1)，其中存储的档案主要以信息组件的形式进行保存，不需要进行封装，便于档案管理人员围绕档案开展各项专业的档案处理业务，如分类、整理、标引、档案划控、降密、变更保管期限、编研、统计、查询和提供馆内上门服务等各种专业业务。当管理运行库中档案信息的真实性受到质疑时或接受司法审计等，需要系统自动从长期保存库中迁移相应的档案原始信息包中的内容

（步骤④），这个过程仅仅是特定情况下的需求，在执行步骤④期间应将档案处理过程中的重要节点的档案管理过程信息（即档案管理元数据）首先同步到长期保存库中（步骤②），以避免由于档案管理过程元数据的丢失而无法对档案管理过程的忠实性进行溯源。

③ 档案长期保存库是将档案馆内部所有的进馆档案资源进行封存管理，根据进馆档案的技术特征如文件格式或保存期限、密级及其处置要求等制订长期保存计划和实施策略。长期保存库中的档案工作人员无权通过信息系统进行变更操作，只能通过专用访问工具进行简单的浏览。长期保存库中的档案原始信息既包括直接来自档案聚合库中经登记、封装后形成的档案（步骤①-2），也包括在档案管理过程中通过执行长期保存策略而产生的可以事后追溯档案凭证性保障功能的档案管理过程信息。档案管理过程信息是通过档案馆运行库自动同步到长期保存库的（步骤②），这个过程尽可能不许有任何人工参与的成分，而是按照系统预先制定的处置过程变动策略，在特定的网络环境下自动执行，此操作不一定要求实时进行。

④ 档案信息服务库是档案馆面向社会和所有档案利用者提供档案利用服务的数据库系统（步骤③），其中的数据来源于管理运行库中的档案信息库及档案编研和开发的知识库。这些数据可以是开放档案的目录信息、全文、内容片段、编研成果等信息，也可以是面向用户个性要求或者跟踪用户信息消费行为而分析、推送和提供的个性化知识和定制服务。

⑤ 容灾备份库是档案馆为防止天灾人祸或网络安全而建立的数据库系统，它应将管理运行库、长期保存库和信息服务库的主要内容进行实时、异地的备份，这是安全管理的主体要求，这一备份的设施和实现完全可以采用智慧城市生态环境中先进的、能够实现智能化数据迁移和自动化信息管理的数据中心等方式来实现，与智慧城市的信息化设施融为一体。

4.4.2.3 档案馆业务实现的感知化

智慧城市生态环境中最典型的特征是通过物联网、云计算、互联网将人、物体、系统、数据库彼此之间实现互联互通和智能化联动，建立广泛的感知系统，赋予技术系统以分析、判断和预测功能，使静态的物体、系统和数据库具有感知功能。智慧档案馆的技术系统建设过程也将呈现出这样的智慧特征和人类特有的高级能力，图 4-9 勾画出在智慧档案馆系统中感知系统的分布结构。

① 数据感知器(Data Sensor)是系统内部数据库之间进行数据集成、迁移、转换和交换的感应系统，它通过智能化数据中心所具有的各类处理技术实现相关数据库之间的同步、传递与迁移。

② 系统与数据之间的感知器（SD 感知器）是系统与数据库之间实现业务智能处理和自动感知的系统，它通过专用组件、中间件、数据整合、系统集成和语义处理技术等实现系统与数据库之间数据的自动存取与高效率访问。

③ 系统感知器（S 感知器）是系统和系统之间实现智能交互和业务协同的感知系统，是基于工作流、Web 服务、策略配置、守护神等技术和方法实现的系统间的沟通与交互，它支持不同部门之间的业务协同和流程优化，从档案馆全局角度提升工作效率。

④ 行为感知器（Actor Sensor）是人与系统之间的自动沟通和相互匹配的中间件，系统通过对人的以往行为进行捕获，采用数据挖掘、分析和知识处理方法，使系统具有分析、判断、预测甚至感悟等智慧功能。

智慧档案馆正是在对物联网、互联网和数据智能分析与自动处理技术进行全面应用的基础上，使智慧档案馆中静态的物体、系统、数据拟人化，使之成为可以主动思维的智能对象和活动实体，将信息技术方法和人的智能行为实现充分的融合，使档案馆的业务和系统从平面走向立体，从被动地被使用走向主动地提供智能化服务，将基础设施、应用工具、工作过程实现自动化、智能化和协同化。

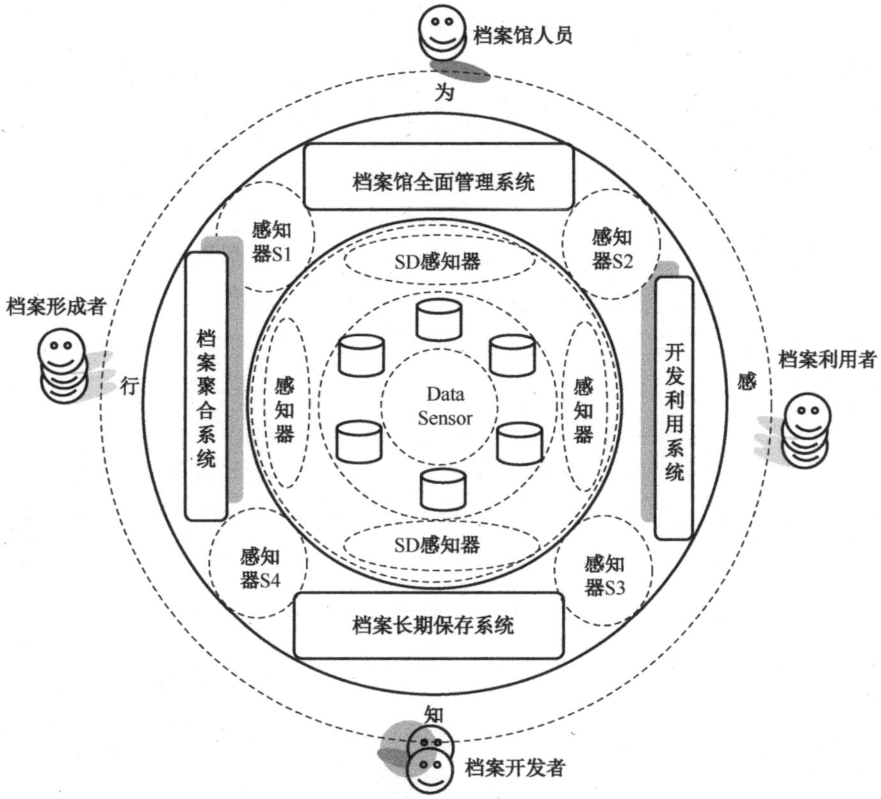

图 4-9　智慧档案馆系统的感知体系

这种基于“感知”技术的档案管理业务突破了传统的实体档案管理形式，不仅减少了人工的参与处理机会，实现了对档案信息全生命周期全过程的自动、深入且精准控制，保证了档案的真实性，还可以将无线射频识别（Radio Frequency Identification, RFID）技术应用于纸质文件的管理，不仅实现了对电子文件真实性的前端控制，还实现了对纸质档案从形成到管理、利用，直到消亡的全生命周期真实性的控制。在文件形成之初，将 RFID 电子标签植入纸质文件，使文件具有感知和被感知的能力，在文件和档案的全生命周期里，RFID 电子标签记录所有的静态的和动态的信息，并实时传输到智慧档案馆平台层。另外，还可以利用自动化的处理技术，实现档案管理业务流程的整合、优化甚至是流程再造。档案业务工作的收集、鉴定、整理等流程因 RFID 标签的应用而得以整合和简化，实现了由传统管理环节界限明确的流水线式流程作业模式向信息自动采集、环节界限虚化工作环节整合模式转变。由于各工作环节的界限模糊，档案收集、整理、保管、利用、统计、销毁等工作因 RFID 技术的应用，自动完成档案收集、整理、鉴定等环节中的鉴定档案价值、确定保管期限、著录档案信息，以及档案在保管、利用每一个环节的每一个动态及其所处的环境、状态等信息的采集，从而再造档案工作流程。

当然，还可以按照本章中介绍的虚拟库房的构建，形成人、系统与库房的协调运转的工作环境。比如，在深度而全面感知的基础上，采用智能型窗帘、感应式电梯、库房的温湿度、光照度自动调节以节约电能；根据人和物的需求自动调节办公环境、服务环境的声、光、温等，打造出绿色、资源节约型生态环境，构筑更加人性的利用环境。这些都将可能是感知技术在智慧档案馆构建中的作用。

4.4.2.4 档案信息服务的知识化

档案管理的最终目的在于为社会提供全面的信息服务，通过记载以往人类在业务活动过程中形成的成果和开展业务的背景要素，发现和挖掘以往的智慧行为和经验方法，为社会持续发展提供源源不断的信息、知识和假设。网络信息技术的快速发展使档案馆能够将馆藏资源不断地实现数字化，通过建设数字档案馆，提供档案资源的目录级和原文对象级的信息检索和全文内容享用，而在智慧型城市的背景环境下，数据分析与挖掘、语义分析与知识发现、智能处理和感知设施的广泛应用，将再一次助推档案信息服务的水平使其提升到一个更高、更广和更深的层次和高度，这将使档案馆在建立立体数据仓库和数据挖掘系统的基础上，面向馆内组织运作提供综合查询和辅助决策支持，面向智慧城市中的各行各业和社会公众以往的行为、需求和要求提供个性化的知识推送与专门化的定制等能够体现档案馆预知、判断和分析能力的智慧型服务。图 4-10 勾画出了基于知识管理模式的档案信息智慧化服务体系。

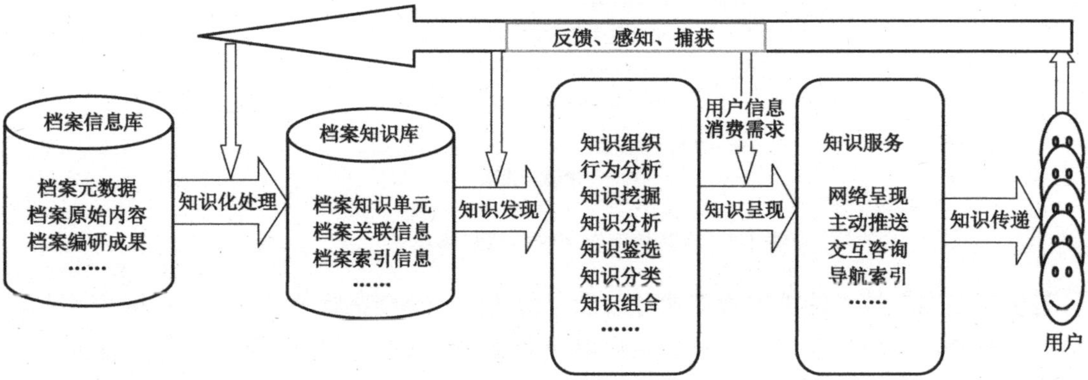

图 4-10 基于知识管理模式的档案信息智慧化服务体系

基于知识管理方式提供档案信息的智慧化服务，首先需要将档案数字信息进行知识化处理，采用语义分析、搜索引擎和数字仓库等技术建立用于挖掘、分析和发现档案相关知识的档案知识库，然后再参照用户的信息消费需求对知识进行有效的组织，并利用信息技术手段通过多种服务方式将档案知识传递到用户终端。这样一来就可以大大提升档案信息服务的能力和水平，使服务方法多样化、服务内容更丰富、服务工作更人性、服务程度更精细，最终实现档案服务模式由传统向现代的转变。

① 服务方式多样化。智慧档案馆不仅能全面跟踪和获取利用者个性化信息，在对利用者信息管理的基础上，构筑能全面、真实地反映利用者个性特征和需求特征的利用者模型，为利用者提供个性化服务，并根据对档案利用相关信息的分析，了解档案利用热点，提供推送服务，还为一些特殊的利用群体提供定制服务，主动为其提供所需要信息的、知识的服务。智慧档案馆通过泛在网为利用者提供无处不在的服务。

② 服务内容更丰富。智慧档案馆除提供传统意义上的档案信息服务外，还借助数据挖掘、知识分析、专家系统等现代信息技术，深度挖掘档案信息中包含的知识和文化资源，提升档案价值，多角度展示档案价值，为社会提供更高层次的服务。

③ 服务工作更人性。智慧档案馆根据利用者的特点采取推送方式使服务呈现出主动化、精细化特征；利用泛在网，不受时空的限制，为广大利用者提供全天候的随时随地的服务，使服务呈现出泛在化特征；数字档案馆单向为利用者服务，而智慧档案馆，利用者可参与到档案服务建设中，以多种渠道对档案馆的服务提出意见和建议，帮助档案馆提高服务水平，服务呈现出互动化特征；借助信息技术将相关服务内容集成、叠加，为民众提供综合性、系统化的信息使服务呈现系统化特征。

④ 服务程度更精细。智慧档案馆将服务融入智慧城市公共服务体系中，与政府之间实现业务协同，为政府管理和应急处理提供决策支撑；充分挖掘档案所具有的信息属性、知识属性和文化属性，为社会提供知识和文化服务；基于 RFID 技术实现在档案利用中知识产权保护的服务。

⑤ 服务模式的转变。智慧档案馆提供以用户需求为导向、以用户为主的服务。实现了档案馆与利用者之间，利用者与档案之间的关系由单向变为双向，由一方主动变为双向互动；档案从单一的被利用对象向成为档案服务平台中的主要参与者转变，从被动被检索转变为主动向管理系统发送信息，实时更新自己的利用情况、位置状态等数据，从而引导档案人员或利用者了解该档案的相关情况，使服务高效而便捷；服务渠道由单纯依靠互联网电脑单一终端为利用者提供服务向利用手机、电脑等多终端为利用者提供服务的模式转变。

4.4.3 档案仓储管理的虚拟化特征

智慧城市生态环境下，城市楼宇和档案馆舍环境均将发生质的变化，互联网、物联网、RFID 技术、智能传感器和智能监控技术正得以广泛推广。比如，利用 RFID 技术可以通过将电子标签嵌入员工的工作证、利用者的借阅卡等之中，实现对员工基本信息管理，为员工学习提升、员工权限管理等提供依据；通过对利用者利用基本信息、特征、位置等信息的管理，实现个性化服务和对档案的安全监控，进而对档案馆一切人、建筑、环境、设施设备以及安全的全面智能化控制管理，实现人力和物质资源的优化配置。

另外，通过使用智能传感器对档案馆基础设施设备、建筑、环境等的全面感知，实时掌握设备设施的基本信息、运行状态，实现对馆内各种机器设备等的智慧化程序控制及综合管理，为设备购置、维护、检修提供强有力的支撑。通过智能调节档案馆环境温湿度、光照度等，营造档案馆低碳、环保、人文的生态环境。总而言之，通过采用智能楼宇技术和系统，不仅可以监测档案馆建筑类安全隐患，实现智能管理，还可以监测档案实体的保管环境、绝对和相对位置状态，实现对涉及档案实体安全的因素的智慧监控和管理，当然还可以将智能楼宇技术与数字档案馆系统建设工作结合起来，建设虚拟库房，实现对馆藏所有档案（包括档案实物和档案数字资源）的智能化管理。图 4-11 勾画出了基于虚拟库房原理的档案仓储智能化管理的框架。

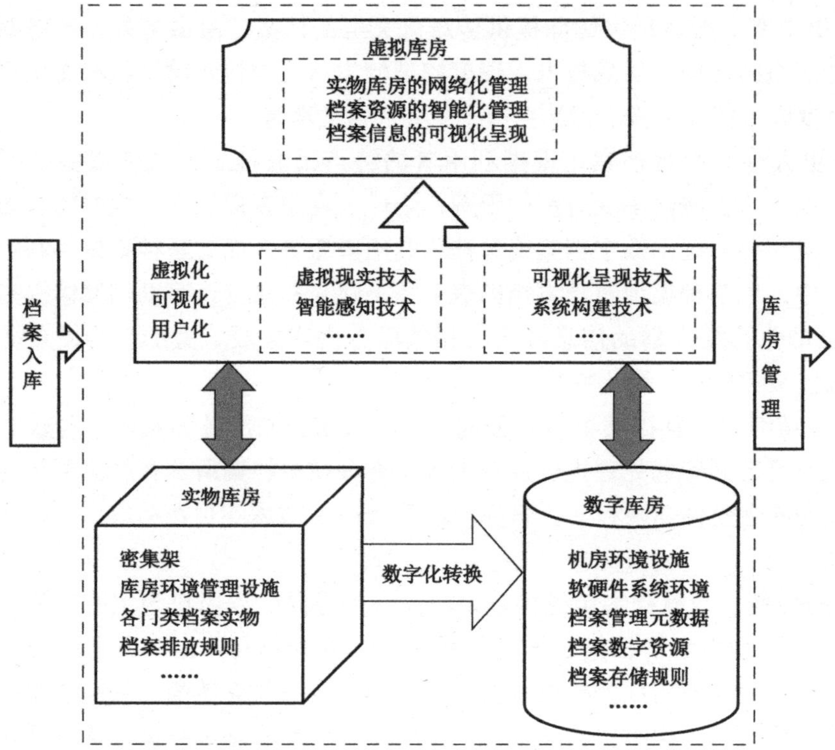

图 4-11　档案仓储智能化管理框架

4.5　智慧档案馆研究展望

当前我国档案领域在智慧档案馆方面的研究和实践，为智慧城市背景下档案资源的整体聚合、科学保管和高效利用注入了良好的档案文化意识、技术系统环境和专业操作技能，为提升档案馆“智慧”提供了基础资源条件，营造了专业业务氛围。但这些研究和实践在以下几个方面还存在有待进一步深入和探索的空间。

① 在组织层面，缺乏从国家、城市数字化发展的整体角度规划和安排数字档案资源的整合服务，缺乏城市层面档案管理的组织架构和工作体系的全局部署。依附于个体实体档案馆而架构的数字/智慧档案馆系统，难以实现城市乃至全国全部档案资源的系统化整合、统筹化管理和高效化利用。

② 在理论层面，现有的研究多局限于档案管理模式、运行机制、资源整合的宏观构想以及系统功能的中观要求，而智慧型数字档案馆的构建需要有在创新技术应用环境下的制度安排、业务模式和运作机制的一套完整理论体系的支撑，才能高起点、高水平地引领档案事业方向，指导档案工作实践。

③ 在实践层面，缺乏深入系统功能实现、文件对象控制、档案资源聚合和组织管理运作等各个层面的完整的现代档案馆的实施方法和操作规程，而当前指南性的功能要求和宏观描述，难以支撑智慧档案馆的全面实现。

从档案学理论构建、档案馆未来发展的角度看，档案领域在智慧档案馆方面的研究重点应在以下方面（但不限于）加以重视。

① 智慧档案馆的生态特征与基础理论研究。基础理论是建设实施的统领和指南，需要

在理解智慧城市新型生态环境的特征及其对信息资源管理与信息消费整体要求的基础上，分析智慧城市背景下档案馆的发展趋向和生态特征，明确智慧档案馆的基本概念、组织形态和工作体系，研究其内涵、特征、构成要素、组织结构、职能分工及其在智慧城市中的定位、作用和发展，并在此基础上进一步探索国家档案馆的结构优化和组织变革。

② 智慧档案馆技术系统的框架结构。技术系统是智慧档案馆的核心构成要素，是档案资源安全保存和提供利用的平台工具。构建智慧档案馆技术系统的框架结构，应从制度、业务、资源、技术、服务和馆员六个维度研究智慧档案馆的基础体系结构及协同工作机制；从档案工作的全程控制性、档案业务的制度遵从性、档案资源的统筹管理性、档案服务的社会多元性、馆员技能的综合要求性和管理实现的技术支撑性等角度全面设计智慧档案馆的体系结构及六个维度之间的相互关联与制约的协作机制。

③ 智慧档案馆整体构建的实施方法。实施方法是理论和系统得以落地的重要保障。要探索和研究智慧档案馆整体构建的实施方法，就应从智慧人、智慧系统、智慧工作和智慧服务等多个层面研究和分析智慧档案馆对智慧城市生态系统的基础要求和资源依赖；从管理制度建设、电子档案聚合、业务流程优化、馆员能力提升、系统集成架构和 IT 服务管理等方面研究智慧档案馆的实现原理和实施方法，结合智慧城市的生态环境和档案资源管理的要求，提出一套能够用于指导智慧档案馆建设与实施的整体解决方案，并结合现实环境中的智慧档案馆建设工程进行验证和改进。

总之，智慧档案馆的研究是一个全局性、开拓性、动态性和持续性的课题，其研究内容涉及理论、方法、业务、工程和系统构建等方方面面，因此，应在国家档案事业统筹规划和整体部署的基础上，将学术界、档案行业专家、信息技术领域和技术应用实现方面的研究人员和工程师们的积极性调动起来，这样才能逐步达到预期的愿景。

4.6 思考题

1. 智慧档案馆研究的价值是什么？
2. 简述智慧档案馆与数字档案馆的区别。
3. 智慧档案馆系统的典型特征有哪些？
4. 谈谈智慧档案馆研究的空间。
5. 简述智慧档案馆的发展前景。

第5章

档案现代化管理工程与实践

本章选摘了作者在从事档案信息化建设与实践过程中撰写的一些信息系统设计方案、学术论文以及开展科研项目的部分成果。

5.1 档案信息化工程立项报告

以项目化工作思路开展数字档案馆建设，是档案信息化逐渐走向科学、规范、高效的主体工作思路。本节以高等学校档案馆开展信息化建设为例，探讨项目立项报告的编写要点。

5.1.1 项目背景

最近几年，我校在信息化建设和集成化办公服务系统的规划、建设、应用与实施方面取得了较大成效。一方面电子校务的广泛开展，形成了大量的记录学校发展历史的电子文档，这些信息需要及时归档并组织保管，从而确保能够不间断地记载学校历史，传承学校文化；另一方面随着学校信息化发展的多元化需求，档案馆还应适应学校各级部门对利用信息资源的要求，将学校发展过程中形成的重要信息资源进行系统化整合、编研，供学校领导和各部门参考、利用，以提高领导决策的科学性和有效性。为适应学校现代化管理的需要，我校档案馆的信息化建设也提上了日程，并得到学校各级领导的重视和关注，将数字档案馆工程列为学校“211”公共基础设施建设项目。

5.1.2 系统需求描述

启动数字档案馆工程，首先需要对学校信息化应用现状、档案馆现代化管理需求进行深入的分析，了解当前应用现状，挖掘未来潜在需求，为系统实现奠定基础。

5.1.2.1 电子文件归档保存的需求

学校信息化工作在迅速发展，办公自动化及其他应用管理系统已经运行多年，其中涉及学校建设、教学、科研、教职工与学生切身利益的许多重要的电子信息，如收文、发文及有关学生、教师的数据或信息（如各类文书、科技、基本建设、学生学籍、教工卡片等电子化信息），应当按照档案现代化管理的各项要求和模式进行归档。而档案馆在档案归档过程中起着指导、接收、鉴定和保管的作用，因此，需要结合电子文件归档工作，革新观念，梳理业务流程，适应网络化环境的工作模式。

① 改变以往文书档案的传统归档模式和工作流程，在全校范围内实现网络化归档。以前档案馆指导人员到各单位面对面指导，手工拟写档案目录，各单位人工发送与接收的工作

模式和归档流程将发生极大的改变。档案馆已经在新的网络平台下研发了数字档案管理系统，即将投入运行，并将在该平台下统一全校的电子档案管理工作。

② 建立电子文件/档案管理中心，积极开展网上立卷指导、档案移交审核、归档入库、档案信息集成化管理和借阅利用等服务性工作，是摆在我们面前的迫切任务。特别是校内一些产生大量电子文档的重要部门，如党委办公室和校长办公室的秘书科、新闻中心、招生办公室和教务管理部门等，其电子文件应当年归档，以免造成学校电子文件及重要电子档案的流失和遗漏。

③ 电子文件归档应符合国家、学校等相关标准和规范。凡是按照档案法要求应该归档的信息，特别是电子档案的形成单位，在归档的过程中都应遵照国家电子政务相关标准或参考标准以及教育部发布的信息化规范及元数据标准规范，规范现有系统的数据格式。

因此，应从电子政务与电子校务的高度来认识当前电子文件归档工作的重要性和紧迫性，尽快开展电子文件一体化归档工作，研究我校电子文件归档的标准规范、技术路线、系统建设与应用的具体方法。

5.1.2.2 馆藏档案数字化的需求

馆藏档案数字化是数字档案馆建设过程中一项很重要的，也是投资较大的基础工程。数字化的主要目的包括以下几方面。

① 保护馆藏珍贵档案原件，抢救文字较为模糊的馆藏档案。

② 提供数字档案信息的网络化服务模式，方便档案信息的查询、检索、利用和集成化管理，提高档案的利用效率。

③ 挖掘档案资源，宣传学校文化，激励教职员工和广大师生更加自强，更好地为学校、为社会服务。

目前大量的馆藏档案主要以纸质档案、磁带、录像等传统存储载体保存，部分光盘存储的档案也很难实现网上查询利用。馆藏中一些历史档案、磨损较严重的珍贵档案、利用率较高的档案等，需要尽快采取各种保护措施和方便利用措施。

5.1.2.3 档案信息集成化管理的需求

目前，我校档案馆内部各门类档案的信息单独建立数据库文件，档案信息检索查询和提供借阅利用的方式还比较落后，各档案门类之间的信息几乎没有关联，这对系统化的管理和展示馆藏资源都很不利，对档案工作者进行档案资源管理及公众对档案的利用也有较大的局限性，因此，建立一个覆盖全馆各档案门类的通用档案管理信息系统，将各档案信息按照各部门的权限进行配置，实现全馆内部档案信息的集成化管理和权限范围内信息资源的共享是很有必要的。

5.1.2.4 数字档案资源的安全管理需求

学校档案馆保存的是学校的历史，是学校教师的集体智慧，是学校的文化，是学校的记忆，档案信息的安全性保障是至关重要的。档案的原始凭证性要求档案馆必须采取各种措施来保障其真实、完整和有效。数字档案的易被修改、易被传染病毒、易通过网络被盗用的特点是数字档案馆建设过程中必须考虑的重点和难点问题，因此必须采取各种技术手段，制定各种规章制度并监督执行，从技术和管理双重角度确保数字档案资源的安全。

5.1.2.5 网络数据库集成支撑平台的建设需求

在数字档案馆建设中，网络和软硬件基础支撑平台系统建设是基础。目前我校档案馆仅建立了简单的局域网环境，实现了与校园网环境的连接，在网络安全、服务器、档案信息的存储等方面还存在较大的缺陷，现在应用环境是很难满足学校信息化工作需要的，因此需要尽快建立能够支持档案信息集成化运行的网络数据库服务器、扫描加工的硬件支撑平台和支持档案信息集成化管理的业务系统，实现电子文件实时接收的文档一体化的管理信息系统。

① 档案信息的存储、共享访问与开放利用需要安全的网络设备和稳定的网络环境，包括防火墙、不间断电源、隔离集线器、网络管理软件等。

② 数字档案管理中心的建设要求有稳定可靠的支持网络化运行的网络服务器硬件平台、操作系统和数据库平台以及支持档案管理信息系统集成化运行的基础业务系统平台。

③ 馆藏档案数字化需要数字化加工设备（如扫描仪等）和数字化档案管理系统的软件运行平台。

因此，迫切需要根据档案馆信息化管理的需要购买硬件设备和相应的软件支持与运行平台，以适应档案馆的现代化管理和信息化应用与发展。

5.1.2.6 数字档案馆运行维护与滚动发展的需求

数字档案馆系统建设不可能一蹴而就，系统的建设将随着信息技术的发展而不断进行改进、完善和扩展，因此，需要做到对技术的持续跟踪和对系统的不断完善，需要在档案馆内部逐渐培养出技术和业务两方面素质都强的复合型人才来维持档案馆的运行维护与滚动发展，同时还需要与提供档案信息化解决方案的 IT 公司建立长期的合作关系，不断地获得现代信息技术的支持服务。

5.1.3 目标、范围与工作内容

数字档案馆建设的总体目标是从学校信息化建设的全局高度出发，架构一个能够支撑数字档案信息集成化管理运行的服务平台和提供档案信息高效服务的综合系统，实现全校数字档案资源的集中、统一和规范化管理；为档案馆工作人员开展档案管理工作提供现代化技术手段和流程化操作方法；为校史研究人员提供真实、完整和系统化的档案文献；为学校各部处、各院系及广大师生员工提供档案信息综合服务；为学校各级领导提供辅助决策信息。

数字档案馆的建设是一个长期、艰巨、滚动发展、技术难度相对较高的系统化工程，需要采取总体规划、分步实施的策略来开展。

5.1.3.1 项目目标与工作内容

数字档案馆工程项目实施分两期开展，一期即“十一五”期间完成基础数字档案馆平台体系架构的建设与部署；二期将在数字档案馆平台系统的功能扩展、持续发展和运行维护等方面开展深层次的应用与扩展。

（1）一期目标与工作内容

一期工程为“十一五”期间的工作，工期为 2007 年 6 月—2009 年 12 月，主要任务是：从学校信息化建设的全局高度出发，针对档案信息集成化管理的需求进行系统设计、系统开发和搭建数字档案馆的基础运行平台等基础性建设工作。目标是：整合各类档案资源，实现全校数字档案资源的集中、统一和规范化管理，实现学校电子公文的网络化鉴定、归

档、分类、接收、存储并按照使用权限提供网上检索利用，在标准规范、软硬件平台与系统、数字资源的开发、保存与利用等方面积累成熟的管理模式和工作方法，为数字档案馆的滚动发展奠定良好的基础。具体工作内容包括以下几方面。

① 网络服务器基础设施建设。目标是建立稳定可靠的支持数字档案信息安全保存、方便管理和高效访问的网络安全服务平台，包括不间断电源、防火墙、隔离集线器、网络设备的购买、安装、调试与配置，以及用于网络安全管理网管软件、入侵检测系统、网络版防病毒软件等基础软件系统的建设。

② 档案资源接收处理、统一存储与服务利用的集成化运行环境的建设。这包括应用服务器、数据库服务器、文件服务器、 Web 服务器、数据存储服务器（包括网络在线存储及备份、离线存储与备份）以及数据库管理系统和部分应用软件系统等的购买、二次开发（集成接口和个性化开发）、实施、测试和运行维护等。

③ 建设电子公文实时归档的系统。初步形成文档一体化归档模式和基础运行体系，开展全校网络化归档方案设计，制定电子文档一体化归档标准、规范，确定电子档案的保存格式及显现方式，与学校办公自动化系统进行集成，实现电子公文的网络化鉴定、归档整理、移交接收、存档保存等目标，通过开发必要的接口原型系统，为实现全校范围内的电子文件的网络一体化归档奠定基础。

④ 馆藏档案数字化加工及其资源的综合管理。结合学校档案馆现有的馆藏情况，开展对重要的、急需保护的和利用率较高的档案进行数字化处理，包括历史档案、需要抢救的纸质档案（字迹模糊不清晰、图纸等）、照片档案、声像档案以及利用率较高的学籍档案等，建立馆藏数字化加工的技术标准体系，规范数字化过程的工作流程，实现馆藏数字化形成的数字档案与电子文件归档后形成的电子档案的集成管理与统一存储。

⑤ 建立档案馆内部的集成化信息管理平台（档案馆内部业务系统）。整合馆内所有门类的档案信息（包括党群、行政、教学、科研、基建、会计、声像、人事等），实现馆内档案信息的集成与共享，为档案馆内部的集中、统一、规范化管理，为档案工作人员开展档案的收、管、用提供现代化管理手段和方法。

⑥ 建立档案信息服务网站（档案馆对外服务系统）。通过对现有网站系统进行改造，将开放档案信息、档案编研成果等进行综合整理，按主题进行系统化整合并发布在档案信息服务网上，为学校领导和各部门检索查询开放档案信息提供网络化服务；将学校各部门需要经常查阅的档案信息按权限为立档单位提供网上查询服务。

⑦ 结合数字档案馆项目的开展，培养拥有综合能力的高素质人才队伍。我们的目标是：通过项目实施、应用培训等调动档案馆内部业务管理人员和计算机应用与维护人员主动学习的积极性，提高档案馆现有人员的计算机应用水平和现代化管理水平，为档案馆未来开展现代化管理积累技能更全面、业务素养更高的人才资源；通过理论学习和实践操作，总结现代档案管理的思路和方法，在国内档案期刊和重要学术会议上发表高水平的学术论文。

（2）二期目标与工作内容

二期工程为“十一五”以后的工作，从 2010 年开始，在数字档案馆一期工程的基础上，继续开展以下几项工作。

① 大力开展馆藏数字化加工。每年以 5%的馆藏数字化速度进行数字化加工，逐渐将现有馆藏中的信息资源提供于网上，以便查询、检索和利用。

② 扩大电子文件归档范围。针对学校各个部门产生的电子信息，开发集成接口系统，

在全校范围内推行电子文件网上归档。

③ 建立辅助决策支持系统。针对学校各级领导开展工作的需要，综合馆藏丰富的资源，设计、开发、实施辅助决策支持系统，为领导科学决策提供信息依据。

④ 数字档案信息的备份。在异地（档案馆之外）建立数字档案馆备份系统，建立科学有效的、实现自动备份的长效机制，确保数字档案信息资源的安全。

⑤ 开展档案编研与宣传工作。在馆藏资源不断丰富的基础上，结合学校各重大活动及教学需求挖掘档案资源，开展深入的主体性的档案编研工作，并在网上进行展示，宣传学校历史，弘扬学校文化。

⑥ 收集各类档案信息，丰富馆藏。结合档案编研工作，分析馆藏结构，对相关主题的档案进行系统化整理；对缺失的档案进行追踪；同时还要挖掘老教授、老领导头脑中的知识、经验和文化；重视口述档案资源的积累、整理和利用。

5.1.3.2 系统范围与任务

数字档案馆的网络、服务器基础设施及信息系统的建设方案与系统实施的范围有密切的关系，因此，首先应根据项目目标与经费等确定数字档案馆的实施范围。

（1）系统建设范围

① 业务范围：数字档案馆中档案管理信息系统的建设将支持全校档案业务工作以信息化方式开展，包括电子档案收集、整理、移交、接收、归档、管理、查询、借阅、利用、转档、销毁等覆盖档案工作全过程的业务活动；支持学校各业务部门办公自动化系统与档案管理信息系统之间的业务流程集成、信息共享与数据同步的自动化处理。

② 档案信息范围：档案管理信息系统中管理的档案信息应包括学校档案馆接收和保存的各门类档案的案卷目录、卷内文件目录和档案内容信息。

③ 接口信息范围：实现档案工作与学校各归档单位之间的业务集成与共享，信息一次录入多次使用及交叉信息的同步更新。

④ 系统日志信息（系统使用过程信息）范围：包括各类用户使用档案管理信息系统过程中的详细跟踪记录，并根据需要对信息系统使用过程中的日志信息进行分析、统计，提供辅助管理。

⑤ 系统用户范围：支持档案馆各部门业务工作者开展档案馆内部的各项业务工作，包括档案数据的增、删、查、改、统计、打印、转入、转出等；支持档案馆领导对档案信息系统中档案信息和日志信息的综合查询和统计等；支持学校其他部门工作人员通过网络查询档案信息；支持档案馆的技术支持与服务人员通过网络对系统进行安装、配置、运行、维护、数据批量转入转出、数据备份与恢复、系统备份与恢复、用户授权等。信息系统所提供的功能和管理的档案信息应按照需要进行权限的灵活设置。

⑥ 系统功能范围：将档案馆开展需求分析提出的系统功能作为约束系统的功能范围，系统建设的某一阶段需要在锁定需求的前提下，规划系统功能。

（2）系统建设任务

① 确定系统目标：明确系统建设的目标、范围和总体需求，制订项目工作计划，由需求方明确，开发方根据实际情况与需求方进行协商。

② 需求分析工作：对现有应用系统进行现状分析，进一步将档案管理的详细业务流程、信息管理需求、接口需求等进行明确，由开发方与需求方密切合作、随时沟通，锁定档

案信息系统建设的需求。

③ 详细设计工作：在需求分析结果的基础上，开展档案管理信息系统建设的详细设计工作，主要由开发方完成，需求方确认。

④ 系统开发与测试工作：开发方进行编码和系统自测试，需求方根据需要配合开发工作的实现。

⑤ 用户测试与系统试用：需求方对开发方准备交付的软件产品进行测试，包括业务和技术支持两大方面，组织多类别用户对系统进行试用；将测试和试用过程中遇到的问题反馈给开发方，随时沟通并修改、完善。

⑥ 系统实施工作：包括用户测试、系统数据批量装载、新旧系统并行运行、系统切换、培训等。由开发方负责信息系统的安装、调试、培训、数据批量处理等工作，需求方应适时提供系统运行环境，提供系统初装时的基础数据，并接受培训。

⑦ 系统运行维护：包括系统软硬件基础运行平台的运行管理、维护与升级服务，包括软硬件基础平台系统和档案管理信息系统的安装、配置、备份、恢复、数据导入/导出、用户授权、故障处理等工作，以档案馆的技术支持人员为主，开发方配合并提供售后技术支持服务。

⑧ 系统改进与升级：根据档案管理业务不断扩展的需要，对现有系统中的功能进行改进和开发新的功能，提供系统升级服务。由需求方提出需求，开发方完成系统设计与实现。

5.1.4 工作计划

5.1.4.1 工作计划与工作内容

档案信息化的工作计划和工作内容，如表 5-1 所示。

表 5-1 工作计划与工作内容

工 期	时 间	工 作 内 容
项目一期	2007.6—2007.12	数字档案馆总体规划方案与系统总体设计，包括网络安全解决方案、软硬件环境、数据库管理系统方案论证和选型，电子文件实时归档需求分析，数字档案馆软件系统体系结构的确定，集成方案的确定，软件选型与实施工作的准备
	2007.11—2008.6	网络化集成运行环境的建设（硬件设备购置及安装调试，系统软件及中央数据库的建立），电子文件实时接收接口系统的开发，档案目录信息的录入，档案馆内综合管理信息系统需求分析和软件开发；各类标准规范和规章制度的制定
	2008.4—2008.12	文档一体化归档模式的建立和标准规范的制定，电子文件接口系统调试、测试与实施；档案馆内综合业务系统的开发、集成调试；馆藏数字化加工、图像处理等
	2008.10—2009.6	示范单位电子文件网络化归档接口系统的使用和运行维护；馆藏数字化加工处理；档案馆内部集成业务系统的实施；网站系统改进方案设计；开放档案的鉴定划控处理等
	2009.7—2009.10	档案馆内部各系统集成测试与运行；数字资源的整合；开放档案的网络化利用服务；网站系统的运行维护
	2009.11—2009.12	数字档案馆建设一期工程验收
项目二期	2010.1—2011.12	全校范围内电子文件实时归档接口系统开发与实施
	2011.8—2012.6	数字档案馆备份体系的方案设计与实施
	2011.6—2013.6	基于档案信息的辅助决策支持系统的设计、研发、实施与运行维护
	2010.1—2014.10	馆藏数字化加工处理；馆藏资源的不断丰富与完善
	2014.11—2014.12	数字档案馆建设二期工程验收

5.1.4.2 项目人员

整个项目的开展仅依靠档案馆自身的工作人员是远远不够的，项目的总体规划、系统设计与实施监控等需要聘用有数字档案馆系统建设与实施经验的专家或 IT 咨询公司做项目监理；系统规划、软件开发和实施需要同提供档案信息化整体解决方案的 IT 公司进行紧密合作；校内电子文件归档需要与学校计算机中心建立紧密的合作关系，在软件接口开发和信息管理需求方面应紧密配合；档案馆的工作人员需要将业务流程进行梳理，提出开展档案精细化管理的各种需求，做好各种基础准备工作，为系统顺利实施奠定基础。表 5-2 中列出了数字档案馆实施过程中的各种角色，具体在项目实施过程中，需要根据不同阶段项目的进展情况进行灵活调整。

表 5-2 项目任务与人员安排

角 色	主 要 任 务	人 数	人 员 安 排
项目负责人	项目管理，全局控制，总体规划	1	项目负责人
总体技术负责人	网络计算机服务器软硬件基础平台和软件系统的总体规划、方案设计、软件开发、系统实施	2	聘用顾问专家 学校信息中心
总体业务负责	业务需求分析，数字化加工总监控，系统实施和运行执行负责	3	馆内业务专家
系统分析员	基础运行环境与网络安全的规划、建设与实施（运行平台）	2	IT 公司人员
系统分析员	数字档案馆业务系统的规划、设计、研发与实施（应用系统）	2	IT 公司人员
软件开发	软件开发	8	IT 公司人员
软件测试	软件系统测试	2	馆内业务人员
软件实施	软件的个性化定制	2	馆内业务人员
扫描加工	馆藏数字化	4	IT 公司人员
数据录入	录入档案目录数据库	3	IT 公司人员
系统实施	负责电子文件接收系统接口研发与实施	1	馆内业务负责人
系统实施	负责馆藏数字化加工系统接口研发与实施	1	馆内业务负责人
系统实施	负责档案馆内部集成业务系统的研发与实施	1	馆内业务负责人
系统实施	开放档案上网	1	馆内业务负责人
网络管理员	负责网络及网络设备管理	1	馆内技术人员
系统管理员	负责系统运行维护与技术支持等工作	1	馆内技术人员

5.1.5 经费预算

整个项目经费预算 300 万元，一期工程约 200 万元，二期约 100 万元。

其中一期申请经费分三次拨款，第一次拨款 100 万元，于 2007 年年底到位，用于项目的启动，购买网络和硬件设备及支持系统总体设计，软件开发启动；第二次拨款 50 万元，于 2008 年 6 月到位，用于开展软件系统的详细设计、软件开发和应用实施以及购买软件系统和信息安全保障系统，馆藏数字化加工经费等；第三次拨款 50 万元，于 2009 年 6 月到位，用于支持系统测试、系统实施、系统数据整合、开放数据发布等各项工作的完成。

二期经费主要用于大力开展馆藏数字化加工、数据备份系统的建设、领导辅助决策系统的设计及研发与实施、系统改进完善与运行维护等工作。

5.2 系统顶层设计需求框架

本节内容以高等学校开展人事档案管理信息系统的建设为例，描述基于学校顶层规划的人事档案系统建设需求，可以扩展应用到其他门类档案管理信息系统的需求分析过程中。此需求说明可以作为档案馆编写招标书的参考。

5.2.1 项目基本情况

高等学校人事档案管理信息系统（Personal Archives Management System, PAMIS）的建设是一项业务性较强的信息化系统工程，反映了高等学校教职工、博士后和在校学生人事档案全过程管理的特定需求，项目涉及校内多个部门使用的信息系统集成、信息共享以及为多个部门提供网络化查档等服务，系统建设的规划与设计需要在充分了解项目总体需求的前提条件下开展。

高等学校在信息化基础设施的建设上已具备了良好的条件，全校电子校务工程取得了初步成效，档案馆信息化应用也逐步走向深入，档案管理工作越来越走向精细化管理，学校各级领导对此高度重视。经过多年网络管理信息系统的建设、实施和使用，档案工作人员的素质也有了很大的提高。本项目规划的目标系统是：建设一个能够覆盖全校人事档案工作全过程管理的信息系统，实现 PAMIS 与学校其他部门使用的管理信息系统的集成和数据共享，支持人事档案的审核（初进校人员）、建档、归档（包括鉴定）、管档、查档、用档、转档等全过程工作的自动化和网络化应用。其目的在于：提高工作效率，提升管理水平。

5.2.2 档案信息化应用现状

经过“十五”期间的档案信息化建设与应用，高等学校档案信息化应用已经具备了一定的基础，实现了档案馆内部人事档案信息的共享，并能够采用半手工半自动化的方式共享人事处、研究生院、教务处、就业中心等部门提供的人事档案基本信息和档案转出通知等，在档案馆内部实现了包括建档管理、档案职称/职务/学历/离退休变更管理、档案查询（跨库查询）、档案盘点、档案统计、档案处理（包括转出、存址变更、类型转换）、借阅信息管理等功能模块，支持档案馆内部人事档案科现有业务工作的开展。

随着全校电子校务工作的开展，以人为本、以服务为导向的管理理念将逐步推进，各部门之间系统集成、信息共享的需求不断加强，学校信息化工作也将以顶层设计、资源共享为指导思想，按职能域划分、设计、建设和应用管理信息系统，提升学校的现代化管理水平。档案馆作为集中存放学校各类信息资源和历史文化的知识宝库，肩负着档案的收集、保管和提供档案利用服务的重要任务，“十一五”期间将继续借助信息技术，不断提高档案管理工作效率，提升档案管理水平，提供档案利用服务的新模式，使学校的档案工作上一个更高的台阶。

2006 年是“十一五”开局年，我们需要从全校信息化战略高度出发，规划和设计档案馆的信息化建设和提供现代化服务的目标和任务，思考档案馆信息化系统的规划方案、建设内容、实施步骤和 IT 运行维护模式。本项目实现的目标系统 PAMIS 应在这样的全局指导下开展工作。

5.2.3 系统建设要求

5.2.3.1 建设目标要求

PAMIS 系统建设的总目标是：运用现代信息技术，基于全校信息化战略规划和档案馆的信息化总体要求，面向全校人事档案工作进行全过程规划、设计，建设一个能够实现档案馆与其他部门信息系统集成和数据共享，能够支持人事档案全过程业务工作自动化开展，在学校范围内支持人事档案信息的网络化（分权限）查询利用服务，并将通过该系统的应用，实现全校人事档案工作的现代化管理，使档案馆能够在人事档案工作过程中不断改进服务方式，提高办事效率，提升管理水平，促进全校人事档案管理体制的改革。

由于档案管理的收集、保管和利用业务的工作流程相对固定，不同的是各门类档案材料来源于校内不同部门，档案信息的源数据、内容和格式有所区别，因此，要求本系统的规划、设计和实现具有前瞻性和通用性，并将随着 PAMIS 应用的逐渐深入，将该系统方便地扩展到学生人事档案管理和其他门类（如文书、科技、基建等）档案的管理过程中，在“十一五”期间全面实现档案管理业务的信息化应用和现代化管理。

5.2.3.2 系统结构要求

① 系统运行结构要求：支持全校范围内跨部门人事档案的收集、归档、整理、保管、利用、转出等业务工作的网络化运行；要求档案数据集中存储，应用程序采用 B/S 运行模式，客户端不需要安装任何插件。

② 登录系统要求：用户登录的身份验证统一采用校园网门户网站上信息系统的用户名和密码，并将其纳入学校统一门户管理体系。

③ 工作流程管理要求：系统的运行基于档案工作的业务流程实现业务与信息的自动化处理与运行。

④ 系统集成要求：与学校其他部门的信息系统实现系统集成，实现信息资源共享，系统中的人事档案信息资源包括人事档案案卷和卷内文件的目录信息、电子全文信息；系统设备资源包括数据库管理系统及服务器、存储器等软硬件资源。

⑤ 系统安全运行和数据安全保障要求：A.要求系统用户分权限设置。要求使用系统的每个用户都拥有特定的功能权限和数据访问权限（根据岗位设定），功能权限的设置要求细化到功能组件级；数据权限的设置要求细化到目录（行与列的权限）和全文（修改、浏览、下载、打印等）。B.要求做好系统备份、数据备份，确保系统的不间断运行（至少在工作时间内）。C.档案数据要求做到物理归档，因此需要与其他业务系统的数据实行物理访问和存储的隔离。

⑥ 支持人事档案工作的“双套制”运行要求：要求系统支持纸质档案和电子文件的同步归档和一体化管理。

5.2.3.3 系统功能要求

（1）支持人事档案工作的所有业务

按人事档案工作的主体业务流程进行功能模块的划分。其主要业务包括：A.档案材料的收集与审校，如建档与归档前的审查/整理/编目/审核/鉴定；B.材料归档，包括提交归档材料、接收档案及归档材料入库等；C.档案管理，包括档案的盘点、存址变更、档案保护处理等；D.档案利用，包括查档、阅档、借出等；E.档案转出等。每个功能模块应包含增加数据或批量导入数据、修改、删除、查询、检索（目录级、全文级）、打印、统计、导出文件等基本功能组件，具体功能包括以下几点。

① 建档管理：建立教职工、博士后等各类人员档案的基础数据库，增加（录入、导入）人事档案基本信息，实现对人事档案基本信息的统一维护和集中管理。

② 归档管理：接收到归档材料后，记录和管理职工的学历变更、职务变更、职称变更信息的增、删、查、改等操作。接口要求与学校人事系统中的职称、职务、学历等信息实现同步的联动共享。

③ 档案综合查询（检索）：根据各类查询条件实现灵活、多条件的系统信息查询功能，用户可以自定义查询条件，可以要求系统提供多条件检索和跨库（表）检索等功能。

④ 档案借阅：记录来馆人员查询档案、利用档案等相关信息，并实现对档案借阅信息的查询与统计功能。

⑤ 档案借出：记录档案的借出、归还等信息，并实现对档案借出信息的查询与统计等功能。

⑥ 档案服务管理：记录档案馆工作人员依据档案内容信息开具的各类证明（出生年月、亲属关系、婚姻状况、工作学习经历等）信息等。

⑦ 档案盘点：将档案库存实物与计算机存储的人事档案信息定期进行核对，并根据实际业务对系统中的数据进行修改和处理，协助业务人员快速完成对库房档案的清点、核对、修改、统计等工作。

⑧ 档案处理：对因调离工作、离退休、死亡等各种原因需要将档案转移到其他保管机构或本馆内的其他保管地方而进行的处理，需要改变库房内档案的存档方式，而系统可以提供转代管、遗留、存档、死亡、离休、退休等状态，用户也可以自己添加存档类别信息。

⑨ 档案转出：支持档案转出的业务工作。它要求系统实现：A.转出数据的录入/导入处理，与其他部门之间信息的共享；B.转出表格生成并打印；C.回执信息自动化处理和手工录入；D.转档信息查询、统计；E.转档工作过程责任者相关信息管理、查询与统计等功能。

⑩ 目录套打：实现人事档案卷内目录信息打印的功能，要求按规定格式进行打印。

⑪ 综合打印：按照各种查询条件检索需要打印的系统中的数据（如档案目录、借阅信息、变更信息等），并可灵活选择需要输出的数据字段，要求将查询出的信息输出到EXCEL文件中，或者送往打印机直接进行打印。

⑫ 综合统计：实现对馆内档案信息的综合统计，包括馆藏的分类/对比统计、档案类型统计、建档统计、利用统计、处理统计、转出统计等多个功能模块。

⑬ 系统维护功能：如用户信息维护、数据字典维护、单位信息维护、数据备份（恢复）、数据导入/导出等模块，都是信息系统必须具备的基本功能模块。

（2）支持档案管理过程中产生的工作过程信息管理

将每个工作流程及其前后衔接过程中产生的工作过程信息进行记录并加以管理。要求能够做到执行过程中任务可监控、数据处理的当前节点可查询、任务完成后责任可追溯。每个功能模块包含增加（导入）数据、修改、删除、查询、打印、统计、导出文件等基本功能组件，并能够通过对这些功能组件进行装配，灵活部署系统的功能模型。

（3）满足系统运行维护的功能需求

系统运行维护的功能包括用户管理、单位信息管理、数据字典管理、系统日志管理、数据备份、数据同步、系统帮助等功能模块。要求将系统应用程序安装在学校中心机房的应用服务器上；系统数据库信息和电子文件信息由学校信息中心实施集中管理和备份。

（4）系统接口功能的要求

对于已经使用了管理信息系统和人事档案管理信息系统的部门，在整理和提交归档材料时，要求实现档案信息和档案材料的网络提交，同时需要送交纸质档案材料，电子档案材料一定要全部包括纸质材料的内容和信息；对于尚未使用管理信息系统的部门或暂时无条件实施人事档案管理信息系统的部门，要求提交纸质归档材料的同时上交以数字载体形式存储的档案材料信息（或电子邮件），并能够通过系统提供的导入上交盘信息的功能（或根据上交盘内容进行数据联动更新），完成归档信息的导入。

（5）数据共享与联动变更的要求

① 数据进入档案系统对于新进校教职工的人事档案的基本信息和需要归档的档案材料的著录信息、人事系统中产生归档材料的电子文件，要求从人事处和相关归档单位的系统中直接继承以实现共享；对于档案变更信息（职务、职称、学历、党团信息等），要求档案管理系统中相关著录字段按一定的处理方法实现联动变更，且形成详细的卷内文件目录。对于已有的电子材料，也可以考虑将这些文件和材料传输到档案系统中。②数据转出档案系统，档案转出的信息要求共享给人事处相关部门。③档案过程材料（卷内目录）提供网上查询服务，应考虑多种客户端接口方式。

（6）智能化处理及辅助决策等功能的需求

系统提供智能化自动处理功能和辅助决策的综合查询功能，如档案借出到期归还的自动提醒、馆藏量的对比分析与预测、重要档案材料缺少的提醒、应转出但尚未转出档案的预警等功能，以及面向主题的辅助决策信息功能。

5.2.3.4 系统信息管理要求

（1）多种类型数据管理的要求

数据类型包括以下几类。

① 档案著录信息，包括档案卷目录和卷内文件目录。

② 归档材料全文、文本或其他格式的电子文件。

③ 工作过程中形成的过程信息。

④ 系统基本信息，如数字字典、用户信息。

⑤ 系统日志信息。

⑥ 分主题的各类综合统计信息。

（2）多种格式信息的管理需求

多种格式信息包括二维数据库表（案卷目录、卷内文件、量化的过程信息）、电子文件全文等。

（3）数据备份/恢复/迁移/转换的要求

对正在运行的系统中数据做定期备份，对其他系统中迁移的数据做批量转换或导入处理，要求具有自动处理和人工干预下处理两种方式，以适应各种类型的归档部门的需要。

（4）数据分权限管理和使用的要求

数据分权限管理和使用要求不同用户拥有对系统数据分级、分类管理和操作的权限。

5.2.3.5　系统性能要求

（1）系统可扩展性要求

① 模块可扩充：要求以后能够方便地增加功能模块，且不影响当前正在运行的应用程序。

② 子系统可扩充：要求系统实现的功能可以扩展应用到学生人事档案、文书档案、科研档案的管理中，且不需要做很大的改动。

（2）系统灵活性要求

① 要求系统中用户的功能权限和数据权限可灵活设置。

② 要求系统的数据库结构可灵活定义。

③ 要求能够增添多个档案门类的子系统。

④ 要求工作流程可设置。

⑤ 要求用户可以定制自己的个性化操作界面。

5.2.3.6　应用软件使用要求

（1）软件结构

考虑到与学校其他应用系统集成的灵活性、兼容性以及未来提供网络化查档服务的需要，本项目应用软件应采用基于关系型数据库的开放性体系结构，并且以基于流行开发平台而实现的B/S多层结构为主，对系统维护部分可考虑采用C/S结构。

（2）可维护性

① 在设计和实施过程中，应编写详尽的文档说明材料。

② 系统提供可方便操作的系统配置和运行维护方法，使用户能够根据实际使用情况灵活改变配置和使用管理系统。

（3）可靠性

① 要求系统中的应用软件具有防止对程序及数据的非授权的故意或意外访问的处理能力；具有在规定的时间和条件下，维持其性能水平的能力。

② 保证运行时不会出现死机、系统瘫痪和严重的程序错误。

③ 系统应有容错机制，保证不同使用条件下系统都能正常运行。

（4）可操作性

操作简单实用，提示简明、清楚。对于常用的操作，应尽量减少操作步骤，提高系统的使用效率。

（5）可扩充性

① 系统应能适应将来的数据格式、内容发生的改变或系统存储空间方便扩充。

② 系统功能的增强、增加不会引起系统总体结构上的变动。

（6）软件兼容性要求

要求系统应用软件遵循可移植性的原则，应用软件不应因操作系统的升级、改变而导致重新开发。

（7）培训要求

要求制订详细可行的培训计划，从管理、技术和使用方面对系统运行涉及的领导、使用者和维护人员进行有效的培训。

（8）服务要求

信息服务不同于其他服务行业的特性，就在于它的技术含量高、管理内涵丰富和系统实施的复杂性。本项目希望实现的目标系统，在实施运行后的主体服务机构是学校计算中心，并要求其具备全面的 IT 服务管理和安全运作能力，在服务机构、服务队伍、服务手段等方面确保具有整体服务效能。

在目标系统的规划、设计和实现的过程中，要求软件开发商具有网状的、层次递进型的体系结构，确保快速、高效的服务响应；服务队伍的专业技能与综合素质是服务顺利实施的基础，因此应有一支专业素质过硬并获得了有关资格认证的服务队伍；服务手段的多样化、现代化为服务的实现提供硬件保障，除了邮寄、电话、传真通信、远程联网数据服务等手段，我们应能获得在线的、个性化的服务支持。

软件开发方面，应在软件开发之前、开发过程中和系统实施后为进一步完善和改进，在不同阶段应提供相应服务。

5.2.4 部门间业务流程与信息交互

档案馆的人事档案系统与学校各归档单位几乎都存在业务上的衔接和信息互动，图 5-1 以人事、干部管理部门同人事档案管理与利用之间的业务、信息关系为例，说明档案馆与归档单位之间的信息交互模型。从人员进校开始接收人事档案、在校工作产生人事档案材料、离校后转出等三个主要工作过程来描述部门间业务流程与信息交互的关系；档案利用服务则从馆内查档、网络查档、电话查档三个方面来描述。

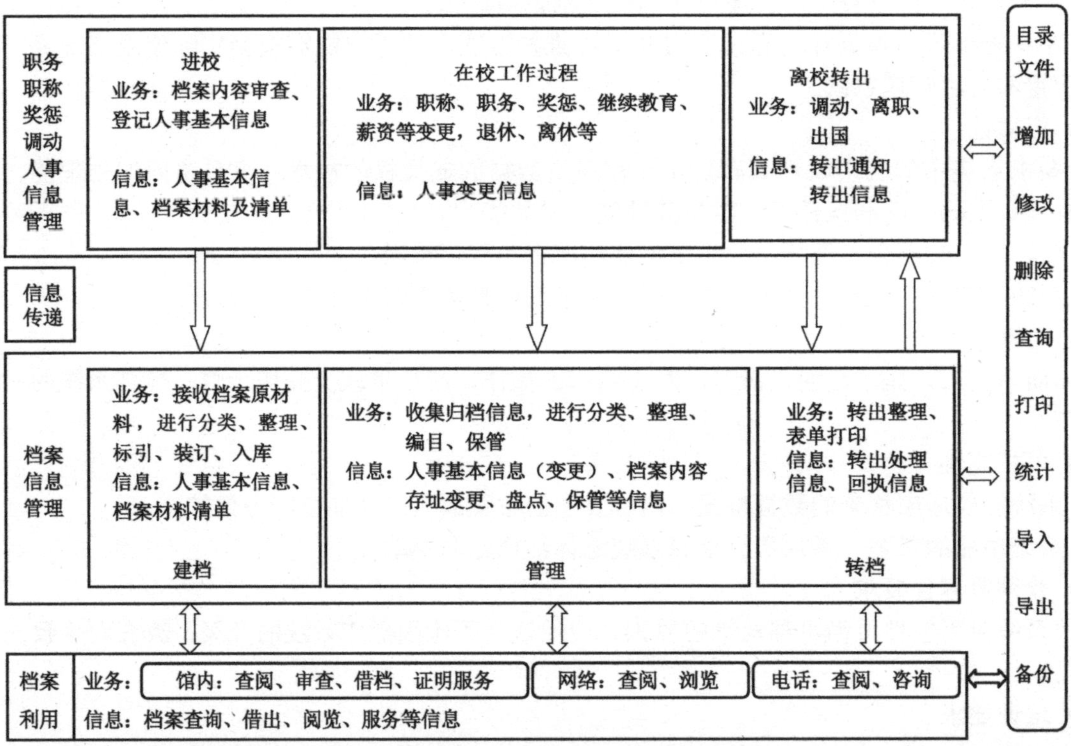

图 5-1 部门间业务流程与信息交互关系

5.2.5 基于应用共享的 PAMIS 运行模型

档案馆管理的档案，无论哪个门类，其总体业务工作流程基本一致，像档案接收、整理、保管、盘点、统计、查询、借阅、利用等一些公共模块都是一样的，且档案的描述方式和存储结构都是案卷目录 + 卷内文件目录 + 档案内容；不同的是归档单位、归档范围、整理与分类的方法和规则有所区别，因此，在信息系统规划和设计之初，应首先考虑哪些模块是公共的，以便实现应用程序的共享，而不是每建设一个门类，都要开发一套档案管理信息系统，致使未来系统运行维护的工作量也很大。因此，在系统建设过程中建议设计和实现一个通用的档案管理信息系统框架，然后再根据每个档案门类的特定要求去做个性化的实施与特殊功能定制开发。基于应用共享的档案管理信息系统的运行模型如图 5-2 所示。

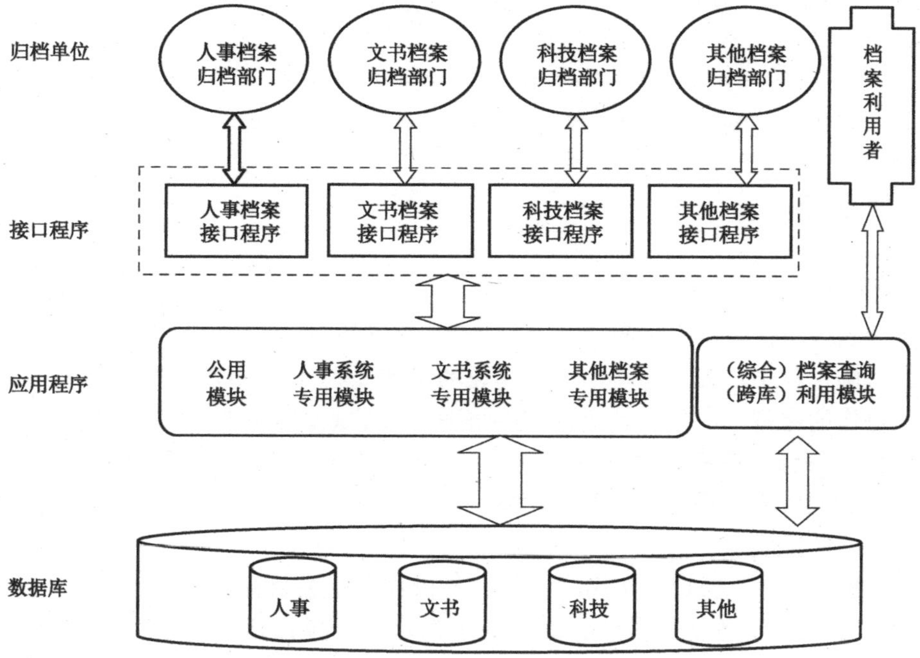

图 5-2 基于应用共享的档案管理信息系统的运行模型

5.3 档案管理信息系统实施指南

本节内容选自国家档案局立项的科研项目《综合档案馆档案管理信息系统的功能模型与实施指南研究》中有关档案管理信息实施指南的相关内容，该实施指南是基于该项目研究的通用档案管理信息系统（General Archives Management Information System, GAMIS）的功能特点而提出的。

5.3.1 实施过程模型

档案馆实施 GAMIS 有三项重要因素，即方法要科学、手段要先进、实施要得当。GAMIS 实施过程模型，如图 5-3 所示。只有当领导和档案工作者都充分理解和认识到档案信息化和档案管理信息系统的必要性、重要性和有效性，并且期待通过档案馆的信息化来获得更大的工作效益和提供更好的社会服务时，网络、计算机及 GAMIS 等各种先进技术才能通过规范化实施和广泛的应用发挥其潜能，为现代档案管理提供优质服务。

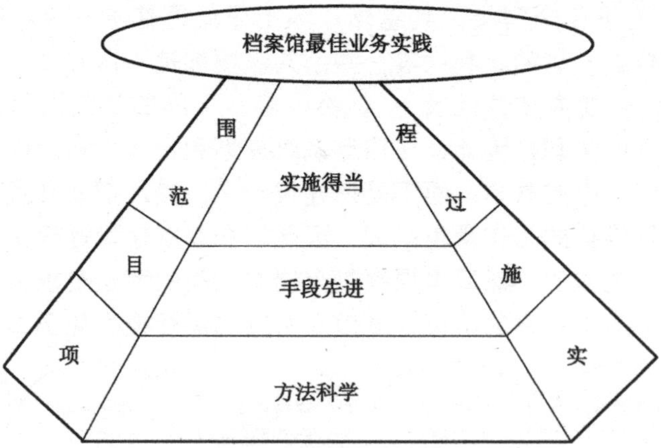

图 5-3　档案管理信息系统的实施过程模型

5.3.2　实施工作思路

5.3.2.1　实施原则

经济、实用、高效、信息共享和整体安全是档案馆开展信息化建设的基本原则。在档案管理信息系统的实施过程中，除了坚持信息化建设的基本原则（如系统工程的原则、总体可行的原则、分工协作的原则、实用性的原则、经济适用性的原则、可管理性的原则、安全可靠性的原则、界面友好性的原则、先进性的原则、开放性的原则），还应采取以下有效的技术性原则以增强实施的效果，提高实施的成功度。

（1）务实导向、注重实效

GAMIS 的实施以安全、稳定、实用、方便、易操作为主要目标，过分追求大而全的、先进的软件产品，是一种不务实的做法。原因在于需求不一样，行业有差别，同时信息技术、软件产品的更新换代非常快，市场上会不断有新的产品推出。

（2）软硬资源、同步建设

GAMIS 实施过程中不仅要重视硬件平台的建设、设备的购买，更要重视在人力资源和软件系统方面的投资。IT 人才、档案工作者技术素质的提高是信息化建设的核心力量；软件系统的智力含量、现代化管理理念更应得到充分的重视，只有“可触摸”的硬件平台是无法开展现代化管理工作的，软件系统是硬件平台发挥作用的心脏，因此，软件开发及其升级的投资不能忽视。

（3）把握业务、锁定需求

信息系统的实施需要从当前的业务需要出发，提前做好需求分析，并在一个阶段的实施过程中，锁定相对需求来开展信息化建设工作。边开发、边实施、边改变需求的做法只能得到事倍功半的效果。对于变化较大和新增加的需求应坚持放在下一阶段来完成。

（4）购买服务、强化维护

随着信息技术的普遍应用，档案管理信息系统也在迅速发展，复杂度也在逐渐增加，软件系统的安装、客户化定制等工作量比较大也比较复杂，非专业人员很难做到全方位的跟踪和维护；另外，随着应用走向深入，数据量逐渐增大，新的需求也将不断提出，这就需要加强软件系统的可拓展功能。因此，购买软件系统的同时，需要同时购买相应的实施和维护服务，以实施有效的运行维护，支持业务扩展和系统扩充。

5.3.2.2 实施方法

档案管理信息系统的实施有两种典型的方法，即“以实际业务需求为导向的需求驱动类型”（以下简称“需求驱动”型）实施方法和“以组织战略为导向的战略推动类型”（以下简称“战略推动”型）实施方法。

（1）需求驱动型

“需求驱动型”实施方法采取从局部到全局的“具体”路线，它强调以当前业务需求为主，“务实”地开展工作，其特点是信息系统与现实档案业务同步发展，档案工作者的现代化管理理念和应用水平也逐渐走向深入。这种方式风险小，见效快，是信息化起步者的快速入门方式，也是规模较小的机构信息化建设的主选方式。需要注意的是，选择这种方式开展工作时需要紧紧围绕档案馆信息化建设的战略规划和总体方案来进行。

（2）战略推动型

“战略推动型”实施方法采取从全局到局部的“总体”路线，它强调在观念、目标、方向和认识等方面达成共识的基础上，通过总体规划，有计划地将信息化工作分阶段实现，分步骤完成。采用战略推动实施方法成功的前提是战略、规划的制定不仅要从全局高度出发，而且更需要符合档案管理机构的实际需求，既要有前瞻性、发展性，又要注重当前的实用性和有效性；要求制定战略与规划的人员既要有行业发展规划的能力，又要有信息化体系架构的能力。“战略推动型”方法的实施需要懂业务、懂管理、懂技术，在档案管理和信息化建设方面有丰富经验的复合型人才做支撑。

真正意义的“战略推动型”实施方法不仅在实施过程中坚持需求的“永恒不变”策略，还会根据实际需要和业务变动的需求进行“自适应”的调整和完善，这是因为战略与规划一旦制定，落实的过程往往需要很长的时间，而信息技术在发展，档案业务在拓展，管理模式在变革。因此，在实施过程中必须随着需求的变化而有所调整。

当前，我国档案信息化建设正在走向标准化和规模化，“战略推动”与“需求驱动”“总体规划”与“分步实施”“顶层设计”与“职能贯通”成为主流设计与实施策略。各档案管理机构应紧密结合全国档案信息化战略发展实际，将档案信息化纳入本单位信息化建设的全局，制定适合本单位业务发展要求的信息化规划和信息系统实施方案，并在实施和应用的过程中将以“务实”为导向的“自适应”调整策略贯穿于信息化建设与应用的始终。

5.3.2.3 实施策略

实施策略是 AMIS 能否顺利实施和有效使用的关键因素之一，这将涉及领导的观念转变和参与程度、应用人员的认识与需求把握程度、技术人员需求分析的精细程度和深度以及系统规划与实施过程管理、实施后的服务等方方面面。

（1）更新观念、与时俱进策略

面对变化如此之快的信息社会，只有学习的速度赶上变化的速度才能不落后。实施档案信息化战略，改变观念，提升认识，提高档案管理工作者的综合素养已经成为当务之急。这就要求档案管理部门各级领导和信息化建设的组织者不仅要理解和认识新观念、新技术、新系统的含义以及它给档案工作和档案管理业务带来的效益，同时也应给档案业务工作者提供更多的学习机会，让所有的档案工作人员主动学习，提高认识。要确保档案工作者在实施与应用 AMIS 时做到：高层领导对档案信息化建设和管理信息系统的应用有充分的认识和理解并具备指导能力；业务部门的领导能够制订规划并组织实施；档案管理工作人员能够提出更深入的需求，配合实施并积极投入使用。

（2）提高认识、需求驱动策略

AMIS 是实现现代档案管理的重要工具和技术手段，它给档案管理工作带来的效益一方面取决于所实施的 AMIS 是否适合本单位本部门甚至本行业需要并具有先进性，另一方面取决于档案工作人员采取什么样的理念去应用它。但更重要的是大家应充分认识到网络、计算机及档案管理信息系统本身并不是万能的，并不是坐在它面前就能解决一切问题，而是需要在充分理解和认识的基础上，结合自己的业务需要，提出合理需求，配合实施并正确使用 AMIS。

（3）领导参与、“一把手”策略

AMIS 的实施与应用几乎涉及档案馆所有部门和所有岗位的工作人员。在实施过程中最难的是人的协调。系统实施人员与档案业务工作者能够解决的是业务上的沟通、系统上的理解和应用上的操作。但担任不同职位、承担不同任务的人员从不同角度上对信息化的认识和对系统的使用要求是很难达成共识的。因此，工作上的冲突、思想上的抵触、认识上的缺陷、观念上的差异等都会增加 AMIS 实施工作的难度甚至无法进行下去。而这些问题特别是人、资金及重要资源调度等问题，只有管理层的“一把手”真正“融入”系统实施过程，并协调和解决现实问题，才能将人力资源落实到位，将沟通、协调的难度降低，将 IT 资源的运行达到最佳配置，实施工作才能顺利进行，信息技术才能真正发挥作用，应用系统才能得到深入的使用和广泛的普及。

（4）整体规划、分步实施策略

AMIS 是档案馆实施信息化的一个基础软件平台，它的应用与实施要围绕着档案信息化战略思路来实现总体规划、分步实施和稳步拓展。实施过程中可以考虑首先挑选基础工作做得比较好的部门进行重点突破，并将成功经验逐渐推广开来。做好整体规划，使档案信息化符合本单位信息化发展的总体战略要求。做规划时应看得远一些，使管理信息系统具有可扩展性，为未来的业务发展与系统扩展奠定坚实的软硬件设施基础，搭建可扩展的信息平台和留有必要的接口，特别是要把握总体方向，避免未来将基础的甚至是关键的环节推倒重来。

任何一个档案管理信息系统都不是一个孤立的系统，它与档案信息化的其他建设如硬件设施、网络设施、操作系统、数据库管理系统之间有着密切的关系。因此，在规划、实施和应用档案管理信息系统之前，首先，要完成档案信息化的整体规划，并明确各组成部分之间的关系及实施的先后顺序、各系统之间的接口等问题，避免“信息孤岛”的形成；其次，制定档案管理信息系统建设的阶段性目标，明确实施与应用的真正目的；最后，要明确项目负责人，此负责人不仅应具有全面的协调能力，而且在项目实施过程中应具有各项资源的调配能力，同时还需要熟悉业务、管理与技术的融合应用。

（5）选择时机、大胆实践策略

AMIS 的实施必须在基本条件具备的前提下才能展开，绝不是盲目地购买软硬件就可以达到目的。因此，选择合适的机会展开信息化建设、开展网络化应用是非常重要的。特别是对那些正在思考采用什么样的解决方案，选择什么样的软件系统的入门级用户而言更应注重这一点。网络化应用首先是需求驱动的，而且必须在档案业务管理比较规范，人员素质比较高，业务流程清晰、标准规范严格、基础数据准备充分、网络及设备资源基本具备的情况下才能开展起来。因此，无论是正在准备开展信息化建设的，还是已经应用实施了一段时间的档案管理部门都应该为即将迈出的一步打好基础，选择契机开展工作，这样才能做到适时、有效和实用。

衡量恰当时机的重要因素是人、财、物等多方条件是否相对具备，而具体需要什么样的条件取决于系统实施的范围、内容、应用规模及当前业务的规范化程度等。特别是建立网络化管理信息系统，由于涉及的人员范围广、系统功能复杂（包括目录管理、全文管理、全文检索以及流程化功能部署等）、需要购买和配置数据库服务器、文件服务器，甚至是 Web 服务器等，实施的过程也比较复杂，这需要根据具体情况确定资金、人员和设备、网络等资源是否具备条件，更需要根据各单位当前业务和未来发展的需要进行综合考虑。此时制定总体规划是非常必要的工作，主要是用来确定系统的近期和远期目标、系统架构、系统功能、实施范围、工作计划、工作内容、搭建软硬件环境及人员培训等所需的资金，进行风险分析，以确定开展工作的策略和方法。

（6）确保安全、专业化服务策略

档案信息安全举足轻重，到底制定什么样的安全策略才能确保档案信息在为社会提供服务与利用的同时，不被篡改，不流失，不发生安全问题。从“计算机安全”到提出“信息安全保障”，从讲“互联的程度”到“与互联网隔离”等的信息安全策略应根据档案的密级、保管方式、加工处理方式及其存储模式等采取恰当的措施。为了保障安全而采取“一刀切的孤岛式管理”的极端的、片面的安全管理策略是不可取的。特别是在档案数字化及网络化大力推广应用后，一方面是档案信息的管理和维护工作量比较大，数字化加工工作量更大，一些单位采取自己加工的方式，结果不仅耗费了大量的人力、物力和财力，而且工期拖得也很长，最终得不偿失；另一方面是系统的维护问题，包括网络、硬件、操作系统及应用系统等都需要专业技术人员进行统一管理和及时维护，才能做到安全可靠。针对这种需求，市场上出现了提供数字化加工和信息化运行维护专业服务的新技术公司，对于一些有条件的、信息化工作量大的单位，在制定严密的安全措施和签订保密协议的基础上，委托第三方开展专业化技术服务是当前一种有效的解决方案。

5.3.2.4 实施措施

AMIS 的应用与实施将涉及档案馆领导、部门负责人、档案业务工作人员、技术维护人员以及提供信息化解决方案的 IT 公司等多方机构和多种角色人员的参与，因此，制定有效的实施措施是非常必要的，也是非常重要的。

（1）项目化措施

档案管理信息系统的实施与应用是一个典型的软件工程项目，其实施过程应严格遵循现代项目管理和软件工程管理的理念。软件项目管理的核心是：通过实施科学的管理，使项目能够在有限的资源条件下，按照预定的进度、成本和质量顺利地执行完成，并通过监理方工作的开展，有效地回避风险。

（2）本地化措施

吸取成功者的经验，避免走不必要的弯路，减少失误，深入理解和认识所选用的档案管理信息系统的方案和软件，并按本单位需求进行个性化处理是一项很有效的快速实施方法。本地化措施是在充分了解本单位需求的基础上，再参考和借鉴其他单位的成功经验，选择管理信息系统、稳步开展工作。不应走向两种极端，或采取教条照搬、照抄的拿来主义的做法，或过分强调自己个性习惯而又不符合标准的做法，这两种极端做法都是不现实的，也很难将工作顺利地开展起来。

（3）有效化措施

在实施方法的选择上，需要结合本单位技术队伍、档案管理工作者及档案业务的实际情况来开展工作。如果本单位技术力量比较薄弱，应选择购买商品化软件系统或者外包开发的实施方法，利用外部专业化的资源，不仅能够在短时间内实现快速实施与应用，还可以降低实施成本；如果本单位的技术力量适中，则建议采用自主与外包有机结合的实施方法；对于专业性强、功能复杂、开发周期长的系统，可以采用外包的形式，降低实施成本，提高实施效率，但本单位需要配备专业的技术人员参与全过程的研究、开发和项目跟踪，了解每一个环节，以保证系统交付后能够正常运行和确保系统拓展及更新改进；对于专业性不是很强、流程较为简单、开发周期短的系统可以采用自主开发方式，这样不仅可以节约系统的实施成本，而且还可以培养自己的技术队伍。

（4）实用化措施

选择一个实用的系统是非常关键的。档案管理信息系统是档案业务人员使用的一种基础软件工具，档案业务部门在选择和使用档案管理信息系统时，到底选择哪种系统运行模式如 C/S 或 B/S，选择具有哪些功能的软件系统如客户化程度较高的、灵活性强的还是固定模式的系统，都需要根据自己现阶段的管理水平、业务需求、资金、人力资源、设备资源、信息基础等多种因素综合考虑而决定。盲目追新是不可取的，而一味考虑一时之需和省钱，往往在业务进一步拓展时，造成前期投资上的浪费，也是不可取的。

C/S 和 B/S 运行模式是网络环境下两种信息系统的运行模式，各有利弊。具体选择哪种方式，关键是各个档案管理部门在实施档案管理信息系统时，要结合自己的业务要求，考虑实际应用环境的局限性，系统地、全面地权衡之后，加以选择，否则可能会产生欲速则不达的效果，甚至造成浪费。当然，无论选择什么系统都需要满足标准化和通用接口的需求，以利于在今后系统拓展、更新以及信息共享。

在未来网络化应用过程中 C/S 与 B/S 运行模式在档案的信息化管理领域还将长期共存。任何网络版档案管理信息系统的使用都需要建立在规范的业务、稳定的系统、安全的网络以及高素质操作人员的基础上，而且各单位需要配备专业的网络管理和系统维护人员进行维护、升级、数据备份等工作。可以说，再好的软件也存在拓展和更新升级与完善的问题，也需要人们首先能够认识它，而且需要使用它，甚至通过它改变一些传统的行为和做法才能达到提高档案管理水平的目的。

（5）过程化措施

① 首先从领导到业务人员都需要进行培训，充分认识和了解信息化的目的、意义及其能够带来的效应，如管理的规范化、利用的高效率，人员素质的提高、工作流程的简化等。

② 根据业务需求开展咨询和规划（包括网络安全、数据安全、系统功能、资源需求、进度计划等建设系统的解决方案），可以通过了解同行业信息化的开展情况，找一些咨询公司进行咨询和诊断，然后再有的放矢地开展工作。

③ 选定一种易操作的、有发展前景的、可扩展的集成解决方案：根据咨询公司的建议，选择一种合理有效的软硬件解决方案，包括对网络服务器、网络存储设备、数据库管理系统、Web 服务器、客户端机、档案管理信息系统等的选择。

④ 根据业务工作的需要，首先先选择人员与管理基础好（数据标准、业务齐全、管理规范、人员素质高）的部门实施，做出一个示范工程点。然后，以点带面，全面突破。在成功示范应用的基础上，根据馆内业务发展的需要，逐渐将信息化应用扩展到整个单位。

（6）安全性措施

网络、计算机、存储设备和信息系统管理软件是数字化档案信息生存的基础，也是引发安全问题的风险所在。黑客攻击、病毒蔓延、信息窃取等问题源于安全架构不科学、制度不健全、管理不规范、措施不到位，其中有客观的因素，也有主观的原因，但更值得注意的原因是信息化建设之初，安全意识薄弱，技术方案有漏洞。因此，我们需要强调在信息化规划的过程中就要全面设计和考虑信息安全的问题，提高安全意识，加强安全管理，在实施的过程中制定安全解决方案、落实安全保障措施，只有这样才能最大限度地保障计算机网络、信息系统和档案信息的安全。

（7）关系型措施

科技的发展使信息技术走向了“以人为本”的发展轨道，人们产生了多样化的需求，档案管理业务人员也是如此，在市场中不断寻求个性化的坐标，所以需要有一个能承载个性化需求的生产平台。于是，个性化产品、个性化界面、个性化业务流程和功能模块的定制服务等充斥着 AMIS 研发人员的工作。然而，标准化则是遵循规范一致，整体统一的管理思路，标准是行动的准则，这恰恰与个性化需求相矛盾。因此，如何正确认识和处理个性化和标准化之间的关系也是 AMIS 实施过程中的一大难题。事实上，这个矛盾必须在实施过程中找到一个最佳的平衡点，才能促进档案业务与信息技术的融会贯通，而选择平衡点最重要的前提是档案行业应明确制定适应时代变化的标准与规范，档案工作者也应严格遵守行业规范以开展业务管理工作，个性化则是在标准规范的基础上根据管理需要进行的扩充，个人习惯如果与标准相背离应彻底改变。因此，在 AMIS 实施过程中，应首先坚持遵循标准和规范，然后再考虑个性化需求的满足。

（8）落实型措施

在 AMIS 的实施与应用过程中最容易出现“两张皮”现象，即将信息化与业务管理分离开来，认为是两件事情，导致出现一些极端现象。一种是业务部门照常按原来的方式开展工作，雇一些临时人员来录入数据，档案管理者几乎不会关心管理信息系统运行的任何情况，顶多使用查询模块查一下档案信息；还有一种现象是业务部门的人员仅仅使用很少的一部分功能，如基础信息录入和查询等模块，对于管理信息系统中流程化的管理思想全然不理解。另外还有些单位花较多的钱买来功能强大的网络版档案管理信息系统，而实际操作时只习惯使用 EXCEL 桌面系统，只将部分已录入的数据让技术人员导入 AMIS 中，满足所谓的数据上网条目数量检查的要求，而档案管理信息系统中大量的功能如流程化管理、全文管理和全文检索等都没有利用起来，几年后该系统又将面临扩展、更新甚至淘汰，造成了投资上的浪费和信息资源的损失。实际上，有些单位 AMIS 应用的不深入本质上就是没有将业务管理与信息系统融会贯通，而是隔离开来甚至对立起来，结果花费大量人力、物力来维护系统和数据，使人成为档案数据的奴隶，没有真正发挥信息技术的作用，反而成为管理人员的负担。

5.3.2.5 实施路线

实施路线的选择需要根据档案馆开展信息化建设的人力、财力和物力资源的综合情况来确定。在 AMIS 实施过程中，不同的实施路线，档案工作者参与系统实施和开展工作的侧重点有所不同。

（1）外包研发模式

档案馆直接购买商品化 AMIS 软件产品，或者选择一家软件公司，按档案业务实际需求进行定制开发，即将 AMIS 的开发工作外包给第三方机构。此方式对档案部门人员要求不高，主要是提出需求，配合实施，学会使用系统，在系统维护、数据备份等方面可以聘用专门人员开展工作，或者委托给专业公司进行托管。这种方案适用于业务比较简单的档案馆（室），它的优势是充分利用了外部专业化 IT 公司的力量，从而降低开发与实施成本；缺陷是如果不注重培养自己的研发队伍和相关技术人员，往往由于被委托研发的单位人员不熟悉档案业务知识，开发的系统实用性和灵活性差，同时档案机构人员对信息技术的认识不深入，难以提出较深的要求，难以对开发单位的需求说明和设计资料进行准确的评价，往往到后期或使用了一段时间后才发现设计中的问题，或者才有较为准确的需求，给实施完成后的系统正常运行和日常维护工作带来难度和更多的资金投入。为避免这些弊端，档案管理机构应选择开展档案信息化解决方案的专业开发商，并注重考察其咨询能力和售后服务能力，要求他们不仅能提供满足档案管理需求的软件系统，还需要有一定的咨询和培训能力，促进档案工作人员尽快理解和掌握系统的管理思想和应用模式，更需要供应商有提供长久服务的能力。

（2）自主研发模式

采取自主开发和自主维护的方式进行 AMIS 的设计、开发、实施和运行维护。在档案馆内部设立技术研发部门，根据档案管理的业务需求进行定制开发，并随着业务的逐渐开展，不断地对系统进行完善和改进。此模式适用于业务比较特殊或有特殊需求的档案馆，这种模式要求档案馆具备较强的软件开发实力，并能够根据本单位的业务需求进行定制开发。其优势是能真实反映本单位的实际业务需要，针对性较强，系统实施相对比较容易，且风险较小，还可以培养和锻炼自己的研发队伍，系统维护和完善将会及时到位。不足之处是由于大多数的档案馆队伍中人员结构不尽合理，业务人员多、技术人员少，尤其是高水平的系统分析员少，技术人员不仅要开发系统，还要跟踪信息技术的发展，进行系统的维护，考虑数据的备份、系统安全等，工作量大，开发周期长，研发成本也会比较高。

（3）混合实施模式

混合实施模式是将前两种模式结合起来，即购买商品化软件 + 客户化定制与二次开发。档案馆立项，委托第三方 IT 公司在其商品化软件的基础上，针对本单位的档案业务现状和发展需求进行客户化定制和二次开发。这种方式适用于一些基础条件较好、资金充足的档案馆。采取这种联合开发模式，由软件公司负责解决技术难点，对开发过程进行科学安排和严格控制，这样既回避了档案机构开发队伍经验少、技术低的问题，又有机会为档案部门培养懂业务、懂技术、懂现代化管理的复合型人才。同时，档案管理机构还可以拥有档案管理信息系统的知识产权，更重要的是开发的软件切合档案馆用户的使用需求，系统未来的功能扩充、运行和维护也有保障。

（4）整体引进模式

选择一家具有丰富行业经验的系统集成商，由其提供或统一购置档案管理商品化软件及软硬件设备，并选用其专业化项目实施队伍，负责项目的完整实施，包括软硬件集成平台的建设和软件系统的客户化处理过程。商品化软件通常是由一批具有丰富经验的管理专家和高级专业计算机技术人员共同开发的，软件本身蕴涵了现代管理的先进理念，针对行业特点为档案馆（室）提供了各种管理功能的模块，这些软件模块为档案流程优化与重组提供了可借鉴的参考模型，能够在较高的层次上提升档案管理水平，而且软件已具有一定数量的用户，经过实际应用的考验，一般都比较成熟与稳定，质量有所保证；升级维护方面的支持比较及时，有利于档案管理信息系统的更新。但商品化软件追求通用化，其功能无论在范围上还是在深度上常常只能使档案管理部门的需求得到部分满足，系统的适应性不是很强，更难以形成特色。在具体的实施过程中单纯依靠软件提供商可能会出现用户过分按照软件提供的理想模式行事，而忽视档案管理的具体业务要求，或软件提供商过分依从用户的所谓“特色”，造成软件的先进性、通用性降低。另外，由于没有源程序代码，未来系统的扩展还需要做持续的资金投入。

5.3.3 实施工作要点

实施是在档案信息化战略已经确定、总体规划已经明确的前提下，在人才、技术、信息、资金、时间、环境等各类资源环境初步具备的前提条件下，在 AMIS 正式使用之前开展的信息化建设工作。

系统实施主要包括四个阶段：前期准备、项目实施、系统运行和系统培训。图 5-4 以选用商品化软件的实施路线为例来说明整个项目工作的进程，如果选用自主研发或研发外包等模式，则在整个项目开始实施之前需要开展的一项重要工作是系统开发。系统开发是信息化建设过程中一项至关重要的内容，是项目实施的前提和基础，本节以购买商品化软件系统的项目实施模式为例进行阐述，关于系统开发的详细过程请参考软件工程相关书籍。

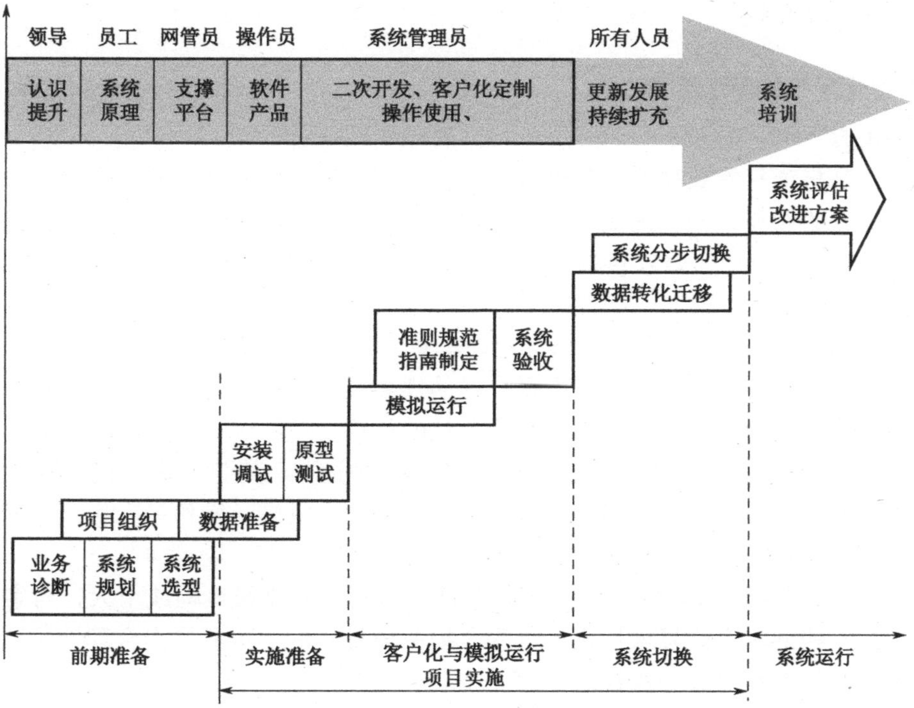

图 5-4　项目实施工作进程示意图

5.3.3.1 前期准备

前期准备工作是信息化项目实施的基础性工作，主要通过开展咨询活动，发现问题，提升观念，达成共识，并结合档案馆内部业务工作的实际需要开展项目规划、信息系统规划、需求调研、系统选型、资源准备等工作，为项目实施作铺垫。

5.3.3.2 项目实施

项目实施是核心工作，主要任务是按照信息系统规划、按照所选用软件系统的客户化要求，进行系统硬件、软件、网络运行平台的建设，包括安装、调试、信息系统原型的测试、模拟运行、规范制定以及必要的二次开发等一系列客户化的实施和应用过程，在系统整体运行测试完成后，还需要组织专家进行系统验收。系统验收完成后，一方面是将档案管理机构现有的数据进行标准化转换、分类迁移和建立数据库，运行管理信息系统；另一方面是集中力量开展馆藏档案的数字化和文档一体化等，获取和积累档案信息资源。

5.3.3.3 系统运行

系统能够正常、高效、安全地运行是项目实施的基本目标，用户真正能将 AMIS 用起来，并取得良好的实施效果才算成功。

5.3.3.4 系统培训

培训工作是帮助档案工作人员全面了解 AMIS 的内涵、功能、实施方法和使用要求等的主要方式，主要对象包括档案馆内部所有使用 AMIS 的人员、开展系统维护和网络管理的技术部门工作人员等。

5.3.4 实施过程管理

5.3.4.1 项目化实施的基本要素

（1）项目相关方

项目相关方，是指项目的参与方及其受影响的个人或组织。每一个项目的实施，都涉及多方面的个人或组织的参与。为了确保项目的进度，把好项目的质量关，控制项目的资金投入，通常客户会聘请监理全面监督项目的执行，因此，项目的实施至少会涉及客户、供应商/开发商和监理三方的利益。

① 客户是项目承担的主体对象，是档案管理信息系统实施与使用的最终用户，即档案馆、档案室工作人员等。其主要职责是：根据自己的需要设立项目，并选择供应商、开发商及其软硬件产品。客户是项目的出资方，也是信息化的最终受益者。

② 供应商/开发商即开发、销售软硬件产品的公司或个体。其职责是：提供商品化产品，为客户提供信息化解决方案，根据需要进行客户化定制、实施、操作等工作，或者以项目合同的方式参与到客户方的开发和实施过程中。

③ 监理是客户出资聘请的项目实施顾问和项目建设质量的监督机构或个人，对客户负责。其主要职责是：帮助客户监督项目执行过程，把关项目质量，定期提出合理性建议，降低实施成本和风险，保障项目顺利执行。

项目的成功开展，需要协调这些利益相关者之间的关系，选择平衡点，最大限度地调动所有参与者的积极性，减少项目实施过程的阻力。

（2）范围与目标

项目实施的范围与目标直接影响项目的成本与进度。目标又可以细分为长远目标和近期目标，而在实施过程中应将目标按阶段划分，每一阶段应考虑具体的实施范围，如系统的客户数、能覆盖的功能模块、数据存储容量等，这是在签订合同和实施前必须明确的内容，也是在选型过程中应兼顾的重要因素，只有这样才能正确确定软硬件系统的基本配置和要求，进而确定项目经费，缩短商务谈判过程，推进项目建设进程。

（3）组织与团队

项目的开展需要一个强有力的工作团队，并有组织地展开工作。项目团队将包括所有的项目相关者，在项目实施的每个阶段也将组成不同的团体。项目启动之前需要成立项目委员会（一般由业务骨干和具有决策权的高层领导组成，甚至聘请专家及咨询顾问），主要任务是分析项目的可行性、确定项目是否立项、确定项目的目标与投入。而在项目启动及开展的过程中，项目主持者是非常重要的角色。合格的项目主持者应拥有项目资金和项目资源的具体使用和调配权，这是确保项目保质保量完成的基本条件。

目前，在我国档案行业，甚至是其他行业，开展信息化建设后基本形成两套组织体系：一个是开展信息化建设和运行维护的信息管理组织体系；另一个是当前已经存在的行政及业务管理组织体系。结果就是：业务管理和信息化应用没有真正融为一体，两者之间有着观念和认识上的差异。事实上，理想的管理模式应该是二者合一，要求档案管理机构的领导是既懂业务又熟悉信息化应用的现代化管理人才；要求档案业务工作者是掌握多项技能的复合型人才；要求机构中的每位员工把信息化和档案业务结合起来开展工作。

项目团队协调工作的一个重要管理理念是任何角色都不能越位操作，不仅下级不能越级行事，而且强调项目经理也不能降低级别直接指挥更下一级的成员，否则，难以有效地发挥团队的合力。

（4）项目资源

资源是具有现实意义和潜在价值的内容，包括自然资源和人造资源、内部资源和外部资源、有形资源和无形资源。这里所强调的资源，不仅包括支持项目开展的人力资源、资金资源、技术资源、环境资源，还包括在档案信息化建设过程中不断产生和形成的新的 IT 资源，如网络、服务器等硬件设备，操作系统、应用系统等软件资源，同时还包括档案内容和管理信息资源。因此，要求我们不仅要管好用好能够看得见、摸得着的设备资源，也要学会管好用好软件资源。项目开展的不同阶段，资源的需求在不断变化，有些资源用完要及时偿还或遣散，任何资源积压、滞留或短缺都会给项目带来损失，各类资源的合理、高效使用对项目管理尤为重要。

（5）项目进度

项目的进度计划需要按项目的目标要求进行制定，并严格落实执行。这些计划的制订不仅包括对供应商和开发商的约束，还应包括对档案馆工作人员的工作进度要求。项目的发起单位往往只注重要求协作方按时完成，而忽视了对本单位人员的要求。事实上，在档案信息化建设过程中，由于档案机构内部人员的不配合、工作繁忙、需求变化等影响了项目整体进度的情况比较常见。因此，项目在实施过程中，要求参与人员都要明确自己的职责、了解项目进度，只有互相配合才能按计划顺利开展工作。

（6）项目质量

质量是管理信息系统建设最重要的因素，它直接关系着档案管理机构的根本利益，也影响着供应商和监理方的声誉，应该说参与项目的每位成员都希望获得高质量的实施效果——客户的最大满意度就是目标的最大接近度。而要想保证项目的最终质量，必然要求严把过程关，控制过程质量，落实阶段目标，只有每个阶段的质量得以保证，才有可能落实项目的最终质量。另外，由于参与项目的多方机构和人员从不同的角度思考问题，对项目目标的理解不完全相同，衡量项目质量的标准也不完全一致，即便用户当前是满意的，但很可能在很短的时间内，其满意度也会发生改变。因此，沟通、交流、达成共识仍然是保证项目质量的有效方法。

5.3.4.2 项目化实施的工作内容

按照项目化管理思路，档案信息化系统建设主要包括项目立项、项目组织、系统规划、系统开发、系统实施、系统验收、系统评价和系统运行与优化8个核心过程。

（1）项目立项

该阶段是项目论证和项目启动的初始阶段，也是项目总体工作中最基础、最重要的阶段，主要回答做与不做的问题。本阶段的核心人员是决策者，项目开展的主要工作流程和工作内容包括以下方面。

① 立项建议：档案管理部门（即客户）根据本单位业务发展需要，并在充分了解同行业应用现状和发展规划的基础上，提出立项建议，即提出开展该项目的必要性。一般主要由该单位的决策者确定。

② 项目论证：从本单位资源（人力、设备、技术）、计划、成本、业务需求等方面论证该项目开展的可行性。一般由顾问公司在充分了解和分析本单位信息化需求的情况下进行科学论证，有实力的客户单位也可以组织本单位相关人员参与或自行开展可行性论证工作。

③ 项目启动：在确定项目可行后，就应该按计划启动项目。项目启动阶段非常重要，其内容较多，也比较杂，包括项目计划的制订、项目的招投标，系统开发环境与运行环境的确定与购买、项目经理的选择、项目团队的组织、项目资金的筹措等，各种合同的签订等一系列软件项目开发前的准备工作和基础性工作。项目启动完成的重要标志有：成立项目管理委员会、任命项目经理、组织项目团队、获取项目许可证、签订开发协议、准备好一切软件开发的基础环境等。项目经理是个非常重要的角色，在选择的过程中需要非常慎重。有资料统计，70%的大型软件信息化没有成功的原因是管理问题。确实，在现代技术发展如此迅速的信息社会，专业技术的难点已不是信息化项目考虑的头等重要的事情了，而管理问题显得尤其突出，其中的原因也正是在实际工作中重视技术太多，忽视管理的重要性而造成的。另外，尽量不要选择一个不懂软件技术和软件开发方法的纯管理学人士来领导软件团队，否则，其结果将难以想象。

④ 方案选择：在可行性论证工作中会提出一到多种可行的方案，并进行进度、成本、资源等方面的预算，决策者将根据这些建议方案确定一种可操作的实施模式，比如，是采用自主开发，还是邀请第三方机构参与并签订项目合同等开展工作的总体策略与应用方案。

⑤ 项目目标：由项目参与的多方机构制定项目的总体目标、分步实施计划、控制措施、评价体系等，并报批决策者。

⑥ 条件准备：根据项目的总目标，落实项目团队、工作计划、资金、环境及设备等开展项目建设的必备条件。需要强调的是开展项目的团队一般包括三方，即项目协议双方与监理方。监理对保证项目顺利实施乃至成功非常重要。

（2）项目组织

项目组织与团队建设是项目启动工作的重要内容，也是决定整个项目能否成功的关键因素。参与档案管理系统建设的单位和个人主要包括以下三个方面的组织和成员。

① 建设方：承担信息系统建设的集成商或软件系统的开发商，其主要职责是提供解决方案、开发软件系统与必要的集成接口、实施软件系统并开展必要的咨询和培训等工作。

② 用户方：享有系统建设成果的从事档案信息化建设和开展档案业务管理的档案工作者，包括档案馆的档案工作人员，其主要任务是提出需求，检验并正确使用系统。

③ 监理方：站在第三方的角度审视系统建设的全过程，其主要职责是监督和控制整个项目的进度、成本、质量等综合要素，维护用户的权益，降低系统建设的风险，提高系统实施的成功率。

档案管理信息系统的建设是一个典型的软件工程项目，系统的建设作为一个项目来实施，需要将上面三方人员整合成一个有效的工作团队，制订项目工作计划，落实团队中每个角色的职责，在充分交流和沟通基础上有序地开展工作。这必然需要一个既懂技术、又懂档案业务，同时还擅长管理的项目经理。项目经理是项目执行过程中的管理者，既可以是一个人，也可以是一个梯队；同时还需要成立项目管理委员会负责系统建设过程中各单位、各部门在项目工作过程中各阶段的协调，把握系统建设的全局性和关键事项，对重要工作进行决策；项目管理委员会往往由档案馆主管业务的领导及档案馆各部门的业务骨干和技术总负责人组成；用户方和建设方的人员将在系统建设的各个过程中承担相应的责任和义务，在项目经理的直接领导下执行各自的任务；监理方协助项目管理委员会监控系统的建设过程，并提供必要的咨询和评价服务等工作。图 5-5 给出了开展项目的组织架构。

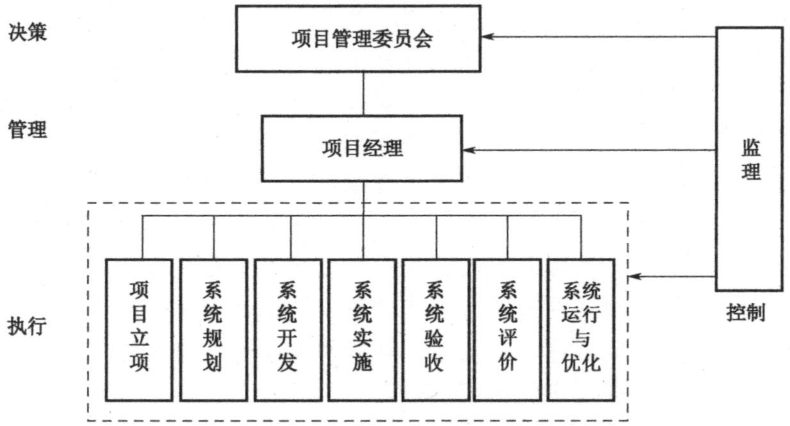

图 5-5　档案管理信息系统的项目组织架构

需要强调的是项目经理必须由专职的、具有多方面综合能力的高素质人才来承担，而且在整个项目的执行过程中具有对项目经费、人员、设备等各类资源的分配权和调度权。一些单位往往派事务繁忙的领导担任项目经理，或者由不懂信息系统建设的行政干部担任项目经理，掌管人权和财权。结果项目经理成为系统建设的瓶颈，造成项目工作难以开展，甚至搁浅或无限期地拖延，致使系统建设难以实现。造成这种局面的主要原因在于：个别分管领导未能正确地理解和认识项目经理这个角色的含义，事实上项目经理只是在本项目实施过程中负主要责任的主持者，做完该项目，项目经理的使命就结束了，并不拥有什么管理特权。可能在某一个信息系统建设项目中曾担任项目经理的个人，在新的项目中只是一名普通的系统分析员，这就是项目管理中团队管理的重要理念，也是现代化管理过程中一个重要的用人思路。

（3）系统规划

系统规划是项目工作的前瞻性、全局性和关键性的第一步，档案馆信息化建设的高层行政管理人员及高层信息管理人员是系统规划的主要成员，其任务是确定系统实施的目标、系统体系结构、系统实施方案和实施过程的资源计划，因此，参与系统规划的人员对档案业务、现代化管理和信息技术及其发展的理解、认识和熟悉程度，以及他们的开创精神与务实态度是有效开展系统规划的基础。

系统规划阶段解决的几个关键问题包括：组织与团队的构成、系统实施的进度计划、资金分配方案、工作内容、信息系统部署方案及实施信息系统的有效性、可用性、可扩展性，同时还包括系统实施过程中人力资源、行政管理、技术支持的协同以及对项目实施过程的风险预测等。

系统规划的出发点，即档案馆信息化建设的总体目标。档案管理信息系统是开展现代档案工作的基础，对档案工作的总体建设起关键性作用，信息系统的运行必须支持档案工作的业务需求并直接影响其目标，系统规划过程实质上是将档案馆现代档案管理目标分解到信息系统的建设过程中，是将档案工作的业务流程、组织与管理模式与信息系统建设紧密相连的一个重要过程。

（4）系统开发

系统开发是系统建设的核心工作，信息技术含量较高，此阶段的主要工作是由承担档案馆信息化建设的软件供应商来完成，档案馆业务工作者的主要任务是提出目标系统的需求，档案馆的技术支持人员则在业务工作者与开发人员之间架起沟通与交流的桥梁，了解系统开发过程中的问题并协助解决。对于选用商品化软件系统来进行系统实施的档案馆而言，除了需要进行二次开发外，一般在系统建设过程中不需要过多参与系统开发的工作，直接使用现成的软件实施即可。系统开发阶段的主要工作包括需求分析、系统设计、系统编码、系统自测试等几个重要的环节，并通过不断地完善与改进逐渐逼近目标系统。

① 需求分析。

需求分析是系统规划、系统开发和系统实施的重要依据，其主要任务是完成用户对目标软件系统在功能、行为、性能、设计约束等方面的理解、认识、定义和期望。通过对相应问题及系统环境的理解与分析，为问题涉及的信息、功能及系统行为建立软件系统模型，将用户需求精确化、完全化，最终形成需求规格说明书。

需求分析阶段档案馆业务工作人员的主要工作包括：描述基本业务需求，挖掘潜在需求，与技术支持人员共同探讨真正的应用需求，审定需求分析报告，锁定业务需求内容。

需求分析阶段软件研制人员的主要工作包括：倾听业务需求描述，获取用户的本能需求；通过启发、诱导，深层次的沟通与交流，获取用户的潜在需求；理解、分析、整合、应用现代管理理念与档案馆业务工作者进一步探讨真正的应用需求；编写需求分析报告并获得用户认可。

② 系统设计。

系统设计是基于需求分析的工作成果，对系统做深层次的分析，从而得出一系列行之有效的系统实现方案，使整个项目在逻辑上和物理上能够得以实现。系统设计的最终目标是要完成对“目标系统如何架构”问题的准确回答。其任务包括构建系统框架，设计系统功能，描述系统流程，建立系统的数据模型、接口模型及界面模型，形成系统的逻辑结构，告诉程序员软件系统应该“怎样做”。系统设计一般分为概要设计和详细设计两大步骤。概要设计是根据需求分析内容确定软件系统的总体框架，定义系统的初始模型；详细设计是在概要设计的基础上做进一步细化工作，规划出系统的运行结构、功能结构、信息模型、过程模型和集成接口结构，并详细到系统编码阶段的各类函数、变量等对象的结构定义、流程定义和实现方案。

③ 系统编码。

在完成系统分析和设计工作之后，信息系统的运行结构、功能结构、模块结构和接口定义、数据组成和数据结构已基本确定，接下来的工作就是把系统设计的结果翻译成某种程序设计语言编写的程序，即程序员开展代码编写的具体工作。这一阶段的工作目标是按照系统设计阶段产生的文档，进行软件系统的功能开发，整合各个功能模块，实现系统的集成运行，即将详细设计的结果转化为用具体程序设计语言编写的程序代码。

对于非完全自行开发的软件系统，或者是由多个承担方共同参与的信息系统编码实现而言，还应考虑不同软件系统间的接口和集成问题。

④ 系统自测试。

测试是对目标系统正确性、科学性以及达到目标系统的逼近程度而进行检查和验证工作，开发人员进行系统自测试的目的是为了尽可能早地发现并修改系统设计和系统编码中存在的错误。开发人员在自测试阶段发现的潜在问题越多，交付的目标系统的质量就会越高，后期的纠错性维护工作就越少。

系统测试按范围和内容可以划分为局部测试和集成测试，也称为单元测试和综合测试。单元测试任务由程序开发者和专业测试者共同完成，而综合测试则由专门的软件测试机构负责。

在软件开发过程的各个阶段，测试工作是不间断的、随时进行的。当系统投入试运行阶段后，档案工作者将扮演测试者的角色。

（5）系统实施

系统实施过程分为多个阶段逐步完成，主要包括需求分析、客户化定制、数据处理、系统试运行、系统切换、用户培训等过程，详细内容参见 3.5.4.5 节。

（6）系统验收

档案信息化系统建设是一项复杂的系统工程，在信息系统正常运转并被用户接受后，应组织相关专家对项目进行验收。信息化项目验收主要是对系统运行平台、信息系统的运行、软件开发的程序代码、数据以及相关文档资料等系统建设的成果进行确认，也是对信息化项目范围的再确认，档案馆用户方同信息化项目的建设方对项目成果进行审查，核查双方约定项目计划中所规定范围内的各项工作或活动是否均已完成，应当交付的成果是否满足项目实施范围、系统功能和性能等要求，以使系统建设成果能够及时转入档案馆的正常运行中。对于信息化系统建设而言，信息系统的验收工作是项目验收的重要内容之一。

档案管理信息系统实施项目的验收标志着系统已经得到了用户的认可，实施工作已经接近尾声。

① 在验收阶段，项目实施的承担者——项目实施单位的工作内容如下。

在此项目实施过程中，具有特殊性的资料，如增加了新档案类型的数据库模板、增加了新的功能模块等，都需要及时进行整理，以便归档。整理可以作为项目验收依据的相关资料，如项目合同书、需求说明书、变更登记、相关行业标准、用户手册等。

编写项目验收文档，结合项目合同和需求说明书的内容，整理出验收内容，它们目前的运行情况以及验收的标准等。向客户方提出验收申请报告。

② 客户方在验收阶段的主要工作内容如下。

成立项目验收委员会：项目验收委员会的职责是按照验收申请报告、项目的合同、系统试运行报告、需求说明书等资料，结合系统现场使用情况和递交给客户的资料情况，检查实施工作是否达到了合同中规定的要求。

进行项目验收：项目验收委员会对系统实施的现场进行实地考察，检查各项实施工作；如果各项工作都已达到了合同中规定的要求，即可以验收通过；如果有不符合要求的项目存在，要提出改进或完善的意见。

（7）系统评价

信息化的成功与失败，不仅体现在信息技术应用方面，更是体现在业务管理方面。信息技术只是为推动现代管理的发展而存在。信息化应用始终源于现代信息管理的需求，信息化的效能来源于与管理及业务的有机融合和互动发展。

档案管理信息系统投入使用并有效运行一段时间后，可根据双方的合作协议及共同认可的需求分析报告、系统设计方案，对系统进行综合分析与评价。评价的内容主要包括：实用与适用的程度，较之以前手工管理方式，效率是否有明显改善，哪些突出问题得到了解决，使用方便还是麻烦，是否达到了预期的效果（如人的观念、认识有了明显的转变，业务管理更规范了、工作流程更合理了等）。如果与最初设定的目标相差甚远，尽管满足了一些使用功能的要求，也不能算是获得了有效实施。当然，在最初设定阶段目标时，也应采取比较现实、灵活的态度，目标不宜太大。

档案管理信息系统的实施效果，可以用以下五级评价法进行衡量。

A 级：档案管理信息系统完全成功，即项目的各项目标都已经完全实现或超过预期的目标。

B 级：档案管理信息系统是成功的，即项目的大部分目标已经实现，基本上达到预期的目标。

C 级：档案管理信息系统是部分成功的，即项目实现了原定目标的一部分。

D 级：档案管理信息系统是不成功的，即项目实现的目标非常有限，根本没有达到预期的目标。

E 级：档案管理信息系统是失败的，即项目的目标没有实现或无法实现，必须终止项目。

对档案管理信息系统成败的评价结论是档案工作者最应当重视的工作，应当从评价工作的详细信息中获取档案管理信息系统实施过程中的经验和教训，以提高今后系统建设的成功率，提升档案管理信息系统的实效性。

（8）系统运行与优化

档案管理信息系统的运行与优化是向信息化建设要效益的过程，也是信息化持续发展的原动力，因此，应在项目实施完成后，将工作重点转移到系统的运行维护上，并给予足够的重视。

① 系统维护。

系统维护是用户单位在实施网络化应用后工作量最大也是极为重要的内容。系统维护的主要工作由用户单位中的系统管理员负责，最好的方法是设立专业的系统管理员岗位。其主要工作如下。

网络及硬件设备维护：监控、管理和恢复网络环境中各种 IT 设备的安全和正常使用，尽量采取各种有效措施和技术手段，保障网络畅通和各种硬件设备的高效率运转。

操作系统维护：由于操作系统会不定期地发布其漏洞补丁程序，因此，要求系统管理员要时刻关注，除了对服务器和客户端操作系统进行日常维护（如安装、升级、故障排除），还需要考虑本单位操作系统的安全管理方案，特别是设备比较多的单位，应考虑如何采取高级方案进行安全部署。

数据维护：数据维护的主要工作是按照档案数据的存储要求定时进行联机备份、物理归档备份、异地备份和光盘备份数据的适时迁移等，并在出现意外事故时能及时准确地恢复系统中的数据。

应用系统维护：应用系统包括档案管理信息系统、防病毒软件、办公自动化使用的工具如 Office、FoxPro 以及其他的常用软件。这些软件在各台设备上安装的版本、病毒库等的升级都需要进行统一管理和维护。

② 系统完善。

任何一个时期的软件系统都有一定的局限性。其原因是多方面的，有项目资金的限制，有用户需求的不断变化，有信息技术的迅速发展，有开发人员的程序漏洞等。因此，不断跟踪信息技术的发展，跟踪软件系统的使用，跟踪用户的应用要求是项目实施完成后，供应商或软件开发商的一项重要工作内容，也是用户需要购买的一项服务。只有这样，才能确保信息化不断走向深入，使信息系统的应用效果更理想。

③ 系统升级。

并不是说系统验收完成后，用户单位就一直使用该版本的档案管理信息系统，对一些自主开发的软件系统而言，往往由于一开始业务需求不是很全面，随着用户对系统使用深度的提高，业务人员会不断提出一些新的要求，这就需要进行不断的完善和改进，当然完善过程的操作需要持非常谨慎的工作态度。因此，对于档案业务人员提出的一些需求，应总结归纳，按阶段分期分批地进行修改。

另外，供应商也将不断推出新的软件系统，如由 C/S 改为 B/S 运行结构以及随着应用的深入系统功能进一步增加等，用户单位也会面临将当前使用的系统进行升级的选择。因此，实施了网络化应用的单位，应在有效利用现有 IT 资源的基础上，多关注同类产品的发展和应用特点，结合本单位的业务需求进行升级。

5.3.5 快速实施六大步

客户化定制是档案管理信息系统实施的重要过程，基于工作流程管理实现的通用 AMIS 具有子系统可划分、规则可配置（如档号按规则生成、档案资源统一存储定位、自动标引等）、工作流程可设置（灵活定义工作流程）、信息模型可定义（灵活定义系统数据库结构）、功能模块可摘挂、用户操作个性化（用户授权、操作界面、数据显示方式）等特点。具有这些特点的通用 AMIS 实施可以归纳为六大步：即确定系统的框架结构、确定系统信息的模型、确定系统的工作流程和系统功能、确定系统的用户模型、确定系统的接口模型、确定档案馆的个性化功能需求。

5.3.5.1 确定系统的框架结构

（1）确定分系统

AMIS 分系统的划分主要从业务、技术和管理决策三个方面进行划分，一般会分为档案业务支持分系统、决策支持分系统、系统管理与维护分系统。由于档案利用、馆藏数字化等与档案的收集和管理相对独立，往往将档案利用和馆藏数字化从档案业务支持分系统中划分出来，单独形成档案利用分系统和馆藏数字化加工分系统，这两个分系统与档案业务支持分系统之间的信息集成是通过开发专门的数据接口程序来实现的。

（2）确定子系统

AMIS 子系统划分主要从职能和管理角度出发，对每个分系统进行更细致的划分。对于支持档案收集和保管业务支持分系统而言，子系统的确定可以按照全宗、类目、立卷方式（案卷级、文件级等）进行划分；对于档案利用分系统而言，可以按照档案的开放、提供利用的方式进行划分；对于系统管理与维护分系统而言，可以划分为对信息系统和基础数据的维护、数据的备份与管理等；对于决策支持分系统而言，可以按不同级别领导所关心的主题不同来划分。总之划分子系统的目的是为了实现更精细化的管理。

（3）确定待管理的信息内容

除了管理档案本身及其描述的信息外，确定是否还需要管理工作过程中产生的各种过程信息和信息系统运行过程中产生的日志信息。

（4）确定是否基于工作流程管理

明确是否按工作流程定义系统的功能，定义系统的数据结构。

（5）确定服务器数量及其之间的数据组织与交换方式

明确数据组织、分类与存储方式，确定服务器间数据的传递方式，确定服务器数量。

5.3.5.2 确定系统的信息模型

① 确定子系统的框架结构： 确定每个子系统的基本属性，目录级别与关联方式、用户授权标识等。

② 确定档案目录数据库结构： 确定每个子系统的档案元数据项及其属性与结构。

③ 确定工作过程的信息结构：确定记录档案管理工作过程中信息的数据库模型。

④ 确定档案内容的存储结构：确定档案内容对象的资源定位方式和存储结构。

⑤ 确定系统自动化处理的规则：确定档案基本元数据的自动提取、档号等自动标引的规则等。

⑥ 确定系统数据字典：确定数据字典项及其内容值。

5.3.5.3 确定系统的工作流程和系统功能

定义系统工作流程，确定系统功能模块和功能组件。

（1）确定分/子系统的主体工作流程

针对档案馆内部业务分工，确定每个子系统对应的多个档案状态，确定同一档案状态下的功能模块，确定每个功能模块之间的工作流程关系（提交与返回的信息结构），确定每个工作流程可能影响的档案元数据项，实现系统数据“列”的授权。

（2）确定子工作流程

确定同一个档案状态下的功能模块，确定每个功能模块处理过程中子工作流程以及可能影响的元数据项。

（3）确定功能组件

确定每个模块操作数据的功能组件，确定每个功能组件之间的数据流关系。

5.3.5.4 确定系统的用户模型

（1）确定系统的用户类别

根据用户对档案数据的操作权限确定系统用户的类别，根据管理职能确定用户的管理权限。

（2）确定系统的授权模型

根据用户的岗位职能确定用户的授权模型，包括对分/子系统的操作权限以及对功能模块、功能组件和系统数据的操作权限。

（3）确定用户的个性化使用需求

确定用户对操作区域、操作界面、操作方式、数据浏览、数据显现等的要求。

5.3.5.5 确定系统的接口模型

① 确定档案馆与立档单位之间的数据传递与集成方式。

② 确定档案业务分系统之间的数据传递与共享方式。

③ 确定档案业务分系统与开放档案系统之间的数据转移方式。

④ 确定在线运行系统与灾难备份系统之间的数据备份和恢复方式。

5.3.5.6 确定档案馆的个性化功能需求

① 确定档案馆内部 AMIS 系统与立档单位之间信息系统的集成接口功能。

② 确定档案馆现有运行信息系统产生的数据向新系统的转换与迁移等功能。

③ 确定档案馆工作人员对用户界面的使用要求。

④ 确定档案馆内部网络与外网信息之间的数据交换功能。

5.4 数字档案馆功能部署方案

本节展示了一个典型的依附于传统档案馆而开展数字档案馆建设的应用案例。以 XXX 档案馆采用 5.3 节中描述的通用档案管理信息系统部署该馆的信息系统功能为例来探讨数字档案馆中应用系统的实施方法。

5.4.1 分/子系统部署方案

XXX 档案馆根据档案本部的机构设置和档案管理的业务需求，将档案馆的管理信息系统按照档案管理的主体工作流程和用户使用系统的权限要求划分为七大分系统，如图 5-6 所示，每个分系统又划分为多个相对独立运行的子系统。

由于综合档案馆收藏的档案有多个门类，而描述不同档案门类的元数据又不完全相同，因此，子系统的划分也可以考虑按照档案门类进行划分。但考虑到 XXX 档案馆的岗位设置情况和系统操作方便性等要求，将各门类档案的同一处理流程集中在一个分/子系统的多个模块或多个操作页面，如将不同档案门类的数据录入功能集中在人工数据采集子系统的一个功能模块中，分多个页面分别处理。这样就大大提高了档案馆数据录入的工作效率。

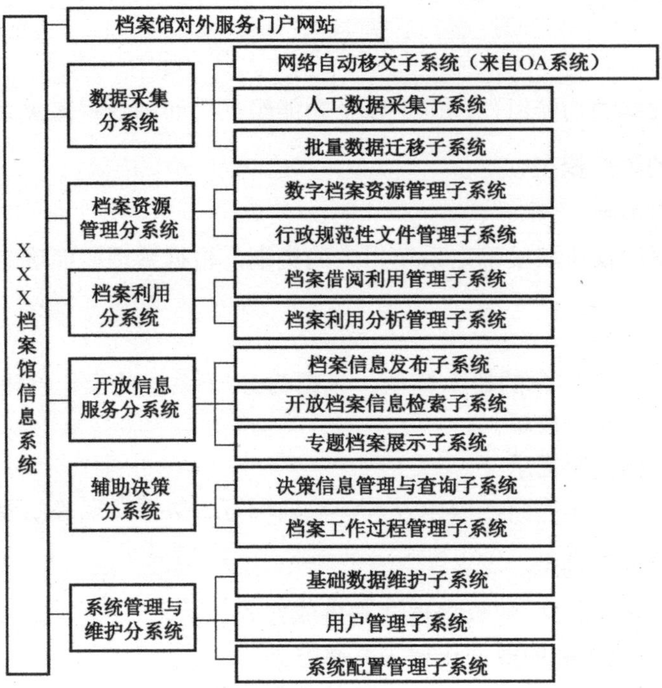

图 5-6　档案馆的功能结构图

5.4.2　确定系统的信息模型

① 档案的组织和管理：XXX 档案馆收集的档案按照全宗实现分类管理，馆藏档案门类包括文书档案、查抄、工商户、婚姻、招工、照片、重大活动以及各类主题档案和编研成果。

② 档案目录数据库结构：馆藏档案分为案卷和文件两级目录管理，对于现有馆藏的档案和正在接收的已经以案卷方式装订的档案按照案卷目录、卷内文件进行档案目录数据库的维护；对于新接收的电子档案、行政规范性文件等以文件级目录进行管理和维护。

③ 档案目录数据与档案内容的对应关系：档案内容有采用纸质档案保存的，也有以电子文件格式存储的（包括数字化后的档案和新接收的电子档案），档案目录数据与档案内容之间通过挂接方式实现关联。

④ 档案元数据项：主要包括档案的基本元数据和管理元数据，分别按照案卷级目录和文件级目录确定描述档案信息的元数据项。

⑤ 档案内容的存储结构：档案的数字化对象（包括图片、多媒体信息）是以文件存储方式存储在文件服务器上，以光盘介质方式进行备份存储。

⑥ 系统自动化处理的规则：档案的基本元数据主要以手工录入为主、档案号可以按照预先定义的编码规范实现自动生成，系统操作过程中的责任链信息可以通过系统内部的处理过程实现自动记录。

⑦ 系统数据字典项及内容：主要包括保管期限、保管级别、密级、全宗、立档单位、档案状态、借阅状态等数据项，数据字典的维护主要由系统管理人员进行操作。

⑧ 数据库结构：系统划分为数字档案资源和行政规范性文件两类数据库，每一类数据库文件又可以按照控制使用信息和开放信息划分为不同的数据库，可以根据档案门类定义不

同的数据库表来存储档案数据，档案馆的档案门类数据库表包括文书、查抄、工商户、婚姻、招工、照片、重大活动、主题档案等，有案卷+卷内文件两级管理类，也有文件目录一级管理类。

5.4.3 确定系统的功能结构

（1）档案信息资源管理的功能结构

根据档案信息处理流程确定档案状态，确定档案信息资源管理的分子系统的功能模块和功能组件。表 5-3 列出了档案馆在档案的接收、管理和提供利用服务的系统功能部署参考方案。档案馆对于行政规范性文件的管理流程与档案的接收、管理和提供利用的工作流程基本类似，同样包括数据采集、资源管理和开放利用三大环节，下面以档案为例探讨功能部署参考方案。

表 5-3 档案馆在档案信息系统功能部署参考方案

分/子系统	档案状态	功 能 模 块	返 回 处 理	提 交 处 理	功 能 组 件
档案数据采集	待移交	档案征集		提交存档	① ②③④
		手工采集		提交整理	① ②③④
		网络移交	返回档案室	提交整理	① ②③④⑤⑦-1
		档案鉴定			① -2
	待整理	整理/编目	返回移交	提交存档	① ②③④⑤，⑦-2
档案资源管理	存档（档案保管）	审核入库	返回整理		① -2，②，③
		档案保管			① -2，① -4
		档案鉴定			① -2，① -4
		档案开放			① -2，① -4
		出库处理	返回请求	出库	① -4
	出库（档案处理）	数字化处理	归还入库	调卷请求	③，① -2，① -3
		微缩处理	归还入库	调卷请求	① -2，① -4
		保护处理	归还入库	调卷请求	① -2，① -4
		借阅处理	归还入库	调卷请求	① -2，① -4
	存档（馆内利用）	档案分类检索			① -4
		借阅登记			①
		借阅管理			①
		借阅查询			① -4
		借阅统计			① -4
		档案跨库检索			① -4，① -5
档案开放利用服务	存档	开放档案查询			① -4，① -5
		档案信息发布			① -4，① -5
		专题档案展示			① -4，① -5

注：表中功能组建的含义如下：

① 通用操作：① -1：增加；① -2：修改（批量修改）；① -3：删除，① -4：查询（分类检索、模糊检索、精确查询）、打印、统计；① -5：跨库检索。

②案卷处理：组卷、调卷、移卷、拆卷。

③全文处理：③-1：原文挂接；③-2：原文管理；③-3：原文浏览。

④提交处理：改变档案状态为下一工作状态开放开放。

⑤返回处理：改变档案状态为前一工作状态。

⑥出库处理：改变档案状态为出库状态。

⑦自动化处理操作：⑦-1：自动标引；⑦-2：档号自动生成；⑦-3：责任链信息自动记录；⑦-4：系统日志。

（2）系统维护与系统管理

① 系统配置管理：包括系统安装、系统定义、系统配置、系统日志管理、系统责任链信息查询。

② 基础数据维护：包括数据字典维护、立档单位信息维护、数据备份管理、数据恢复。

③ 系统用户管理：包括各级用户的创建、管理、授权/收权等功能。

5.4.4 确定系统的用户模型

① 确定角色：根据系统功能结构确定系统的用户角色，将系统管理员按部门分为多个，每个部门的管理员拥有对本部门用户权限的设置；将系统操作用户按功能类别划分为User0，User1，User2，User3，User4，User5，User6，分别操作不同功能模块对应的数据（即数据“列”的权限）；将档案信息的查询用户分为Query0，Query1，Query2，Query3，Query4，Query5，Query6，分别针对不同的数据完成综合查询、跨库检索和统计等功能（数据的“行”的权限）。

② 确定用户：根据档案馆的岗位职责确定每个岗位的操作权限，分配用户角色，每个角色拥有不同的功能权限。

③ 确定授权级别：档案馆每个岗位操作能够完成各个功能模块中所有档案门类全部数据行的操作，因此，用户的授权只授到系统级、功能模块和功能组件级，没有细化到数据权限。

表 5-4 系统用户角色

机 构	岗 位	角 色	授权功能说明
信息技术科	科长	Super	系统功能部署方案的确定、运行和维护方案确定，能够操作系统所有功能模块
		P_Query0	对电子文件/电子档案管理查询检索与统计
	运行管理	S_Admin	系统定义、系统配置、系统日志管理
	数据管理	D_Admin	用户管理、基础数据维护、数据备份
		P_User0	电子文件/电子档案管理
		P_Query0	电子文件/电子档案查询检索与统计
管理科	科长	P_Admin	部门管理员，对本部门用户进行定义和管理，有权操作本部门拥有其他功能模块
		P_Query1	馆内档案的分类查询
		P_Query2	馆内档案的跨库检索
	接收征集岗	P_User1	档案数据人工采集、网络接收
	档案管理岗	P_User1	档案鉴定、整理、编目、查询
		P_Query1	馆内档案的分类查询
		P_User2	档案鉴定、开放、统计
		P_User3	档案处理（技术保护、数字化）
	库房管理岗	P_Query1	馆内档案的分类查询
		P_Query2	馆内档案的跨库检索
		P_User4	档案信息的管理、调卷服务、出入库管理、馆藏分析与统计

续表

机　构	岗　位	角　色	授权功能说明
管理科	利用服务岗	P_Query1	馆内档案的分类检索
		P_Query2	馆内档案的跨库检索
		P_Query3	借阅信息查询与统计
		P_User5	借阅信息的管理和维护
编研科	科长	W_Admin	对编研科用户分配权限，全面管理编研科的工作
		P_Query1	馆内档案的分类检索
		P_Query2	馆内档案的跨库检索
		P_User7	信息发布
	档案编研 撰写材料	P_Query2	馆内档案的分类检索
		P_Query1	馆内档案的跨库检索
		P_User6	撰写编研材料
社会公众用户	网络查询	P_Query4	开放档案的跨库检索
		P_Query5	开放档案的分类检索
	馆内利用	P_Query2	馆内档案的跨库检索
		P_Query1	馆内档案的分类检索
馆领导	馆长/副馆长 （根据分管工作 再细分）	P_Query1	馆内档案的分类检索
		P_Query2	馆内档案的跨库检索
		P_Query3	借阅信息的查询与统计
		P_Query4	开放档案的跨库检索
		P_Query5	开放档案的分类检索
		P_Query6	档案征集和收集信息统计、馆藏量统计
		V_User	辅助决策信息维护与管理
		V_Query	辅助决策综合信息查询

5.4.5　确定系统的接口模型

① 档案馆与档案室之间的数据传递与集成：各档案室使用的管理信息系统不完全相同，在移交时都需要按照档案馆对档案数据管理的要求生成档案目录数据（部分单位同时移交档案的电子文件拷贝），通过网络或光盘等载体传递或移交到档案馆，系统根据接收到数据进行自动或手工的迁移处理。

② 档案业务分系统之间的数据集成：档案馆内部各业务分/子系统之间的数据是集成共享的，按照档案状态依次控制用户对系统数据的维护和管理权限。

③ 档案馆内部各业务分系统与开放档案系统之间的数据迁移：档案馆信息系统的建设是基于区电子政务的网络信息安全平台而实施的，建议将开放档案与受控档案的数据库在物理上分开存储。

5.4.6　确定其他个性化的功能需求

① 接口开发的需求：针对每个档案室所使用不同类型的管理信息系统，开发必要的接

口程序，实现移交过程的自动化数据迁移处理功能。

② 行政规范性文件的收、管、用处理：移交进馆的行政规范性文件的管理和利用与档案馆的档案管理和利用系统相互独立运行。

③ 档案门类的扩展性：要求系统能够提供灵活定义档案门类的功能，增强可扩展性。

④ 档案网站的用户可维护性要求：数字档案馆的网站界面能够做到可随着用户的使用要求进行动态配置，包括对界面、菜单、功能模块与栏目的后台维护等。

5.5 思考题

1．结合顶层设计方法，思考数字档案馆的顶层设计方案。

2．结合本单位档案工作实践，谈谈档案基础数据库建设的重要性。

3．分析在数字档案馆建设过程中，可能有哪些分系统、子系统需要构建。

4．谈谈您对服务型数字档案馆建设方案的理解，它的实施需要具备哪些条件。

5．结合文化产业，谈谈数字档案馆建设的作用和意义。

6．结合网络安全，谈谈在数字档案馆系统中应采取哪些安全保障措施和方法。

7．谈谈数字档案资源的组织方法与存储特点。

8．讨论如何撰写学术论文，谈谈撰写学术论文与开展业务工作之间的关系。

后　记

近些年，国家记忆、城市记忆、学校记忆等工程项目，都借着国家、城市、高等学校等重大纪念活动来论证立项、筹措资金、构建网络平台，开展数字信息资源的收集、组织、存储和提供利用等服务，加强对已经形成和正在形成的各类记忆社会发展的数字资源的积累、挖掘、整合、管理，提高数字资源的共享程度与利用效率。这些都为开展数字记忆工程奠定了理论和实践基础，但由于档案利用的非时效性，档案工作一直很难获得足够的资金来变革管理方法，开展大规模的现代化管理和发展，信息化工作普遍停留在以机读目录检索提高进馆查档人员的调卷速度上，通过网络提供档案目录信息和开放档案的原件扫描图像也很有限。虽然这些工作的开展在一定程度上提高了档案管理人员的工作效率，为机构、公众利用档案提供了检索方便，但还远远跟不上国家信息资源开发战略的步伐，满足不了机构、公众对信息资源的利用需求，更无法快速地为科学决策提供依据。

开展档案信息化建设数字档案馆，正是希望能够紧跟社会发展，用现代化管理思想和方法开展档案工作，发展档案事业。一是改变社会上现存档案的管理方式，开发馆藏档案资源、提高服务质量、扩大档案利用范围、增强公民的档案意识；二是以网络数字时代的全新管理方法，对 21 世纪这一过渡时期产生的多种形式的档案进行科学有序地收集、保存和管理，承接社会记忆之重任，建设数字档案馆，记录信息社会发展历史，为文化传承提供变革之路；三是加强信息技术的广泛利用，抓住信息资源的再生性优势，整合档案资源，共享档案信息，为决策提供依据、为公民提供便利，开展深层次的档案编研、展示和宣传活动。这些工作的开展正是数字记忆工程的出发点和立足点。

毋庸置疑，数字记忆工程的广泛开展必将为现代档案管理带来生机、活力和期望。短短几年全国范围内的档案信息化管理成绩斐然，电子文件中心、馆藏档案数字化、档案信息网络化等广泛利用现代信息技术开展档案资源管理的热潮在档案行业得到迅速开展。档案利用者在档案查询、检索、浏览、利用方面获得了前所未有的高效、快捷的优厚待遇，档案工作者也逐渐改变了往日手工操作的粗放式管理模式，开始利用网络、计算机和信息系统开展现代化档案管理工作。档案资源的信息化与网络化给国家、机构和公众带来了巨大的社会效益，给档案事业的快速发展带来了机遇，但由于信息化管理理念与传统档案管理模式之间还需要经历更长的磨合期，特别是与信息技术的快速发展相比较，我国数字档案馆的建设与发展处于相对滞后的状态，信息系统的建设跟不上技术的发展，何谈信息化的有效利用与滚动发展，加之档案工作者几乎不可能投入更多的精力来了解、学习、跟踪不断更新的信息技术，这无疑使档案工作者萌生了众多的困惑和忧虑。而且，数字档案馆的建设、发展与运行维护的技术复杂度、资金的持续投入、档案信息的安全保障、数字档案馆对 IT 人才的高度依赖及其与传统档案馆之间的职能交叉已经开始制约着数字档案馆的发展；“双轨制”的运行模式更是给档案工作者增添了不止一倍的工作量。只有这些现实问题得到解决，数字档案馆才能顺利发展。基于这样的认识，本书作者在了解、学习和接受 IT 服务最新理念的同时，结合档案馆开展现代档案管理工作的业务需求，提出采用 IT 集约化运营模式建设数字档案馆的学术观点，通过 IT 资源的集中建设、IT 服务质量的有效加强、IT 技术含量的累积增长，来提高数字化档案馆的社会效益，目的是期望能以最小的成本消耗获得最大的投资回报，为构建节约型和谐社会献计献策。

IT 集约化服务型数字档案馆是在充分分析当前我国数字档案馆建设现状的基础上，提出的一种可操作的建设方案。从我国档案行政监管的垂直管理角度而言，指定数字档案馆作为集中、永久保管数字化档案信息的专门机构是可行的；从国家信息资源建设的角度而言，数字档案馆这一机构的成立对档案信息资源的开发与利用有着非常大的社会意义；从当前“双轨制”档案管理的业务现状而言，业务型档案工作者理应摆脱信息技术快速发展的困惑，把主要精力放在档案业务精通与钻研上，技术型档案工作者不仅应做好技术支持与服务工作，更应肩负起数字化档案信息的集中统一、完整有效、永久保存的重任，引领数字档案馆朝着健康良性发展之路前进。

IT 集约化、档案馆的档案数字资源实施统一集中管理的服务型数字档案馆的设计方案的实现，在技术上没有太多障碍，但真正要实施起来还需要走很长的艰难之路，关键的问题在于体制革新。多年的信息化实践证明：一项新技术、新思路、新方法的诞生和发展，往往对传统的管理体制、业务流程乃至观念产生深刻的触动和影响；一项新方案的应用与普及，往往不是取决于方案及其采用的技术本身的先进性，而是取决于应用环境的软性因素，即管理体制。但可以肯定，数字档案馆建设的实质是在将科学发展的以人为本、为民服务的理念贯穿于信息化工作过程，并在提供各种档案信息服务、呼吁社会公众关注和重视档案的文化传承的基础上，实现档案工作业务流程的突破、实现档案管理的重大变革。加之，信息技术的迅速发展，各种新思路、新方案不断推陈出新，其前进的步伐是不可阻挡的，智慧档案馆的建设也是必然的。

薛四新于 2018 年 10 月

附录 A

档案馆信息化建设需求调研大纲

在档案馆实施档案管理信息系统时，必须对档案馆的组织机构与岗位职责、业务活动与工作流程、档案资源的组织与管理方式以及档案信息化应用现状等进行详细的需求调研和深入的研究分析，才能确定在整个管理信息系统的实施过程中系统的功能部署方案、实施方法和要求。附表 1 给出了需求调研的示范大纲。

表 A-1　需求调研大纲

类　别	调 研 内 容	目　的
组织机构与岗位职责	档案馆设置哪些机构	确定系统总体架构和功能模块
	各机构的主要职责是什么	确定系统的功能模块与功能组件
	各机构有编制几人？如何分工	确定用户的授权模型
机构之间和机构内部业务活动与工作流程	机构间在工作上有怎样的衔接和联系	确定功能模块间的信息流关系
	机构间在衔接上有什么困难或问题（机构间业务流程中不顺的地方）	明确机构间的工作流程的优化需求
	各机构内部的业务分工、衔接与联系是什么	确定机构内部子工作流程和信息共享需求
	各机构内部工作过程中存在的问题或困难是什么	明确机构内部的子工作流程优化的需求
档案资源的组织与管理方式	馆藏量：各类档案数量调研，包括纸质档案、微缩胶片、数字档案信息、声像档案等，各占多少比例	确定档案门类的划分方式，确定子系统和系统数据结构的划分、确定数据库的划分方案
	档案全宗、一级类目如何划分	确定档案的数据组织与存储方式
	实物档案的库房分布结构，库房中档案的排列方式	确定档案的排列规则，为查询、检索和数据显现方式提供参考
	电子档案的信息保管方式是怎样的？与实物档案的关联和对应方式如何	确定档案目录数据与电子档案内容之间的对应关系和关联模式
档案信息化应用现状	机检档案目录（包括文件级和案卷级）有多少条？其中开放档案机检目录有多少条	确定档案的目录结构和对存储档案数据的数据库管理信息系统的要求
	文件级和案卷级档案目录、开放档案目录的著录项目有哪些	确定描述档案内容的元数据项及其存储结构，确定开放档案的元数据项
	是否建立了专题档案目录？专题档案目录的著录项目有哪些	确定特殊的子系统及其管理档案的元数据模型
	是否开展了档案数字化？如果开展了此项工作，已加工了多少卷？全文数字化多少页？是本馆做，还是委托公司做？以后每年数字化加工的数量是多少？数字化后图像文件存储方式是怎样的？存储量有多大	确定馆藏数字化信息如何纳入档案馆内部的全局管理中，实现馆藏数字化系统与档案管理信息系统的集成，确定馆藏数字化信息的增长量及其在利用过程中对网络存储设备的需求和安全管理要求
	是否开始接收电子档案？如果开展了此项工作，已接收的电子档案有多少件、多少页（按 A4 纸张计算）、多大容量	确定电子档案在档案管理信息系统中的管理方式，确定馆藏增长量，确定对系统存储设备的容量需求

续表

类　别	调研内容	目　的
档案信息化应用现状	是否已经使用了档案管理信息系统？目前有几个子系统？系统间数据是否集成和保持同步？如何保持同步？目前还存在什么问题	确定新旧系统的数据迁移方式，确定用户的潜在需求，确定用户的个性化需求，确定数据的集成与共享需求
	目前馆藏档案数字信息占用多大的存储空间？采用什么设备做在线存储与存取访问？用什么介质进行备份？如何实现档案数据备份？有没有采用异地备份措施和灾难备份方案	确定系统的网络存储解决方案，包括存储模型、存储容量、分级管理，备份方式、备份计划等
	网上档案目录和全文（如果有）利用点击次数（以年或月为单位累计）	了解档案的查询利用频度，确定系统对服务器和系统性能的要求
	是否打算建新的管理信息系统？在系统功能、系统使用方面有什么特殊要求	确定项目立项的依据和需求
对信息化管理的潜在要求和期望	对档案内容查询是否有要求？如果有，是否需要做全文检索	确定用户对档案内容查询的必要性和全文检索的需求
	部门之间和部门内部的业务活动过程是否需要进行优化	确定是否需要进行机构调整
	是否需要解决档案的灾难备份和异地备份？如果有打算怎么做	确定灾难需求，思考灾难方案
	是否需要将内部各系统之间实现信息集成和资源共享	确定部门内部信息集成与共享的需求和方式

附录 B

档案馆信息化建设常见问题解答

1. 档案管理信息系统建设的主要目的是什么？

（1）实现对档案资源的科学、规范和有效管理，为社会、为公众提供高效率的档案利用服务。

（2）梳理档案工作流程，规范档案管理过程，实现档案工作的精细化管理，辅助领导决策，提升档案馆的现代化管理水平。

2. 档案管理信息系统建设前的主要准备工作有哪些？

（1）项目立项：由项目发起与项目参与的多方机构进行需求调研，开展可行性论证，提出项目目标、制订项目计划、预算项目投入（包括人、资金、其他资源）、分析项目风险、预测实施效果，报批决策者审批。

（2）项目准备：依据项目目标，组织项目团队及成员，筹集项目资金、分解项目计划、准备项目环境（软硬件设备）、开展咨询培训、落实实施方案，在人、财、物方面做好实施前的准备。

3. 档案管理信息系统实施的技术原则是什么？

（1）同构性原则：系统建设所选用的硬件平台（如网络连接设备、服务器、存储器）、软件支撑平台、应用软件系统应尽量选用共同的或系统建设思路一致的供应商，避免本单位内部异构操作系统、异构数据库系统、异构存储方式等现象的产生。

（2）集成性原则：各分/子系统建设的阶段性是必然的，但每建设前一个系统需要考虑业务的扩展性和软硬件系统的兼容性，留出必要的接口，以便扩展；每建设一个新的系统也要考虑与现有系统之间的信息集成、过程集成和系统集成等问题，保持业务流程的连续性和系统信息的一致性。

（3）继承性原则：继承性的主要目的是支持档案信息化应用系统的可持续发展，是档案信息化“滚动式”建设方案的基本要求，一方面保护已有投资，另一方面对现有硬件、软件支撑平台和档案管理信息系统进行有保留的扩展，这是由于需求的不断变化与更新而引起的。

（4）淘汰性原则：由于硬件、软件的迅速发展，往往每过一年就会有一套全新软件系统运行结构的出现，每三年就会有硬件和软件平台的完全淘汰，甚至时间更短。因此，当采取继承性原则对现有系统进行修补所消耗的资源大于投资一个新的系统时，应果断采取淘汰性原则，进行更新换代。

4. 建设档案管理信息系统为什么要首先制定总体规划？

如果不从全局的角度开展总体规划，各部门从局部需求和利益出发，必然将管理信息系统拆分成一个个独立的部门“孤岛”系统，致使信息不集成、资源不共享、系统重复建设、数据重复录入，投入资金势必增多，而实施的过程却很难控制，其应用效果则大打折扣。如果能够预先制定一个科学、合理、可行的总体规划，则能从根本上克服急功近利和“走一步，算一步”的盲目性，避免走弯路，这样不仅能够使 IT 投入得到增值，更能够增强系统的应用效果。

5. 制定总体规划应考虑哪些因素？

总体规划的制定应从国家信息化战略、档案信息化战略、档案局（馆）的信息化战略出发，立足档案馆的业务需求，考虑技术的先进性和可行性，兼顾当前和未来的发展需要，结合档案馆的人、财、物等基础条件和自身的运行特点进行规划，并考虑分步实施的方案和措施。

6. 选择档案管理信息系统主要考虑哪些因素？

（1）要考虑档案馆信息化的应用需求和发展要求，目的是要用起来，不仅当前能够用起来，而且要考虑业务扩展后能够得到持续的扩展与跟踪。

（2）要考虑信息技术和软件产品的现状与发展，务实的同时，还要经常关注和跟踪最新技术的发展，了解软件产品的运行特点和使用场合，才能做出客观的、切合实际的判断。

（3）要考虑将产品与需求、技术与发展相结合，做出决策，在确定了档案馆的业务需求、认识了软件产品的使用要求之后，就需要将二者结合起来，综合平衡档案馆的人力、物力和财力，做出正确、合理的选择。

7. 实施档案管理信息系统的主要方式有哪些？

（1）外包研发模式。

（2）自主研发模式。

（3）混合实施模式。

（4）整体引进模式。

8. 档案管理信息系统实施的主要工作有哪些？

系统实施的核心任务是完成软件系统的客户化定制，目标是建立一套真正能用得起来的软件系统。其主要工作包括软件系统的客户化定制、数据处理、系统测试和试用、系统应用培训、系统信息归档、系统切换等。

9. 如何理解需求分析工作及其重要性？

需求分析是系统规划、系统开发和系统实施的重要依据，其主要任务是完成用户对目标软件系统在功能、行为、性能、设计约束等方面的理解、认识、定义和期望。需求分析需要软件开发与软件应用的双方人员共同参与来完成。

需求分析阶段档案馆业务工作人员的主要工作包括：描述基本业务需求，挖掘潜在需求，与技术支持人员共同探讨真正的应用需求，审定需求分析报告，锁定实施前的总体需求。

需求分析阶段软件研制技术人员的主要工作包括：倾听业务需求描述，获取用户的本能需求；通过启发、诱导，深层次的沟通与交流，获取用户的潜在需求；理解、分析、整合，应用现代管理理念与档案馆业务工作者进一步探讨真正的应用需求；编写需求分析报告并获得用户认可。

10. 需求调研工作主要从哪几个方面开展？

需求调研工作主要从档案馆的组织机构与岗位职责设置、档案资源（实物与数据）的组织与管理方式、档案工作业务流程与数据处理流程、档案馆运行管理模式、档案信息安全管理需求、档案馆的个性化应用需求、档案信息的集成与共享模式以及档案服务社会化等方面开展需求调研，分析档案馆开展档案工作对档案管理信息系统的功能架构方案的需求。

11. 如何理解需求锁定？

随着档案信息化应用走向深入，业务需求也随之发生变化，用户往往希望在很短的时间内随需而变，这必然会产生很多隐患，系统也很难使用起来。一个阶段需求相对锁定是软件研制的基本要求，也是 AMIS 能够真正用起来获得效果的前提，这就需要在开展需求分析时尽可能做到周全、细致，兼顾当前实用性的同时考虑未来发展的需要。

12. 如何理解工作流程及其数据流之间的关系？

档案工作的业务流程是业务与业务之间的衔接、传递、转移的动态过程，是为了完成档案全过程管理而开展的一系列活动。工作流程的发生可能在档案馆内部各部门之间，也可能发生在归档/移交单位与档案馆之间、档案馆与档案利用者之间。有工作流程存在的地方就会有档案信息的输入、输出与处理等数据处理过程（即数据流）的存在。

13. 档案馆使用档案管理信息系统主要管理哪些信息或数据？

档案馆使用档案管理信息系统主要管理三类信息/数据：即档案内容（数字化对象）、档案目录信息和档案工作过程中产生的管理信息。另外，还需要保存和管理用户信息、数据字典、单位及部门基本信息、数据的存储分配信息、系统日志等。

14. 如何理解档案元数据，元数据项应包括哪些？

档案元数据是描述档案及档案业务的元数据集合，主要包括基本元数据集、管理元数据集、业务处理元数据集，以及继承而来的归档前电子文件的元数据。

（1）基本元数据集是用以描述档案本身内容及其属性的数据集，主要包括文号、题名、时间、责任者、页数、备注等。

（2）管理元数据集是为了档案管理、保存和提供利用需要而确定的数据集，主要包括立档单位、件号（顺序号）、档号、全宗、类目、保管期限、保管级别、密级、存址（库房位置、电子文件的 URL）、载体、检索/信息分类等。

（3）业务处理元数据集是描述各档案管理业务过程中产生的各种信息的元数据集，如接口处理的责任链信息、工作过程产生的与档案密切相关的过程信息。过程信息主要包括档案的移交、接收、分类、排列、编号、编目、组卷、入库、上架、库房管理、保护处理、数字化处理、微缩处理、开放处理、利用信息、销毁处理等工作的时间、责任者、处理相关信息等。这些元数据集记录了档案工作的全过程信息。

（4）电子文件元数据：描述电子文件的内容、结构、背景及其技术属性等的元数据，主要包括电子文件实体、内容要素、制作背景和技术特征等相关信息，详细内容可参照

ISO23081 和国家档案局发布的有关电子文件相关元数据标准。

15. 档案管理信息系统的用户类别和权限是怎样划分的？

（1）用户类别的划分可以按用户对系统所管理的数据操作权限划分为数据维护（User）、数据查询（Query）、数据管理（Admin）三大类，也可以按职能划分用户角色，方便系统管理。

（2）系统用户的授权是按照工作人员的岗位职责和他能够操作的数据范围进行的，主要包括对系统提供的功能模块的操作（功能授权）和对每个功能模块中数据的操作（数据授权）两方面的权限。

16. 什么是通用系统平台？基于这种架构研制的 AMIS 有什么功能和特点？

通用系统平台的概念是基于工作流程、软总线和动增长理念而设计和实现的支持持续完善与发展的动态可扩展的平台系统。基于这种架构实现的 AMIS 系统具有以下功能和特点。

（1）AMIS 基础平台能够在信息模型、工作流模型、用户模型、功能组件和系统配置等方面满足档案管理的基本业务需求。

（2）AMIS 功能组件的灵活装配能够形成档案馆对特定功能模块的要求，不同功能模块的搭配能够满足各分/子系统的功能要求。

（3）系统的信息模型能够根据用户和系统的需要进行动态调整，系统的功能模块能够基于工作流程实现灵活定义。

（4）系统的用户能够根据自己的岗位职责获得对系统数据和系统功能的操作权限，能够根据个性化需求配置用户的操作界面。

（5）AMIS 能够支持动态扩展的功能需求，能够根据档案业务的动态发展需要，不断扩充系统的功能组件。

（6）AMIS 在实施过程中能够不断积累和丰富系统的参考模型，为 AMIS 的广泛实施和普及应用提供参考原型，提高实施效率，改善实施效果。

17. 基于通用系统平台架构的 AMIS 快速实施的六大步是什么？

（1）确定系统的框架结构，包括分、子系统划分以及系统的框架结构及系统公共属性的确定。

（2）确定系统的信息模型：包括对档案元数据项及其结构的定义，以及元数据项与工作流程之间的过程对应关系。

（3）确定系统的工作流程和系统功能模型：包括每个子系统的工作流程与功能模块，每个功能模块应包括的功能组件等。

（4）确定系统的用户模型：包括用户的类型、用户的授权模型、用户的个性化使用需求。

（5）确定系统的接口模型：包括系统内部各分/子系统之间的数据集成、共享、迁移等的接口关系，以及系统对外的数据处理接口关系。

（6）确定档案馆的个性化功能需求：包括档案馆的其他个性化功能需求，确定系统扩充或二次开发的功能与组件。

18. 确保 AMIS 成功实施的重要因素有哪些？

（1）组织保障：建立“一把手”参与的组织保障体系。

（2）进度控制：实施严格的进度执行与控制计划。

（3）成本控制：按预算执行，加强成本管理与控制。

（4）质量把关：聘请专家顾问，提高过程控制的力度。

（5）风险控制：预测风险并采取有效措施，规避风险、降低风险。

19．如何理解系统实施过程中的培训工作？都包括哪些培训工作？

培训工作是帮助档案工作人员全面了解 AMIS 的内涵、功能、实施方法和使用要求的主要方式，通过全员培训，使每位员工，尤其是领导们获得全面的认识和了解，对今后信息化管理的有效实施将起到基本保障作用。培训是统一认识，调整和更新观念的良好机会，所以应高度重视，保证人员、时间、资金的到位。培训的重点，应放在了解计算机管理与手工管理方式的差异、熟练掌握系统的操作与使用规程上。

培训对象主要包括档案馆内部所有使用 AMIS 的人员、进行系统维护和网络管理的技术部门的工作人员。系统维护人员的培训，尽管只涉及个别人员，但也非常重要，熟悉本馆各方面情况的同志掌握了这套管理信息系统，会使日常的技术支持工作与实施配合工作更有效、更有针对性。

20．如何控制系统的实施进度？

专业的、有经验的实施团队在实施前会制订一个详细周密的项目计划，并且根据实际进展情况随时进行必要的调整。档案馆需要对这个进度计划做出确认，并在积极配合项目实施（如提供有关资料、数据，对开发文档进行确认等）的过程中及时了解进度的完成及调整情况，在需要档案馆配合的环节上积极配合。当时间进度与质量发生冲突时，宁肯调整进度也不能牺牲质量。

21．实施前有必要先试用软件吗？

不少档案馆为了选择合作方和帮助确定实施内容和需求，要求对管理信息系统进行试用，但试用的效果大都不理想。一方面现有管理软件的商品化、成熟性都不是很高，而且都在不断改进和更新，对试用的服务支持也不可能像对待正式用户那样有力；另一方面试用人员因为忙于本职工作，对这种没有硬性指标的任务不可能投入太多精力，况且对软件的操作也不熟，能试到的功能有限。倒不如在合作意向明朗化后，双方拿出一两天时间，踏踏实实地共同试运行一、两个实际业务系统，做到较为全面的了解。

22．如何理解实施过程中沟通的作用和效果？

档案管理信息系统的实施方和用户方之间的密切沟通和充分理解，是决定实施成败的重要因素。实施前建立一套可行的沟通机制，定期交流，达到有效沟通和充分交流。双方的目标是一致的，所以应尽快建立起良好的合作关系，互相体谅，求大同，存小异。

23．现场开发是不是实施过程控制的最佳方式？

不一定。档案馆对于开发方不能保证足够的投入、偏离需求，导致项目失败的担心是可以理解的，过去这方面的例子也确实很多。但一个负责任的、整体实力强的开发单位是能充分理解用户需求，严格履行合同，投入足够的人力物力，确保实施成功的。采取产业化和集中研制的系统开发模式，更有利于开发团队的整体协作和对质量的监控和保障。反之，如果安排不合适的人到现场“滥竽充数”，出工不出力，分散了人力、精力，是不会产生最佳效果的。当然，保证一定的现场开发、服务时间是必须的，重要的是：在关键的时刻，必须由关键的、合适（有经验）的人员在充分理解用户需求的基础上来完成。

24．如何评价实施效果？

评价的标准主要是看实用与适用程度，以及系统先进性和可扩展功能，较之以前手工管理方式，效率是否有明显改善，解决了哪些问题，使用方便还是麻烦，是否达到了预期的效果。如果与最初设定的目标相差甚远，尽管满足了一些使用要求（如实现了 30%），也不能算成功实施。当然，在最初设定阶段目标时，也应采取比较现实、灵活的态度，目标不宜太大。

25．如何理解购买软件还需要购买实施和服务？

档案管理信息系统的实施，是一项长期、艰巨、复杂的任务，不可避免地遇到各种问题，还可能随着实施进程的推进不断产生新的问题。特别是网络化档案管理信息系统的应用会涉及服务器管理、数据库管理、网络资源管理等多项技术，复杂度较高，它的建设是一项持续发展的、复杂的系统工程，只靠档案工作者是很难完成实施任务的；即便是系统实施结束进入试运行阶段，也还需要获得供应商的持续跟踪服务，才有可能得到持续发展，因此，只购买软件不购买实施服务是很难用好，甚至用不起来的。有些单位花钱买了三四套软件却没有一个能真正用起来，主要就是对实施服务认识不到位、不重视造成的。

26．系统的免费升级、服务以多长时间为宜？

双方在合同谈判时，常常为系统免费升级、服务的时间争执不下。用户方当然希望越长越好，两年、三年，甚至无限期，似乎只有这样心里才踏实；AMIS 研制单位则担心用户方的新需求没完没了，频繁的现场服务仿佛“无底洞”。

通常情况下，免费升级、服务的时间以一年为宜。因为一个管理信息系统，软件系统安装调试一年后，如果还不能正常运转，要靠升级、服务来补漏洞，可以基本认为是失败了（除非这一年内根本没开始用）。另外，有实力、负责任的开发单位，是会信守承诺，不断投入，改进技术，完善产品，保证长期优质的服务的。如果双方都愿意长期合作，一年后的技术服务、升级费用是可以通过友好协商确定的。商品化软件的升级完善，最终受益的是用户。最关键的还是要看合作双方能否长期稳定地发展，而对于用户而言也需要有足够的资金投入，才能获得长期优质的服务。

附录 C

电子文档长期保存国际标准相关信息

目前国内各行各业信息化程度在逐渐普及、加深和拓展，形成的各类电子化文献需要进行科学、规范的保存、访问和利用。开展档案信息化，建设数字档案馆必须解决数字档案的长期、有效、安全等问题。在电子文件长期保存格式方面，国家标准化管理委员采用两种思路支持相关标准的研制，一方面采用国际标准，另一方面开展自主研制。目前有关电子文件和档案的长期保存的版式文档格式标准主要有 PDF 和 OFD 两个标准。版式文档格式是指版面呈现高度精确的电子文件，其显现效果与软硬件平台独立，在各种设备上阅读、打印或印刷时具有较强一致性，是电子公文、电子档案、电子证照和电子票据等严肃公务文件的理想承载格式，是电子文件规范性和可信性的重要保障。版式软件是对版式文件进行阅读、签批、打印、分发等处理工作的软件，是日常办公必备的基础软件产品，业界称之为网络信息社会的“数字纸张”，无论是电子商务、电子公务，还是信息发布、文件交换、档案管理等都需要版式文档的技术支持。

PDF 标准及其应用现状

PDF 作为一种用于表示文档的数字格式，最早由美国 Adobe 公司研制，2000 年以前国际标准化管理组织（International Organization for Standardization, ISO）已开始统一组织和研制 PDF 系列标准。近些年 ISO 陆续推出了一系列 PDF 系列相关标准，包括长期保存文档格式的使用 ISO 19005 系列（目前已发布 ISO 19005-1:2007, ISO 19005-2:2011, ISO 19005-3:2012 三个标准），便携式文档格式技术规范 ISO 32000 系列标准（ISO 32000-1:2008, ISO 32000-2:2014）等。

当前，PDF 已经被世界上的很多商业团体、政府机构、图书馆、档案部门等机构或个人所采用。在我国，PDF 文档格式也得到了广泛的应用，各行各业信息化应用在逐渐普及、加深和拓展，越来越多的电子文档需要实施科学、规范的管理，并做长期、有效、安全的保存。

在全球，PDF 系列标准已由数十个国家和地区采标。在我国，全国文献影像技术标准化技术委员会第五分会一直以来跟踪和采标 PDF 系列相关标准，目前 ISO 19005-1 和 ISO 32000-1 已等同采用为国家标准，分别为《文献管理-长期保存的电子文档文件格式-第 1 部分:PDF1.4(PDF/A-1)的使用》(GB/T 23286.1-2009/ISO 19005-1:2005)和《文献管理可移植文档格式-第 1 部分：PDF1.7》(GB/T 32010.1-2015/ISO 32000-1:2008)。目前全国文献影像技术标准化技术委员会第五分会正在采标《文档管理-用于长期保存的电子文档文件格式 - 第 3 部分：使用 ISO 32000-1 标准并支持嵌入式文件 (PDF/A-3)》和《文档管理应用 - 提高电子文档文件格式的可访问性 - 第 1 部分：ISO 32000-1 (PDF/UA-1) 的使用》两个标准。目前，PDF/E 用于保存工程图纸的 ISO 标准也已由全国文献影像技术标准化技术委员会第七分会完成了采标工作，为工程图纸文件的交换与保存提供了统一的文件格式。

OFD 标准及其产业化发展

在 2016 年 10 月 14 日，恰逢世界标准日，中国国家标准化管理委员会正式批准发布了基于自主技术的国家标准 GB/T 33190—2016《电子文件存储与交换格式 版式文档》（简称 OFD），这是我国在版式文档格式研究方面的里程碑。

2009 年，由中共中央办公厅（以下简称“中办”）牵头，联合国务院办公厅（以下简称“国办”）、国家发展和改革委员会（以下简称“国家发改委”）等八部门共同建立电子文件管理部际联席会议制度，负责组织协调全国电子文件管理工作。2010 年 11 月，联席会议委托国家工业和信息化部（以下简称“工信部”）牵头组建了电子文件存储与交换格式标准工作组，开始了我国自主版式文档标准的编制工作。2011 年 8 月，编制组完成了《电子文件存储与交换格式 - 文书类版式文档》（OFD 标准）的标准草案内容，并在全国多行业领域进行试点试用。2014 年，在“党政机关安全可靠电子公文”一期试点中，采用 OFD 标准作为电子公文标准规范，对标准涉及的关键技术和支撑模型实现了进一步的补充完善和验证实践。2016 年 10 月，OFD 作为国家标准（GB/T 33190-2016）正式发布。

OFD 标准在制定过程中，充分参考了国际国内的同类标准，细致分析其优劣长短，并从我国公务办公的实际需求出发，进行大量的技术创新。最终出台的 OFD 标准在安全性、易用性、可扩展性和业务结合性等方面表现了超越同类标准的优势，在实践中得到了用户单位的广泛肯定和好评。

OFD 标准发布以来，国家相关主管部门坚定不移地在各行业中推动标准的落地实施：2016 年 12 月颁布的《党政机关电子公文格式规范》明确要求“电子公文的承载格式为 OFD”；在国家档案局印发的《数字档案室建设评价办法》中规定“应具备对归档电子文件进行 OFD 或 PDF 等版式文件转换功能”；国办函〔2016〕108 号文《国务院办公厅关于印发“互联网+政务服务”技术体系建设指南的通知》要求“电子证照文件格式采用版式文件格式”（电子证照技术标准明确要求使用 OFD 格式）；2017 年 12 月，中共中央网络安全和信息化委员会办公室（以下简称“中央网信办”）联合五部门开展国家电子政务综合试点，明确要求“在推进电子文件应用方面，要求试点地方推进 OFD 版式文档、电子证照、电子交易凭证的试点应用”。

OFD 产业发展迅速，已初步形成产业生态和覆盖多行业的技术服务支撑体系，具体体现在以下几个方面。

（1）突破多项核心技术

目前全国已有多家专业从事 OFD 技术和产品研发服务的软件厂商，突破了多项核心技术。据不完全统计，已产生 OFD 相关软件著作权 50 余项、学术论文 10 余篇；在文档国产密码算法应用、大文件快速阅读、复杂交互管控、文档溯源追踪等技术机制方面，达到或超越国际先进水平；形成了 OFD 文档生成、解析、加工、阅读、长期保存、安全管控等覆盖电子文件全生命周期的完整技术链条。

（2）产业生态初步形成

产业已形成涵盖 PC 桌面端、移动端、服务端和云计算平台等不同形态的 20 余款软件产品，全面支持 Windows、Linux、IOS、Android 等国际主流操作系统平台；同时，针对龙芯、飞腾、兆芯、申威等国产 CPU 和中标麒麟、银河麒麟、中科方德、深度等国产操作系统进行了全面适配和深度优化，可高效运行在安全可靠的软硬件环境中；与不同厂商的流式办公软件、电子印章软件、办公自动化系统、电子档案系统、“互联网+政务服务”信息系统、扫描设备、打印设备、手写签批设备等百余款软硬件产品实现了整合应用，形成了初具规模的产业生态体系。

（3）应用范围进一步扩大

OFD 应用行业遍及电子公文、电子证照、电子档案、电子票据等信息化领域；用户范围覆盖党、政、军机关及企事业单位；应用地域遍及全国 25 个省市自治区；借助“一带一路”的历史机遇，在纳米比亚税务系统中进行了产品应用，首次实现了中国电子文件标准“走出去”。

（4）建设成效逐步显现

OFD 标准和产品在各地应用以来，显著提升了信息化应用水平，取得了较好的社会效益和经济效益，主要体现在以下几个方面。

① 促进信息资源互通共享：OFD 是国家通用性标准，各用户单位只要遵循 OFD 标准即可实现信息的互联互通，保证电子公文等公务文件的无损传递和共享利用。

② 保护重要信息安全可靠：OFD 具有全面的文件安全保护机制，抵御外部攻击和内部窃取，保护重要信息的安全性。

③ 推动电子凭证可信化利用：OFD 技术的应用可保证电子证照、电子票据、电子病历等凭证性电子文件的可信性，防止抵赖和篡改，推动可信电子凭证体系的建立。

④ 构建大数据体系应用基础：通过 OFD 标准和技术，实现非结构化数据的统一存储和利用，为大数据体系的建立和应用打下坚实基础。

⑤ 节约信息化投入成本：OFD 文件体积轻巧，相较同类电子文件，可显著节省存储空间，节约设备采购成本；OFD 标准的统一应用，各部门无须投入资源进行电子文件处理和互转识别，大幅度节约研发投入成本。

当然，由于 OFD 标准推出相对较晚，应用覆盖范围还不太广，在许多方面还有较大的提升空间，主要体现在以下几个方面。

（1）标准体系尚不完善

国际 PDF 标准从 20 世纪 90 年代发展至今，已形成了较为完整的版式标准体系，除了 PDF 主标准外，还包含 PDF/X（图形内容交换）、PDF/E（工程文档的交互式交换）、PDF/A（长期归档）等标准子集，可适用于不同场景下的版式文件；我国 OFD 标准编制和发布时间较晚，应用时间较短，缺乏标准子集的建设，尚未形成丰富全面的标准体系。

（2）应用广度有待拓展

OFD 标准已在电子公文、电子证照、电子档案、电子票据等多个领域进行了不同程度的应用，但规模化市场仍然局限在电子公文和电子证照方面，其他领域大都停留在零星试点阶段。由于缺乏政策支持和行业导向，目前在电子档案、电子票据、电子病历等凭证性文档领域，仍然多数采用国外 PDF 格式，甚至 TIFF、PNG 等图片格式和企业私有格式，对文档资源安全造成巨大风险，也不利于电子文件的统一管理和后续利用。

（3）应用深度有待加强

目前，OFD 在市场上的应用主要面向文档的基本格式转换和阅读需求，而对 OFD 标准的特色技术，如文件语义、手写签批、无缓存阅读、文档水印等创新性机制应用不足，尚未完全发挥 OFD 标准的技术优势，未能完全实现文档安全管控和便捷利用的业务目标。

（4）整体产业规模仍然较小

自 2016 年 10 月 OFD 国家标准正式发布以来，市场逐步升温，用户需求逐步扩大，2017 年 OFD 整体市场规模突破 3000 万元人民币，同比增长超过 100%；与此同时，全球 PDF 软件产业规模达到 20 亿美元以上。可见，相比于版式软件的广阔市场空间和海量用户需求，OFD 产业才刚刚起步，未来还有很长的路要走。

针对我国当前 OFD 标准实施和产业布局与发展情况，建议采用以下相关措施加大 OFD 标准的发展和应用的深化。

（1）完善 OFD 标准，促进产品技术不断成熟

加强 OFD 标准体系顶层设计，针对电子证照、电子档案、电子票据等细分领域，推动 OFD 标准子集的编制；以标准促产品，进一步提升 OFD 产品技术水平，加快自主产权的版式创新技术成果落地应用。

（2）抓住试点机遇，推动 OFD 深化应用

在安全可靠电子公文试点中，继续深化发挥 OFD 的技术优势，把 OFD 标准用到实处、用到深处，建设全面的 OFD 电子公文支撑平台。不仅仅关注基本的公文处理功能，还要把 OFD 的文件语义、手写签批、无缓存阅读、文档水印等创新性技术进行充分应用，在实现电子公文业务信息化升级的同时，推动 OFD 产业的发展。

（3）扩展 OFD 的应用行业领域

除电子公文外，OFD 还是电子档案、电子证照、电子票据、电子病历等严肃凭证性文件的理想承载格式，是电子文件规范性和可信性的重要保障。进一步拓宽 OFD 标准的应用领域，通过法律法规、行业标准、专项课题等手段，推动 OFD 标准在电子档案、电子票据、电子合同、电子病历等各相关行业的落地实践和深化应用，充分发挥 OFD 作为我国信息化发展的通用基础标准作用，建立完整的 OFD 产业体系，保障我国各行业重要信息资产的安全可用。

（4）提升 OFD 标准的国际化水平

推动 OFD 标准“走出去”。基于 OFD 标准的技术特点和产业优势，围绕“一带一路”“中国制造 2025”、国际产能和装备制造合作等战略，推动 OFD 标准在国际相关领域进行深化应用。积极参与电子文件相关国际标准化战略规划、政策和规则的制定，争取担任更多国际标准组织技术机构领导职务和秘书处职务，最终推动我国 OFD 标准成为国际主流标准，实现对现有美国 PDF 标准的替代。

自主可控产业可分为多个层次，在自主技术、自主产品、自主品牌之上，更加重要的是自主标准。只有把标准牢牢掌握在自己手里，才能真正掌握产业的话语权，才能在坚实的基础上更有效地推动自主技术的研发、自主产品的落地和自主品牌的建立。近年来，我国在

4G、5G 电信标准上投入大量精力，也充分证明了自主标准的重要性。在这方面，OFD 版式软件产业的探索取得了一定的成效，以自主技术标准为基石构建自主产业，基础牢固，发展迅速，并一劳永逸地解决了受制于人的隐患。版式软件产业虽小，但它地位独特、难度适中，是探索我国自主 IT 标准如何支撑产业、如何在标准和产业的互动中寻求快速发展的一个很好的“抓手”和“试验田”。建议将来可以围绕 OFD 标准，继续推进相关产业政策，在这块“试验田”精耕细作，培育我国自主创新的成果，在 IT 领域打造属于中国自己的新的产业“名片”。

参考文献

[1] 冯惠玲. 电子文件管理教程. 北京：中国人民大学出版社. 2001.
[2] 王健. 电子时代. 北京：中国档案出版社. 2002.
[3] 刘家真.电子文献保护. 北京：高等教育出版社. 2006.
[4] 丁海斌，赵淑梅. 电子文件管理基础. 北京：中国档案出版社. 2007.
[5] 孟广均，等. 信息资源管理导论. 北京：科学出版社. 1998.
[6] 王润理. 电子政务的理论与实践. 郑州：郑州大学出版社. 2003.
[7] 戴维·比尔曼. 电子证据. 北京：中国人民大学出版社. 2000.
[8] 吴宝康. 档案学概论. 北京：中国人民大学出版社，1992.
[9] 李培清. 档案馆学. 北京：中国档案出版社，1988.
[10] 薛四新，等. 档案信息化应用系统建设. 北京：机械工业出版社. 2006.
[11] 杨公之. 档案信息化建设导论. 北京：中国档案出版社，2001.
[12] 陈兆祦，等. 现代档案工作实务. 北京：中国档案出版社，2001.
[13] 薛四新，贾郭军. 软件项目管理. 北京：机械工业出版社. 2004.
[14] Wallker Rove. 软件项目管理. 北京：中信出版社. 2002.
[15] 杨公之. 档案信息化建设实务. 北京：中国档案出版社. 2003.
[16] 刘家真. 电子文件管理理论与实践. 北京：科学出版社. 2003.
[17] 张照余. 档案信息网络化建设研究. 北京：中国档案出版社. 2001.
[18] 李国庆. 数字档案馆概论. 北京：中国档案出版社. 2004.
[19] 国家档案局. 电子文件归档与电子档案管理概论. 北京：中国档案出版社. 1999.
[20] 周晓英. 档案信息论. 北京：中国人民大学出版社，2000.
[21] 李国庆.数字档案馆概论. 北京：中国档案出版社. 2004.
[22] 国家档案局. 电子文件归档与电子档案管理概论. 北京：中国档案出版社. 1999.
[23] 张西林，高文武. 试论管理的人性论基础. 湖北社会科学，2002(2).
[24] 黄德良. 人本管理的价值内涵. 社会科学，2002(4).
[25] 毛诗全. 人本管理与规范管理. 现代管理科学，2003(6).
[26] 周晓林，李真. 把人本管理模式引入档案部门. 四川档案，2002(6).
[27] 周晓英. 档案信息论. 北京：中国人民大学出版社，2000.
[28] 路凤美，王琛. 社会信息化的发展和档案工作的对策. 档案学通讯，1999(3).
[29] 张照余. 论档案全文信息数字化的总体方案与全文系统. 上海档案. 2001(5).
[30] 朱蒙生. 传统档案馆向数字档案馆跨越所面临的问题. 中国档案. 2003(3).
[31] 薛四新，等. 现代档案管理基础. 北京：机械工业出版社. 2007.
[32] Consultative Committee for Space Data Systems. Reference Model for an Open Archive Information System(OAIS). http://www.ccsds.org/CCSDS/recommandreports /jsp/CCSDS-650.0-B-1.pdf BLUE BOOK.

January 2002. http://www.ccsds.org/documents/pdf/CCSDS-650.0-B-1.pdf
[33] The Open Archival Information System（OAIS）Reference Model and its usage. http://public.ccsds.org/publications/documents/SO2002/SPACEOPS02_P_T5_39.PDF
[34] 吴澄. 基于 CIMSNET 的敏捷化工程. 高技术通讯，2000(2).
[35] Roger N. Nagel. 21th century manufacturing enterprise strategy. Bethehem: Iacocco Institute, Lehigh University, 1-4, 1992.
[36] S.L.Goldman,R.N.Nagel, and K.Preiss. Agile Competititors and virtual organizations – Strategies for enriching the Customerm , Voan Nostrand Reinhold, 1995.
[37] Wu Cheng, et al. Agile Engineering based on CIMSNET, CENIM'99, China Europe Cooperation Meeting, 1999, Nanjing.
[38] YANG Jijiang, ZHANG Lin, WU Cheng and LIU Lianchen. CIMSNET-The Virtual Engineering Laboratory based on Internet, China Europe Cooperation Meeting, 1999,Germany.
[39] 韩德志. 一种专用的网络存储服务器系统的设计. 计算机工程与应用, 2002(12).
[40] 蔡皖东. 基于 SAN 的高可用性网络存储解决方案. 小型微型计算机系统, 2001(1).
[41] 尧华. 存储区域网络(SAN)和网络附加存储(NAS). 现代通信, 2002(1).
[42] Farley M(M). SAN 存储区域网络. 孙功星，等译. 北京：机械工业出版社, 2001.
[43] NIIT(M). 存储区域网概念与应用. 周兆确，叶青译. 北京:人民邮电出版社, 2002.
[44] http://www.storageareanetworking.net.
[45] 国家档案局官方网站 http://www.saac.gov.cn.
[46] 罗军. 关于 C/S 客户/服务器技术的综述. 自动化技术与应用. 2000(3).
[47] 吴军利. Intranet 中浏览器/服务器模式的应用优势. 微电子学与计算机. 1999(5).
[48] 薛四新. 新一代档案管理信息系统的设计思路与想法. 档案与建设, 2004(1).
[49] 徐维. 元数据概念的产生、发展与成熟. 中国档案, 2003(1).
[50] 何绍华. 加强我国档案网络信息系统的建设. 档案学研究, 2002(2).
[51] 薛四新. 档案信息集成化管理平台系统研究. 档案与建设, 2004(4).
[52] ISO/IEC17799: 2000 Information technology-Code of practice for information security management.
[53] BS7799-2: 1999 Information security management-Specification for information security management systems.
[54] 毕建新，吴佩华. 数字档案馆的信息资源建设. 北京档案，2002(8).
[55] 丁耀琪. 网络与档案利用服务. 档案学通讯，2000(2).
[56] 杨玉玲. 因特网上档案信息资源共享. 档案与建设，2000(1).
[57] 薛四新，等. 数字档案安全应用研究. 档案学研究，2003(5).
[58] 肖怀志，薛四新. 基于 VPN 的电子文件网络化归档安全解决方案. 档案学研究, 2004(2).
[59] 陈蕴真. 北京市文化产业的发展. 城市发展研究，2001(5).
[60] 王慧炯. 对发展中国文化产业的思考. 北京工业大学学报，2002(6).
[61] 薛四新. 云计算环境下电子文件管理的实现机理研究. 上海：中国出版集团，2013.